海南省哲学社会科学 2021 年规划课题成果 ［HNSK（JD）21-38］
海南省绿色发展与现代服务业研究基地成果

自贸港建设中的海南省
与东盟十国贸易合作发展路径研究

钱耀军　肖　勇　杨晓丽　著

中国财富出版社有限公司

图书在版编目（CIP）数据

自贸港建设中的海南省与东盟十国贸易合作发展路径研究／钱耀军，肖勇，杨晓丽著．--北京：中国财富出版社有限公司，2024.6. --ISBN 978-7-5047-8184-0

Ⅰ. F752.68；F753.306.8

中国国家版本馆 CIP 数据核字第 20247WD187 号

策划编辑 李　丽	责任编辑 郭怡君　钮宇涵	版权编辑 李　洋
责任印制 梁　凡	责任校对 孙丽丽	责任发行 于　宁

出版发行	中国财富出版社有限公司	
社　　址	北京市丰台区南四环西路 188 号 5 区 20 楼	**邮政编码** 100070
电　　话	010-52227588 转 2098（发行部）	010-52227588 转 321（总编室）
	010-52227566（24 小时读者服务）	010-52227588 转 305（质检部）
网　　址	http：//www.cfpress.com.cn	**排　版** 宝蕾元
经　　销	新华书店	**印　刷** 北京九州迅驰传媒文化有限公司
书　　号	ISBN 978-7-5047-8184-0/F·3676	
开　　本	710mm×1000mm　1/16	**版　次** 2024 年 6 月第 1 版
印　　张	24.5	**印　次** 2024 年 6 月第 1 次印刷
字　　数	440 千字	**定　价** 68.00 元

前　言

　　建设海南自由贸易港是习近平总书记亲自谋划、亲自部署、亲自推动的改革开放重大举措。到 2023 年，政策体系逐步构建，经济转型成效显著，货物贸易年均增长 23.4%，服务贸易年均增长 17.7%，经济外向度五年提高 15 个百分点，海南省贸易便利化水平不断提高。然而，在中国改革开放的大门越开越大时，以美国为首的贸易保护主义纷纷抬头，再加上新型冠状病毒的三年肆虐，全球贸易大幅下滑，对中国经济产生了较大影响，也给高水平对外开放的海南自由贸易港建设带来了巨大挑战。

　　事实上，海南省地处泛南海经济合作圈中心位置，是"21 世纪海上丝绸之路"的关键节点，是我国面向东盟十国的桥头堡，从 RCEP 成员国地理分布看，海南省位于 RCEP 成员国中心位置，有条件成为中国与东盟经贸合作的交汇点。《海南自由贸易港建设总体方案》中明确，"将海南自由贸易港打造成为引领我国新时代对外开放的鲜明旗帜和重要开放门户"。

　　在此背景下，本专著在收集、整理和分析当前研究中国与东盟、海南省与东盟贸易文献和贸易合作与自由化理论的基础上，结合中国-东盟自贸协定升级变化、东盟各国发展概况、海南省与东盟十国贸易发展现状，通过多角度、多指标对海南省与东盟十国的贸易竞争力、贸易互补性、贸易结合度和贸易潜力进行测算和实证分析。聚焦海南自由贸易港建设方向和主导产业发展需要，提出探索与东盟在战略对接、产业联动、贸易互补、投资互通、服务合作、人员流动、贸易便利等全方位多形式扩宽双方经贸合作的新渠道、新路径和新方式，促进海南省与东盟十国贸易自由化发展。本专著为海南自由贸易港与东盟十国双方贸易合作提供了科学的理论依据，能够有效地开拓海南自由贸易港与东盟十国发展贸易合作的思路，更好地为促进海南自由贸易港对外贸易发展和海南自由贸易港的建设献计献策。

　　本专著共九章。第一章为绪论，主要介绍了研究背景和研究意义，并收集、整理和分析了国内外有关学者关于贸易自由化、双边贸易合作的态势、前景、模式、机制和路径，我国与东盟双边贸易的结构、关系等以及海南省

1

与东盟或部分国家双方贸易发展研究的相关文献资料。从中我们了解了当前学者对海南省与东盟双方贸易的研究现状、方向和方法，发现了目前关于海南省与东盟双方贸易的研究存在相对单一化、碎片化、零星化的现象，存在理论基础不成体系，研究范围和内容不够全面等问题。

第二章为贸易合作与自由贸易理论基础，主要阐述了有关贸易合作和自由化的理论，为系统研究海南省与东盟十国贸易合作发展路径提供理论基础。

第三章为东盟及东盟十国概况，主要介绍了东盟的形成、发展及框架结构等，并重点从地理位置、自然资源、人口与民族、宏观经济、产业结构、外贸状况、经贸合作和发展规划等方面分别对东盟十国的基本概况和经贸发展做了分析，为海南省与东盟十国贸易合作路径研究夯实基础。

第四章为海南省与东盟各国贸易状况，主要介绍了中国-东盟自由贸易区1.0版、2.0版的形成过程、主要内容以及3.0版的发展方向，分析了2009—2022年中国与东盟双边贸易发展状况。同时本章在介绍海南省自身宏观经济、产业结构、对外贸易发展变化趋势的基础上，详细分析了2009—2022年海南省与东盟、海南省与东盟十国在贸易规模、贸易结构上的发展及变化。

第五章为海南省与东盟十国贸易竞争力实证分析，主要运用贸易竞争优势指数（TC）、显示性比较优势指数（RCA）、出口相似性指数（ESI）对2013—2022年海南省与东盟整体上的竞争力以及海南省与东盟十国分别在SITC 0-9产品上的贸易竞争力进行了实证研究，以分析不同国家和地区贸易竞争力差异，为后续的政策研究提供实证基础。

第六章为海南省与东盟十国贸易互补性实证分析，主要运用互补性指数（TCI）和贸易专业化指数（TSC）对2013—2022年海南省与东盟十国的贸易互补性以及海南省与东盟十国分别在SITC 0-9产品上的贸易互补性进行测算，以分析海南省与东盟十国产业合作的可能性，为后续的政策研究提供基础。

第七章为海南省与东盟十国贸易结合度分析，主要运用贸易结合度指数（TII）对2013—2022年海南省与东盟十国在整体上的贸易结合度及海南省与东盟十国在SITC 0-9产品上的贸易结合度进行了实证研究，以分析海南省与东盟十国贸易相互依存程度差异，为后续的政策研究提供基础。

第八章为海南省与东盟十国贸易发展潜力分析，主要运用贸易引力模型和贸易潜力指数（TP）对2013—2022年海南省与东盟十国的贸易潜力进行测算，以探究海南省与东盟十国各相关国家可拓展的贸易空间，为双方贸易的发展方向提供依据。

　　第九章为基于自贸港建设的海南省与东盟十国贸易合作发展路径建议。本章结合前文对中国与东盟、海南省与东盟的概况和贸易发展现状，提出对策与建议，以促进海南省与东盟十国的贸易自由化发展。

　　2024 年是习近平总书记向世界宣布建设海南自由贸易港六周年，是《海南自由贸易港建设总体方案》印发四周年，也是海南自由贸易港封关运作的攻关之年。在习近平新时代中国特色社会主义思想的指引下，海南自由贸易港要深化改革开放，充分利用国内、国际两个市场和国内、国际两种资源，发挥中国与东盟经贸合作交汇点的重要作用，把建立面向东盟的区域性市场作为推进海南自由贸易港建设的重要抓手。

编者

2024 年 4 月 1 日

目　录

第一章　绪论 ……………………………………………………… 1
　第一节　研究背景与研究意义 …………………………………… 1
　第二节　国内外研究现状 ………………………………………… 4

第二章　贸易合作与自由贸易理论基础 ………………………… 26
　第一节　古典贸易理论 …………………………………………… 26
　第二节　新古典贸易理论 ………………………………………… 31
　第三节　贸易便利化 ……………………………………………… 36
　第四节　新贸易理论 ……………………………………………… 38
　第五节　贸易自由化与区域经济合作理论 ……………………… 44
　第六节　投资自由化 ……………………………………………… 52
　第七节　新新贸易理论 …………………………………………… 54

第三章　东盟及东盟十国概况 …………………………………… 61
　第一节　东盟的形成及发展 ……………………………………… 61
　第二节　东盟十国概况 …………………………………………… 67

第四章　海南省与东盟各国贸易状况 …………………………… 127
　第一节　中国-东盟自由贸易区的形成与发展 ………………… 127
　第二节　中国与东盟及海南省与东盟贸易状况 ……………… 136
　第三节　中国海南省与东盟各国贸易状况 …………………… 155

第五章　海南省与东盟十国贸易竞争力实证分析 ……………… 194
　第一节　贸易竞争优势指数测算 ……………………………… 194
　第二节　显示性比较优势指数测算 …………………………… 212

第三节 出口相似性指数测算 …………………………… 236

第六章 海南省与东盟十国贸易互补性实证分析 …………… 249
第一节 贸易互补性指数测算 …………………………… 249
第二节 贸易专业化指数测算 …………………………… 274

第七章 海南省与东盟十国贸易结合度分析 ………………… 285
第一节 贸易结合度指数介绍 …………………………… 285
第二节 海南省与东盟十国贸易结合度指数测算 ………… 286

第八章 海南省与东盟十国贸易发展潜力分析 ……………… 319
第一节 贸易引力模型 …………………………………… 319
第二节 贸易潜力实证分析 ……………………………… 323

第九章 基于自贸港建设的海南省与东盟十国贸易合作发展路径建议 … 334
第一节 战略对接，政策呼应，构筑海南省与东盟十国贸易
自由化的制度保障 ……………………………… 334
第二节 经济相融，产业联动，构建海南省与东盟贸易
自由化的产业基础 ……………………………… 338
第三节 贸易互补，优化结构，不断扩大海南省与东盟贸易
自由化的深度和广度 …………………………… 346
第四节 服贸创新，数字转型，实现海南省与东盟贸易
二元化发展 ……………………………………… 352
第五节 营造环境，投资互通，实现海南省与东盟贸易
自由化共生发展 ………………………………… 357
第六节 教育合作，人才流动，搭建深谙海南省与东盟贸易的
人才培养平台 …………………………………… 363
第七节 简化环节，方便贸易，培育中国海南省与东盟贸易自由化环境…… 368

参考文献 …………………………………………………… 374

后 记 …………………………………………………… 383

第一章 绪论

第一节 研究背景与研究意义

一、研究背景

在海南建设中国特色自由贸易港，是习近平总书记亲自谋划、亲自部署、亲自推动的改革开放重大举措。从 2008 年到 2023 年，海南全省地区生产总值年均增长 5.3%，先后跨越五千亿、六千亿两个台阶，2022 年达 6818.2 亿元；货物贸易、服务贸易五年年均分别增长 23.4%、17.7%；经济外向度五年提高 15 个百分点，2022 年达 34.7%；实际使用外资 2018、2019、2020 年连续三年翻番，五年年均增长 63%，五年总额超之前 30 年总和。海南省正全力打造法治化、国际化、便利化的一流营商环境，稳步扩大规则、规制、管理、标准等制度型开放，把海南省开放的大门开得更大。然而，在中国改革开放的大门越开越大时，以美利坚合众国（简称美国）为首的贸易保护主义纷纷抬头，再加上新型冠状病毒的三年肆虐，全球贸易大幅下滑，对中国经济产生较大影响，也给高水平对外开放的海南自由贸易港建设带来了巨大挑战。

事实上，海南省地处"泛南海经济合作圈"中心位置，是"21 世纪海上丝绸之路"的关键节点，是我国面向东盟十国的桥头堡。从《区域全面经济伙伴关系协定》（Regional Comprehensive Economic Partnership，RCEP）成员国地理分布看，海南省位于 RCEP 成员国中心位置，有条件成为中国与东盟经贸合作的重要枢纽。

《海南自由贸易港建设总体方案》明确，将海南自由贸易港打造成为引领我国新时代对外开放的鲜明旗帜和重要开放门户。因此，一是海南省要服务于打造"重要开放门户"的战略目标，加快建立面向东盟的区域性市场，使海南自由贸易港成为区域内商品要素配置、整合的大平台，以此大幅提升海南自由贸易港的区域影响力、辐射力；二是在亚太区域不稳定性、不确定性上升的情况下，充分发挥海南自由贸易港在促进经济交往中的独特作用，加强与东南亚深层次、多领域的区域合作，为构建泛南海经济合作圈的长远战略目标奠定重要基础；三是海南省与东盟的贸易受"中国制造2025"计划、东盟十国的人口红利凸显等影响，相互间的吸引力不断增大，为彼此贸易自由化合作提供了更大的发展空间。因此，在建设海南自由贸易港的背景下，研究中国海南省与东盟贸易合作与发展既是必然选择也是优先选择，这也将是今后社会各界的一个重要议题。

二、研究意义

（一）理论意义

2000年东盟经济体量约为6150亿美元，约占全球经济总量的1.9%，之后快速提升，2022年东盟经济体量占全球经济总量的3.6%。目前，东盟是亚洲第三大经济体和世界第五大经济体，其在全球经济中的重要性和地位越发凸显。

据知网平台统计，截至2024年5月，有关东盟的研究共56765条结果，其中研究中国-东盟的有22452条结果，研究东盟贸易的有5242条结果，研究中国海南省与东盟贸易的有53条结果，而研究中国海南省与东盟贸易合作发展的有10条结果。可见，有关东盟的研究热度很高，研究成果丰硕，但有关中国海南省与东盟贸易的研究，因过去海南省经济体量较小、海南省与东盟贸易额占中国-东盟贸易额的比重不大、海南省对外开放程度不高等，研究成果较少。

2018年以来，海南省加快了建设自由贸易港的步伐，海南自由贸易港已经成为中国最开放的地区之一，其贸易便利化程度越来越高，贸易条件和营商环境越来越好，在中国与东盟贸易合作发展中的地位日益凸显。本研究旨在通过分析自贸港建设中中国海南省与东盟十国贸易合作发展现状，深入挖掘中国海南省与东盟国家贸易合作的问题和堵点，量化分析中国海南省与东盟十国的贸易结合度指数、显性比较优势指数和贸易互补性指数，客观论证中国海南省与东盟十国贸易自由化的合作关系，并通过贸易引力模型实证分析中国海南省与东盟十国的贸易自由化合作潜力及贸易效应水平，弥补学术界对中国海南省与东盟十国贸易合作发展方面研究的不足，丰富中国海南省与东盟十国贸易合作发展相关研究，同时对西方经济理论进行一些探索发展和补充完善。整体来看，中国对海南省与东盟十国贸易合作发展的深入研究具有一定的理论意义。

（二）实践意义

2022 年，东盟是海南省的第一大贸易伙伴，双方的进出口贸易总额达395 亿元，约占海南省进出口总额的 20%。东盟在海南省对外贸易中具有重要的战略地位。在 2022 年第二届中国国际消费品博览会召开前夕，时任海南省省长在接受《国际金融报》采访时指出，"海南省与东盟国家地缘更近、经贸合作需求巨大、人文交流基础良好，是中国与东盟国家要素中转、交易、配置的大平台首选之地，我们要成为中国与 RCEP 成员国间的先行合作示范区"。在海南自由贸易港建设的过程中，海南省要深化改革开放，充分利用国内、国际两个市场和国内、国际两种资源，发挥中国与东盟经贸合作交汇点的重要作用，把建立面向东盟的区域性市场作为推进海南自由贸易港建设的重要抓手。

但是，在中国海南省与东盟十个国家的大市场中，双方的贸易现状如何？有哪些问题和堵点？有哪些因素阻碍着海南省与东盟国家贸易发展的进程？中国海南省与东盟十国之间的贸易紧密度如何？中国海南省与东盟十国之间贸易产品的竞争程度如何？中国海南省与东盟十国之间贸易产品的互补程度如何？中国海南省与东盟十国之间贸易的发展潜力如何？中国海南省与东盟十国之间贸易合作的空间有多大？这些问题有待解决。因此，本研究对海南自由贸易港与东盟十国贸易合作发展进行系统研究，分析中国海南省与东盟十国之间贸易合作的现有基础和存在问题，量化中国海南省与东盟十国之间贸易合作发展的潜力和空间，旨在提出海南自由贸易港与东盟十国之间贸易合作发展的有效路径。

第一，本研究成果具有一定的实践指导意义。通过系统分析，本研究提出的有效路径能够为中国海南省及东盟十国相关机构提供政策制定的科学依据，对减少双方的贸易阻力和强化贸易合作具有积极作用。第二，本研究成果具有一定的实践启发意义。海南省在自由贸易港建设方面具有一定的政策优势，通过对中国海南省与东盟十国之间的贸易合作进行研究，可为我国其他自由贸易试验区与东盟十国之间的贸易合作提供思路，尤其是对引领我国经济最大化的对外开放具有一定的实践意义。

第二节　国内外研究现状

一、国外研究现状

（一）双边贸易合作研究

随着经济全球化深入发展，国外学者对双边贸易合作问题愈加关注，他们对双边贸易的重要性和必要性给予了充分肯定，认为只有加强双边贸易合作，才能不断推进世界贸易的可持续发展。如季塔连科指出，中国与俄罗斯联邦（简称俄罗斯）应利用好经济互补性精心设计共同战略，加强两国的经贸合作，以促进各自的崛起和振兴。Ryuhei Wakasugi 认为协调和消除体制性障碍的协议安排，对于进一步促进东亚区域内贸易的发展十分重要。

（二）贸易自由化研究

从目前来看，大多数国家在贸易自由化的进程中获益，国际贸易的增长率长期超过世界经济的增长率，国外的学者对此也有共识。

Adam Smith 研究表明，贸易双方在自由贸易中都能获益。Dayron Robles 研究发现，在自由贸易区进行贸易，国际贸易成本可以得到有效降低。Asdlung 和 Roy 通过对多边框架下各经济体的贸易承诺水平进行分析，发现成员国的承诺水平并没有显著提升，例如，电信服务市场的开放承诺仍非常有限，各国对未来依据《服务贸易总协定》（General Agreement on Trade in Services，GATS）来实现纯粹的贸易自由化积极性不大。Dee 对 GATS 规则进行了改进，特别是对中国的加入给服务贸易自由化带来的发展和影响等问题进行了研究。Hoekman 等比较了当时涉及服务贸易中区域贸易协定的条款和覆盖范围，得出的结论是：区域贸易自由化承诺的水平并不比 GATS 规则的水平高。

（三）双边贸易合作研究方法的相关研究

国外学者在双边贸易合作的研究上，开发了诸多创新性的研究方法，研究成果不断丰富。如 Tinbergen 等在物理学引力计算法则的启发下，把引力模型用在了国际贸易问题上，认为经济体量与距离会影响双方的贸易量。后来，Hlepman 和 Grossman 等认为相对于资源禀赋而言，人口、人均国内生产总值（Gross Domestic Product，GDP）对贸易的影响更大。Feenstra 通过研究得出，GDP 增加、运输费用不断下降、贸易自由化提升是国际贸易增长的核心原因，这些原因是后来的学者以引力模型为研究工具研究国际贸易问题的基础因素。Shepherd 和 Wilson 认为，在国际贸易问题的研究中，引入引力模型，可以发现两国的贸易量与两国的区位关系具有较强的相关性，这提醒了后来的学者，即两国的地缘和区位对两国贸易具有重要性。

（四）自由贸易区理论的研究

自由贸易区的建立能够增进两国之间的政治互信，促进两国之间的经贸发展。国外有关自由贸易区理论的研究已经比较成熟。Meade 在 Viner 形成的关税同盟理论基础上，创新性地提出了自由贸易区理论。Martin Richardson 认为自由贸易区的优势在于成员国之间可以自由地将自身产品出售到成员国内部的任何地方。Anagariya 和 Krishna 认为两个国家形成自由贸易区时，通过对特定国家实行特定关税的方法保持他们对其他国家的各自贸易量不变，能保证自由贸易区本身的发展以及维持其他国家的福利水平，甚至自由贸易区的福利水平很可能得到提高。

二、国内研究现状

（一）双边贸易合作发展研究

党的十八大以来，商务部积极顺应中国深度融入世界经济的趋势，代表中国政府积极参与全球经济治理，引领国际经贸规则制定，在国际经济体系变革和规则制定中发出了重要的"中国声音"，打造了"中国印记"，携手开创亚太经贸合作新篇章；提出了"中国方案"，启动全球经济治理新进程；贡献了"中国智慧"，开启金砖国家合作新十年。随着中国经贸合作发展不断走深走实，国内学者的相关研究不断丰富。经梳理发现，相关研究主要集中在双边贸易合作态势、双边贸易合作前景、双边贸易合作模式、双边贸易合作机制和双边贸易合作路径五个方面。

1. 双边贸易合作态势相关研究

彭虹（2022）在其公开发表的《中国与非洲农产品贸易网络结构与合作态势分析——基于"一带一路"倡议》一文中，分析中国与非洲农产品贸易的合作态势时，对网络密度、网络中心性等指标进行了实证分析。结果表明，自"一带一路"倡议提出以来，中国与非洲十国的农产品贸易网络密度越来越大，中国与非洲十国的农产品贸易中心化趋势处于中等水平。

谢莉珠、哈冰和许劲（2021）认为，随着中国-东盟自由贸易区（China-ASEAN Free Trade Area，CAFTA）的建设，中国广西壮族自治区与越南社会主义共和国（简称越南）的贸易合作日益扩大。1999—2018 年，双方的贸易总额从 2 亿美元增长到 272 亿美元，边境小额贸易呈先增后减再增的态势，边境口岸及边民互市贸易点数量不断增加，双方商品结构从单一逐渐向多层次发展优化，贸易产品从初级产品向深加工产品方向转变。

刘武强（2020）认为，随着区域经济一体化的逐步推进，中国福建省与东盟国家的贸易合作日益兴盛，双方贸易规模增速显著，菲律宾共和国（简称菲律宾）成为中国福建省最大贸易伙伴，双向投资持续增加，贸易主体向多元化发展。福建省地理位置独特，是对外开放的桥头堡，侨务资源丰富，但全球贸易竞争和福建省出口贸易竞争比较优势的下降对中国福建省与东盟国家的贸易合作提出了严峻挑战。

公丕萍（2019）在其公开发表的文章中指出，2013 年以来，我国与"一带一路"共建国家的贸易合作越来越紧密：从贸易总量来看，2013—2018 年，年均增速达 4.03%，整体呈贸易顺差态势；从贸易商品结构来看，2013—2018 年，能源和机械制品是我国的主要进口商品，纺织服装是主要出口商品；从贸易区域格局来看，2013—2018 年，我国主要贸易对象是东南亚、西亚和中东的国家。

焦富林（2021）以"17+1"合作机制为研究背景，分析了中国与中东欧国家贸易合作态势。他认为，中国与中东欧国家贸易合作态势良好，贸易合作意愿越来越强，贸易合作方式不断创新；但中国与中东欧国家贸易合作中的问题依然突出，中国与中东欧国家的贸易合作存在发展不平衡态势，如2019 年中国与波兰的贸易占中国与中东欧国家贸易的比例接近30%，超过了中国与罗马尼亚、立陶宛等 10 个国家贸易的总和；中国与中东欧国家的贸易产品结构单一，高端化贸易合作受阻。

2. 双边贸易合作前景相关研究

杨莉（2019）认为，对中国来说，斯里兰卡是重要的贸易伙伴，但中国还不是其主要出口市场。为了探究中国与斯里兰卡双边贸易的合作前景，杨莉借助贸易的三元边际等重要指标进行了详细分析，认为双方在盐和硫黄、橡胶及其制品等的合作上前景广阔。贸易多元化对两国贸易的发展有促进作用，双方在能源方面有很大合作空间。

林梦、祁欣和范鹏辉等（2016）指出，《跨太平洋伙伴关系协议》（Trans-Pacific Partnership Agreement，TPP）在一定程度上影响了中国与越南的经贸关系，而中国与越南在工业化方面的差异使两国在很多领域有着互补合作的机会。

张婧（2015）认为，蒙古国是中国的重要邻居，两国在民族和地域方面有良好的合作优势和机会。随着两国贸易环境的不断改善，再加上两国经济发展结构的差异较大，贸易互补的潜力很大。中国图们江区域合作开发工作已经启动，这给两国的贸易合作带来了新的生机。两国在共同签署的宣言基础上，将逐步开展经贸、金融等领域的合作。

韩永辉和邹建华（2014）以"一带一路"倡议为背景，在分析中国与西亚国家贸易现状的基础上，以1995—2012年中国与西亚国家贸易的相关指标数据为基础，对中国与西亚国家贸易合作前景进行了分析。他们的分析结果显示："一带一路"倡议为中国与西亚国家的贸易合作提供了有利机遇，中国与西亚国家的产业互补为贸易合作创造了有利契机，中国与西亚国家在贸易合作平台方面有了很大突破。

田丰（2014）认为，中国和印度共和国（简称印度）都是亚洲国家中的发展大国：同为"金砖"成员国，地理位置毗邻，经济发展中的互补性较强。中国与印度在外交关系上有了很大的改善，再加上两国的经济发展模式差异很大，这为两国之间的贸易提供了广阔的合作前景。

3. 双边贸易合作模式相关研究

萨比娜（2022）对中国与乌兹别克斯坦共和国（简称乌兹别克斯坦）的经贸合作现状进行了深入分析。目前的双边贸易合作模式主要有货物贸易和中国给乌兹别克斯坦的直接投资两种，合作模式较为单一。萨比娜建议，中国要与乌兹别克斯坦在经贸合作模式上主动对接，在乌兹别克斯坦共建工业园区，加强在矿产资源、交通基础设施等领域的重点项目合作；加强在金融领域的合作，推动两国结算方式的多元化发展；加强在旅游领域的合作，对接旅游资源，共创旅游精品项目。

蔡春林、王鸿玲和蔡淇旭（2022）以"双循环"为研究背景，分析了粤港澳大湾区贸易合作的优势。他们建议，粤港澳大湾区要创新新型外贸，加入数字经济元素，构建培育数字化外贸生态链；要优化外贸产品结构，强化企业创新能力，加快传统制造业转型升级；要自由流动合作资源，强化高素质人才在湾区内的循环；要搭建贸易合作新平台，主动衔接"一带一路"建设，促进国内、国际大循环。

陈秀莲（2019）认为，中国与东盟经贸合作模式主要有政治合作主导、经贸合作主导和经贸合作升级三种，存在的问题主要为空间经贸合作问题、功能性经贸合作问题和经贸合作的协调问题等。陈秀莲建议，中国与东盟应创新贸易模式，形成"陆地为依托，海洋寻突破"共赢共生的总模式，构建"多中心组团式海洋经贸合作圈"空间性经贸合作、"融合海洋因子+点式与梯级"功能性经贸合作、"陆海协调机制+多平台协调"时间性经贸合作。

李海波（2016）认为，中国与俄罗斯的关系不断升温，两国的贸易合作逐渐深入，贸易交往领域不断拓展。然而，陈旧的贸易模式已经不适应两国的可持续贸易发展，跨境电子商务是未来贸易合作中的新模式。中国企业要转变思想观念，改革企业管理方法，加强硬件设施建设，做好与俄罗斯在贸易合作方面深入对接的准备。

李京蓉（2013）指出，中国与大韩民国（简称韩国）自建交以来，双边贸易合作持续发展，但贸易摩擦和贸易模式单一是两国贸易合作发展中的主要问题。李京蓉建议，中国要加快与韩国之间自由贸易区的谈判进程，加快两国之间的电子商务业务发展，利用好网络资源，打开网络交易市场；要加快两国在重点产业、重点区域的贸易合作，不断创新贸易合作新模式。

4. 双边贸易合作机制相关研究

杨子实（2022）在其博士论文中详细阐述了嵌入式互动的基本概念，分析了中国与阿拉伯国家经贸合作机制的文化基础、动力、功能、结构及面临的挑战，以中国-阿拉伯国家博览会为例分析了双方互动的现状及面临的挑战。杨子实认为，"嵌入式互动"理念创新性强，具有互利性、协作性和系统性，对双边贸易合作机制的构建具有创新价值，是整合中国与阿拉伯国家经贸合作机制的一种联结方式；以实践整合形成新的资源为手段对中国与阿拉伯国家经贸合作机制进行整合，有利于双边贸易的合作发展。

张吾乐（2020）以"一带一路"倡议为研究背景，从金融合作、政策保障、组织协调、智库支持、特区合作、媒体合作六个方面分析了中国与俄罗斯贸易合作机制的发展现状；从完整性、运行效率、多边合作机制的建设等维度分析了中国与俄罗斯经贸合作机制；从贸易合作机制、金融合作机制、投资合作机制三个方面入手，分析了中国与俄罗斯贸易合作机制存在的问题。张吾乐认为，要完善中国与俄罗斯经贸合作机制的路径，得从贸易合作、金融合作、投资合作、跨境经济合作试验区对接等方面进行创新，加强合作互动。

王学梅和李玲（2019）在公开发表的论文中阐述了合作机制的内涵及典型理论，分析了中国西藏自治区与尼泊尔经贸合作机制呈现出的特点及发展现状，指出双方的经贸合作机制尚未健全，双方发布的联合声明缺乏可操作性。他们建议，中国西藏自治区与尼泊尔在经贸合作机制的构建中，应互联互通，打造立体化经贸合作机制。

李惠、周树华和陈良辅（2018）梳理了南非共和国（简称南非）标准化战略发展的历史，分析了南非标准化的特点及中国与南非双边货物贸易的现状、特点及合作前景。他们认为，为了推动中国与南非双边货物贸易的发展，要建立双边贸易的标准化合作机制。

戴梦雪和李文贵（2015）认为，中国与印度在贸易合作的过程中，如何构建贸易合作长效机制至关重要，这是两国在贸易合作中要面对的重大问题。中国与印度在贸易合作中的优势都很明显，互补合作的机会很大，双方应构建高层定期会晤机制，建立双方工作日常联系机制，强化两国贸易摩擦协调机制的建立，同时双方要在服务贸易合作、贸易便利化等方面建立合作机制。

5. 双边贸易合作路径相关研究

唐魏（2020）以逆全球化为研究背景对中国-新西兰自由贸易区的贸易合作路径进行了研究。唐魏认为，双方应消除非关税壁垒，深化中国与新西兰海关部门的合作及口岸能力建设；应拓展经贸合作范围，如在服务贸易合作、新西兰的炼钢及农用飞机、中国的高铁等方面均可合作。通过文化、金融、教育等方面的合作提高贸易紧密度，有利于两国政府高层间和民间的深入交流。

马骏（2015）指出，优化中国新疆维吾尔自治区与中亚国家贸易合作路径，可以提升双方贸易合作水平，有利于助推丝绸之路经济带建设。马骏认为，中国新疆维吾尔自治区与中亚国家在贸易合作路径方面应加强创新。在贸易成本下降方面，应打造"现代丝绸之路"；在贸易合作的选择方面，应实现非均衡重点突破；在区域金融货币合作方面，应借助丝路基金和亚投行的力量。

史欣欣（2017）表示，建立"中蒙俄经济走廊"，可以塑造中国、俄罗斯、蒙古国三国互利共赢的亚洲主流战略态势，有利于中国、俄罗斯、蒙古国三国实现经贸合作共赢。想要建立"中蒙俄经济走廊"，一是要通过大力削减关税壁垒与非关税壁垒，降低三国之间的贸易摩擦；二是要在政经人文等方面加强交流，增进互信，寻求合作机会；三是要深化三国通商口岸的基础设施建设工作，为贸易合作筑牢基础；四是要在金融保险领域加强合作，共同打造产业园区和跨境经济合作区。

郑国富（2016）认为，中国与文莱达鲁萨兰国（简称文莱）在国际贸易合作方面有深化合作的基础和条件，但双方在贸易合作中的问题依然比较突出。双方应在"一带一路"倡议背景下，增强政治互信，加强高层互访，鼓励民间交流；在油气资源领域，秉持共享理念，深化产能合作；强化投资合作，以投资促进双边贸易发展；要借助地方经济主体的优势等。

张野（2014）指出，中国黑龙江省与俄罗斯的贸易结构不断优化，贸易合作效果显著。中国黑龙江省与俄罗斯贸易合作有利于振兴黑龙江省的老工业基地和经济腾飞。要加快创新贸易合作路径：一是在劳务合作方面，黑龙江省应发展"独立式"承包项目来解决俄方不履约问题；二是黑龙江省要建立对俄农产品基地，在贸易产业链延伸方面要注重资源整合，杜绝单纯的资源出口；三是在贸易投资合作方面，中国黑龙江省与俄罗斯应加强基础设施投资，加强金融业合作，共同设立边境大型银行。

（二）我国与东盟国家贸易相关研究

中国-东盟自由贸易区正式全面启动以来，中国与东盟国家的企业对话及合作不断加强，贸易与投资联系不断推进，各国的经济有了明显好转。随着中国-东盟自由贸易区不断升级，后续谈判制定的时间表和路线图逐渐明晰，将对地区经济发展做出积极贡献。经梳理发现，我国与东盟国家贸易的研究，主要有我国区域与东盟国家贸易相关研究、我国与东盟国家贸易结构相关研究、我国与东盟国家贸易关系相关研究、我国与东盟国家产业内贸易相关研究、RCEP 与中国-东盟贸易相关研究。

1. 我国区域与东盟国家贸易相关研究

董浩（2022）认为，海南省是中国与东盟国家经贸合作的重要战略纽带，他从贸易的整体和产品两个方面对海南省与东盟国家的贸易潜力进行了分析。董浩建议，海南省要主动作为，通过调整贸易结构、深化产业联动、不断提升开放型经济发展水平、加强贸易基础设施的建设等路径来优化海南省与东盟国家贸易合作。

信桂新、黄蕾和王凤羽（2022）回顾了中国重庆市与东盟国家贸易发展的历程，深入分析了中国重庆市与东盟国家贸易发展中存在的对外开放平台功能滞后等问题，建议重庆市要在交通、平台、产业、政策、城市配套等方面与东盟国家互通互融，精准发力，不断强化中国重庆市与东盟国家的贸易合作关系。

刘武强（2020）认为中国福建省与东盟国家贸易往来频繁，他深入分析了中国福建省与东盟国家经贸合作现状、问题及区域经济一体化下双方贸易合作的优势和劣势，建议福建省要因国而异选择不同的合作方式，加强资金、技术和人员的流动互通，重视贸易合作的基础设施建设，发挥各自资源优势，加强贸易互补。

韦万春（2021）在发表的关于中国广西壮族自治区与东盟贸易现状分析及展望的文章中，介绍了中国广西壮族自治区与东盟贸易的主要特点，分析了中国广西壮族自治区对东盟国家进出口贸易的有利因素，建议广西壮族自治区要以科技发展助推工业高质量发展，构建开放发展新格局，加快西部陆海新通道建设，以实现双方战略的有效衔接，通过贸易方式的创新和营商环境的优化促进广西壮族自治区与东盟国家的贸易合作。

史枫林和李毅（2018）认为，在我国与东南亚国家的贸易中，中国云南省与东盟国家的贸易不可小觑。他们发现云南省还存在经济结构单一、产品附加值低、与东盟国家产品相似度高等问题，建议云南省要加快产业结构升级，根据东盟不同国家的商品等点有针对性地开展进口贸易。

2. 我国与东盟国家贸易结构相关研究

姜彬和郑乐凯（2022）以全球价值链为视角，对中国与东盟的贸易结构进行了分析。研究结果显示，制造业增加值逐年增加且成为中国与东盟增加值的主要贡献来源，初级型和资源型行业占比逐年递减，知识型和资本密集型制造业已经成为我国出口东盟的优势产业，服务贸易规模虽小但增长明显。

朱婷（2019）以跨境贸易为研究背景，对中国与东盟国家的农产品贸易结构进行了深入分析。研究结果显示，在中国出口东盟国家的农产品中，多为低附加值的劳动密集型产品，且结构单一，国际竞争力弱。朱婷建议中国在与东盟国家开展农产品贸易时要增强农产品的国际竞争力，建立健全农产品贸易的营销战略体系，积极发展农产品跨境电商。

王鹏飞（2019）认为，在全球一体化、自由化背景下，中国与东盟国家的贸易结构不断向均衡化、多元化演进，建议中国要开展多领域投资合作，不断提升出口产品质量，优化营商环境，拓展多元市场，贸易方式组合多样化，大力发展高新技术产业，促进产业结构升级。

李星、王金波和佟继英（2018）基于14年的贸易数据，对中国－东盟的市场结构、产品结构等方面进行了实证分析。研究结果显示，中国－东盟商品的出口相似性较高，存在较强的竞争性。而中国在制造业的产品上具有竞争优势，东盟国家在矿产、农产品上具有竞争优势。他们建议，中国要强化基础设施建设，深化国际产能合作，健全贸易合作平台，促进优势互补，拓展多渠道融资。

张中元和沈铭辉（2017）采用了10多年的贸易数据，对中国－东盟自由贸易区对双边贸易产品结构的影响进行了分析。研究结果显示，中国与东盟各国之间存在较强的互补性，但也存在明显的竞争性，中国与东盟各国推出的相关政策促进了双边贸易的互补性，也降低了双边贸易的竞争性，提高了中国进口东盟各国商品的多样性。他们建议，中国要调整产业结构，促进双边贸易的互补性，加强与东盟国家贸易便利化和基础设施建设，加强行业精准对接，打造新的产业链，通过技术创新实现出口东盟产品的差异化和多样化。

3. 我国与东盟国家贸易关系相关研究

李鸿阶和张元钊（2021）分析了中国与东盟国家的双边贸易关系发展的新格局。双循环新发展格局有力促进了中国与东盟国家的双边贸易关系，在开发合作上表现为深层次、多领域，在产业链供应链上日益完善，在全球化理念上形成了命运共同体，在利益分配格局上构建了实体与虚拟经济良性循环体系。

王勤（2019）以全球价值链为理论基础系统研究了中国与东盟国家之间的贸易关系。研究结果显示，中国和东盟国家是全球价值链的重要节点，中国与东盟国家价值链贸易对双边贸易的平衡有一定影响，在中国与东盟国家的贸易中，中间产品占比较大。王勤建议，要构建中国企业主导的价值链，鼓励中国的核心优势企业到东盟国家办厂，牢固中国-东盟区域价值链，建立在东盟国家的经贸合作区以延长供应链，构建中国-东盟区域跨境产业链或供应链。

赵昌平、郑米雪和范厚明（2017）分析了1992年以来中国与东盟经贸关系的演变进程，对各阶段响应战略的效果进行了系统探讨。研究结果显示，1998年以来响应战略对双边的推动作用明显，有力推动了双边经贸关系，我国要利用在国际上的影响力与社会资本，加快升级中国-东盟自由贸易区建设，加强与东盟国家的经贸关系，掌控主动权。

朱妮娜、范丹和王博（2017）以"21世纪海上丝绸之路"为背景，深入分析了"21世纪海上丝绸之路"对中国与东盟国家经贸关系的影响。他们认为，直接投资、跨境结算、中国-东盟自由贸易区升级等都在一定程度上影响了中国与东盟的贸易关系，建议我国要把海上道路联通与货币流通结合起来，加强海洋运输合作，强化港口基础设施建设合作和区域货币合作。

谷合强（2018）介绍了"一带一路"背景下中国-东盟经贸关系发展的"平等协商""互助共建""开放共享"等新理念。在"一带一路"倡议的影响下，逐渐形成了"系统化工程""优势产业合作""战略对接"等中国-东盟经贸合作新平台，构建了"决策与对接""市场化运行""跨国联通"等中国-东盟经贸关系发展新机制。

4. 我国与东盟国家产业内贸易相关研究

郝大江（2020）结合海南自由贸易港建设实际，深入分析了中国海南省与东盟国家产业内贸易及联动问题。

耿献辉、魏晓宇和彭世广（2021）以2003—2018年中国-东盟双边贸易数据为基础，通过G-L指数（格鲁贝尔-劳埃德指数）与GHM指数分析了双边水果产业内贸易水平。研究结果表明，我国与泰王国（简称泰国）、菲律宾、越南、缅甸联邦共和国（简称缅甸）四国之间水果贸易的主要方式为产业内贸易，我国与其他东盟国家水果贸易的主要方式为产业间贸易，市场规模对水果产业内贸易具有正向影响，两国之间的距离、人均收入差距对水果产业内贸易具有负向影响。

陈红惠（2023）以2002—2018年中国与东盟能源贸易统计数据为研究基础，对中国与东盟能源产业内贸易进行了系统分析。研究结果显示，产业间贸易是中国与东盟能源产业内贸易的主要方式，中国与东盟各国之间能源产业内贸易水平差异较大，但产业内贸易的作用不大，经济规模差异等因素对双边能源产业内贸易具有抑制作用，对外开放水平、"一带一路"倡议等对双边能源产业内贸易具有促进作用。陈红惠建议，我国要深化改革开放，扩大能源市场规模，加强能源基础设施建设和能源金融合作，深化研发、培训、管理等方面的交流合作。

汪君瑶（2019）以2001—2017年相关贸易数据为基础，对中国与东盟制造业产业内贸易情况进行了深入分析，具体结论为：中国与东盟国家的GDP对各国产业内贸易结构升级的促进作用不大，人均GDP对产业内贸易的负面作用明显，地理距离对双边的产业内贸易影响不明显。汪君瑶建议，我国要与东盟国家加强贸易沟通与技术交流，不断提升生产技术，促进高技术产品的出口，提高贸易、文化开放度，不断促进开放型经济的可持续发展。

冯莉（2018）以1992—2016年中国-东盟贸易数据为基础，采用G-L指数、贸易引力模型分别测算了中国-东盟产业内贸易水平和影响中国-东盟产业内贸易的主要因素。结果显示，GDP、经济一体化、外贸开放度等对中国-东盟产业内贸易有促进作用，人均国民收入差距对中国-东盟产业内贸易有一定的抑制作用。冯莉建议，我国要鼓励对外直接投资，加大对东盟国家的贸易和文化开放力度，加大科技发展，优化产业结构，促进差异化产品发展，不断提升国际竞争能力。

林芳（2014）对中国-东盟产业内贸易现状进行了分析，对影响中国-东盟产业内贸易发展的人均收入水平、区位地理优势、外商直接投资（Foreign Direct Investment，FDI）、区域经济一体化程度等因素进行了论证，并从企业层面、政府层面分别提出了有利于中国-东盟产业内贸易发展的对策和建议。

5. RCEP 与中国-东盟贸易相关研究

崔晓天（2023）在发表的文章中介绍了RCEP的内涵及特点，分析了中国与RCEP成员国之间货物贸易的开放承诺情况，认为中国与RCEP成员国之间的货物贸易存在地方贸易保护、逆全球化等挑战，建议我国要借助RCEP政策优势，扩大货物贸易市场规模，完善产业链和供应链，以促进我国与RCEP成员国之间货物贸易的有效开展。

廖维晓和刘小玉（2022）以RCEP为研究背景，深入分析了中国-东盟服务贸易发展现状及发展趋势。研究结果表明，中国-东盟的人口和人才资源充足且呈增长趋势，区域内的大多数国家对RCEP是欢迎和接纳的，RCEP对于新冠疫情后的服务贸易发展效果显著。他们建议，在中国-东盟服务贸易发展方面要大力发展数字经济，加快产业互联互通，充分发挥中国区位优势，优化服务业营商环境。

李国庆、刘晓洁、张文秀等（2022）基于 2012—2020 年中国-东盟贸易相关数据，采用贸易引力模型对中国-东盟贸易的潜力进行了实证分析。他们建议，我国要加强 RCEP 内部的海上交通基础设施合作，提升班轮运输效率，高效利用共同边界，加快产业合作和产业转型升级，探索、创新双边贸易合作方式，深化金融开放合作，为中国-东盟贸易的发展拓展新思路。

魏靖楠（2022）在分析 RCEP 对中国与东盟双边贸易影响时以区域经济一体化理论为研究基础，通过全球贸易分析（Global Trade Analysis Project，GTAP）模型实证分析了 RCEP 对中国-东盟贸易的发展效应。魏靖楠建议，我国在与东盟国家开展贸易时要加快构建区域价值链，优化服务贸易产业结构，完善贸易配套设施，加大跨国公司之间的交流合作，助推中国-东盟国家贸易的可持续发展。

马子红和常嘉佳（2021）以 RCEP 为研究背景，基于 2009—2018 年中国-东盟服务贸易的基础数据，对中国-东盟服务贸易情况进行了深入分析。分析结果表明，中国服务贸易逆差较大，竞争力较弱，尤其在金融、保险、旅游方面东盟具有更强的竞争力。他们建议，我国要构建区域价值链，尽快实现从嵌入到主导的转变，要发挥贸易规模优势，在 RCEP 的有力推动下，实现服务贸易在品牌、创新等方面的突破，完善服务贸易基础设施建设，优化结构，发展多元化服务贸易业务。

（三）双边贸易实证研究

在中国知网搜索可知，截至 2024 年 5 月，有关双边贸易的实证研究有1000 多条结果，其中学术期刊 543 条，学位论文 596 条，会议论文 7 条，图书 2 条。可见，有关双边贸易实证研究的成果丰硕，研究内容基本成熟。经梳理发现，相关研究主要为双边贸易潜力相关实证研究、双边贸易效应相关实证研究、双边贸易影响因素相关实证研究、双边贸易成本相关实证研究、双边贸易关系相关实证研究五个方面。

1. 双边贸易潜力相关实证研究

陈立人、史明霞和王君艳（2023）基于 2014—2021 年中国-东盟国家电子电气设备贸易相关数据，采用扩展型贸易引力模型对中国-东盟国家电子电气设备贸易潜力进行了实证分析。研究结果显示，东盟国家的城市人口比例对双边电子电气设备贸易的影响是正向的，美元兑人民币的汇率对双边电子电气设备贸易的影响是负向的，我国与文莱、柬埔寨王国（简称柬埔寨）、印度尼西亚共和国（简称印尼）、老挝人民民主共和国（简称老挝）、缅甸等国家的贸易潜力大。他们建议，我国要不断提高人民币国际化水平，根据东盟各国的不同情况采取不同的贸易政策。

王筱娴（2023）基于随机前沿引力模型，对中国与 RCEP 成员国的贸易潜力进行了实证研究。结果表明，中越国际铁路通道、中缅通道的建设为双边贸易创建了互惠互通的基础设施环境，中国与 RCEP 成员国的贸易效率偏低，说明双边的贸易潜力仍然很大。王筱娴建议，我国与 RCEP 成员国开展贸易时要优化整合优势资源，对标国际最高标准科学政策规划，错位发展，不断提升国际竞争力。

关建波、潘银坪和曾华盛（2022）以"自然贸易伙伴假说"为理论指导，采用贸易密集度指数分析了国别差距与贸易联系程度、时间趋势与贸易联系变化情况及贸易合作潜力情况，并建议佛山市应与日本、韩国、泰国、马来西亚等国家加强高端制造业贸易合作，与菲律宾、新西兰、新加坡共和国（简称新加坡）等国家减缓高端制造业贸易合作。

杜晓燕（2021）选取了中国出口农产品的 14 个 RCEP 成员国，基于 1999—2018 年双边农产品出口数据，采用贸易引力模型对中国与 RCEP 成员国农产品出口贸易潜力进行了深入分析，并提出要积极拓展农产品出口贸易合作空间，完善相关法律规章制度，高效利用 RCEP 推动农产品出口贸易转型升级，积极探索农业生产改革创新，不断提升出口农产品国际竞争力，加大农产品出口规模。

张立杰和张亚飞（2019）通过实证分析认为，在中国对中巴经济走廊沿线国家的纺织服装贸易中，双方的 GDP 起到了正向影响作用。对比纺织品出口贸易和服装出口贸易可以发现，双方人口总量所起的作用有明显差异，人均收入差异对两者均有抑制作用。他们建议，我国要充分利用地理位置优势，鼓励规模以上企业在中巴经济走廊沿线国家投资办厂，发挥边界优势，降低服装出口贸易壁垒，提质升级，促进服装出口特色化、优质化，创建品牌，开拓更大的国际市场。

2. 双边贸易效应相关实证研究

谭砚文等（2024）创新性地提出了分析 CAFTA 农产品贸易效应的框架，并以 1995—2020 年中国与东盟各国农产品进出口数据为基础，分析研究了中国与东盟各国农产品的贸易效应。他们认为，CAFTA 对中国与东盟各国之间的农产品贸易影响显著，双边的农产品进出口贸易效应均呈持续扩张态势，双边的互补性越强，开放程度越大，越能激发双方农产品贸易的正面效应。中国自由贸易的开放水平的高低，决定着中国农产品进出口渠道的畅通程度。

蔡乌赶、邱溢梅和周瑜辉（2024）认为，境外经贸合作区是双边贸易的重要平台，其贸易效应的大小决定着中国贸易增长速度的快慢。他们从就业创造效应、制度优化效应和产业聚焦效应三个方面深入分析了境外经贸合作区对中国对外贸易的影响，以 2004—2020 年跨国数据为面板数据，结合多期双重差分模型（Difference-In-Differences Model，DID 模型）对中国境外贸易合作区的贸易效应进行了实证分析。其结论是，境外贸易合作区的贸易效应非常明显，有利于增加中国的贸易规模，建议要加快境外贸易合作区建设经验的复制和推广。

陈万灵、温可仪和陈金源（2024）以共建"一带一路"为视角，以 2010—2021 年中国 129 个城市的数据为基础，结合多期 DID 模型实证分析了国际陆海贸易新通道的贸易开放效应。得出的结论是：国际陆海贸易新通道的建设对相关城市的出口贸易有正面刺激效应，可以带动沿线欠发达城市的贸易开放程度，能和"一带一路"倡议共同促进中国贸易的开放。他们建议，中国要加快建设高质量国际陆海贸易新通道，并完善"一带一路"进口体制机制。

莫逊和刘爽（2023）为了研究对外直接投资（Outward Foreign Direct Investment，OFDI）出口贸易的结构效应，以 RCEP 区域整体为研究对象，结合 2008—2021 年中国与 RCEP 成员国的相关数据，采用贸易引力拓展模型，实证分析了中国对 RCEP 成员国 OFDI 出口贸易结构效应情况。研究结论认为，在 RCEP 成员国 OFDI 出口贸易结构上，中国具有正向影响作用，中国对 RCEP 成员国直接投资能够优化 RCEP 成员国 OFDI 出口贸易结构，高技术附加值商品的出口增加与 OFDI 规模的扩大有直接关系，市场寻求型和效率寻求型的 OFDI 叠加对中国出口贸易结构的优化作用明显。

熊永芳（2023）认为，跨境人民币的规模是在波动中上行的，主要决定因素有中国涉外贸易投资规模的逐步扩大、结算系统的升级换代、结算效率的不断提升、国际上对人民币的需求和信任程度提升、跨境电商的快速发展等。为了实证分析商品类别的跨境人民币结算的贸易效应，熊永芳以 2014 年 7 月—2023 年 6 月的季度数据为基础，建立了计量经济模型。实证结果显示，跨境人民币结算给中国进出口商品带来了积极效应，出口产品的类别不同，影响效应不同，地理方向对跨境人民币结算的贸易效应有着显著影响。熊永芳建议，中国要重视构建跨境人民币结算的保障体系，丰富人民币在国际经贸活动中的应用场景。

3. 双边贸易影响因素相关实证研究

佟禹霏（2023）认为，研究中国与拉美国家农产品贸易影响因素对促进中国与拉美国家的双边贸易意义重大，并以巴西联邦共和国（简称巴西）、墨西哥合众国（简称墨西哥）、哥伦比亚共和国（简称哥伦比亚）等 12 个主要拉美国家作为研究对象，结合 2002—2021 年中国与拉美国家相关贸易数据，采用贸易引力模型，实证分析了中国与拉美国家农产品贸易影响因素。研究结果表明，对中国与拉美国家农产品贸易有正向影响的因素有经济规模、拉美国家的人口数量、中国与拉美国家签署的自由贸易协定等，对中国与拉美国家农产品贸易有负向影响的因素有地理距离、税收等。

崔涛（2022）以"一带一路"倡议为背景，以 2000—2020 年中国与泰国贸易季度数据为面板数据，采用向量误差修正模型（Vector Error Correction Model，VECM）对影响中国与泰国贸易影响因素进行实证分析。结果显示，TO、GDP、LA、UR、PA、CA、GO、CO 等指标在中国与泰国的贸易中存在稳定协整关系，这些指标是影响中国与泰国贸易的重要因素。崔涛建议，中国要完善交通基础设施，加强与泰国的经贸政策协调，创新与泰国的贸易合作方式。

王情雨（2021）认为，服务贸易的重要性日益凸显，尤其是在经济全球化时代。为了对中国与韩国人员流动服务贸易的影响因素进行研究，王情雨以 2000—2019 年中国与韩国人员流动服务贸易相关指标数据为基础进行实证分析。结果显示：一是中国经济的规模、潜力，韩国外商对中国的直接投资等因素对中国与韩国人员流动服务贸易具有正向影响；二是经济危机事件、公共卫生事件等因素对中国与韩国人员流动服务贸易具有明显的负向影响。

彭虹（2020）为研究中国与"21 世纪海上丝绸之路"共建国家双边贸易影响因素，以国际贸易理论为指导，以南太平洋五岛国为例，以 2001—2018 年中国与南太平洋五岛国双边贸易流量的数据为基础，采用贸易引力模型进行了实证分析。结果显示：一是"21 世纪海上丝绸之路"倡议、经济发展规模对中国与南太平洋五岛国双方的贸易具有正向促进作用；二是中国对南太平洋五岛国的直接投资对双边贸易的创造效应明显；三是双方的距离对双边贸易具有负向作用。

陶章和乔森（2020）在公开发表的文章中指出，影响国际贸易发展的因素很多，物流绩效和贸易协定是尤其重要的因素。为了深入研究物流绩效和贸易协定对"一带一路"国际贸易的影响，他们在梳理研究文献的基础上，以2012—2018年"一带一路"共建国家中91个国家的物流绩效数据为基础，构建模型进行实证分析。结果显示：一是两国间签订贸易协定可以促进双方的贸易发展；二是"一带一路"共建国家的物流绩效指数值越大，越有利于中国的贸易发展，且"一带一路"共建国家的开放程度越高、人口数量越多，越有利于双边贸易；三是中国与"一带一路"共建国家之间的距离对双方的贸易有负面影响；四是构成物流绩效的六个要素中，除了清关程序的效率这一要素对双方的出口贸易业务产生负面影响，而其他五个要素对双方的出口贸易业务产生显著的正面影响。

4. 双边贸易成本相关实证研究

姚亭亭（2023）指出，数字贸易的发展离不开数据跨境流动限制性政策这一关键因素的影响。姚亭亭以关税等价为研究视角，在对贸易成本效应理论阐述的基础上，以2014—2017年27个国家的相关经验数据为基础进行了实证研究。研究结果显示：双边贸易实施的数据跨境流动限制性政策能够明显提升双边贸易成本，会对双边数字贸易进出口产生明显的阻碍作用。

潘泽毅（2022）认为，数字经济的快速发展能明显降低贸易双方的贸易成本。潘泽毅为了实证研究数字经济对双边贸易成本的影响，设定了计量模型，选取了21个变量指标，采用引力模型来测算贸易成本，得出了研究结论。一是数字经济的发展有助于降低双方的贸易成本，互联网的使用能有效降低双方的贸易成本；二是2010—2017年中国与主要贸易伙伴之间的贸易成本呈下降态势，但不同贸易伙伴的贸易成本下降幅度有差异；三是中国与中高等收入国家之间的贸易成本下降较为明显；四是中国与中高等、中低等收入国家之间的贸易成本下降幅度较小的原因是中国的开放程度提高，双边的经济、贸易往来更加便利；五是中国与贸易伙伴的制造业间的贸易成本呈逐年下降趋势。

黎新伍和黎宁（2021）在理论分析和研究假设的基础上，对贸易便利化和贸易成本进行了测度，他们采用传统引力模型和面板空间计量模型，实证分析了贸易便利化对双边贸易成本的影响及空间效应。研究结果显示：一是"一带一路"共建国家的贸易便利化水平与中国的双边贸易成本有着空间自相关关系，且不断变小，随时间的变化波动不大；二是双边贸易的成本有制度方面的、搜寻方面的、交易方面的、运输方面的和交流方面的，这些成本的下降，都归因于"一带一路"共建国家的贸易便利化水平的提升；三是市场准入对双边贸易成本的削减作用很大，且贸易依存度、对外开放程度、人口密度等指标越高，越能削减双边贸易成本。

胡前芳和林建（2017）为实证研究双边贸易成本影响因素，采用了间接成本测量方法，结合 2000—2010 年相关国家农产品贸易成本数据、制造业产品贸易成本数据、总产品贸易成本数据对影响双边贸易成本的显性成本和隐性成本进行了实证测量。结果显示：运输成本、自贸协定、基础设施便利程度、关税成本等显性因素是影响双边贸易成本的重要因素；国际贸易信贷、国家制度距离等隐性因素对双边贸易成本有重要影响。

张嘉洛（2022）认为，RCEP 的签署为国家之间的全球价值链合作提供了灯塔作用。张嘉洛在梳理相关理论的基础上，以 2007—2016 年中国与 RCEP 国家全球价值链参与度的数据为基础，对 RCEP 国家贸易成本对全球价值链参与度的影响进行了实证分析。分析结果显示：一是全球价值链参与度的提升与贸易成本的降低有直接关系；二是中国贸易成本对于全球价值链参与度影响也表现出一定的异质性；三是中国与绝大多数贸易伙伴之间的贸易成本变动对全球价值链参与度的影响是显著的。

5. 双边贸易关系相关实证研究

赵婧祎和李丽（2019）在分析中国与土耳其共和国（简称土耳其）贸易现状的基础上，依据《国际贸易标准分类》（Standard International Trade Classification，SITC），运用贸易流量指标，对中国与土耳其的贸易关系、产业贸易和主要市场的产品结构进行了实证研究。研究结果显示：中国与土耳其贸易联系是松散的，还有很大的合作空间；中国与土耳其在某些产业上有重合，存在较大的竞争关系；土耳其对中国出口的主要商品存在贸易壁垒，致使中国出口的商品在土耳其流通受阻，市场份额受限。

张梦婷（2019）在发表的文章中指出，中国与罗马尼亚的贸易发展步伐在不断加快，从双方贸易增长的贡献来看，广度边际大于深度边际。为了研究中国与罗马尼亚的贸易关系，张梦婷以 1992—2015 年中国与罗马尼亚的货物贸易数据为基础，从贸易平衡关系、贸易互补关系和贸易竞争与协作关系等方面进行了实证研究。研究结果显示：在中国对罗马尼亚出口的产品中，资本密集型产品的占比呈持续增长态势，资源密集型产品占比呈递减态势；

中国对罗马尼亚出口贸易的互补关系呈递增态势，罗马尼亚对中国出口贸易的互补性也是递增的，但递增程度较缓慢。

黄文学（2017）以比较优势理论为基础，详细梳理了中国与东盟经贸合作的历程与进展，基于1998—2015年中国与东盟贸易的相关数据，通过构建中国与东盟双边贸易关系模型进行了实证分析。实证研究结果为：中国与东盟有着高相似的比较优势，一方面致使双方的贸易关系既存在互补性，又存在竞争性，另一方面致使双方贸易的积极性不高，合作意愿降低，双边贸易的空间缩小。

樊秀峰和魏昀妍（2016）以"丝绸之路经济带"为研究背景，采用结构方程模型，基于2004—2013年中国与"丝绸之路经济带"上的核心国家相关数据进行了实证分析。研究结果显示：中国经济的快速发展与中国与"丝绸之路经济带"上的核心国家的贸易有一定关系，但离预期效果仍有差距。双方在贸易的过程中增加了二氧化碳的排放，对中国的生态带来了负面影响。

邹宗森、王秀玲和冯等丑（2018）为了研究第三方汇率波动是否会影响出口贸易关系，以1999—2015年中国与"一带一路"共建国家的贸易数据为基础，采用生存分析方法和离散时间模型进行了实证分析。分析结果显示：从出口贸易关系平均生存时间来看，中国与"一带一路"共建国家之间的平均生存时间较短，只有5.28年；中国与"一带一路"共建国家之间的出口贸易受第三方汇率波动的影响很大。

（四）海南自由贸易港相关研究

自2018年博鳌亚洲论坛提出"探索建设中国特色自由贸易港"以来，国内学者对海南自由贸易港相关研究的热度日益增加，研究成果领域越来越广。经梳理发现，有关海南自由贸易港的研究主要集中在海南自由贸易港制度集成创新、海南自由贸易港法律、海南自由贸易港营商环境、海南自由贸易港风险防控、海南自由贸易港对外经贸合作等方面。

1. 海南自由贸易港制度集成创新相关研究

郭永泉（2021）认为，在海南自由贸易港建设中，税收制度集成创新是关键工程，并建议海南省要在二线货物退税、征税、销售税的缴税人管理、税率税目和税收计征等方面进行制度创新。

陈剑超（2021）认为，自《海南自由贸易港建设总体方案》发布以来，海南省已形成的投资制度集成创新主要体现在市场准入、投资自由、公平竞争、产权保护等领域，但在并购领域反垄断、投资者与投资东道国纠纷解决等领域的短板依然突出，未来海南省要对标国际高水平投资协议，在金融开放、主动对接 RCEP 成员国对外投资等领域进行制度集成创新。

卢孔标（2020）认为，推进金融领域制度集成创新既可以夯实产业发展基础，也可以有效防控金融风险，建议海南省要重点在市场准入、跨境资金自由流动、金融产品服务、金融监管等领域进行制度集成创新。

陈雷（2020）在《今日海南》发文表示，人才是推动海南自由贸易港建设的第一资源，海南省要通过人才制度集成创新，营造识才、爱才、聚才、用才的良好氛围，关键要在人才引进、培养、流动、使用、激励等方面精准施力。

刘云亮（2022）认为，要推动法治创新，强化海南自由贸易港法治先行。刘云亮强调，在海南自由贸易港建设中，重点是要创新法治思维和探寻法治新方式，要加快推动自由贸易港司法创新。

2. 海南自由贸易港法律相关研究

王翚和李世杰（2023）在《南海学刊》发文表示，海南自由贸易港货物贸易自由化、便利化法律制度建设工作有了一定成效，下一步要借鉴国际先进经验，在国际贸易"单一窗口"、口岸管理条例修订等方面施力，进而推动海南自由贸易港货物贸易自由化、便利化法律制度建设工作的进一步创新。

夏君丽（2023）认为，海南省要借鉴世界有关知识产权保护法律的先进经验，在《海南自由贸易港法》的有力支持下，加快知识产权保护相关法律的本土化转化，构建相关制度集成体系和质押融资制度体系，健全协同保护体制。

刘锐（2022）分析了海南自由贸易港离岸金融法律监管的现实需求和必要性，阐述了海南省在离岸金融法律监管中存在的问题，建议在海南自由贸易港建设中要借鉴国际有关离岸金融法律监管的先进经验，从监管体系、模式、合作等方面发力。

童光政和赵诗敏（2023）在发表的关于论海南自由贸易港法规的开放属性文章中表示，海南自由贸易港法规在不同的层面体现着不同的开放属性，在宏观层面其立法思路是"法律移植＋本土化改造"，在中观层面其立法思路是普遍性借鉴与本土化变通并举，在微观层面其立法思路是"借鉴国际化经验＋契合现实的适应性调整"。

邓和军（2021）认为，《海南自由贸易港法》虽然对商事纠纷解决机制进行了规定，但仍然需要加强解释，因此建议加强海南自由贸易港商事纠纷解决机制方面的顶层设计。

3. 海南自由贸易港营商环境相关研究

陈林和周立宏（2020）认为，在中国特色自由贸易港的建设中营商环境建设是关键环节，他们提出了优化升级自由贸易港营商环境的具体路径，如港口基础设施建设的力度要加大，法律法规制度要不断完善，贸易和投资自由化、便利化要体现高水平，政府管理效率要加快提升，金融服务业要加快发展等。

王崇敏和曹晓路（2021）认为，海南自由贸易港创建一流营商环境的关键是法治，并建议海南省要围绕自由贸易港建设完善、创新地方立法，全面建立负面清单管理制度，创新纠纷化解和权利、知识产权保护制度，突出环境法治。

孟晗（2020）认为，国际一流自由贸易港必须配套国际一流的营商环境，但海南省当前的营商环境与自由贸易港的建设要求仍有较大差距，因此建议海南省进行体制创新，加强服务外贸外资，实行全流程监管，推动商事信息化改革。

蔡宏波和钟超（2021）认为，营商环境的重要保障是法治建设。他们通过对标国际最高标准和先进经验分析了海南自由贸易港的主要短板，建议海南省要注重信用体系和融资环境的建设，完善海南自由贸易港特色开放法律体系，尤其是要在信息化建设和国际人才服务管理制度建设方面大胆创新。

李灵卉等（2022）构建了绿色发展营商环境评价指标体系，采用熵值法对绿色发展营商环境情况进行了分析，建议海南省加强绿色技术创新资本投入，加快绿色产业发展，优化绿色城乡环境。

4. 海南自由贸易港风险防控相关研究

于涛和罗来军（2024）认为，进行重大风险识别和评估、构建风险防控体系事关海南自由贸易港全面深化改革开放全局，他们深入分析了当前海南自由贸易港面临的风险类型和特点，建议在海南自由贸易港建设中要防范监管风险、投资风险，严厉打击逃税避税行为，确保数据安全有序流动，引导房地产市场健康发展，保障生态安全。

于澄清和陈小华（2024）认为，风险防控是海南省建设自由贸易港的重要组成部分。他们分析了海南省历史发展中的风险防控教训，建议海南自由贸易港建设要加快建立海关监管特殊区域运行机制，协调好税制、资金、人员、数据流动与海关监管特区的关系。

文穗（2021）分析了建立海南自由贸易港离岸金融风险防范监管制度紧迫性和重要性，分析了离岸金融风险的类型及形成原因，建议在海南自由贸易港建设过程中，要创新现行的金融监管体制，加强离岸金融市场业务风险监控，完善离岸金融市场法律体系。

姜莉（2021）认为，海南自由贸易港建设要重视意识形态新风险，建议海南省构建有自由贸易港特色的意识形态管理模式，弘扬民族优秀传统文化，强化文化自信，加强与周边国家的政治互信，肩负起中国特色自由贸易港意识形态领域的新使命。

谢端纯（2023）认为，海南自由贸易港建设亟须加快构建跨境资金流动风险精准防控体系。谢端纯以四年数据为基础，对海南自由贸易港跨境资金流动风险预警能力进行了评估和分析，提出海南省要加快数据研判中心建设，夯实跨境资金流动数据基石，加强企业分级分类管理和跨境资金进入内地数字人民币的使用。

5. 海南自由贸易港对外经贸合作相关研究

甘露（2023）认为，服务贸易和数字贸易的融合发展至关重要，是全球经贸规则重构中的焦点问题。甘露通过对比三大国际贸易规则发现，海南自由贸易港服务贸易规则差距明显，建议海南自由贸易港建设要优化跨境服务贸易负面清单，加快推进外商投资规则的标准化和国际化，科学制定金融负面清单，积极融入数字贸易合作新规则，推进临时人员出入境规则标准化、国际化。

黄琳琳和贺小勇（2023）认为，海南自由贸易港经过三年的发展在跨境服务贸易方面已经积累了诸多经验，但有关负面清单的编制和监管还有待完善，建议海南省在跨境服务贸易上要进一步开放，对标国际完善负面清单编制工作，加强跨境服务贸易的法制保障，创新跨境服务贸易监管机制。

卢荔和陈大敏（2022）通过借鉴国内外先进经验，分析了海南自由贸易港进出口货物贸易统计制度存在的问题，就海南自由贸易港进出口货物贸易统计制度原则、统计范围和统计项目、统计数据来源和方法等方面提出了大胆设想。

彭兴智和张礼祥（2023）认为，海南自由贸易港的建设为南海区域经济合作发展带来了历史性机遇。他们分析了南海区域经济合作中的问题和挑战，并建议海南省要面向东南亚进行高水平对外开放，要利用好亚洲博鳌论坛招牌开展与东南亚国家的经贸合作，构建"南海经济合作圈"，加强与东盟国家的海洋经济联动发展。

李猛和胡振娟（2021）认为，海南自由贸易港的建设为农产品出口贸易和海南省农业现代化发展带来了历史新机遇。他们分析了海南省农产品出口贸易中存在的问题和挑战，在借鉴国际经验的基础上提出了海南省要增强水产品国际市场竞争能力，不断提升金融服务水平，加强农产品质量安全管理，增进国际交流与合作，加快探索农业高质量发展之路。

6. 海南省与东盟相关研究

洪一轩和黄文强（2019）认为，海南省要结合自身优势产业，同中国-东盟 FTA 国家的特定城市和区域建立示范区，尽快在自贸试验区搭建起针对不同国家、不同领域的合作平台，使海南自贸试验区真正成为国际合作平台。

邓卓鹏（2017）的研究显示，从中国海南省与东盟旅游合作的现状来看，区位、平台、人文地缘、产业和航线等是中国海南省与东盟旅游合作的五大优势。邓卓鹏提出，在推进"一带一路"建设的背景下，中国海南省与东盟应发挥各自的比较优势，创新旅游合作机制，充分利用琼籍华侨资源，实施差别化合作，加强邮轮合作和旅游教育合作。

综上所述，学者从双边贸易合作发展、我国与东盟国家贸易、双边贸易实证、海南自由贸易港相关研究等方面进行了多层次、多元化的深入分析，研究成果非常丰富，这些成果为学术界提供了很好的理论视角和分析参考。但从整体来看，有关我国区域与东盟贸易合作发展的研究碎片化、零星化现象比较突出，没有形成完整的理论体系，在建立健全学术体系上还有较大的进步空间。此外，学者对海南自由贸易港与东盟十国贸易合作发展方面的关注较少，且现有的研究缺乏对海南自由贸易港与东盟十国贸易合作发展的系统性分析。如今，海南省已吹响了深化改革开放的号角，在自由贸易港建设的战略支持下，中国海南省与东盟贸易合作发展成为海南自由贸易港建设的必由之路。因此，结合海南自由贸易港建设，分析中国海南省与东盟十国贸易合作发展的现状，准确找出中国海南省与东盟十国贸易合作发展的有效路径，是我们今后系统、客观研究的重要方向。

第二章 贸易合作与自由贸易理论基础

第一节 古典贸易理论

本节主要介绍亚当·斯密（Adam Smith，1723—1790）、大卫·李嘉图（David Ricardo，1772—1823）等的研究思想，阐述古典经济学者关于国际贸易理论的思想发展。由此从根本上探究国际贸易在经济发展中产生贸易利益的根本原因，并了解国际贸易模型如何一步一步突破理论局限。

早在古罗马和古希腊时代，国际间贸易与地区间贸易的思想已经出现。关于贸易的本质之一的分工思想最早由古希腊哲学家柏拉图（Plato，前427—前347）提出，他强调人有多方面的需求，但人生来只具备某种或几种才能，如果人们能够相互帮助，每个人都能比之前过得更好。随着社会的发展，人们开始使用货币作为交换媒介，进一步促进了贸易的发展。

一、重商主义学派的观点

重商主义对国际贸易的研究是对国际贸易经济学系统研究的开始。重商主义是一种代表资本原始积累时期商业资产阶级利益的经济思想和政策体系，在15—16世纪的英国、法国等，为适应资本主义生长中对货币积累和扩大市场的需要而产生。

重商主义强调国家对国际贸易的干预，追求贸易顺差和增加货币财富，积累重金属储备和增强国家财力。重商主义者认为通过保护性关税、出口补贴和垄断特权等政策，可以促进本国产业的发展。

早期重商主义者的思想被称为"货币差额论"，这一观点不强调货币输入与货币输出的完全一致，而是要求货币输入大于货币输出。货币差额论认为，国家的经济活动依赖于货币的流动。因此，重商主义者的目标是追求货币的积累。

"贸易差额论"在当今社会依旧非常有市场，衍生出了贸易保护主义、关税壁垒等禁止或阻碍进口的贸易理论和措施。在这种理论下，对外贸易被视为增加财富的主要手段，即国家应该采取措施增加出口并减少进口，以实现贸易顺差。

例如我国的"出口退税"政策，即我国的企业在商品出口时，海关将国内生产环节的增值税和流转环节的流转税退还给企业。为了鼓励出口，政府会提供各种形式的奖励，如出口补贴、减免运费、提供低息贷款以及开拓出口市场的补贴等。另一种策略是"进口替代"，即通过发展本国的工业，用本国生产的产品替代原先需要从国外进口的产品。这可以降低进口成本，促进本国工业化和经济发展。核心是通过保护本国市场和扶持本国产业，提高产业竞争力和自主创新能力，减少对外部经济的依赖。

晚期重商主义者特别重视"多卖少买"原则中的"多卖"部分。他们认为，为了迅速增加国家的财富，不仅要增加销售，还要大量购买。只有购买得多，才有可能销售得更多。因此，他们反对早期重商主义完全禁止进口的贸易政策，鼓励必要的进口，强调出口总额应大于进口总额，以实现更大规模的销售，从而为国家积累更多的财富。

晚期重商主义的代表人物之一是托马斯·孟（Thomas Mun，1571—1641），他的著作《英国得自对外贸易的财富》被视为重商主义的经典。然而，到了18世纪中期，亚当·斯密提出了自由贸易和市场自由化的思想，这与重商主义的政策形成了鲜明的对比。

二、亚当·斯密的绝对优势理论

亚当·斯密是古典政治经济学体系的建立者，他的理论像众多古典经济学理论一样建立在劳动价值论的基础上，并以分配论为中心，建立了经济分析框架。他认为，劳动是价值的源泉，价值量取决于劳动耗费。他提出了分工受市场范围限制的论断，并分析了市场、分工与生产力的关系。他还研究了货币起源和作用，批判了重商主义对外贸易作为财富唯一源泉的观点，认为国民财富增减取决于劳动生产率。

（一）亚当·斯密的自由贸易思想

亚当·斯密的自由贸易思想主要表现在对市场机制的推崇和对外贸易自

27

由化的主张。他认为，通过自由贸易，各国可以按照比较优势进行分工，实现资源的最优配置和经济的最大化发展。政府应该避免对贸易进行干预，让市场力量自发调节贸易，从而实现全球经济的繁荣和共赢。

他在《国富论》中用裁缝和鞋匠的例子来说明分工的重要性。他指出，如果裁缝和鞋匠集中精力各自做自己最擅长的事，即裁缝制作衣服，鞋匠制作鞋子，然后互相交换产品，这样可以比他们各自单独制作衣服和鞋子获得更多的利益。这是因为分工可以提高生产效率，使每个人能够更专注于自己的工作，减少浪费，提高技能和效率。

通过这个例子，亚当·斯密强调了分工对提高生产效率和增加国民财富的重要性，主张政府采取自由放任政策，让市场力量自发调节经济，实现最大经济效益。亚当·斯密认为各国之间技术和劳动生产率的差别是国际贸易的基础，生产成本和劳动效率的差异决定了各国在国际贸易中的比较优势。国际贸易的目的是提高生产效率和积累国民财富，因此亚当·斯密主张各国专注于具有优势的产业和产品，通过国际贸易实现资源最优配置和经济发展。

（二）绝对优势理论

亚当·斯密在《国富论》中提出了绝对优势理论。经济学家常常将许多不重要的变量假设为不变，并简化其他不影响分析的条件。绝对优势理论的基本假设包括以下几点。

（1）世界上只有两个国家，并且只生产两种商品。

（2）劳动力是唯一的要素投入，且每个国家的劳动力资源在某一给定时间都是固定不变的，具有同质性。

（3）两国在不同产品上的生产技术不同，且存在劳动生产率的绝对差异。

（4）劳动决定商品价值，所有劳动都是同质的。

（5）给定的生产要素（劳动）供给利用充分，并可以在国内不同部门间自由流动，但在两个国家之间不流动。

（6）规模报酬不变。

（7）所有市场都是完全竞争的，没有任何一个生产者和消费者有足够的力量对市场施加影响，他们都是价格的接受者，且各国生产的产品价格都等于产品的平均生产成本，没有经济利润。

（8）实行自由贸易，不存在政府干预或管制。

（9）运输费用和其他交易费用为零。

（10）两国之间的贸易是平衡的，因此不用考虑货币在国家间的流动。

基于以上假设可以得出，各国应该只生产并出口具有绝对优势的商品，这样可以将优势最大化，同时进口具有绝对劣势的商品，以此实现利益最大化。亚当·斯密还指出，衡量绝对优势的两个指标为生产某种产品的劳动生产率和相对成本。根据这一原则实行国际分工，并在此基础上进行贸易，可使参加贸易的国家均能获利，因而极力主张自由贸易。

（三）理论的局限性

绝对优势理论是贸易自由化的重要理论支撑。然而，该理论存在局限性，因为有些国家在各种产品上都不具备优势，但仍然可以参与国际贸易。亚当·斯密的理论无法解释这种贸易关系。

三、比较优势理论

大卫·李嘉图是亚当·斯密之后另一位著名的经济学家，他的贸易学说是整个经济理论的重要组成部分。

（一）大卫·李嘉图的贸易思想

大卫·李嘉图是英国古典政治经济学的完成者，他的经济思想对现代经济学和政治经济学产生了深远的影响。他与重商主义者的不同之处在于，他主张自由贸易和开放市场，而不主张保护关税和管制经济。他认为政府应该尽可能少地干预经济，让市场力量自发调节经济活动。他与亚当·斯密的不同之处在于，他更加注重劳动价值论，并强调劳动在创造价值中的作用。同时，大卫·李嘉图也更加注重国际贸易和比较优势，认为国际贸易是促进经济发展的重要因素。

在《政治经济学及赋税原理》这一著作中，大卫·李嘉图提出了比较优势理论，这一理论指出不仅"绝对优势"是国际贸易的基础，生产技术和成本的相对差异也能成为贸易的基础，并且这种情况更为普遍。

比较优势理论认为，国际贸易可以使每个国家获得比自己生产更多的产品，并因此增加国民财富。在两个国家生产两种产品的情况下，如果一个国家在生产某一种产品上具有绝对优势，而在另一种产品上处于绝对劣势，那么这两个国家之间仍有可能通过专业化分工和自由交换实现双赢。比较优势理论的基本原则是每个国家应集中生产并出口其具有比较优势的产品，进口其具有比较劣势的产品。这样可以使国家节省资源，提高生产效率，增加国民财富。该理论在更普遍的基础上解释了贸易产生的基础和贸易利得，大大发展了绝对优势理论。虽然比较优势理论也有一些局限性，例如其假设条件的现实性难以满足、对贸易利益的解释不全面等，但该理论仍然被广泛用于解释国际贸易现象和指导贸易政策。

（二）比较优势理论概述

比较优势理论侧重于两国生产技术的相对差异，而非绝对差异。根据大卫·李嘉图的观点，两国在生产与贸易中应遵循比较优势原则，即集中生产各自具有比较成本优势的产品，并进口具有比较劣势的产品。这样的自由贸易能使各国获得比自己单独生产更多的产品，进而提升国民财富。

那么怎么才能知道一国是否有生产某种商品的比较优势呢？

（1）用产品的相对劳动生产率来衡量。相对劳动生产率是不同产品劳动生产率的比率，或两种不同产品的人均产量之比。

（2）用相对成本来衡量。所谓相对成本，指的是一个产品的单位要素投入与另一产品单位要素投入的比率。

（3）用产品的机会成本来衡量。所谓机会成本，指的是为了多生产某种产品而放弃生产其他产品的数量。

（三）理论的局限性

比较优势理论是国际贸易理论的重要组成部分，它解释了国际贸易产生的原因和利益分配。然而，该理论也存在一些局限性。

首先，比较优势理论采用静态分析方法，忽略了世界经济的动态变化和开放性质。其次，该理论建立在严格的假设条件之上，如完全竞争市场、生产要素自由流动、无交易成本等。这些假设条件在现实中很难满足，限制了该理论的适用性和解释力。最后，比较优势理论忽略了技术进步和要素禀赋变化对国际分工和贸易的影响。这使该理论在解释新兴产业和要素密集度逆转等问题时显得力不从心。

第二节 新古典贸易理论

在国际贸易理论研究的历史上，古典学派第一次诠释了国际贸易产生的基础、各国如何生产和贸易及其影响因素。亚当·斯密和大卫·李嘉图在这个过程中的贡献极为重要。现如今以这些理论奠基的贸易理论依旧是经济全球化的重要依据。

古典贸易学是建立在古典经济学基础上的学科，同样以劳动价值论为假设前提。劳动价值论认为劳动是决定商品价值和成本的唯一要素。在技术不变的情况下，这种假设是符合现实的。但到了19世纪末20世纪初，资本主义社会的生产关系在工业革命之后发生了巨大变化，资本成为一种不得不考虑的生产要素。在此背景下，瓦尔拉斯（Léon Walras，1834—1910）、阿尔弗雷德·马歇尔（Alfred Marshall，1842—1924）等经济学家建立了新古典经济学框架。在新的经济学框架下，新的国际贸易理论应运而生。

一、新古典贸易理论的形成与发展

古典经济学和新古典经济学的主要区别在于生产要素理论。古典经济学认为只有一种要素投入对生产起决定性作用，而新古典经济学则根据新的假设认为模型中至少存在两种或两种以上的要素投入。新古典经济学另一个重要的假设即"边际效用递减"。

新古典经济学不仅从要素投入种类的增加上突破古典经济学"劳动价值论"的理论基础，还进一步发展到使用总体均衡模型体系分析贸易利得，进而建立起一套完整的国际贸易理论体系。

这两点突破具体阐述如下。

（1）古典贸易理论主要关注劳动这一单一生产要素，而新古典贸易理论则引入了多种生产要素投入的分析，从而更好地解释了现代经济中生产过程的复杂性和多样性。这包括要素生产率、要素价格以及它们之间的替代关系等。

（2）古典贸易理论主要关注贸易的静态影响，而新古典贸易理论则引入了动态分析，强调国际贸易与要素市场之间的相互影响和动态变化。这包括对商品市场、要素市场价格和供求关系的影响，以及要素市场的重新配置和国际收入分配等。

赫克歇尔（Eli Filip Heckscher，1879—1952）、俄林（Bertil Gotthard Ohlin，1899—1979）、里昂惕夫（Wassily Leontief，1906—1999）、萨缪尔森（Paul Anthony Samuelson，1915—2009）等学者在拓展、应用或检验新古典贸易理论方面做出了重要贡献。

二、赫克歇尔-俄林的主要贡献

赫克歇尔和俄林的主要贡献在于提出了要素禀赋论，亦称赫克歇尔-俄林理论或 H-O 理论。这一理论认为国际贸易的根本原因是各国在生产要素方面存在差异，而不是比较优势理论所强调的在生产成本方面存在差异。

根据要素禀赋论，一个国家生产并出口的产品应该根据要素禀赋的丰裕或者稀缺情况来确定。这是因为一个国家在其相对丰裕的生产要素上具有更高的生产效率，因此能够生产出成本较低、更有价格优势的产品。这样的贸易模式使各国的资源能够得到更有效的利用，从而提高整个世界的产出和盈利。

赫克歇尔和俄林进一步解释了国际贸易对生产要素价格的影响。他们认为，国际贸易会导致各国生产要素价格的均等化，因为各国在出口和进口不同产品时，各种生产要素的需求会发生变化，进而影响生产要素的价格。

常见的生产要素包括资本和劳动，而资本密集型和劳动密集型是要素禀赋论的两个重要概念。资本密集型的产业往往需要大量资本的投入，如钢铁工业。这种产业的特点是相对于资本投入，人力投入较少，投资回报周期较长。相比之下，劳动密集型产业则需要大量人力投入，如轻纺工业。这种产业的特点是投资较少，单位投资吸收的劳动力较多，劳动工具相对简单。通过了解这些特点，我们可以更好地理解不同产业在生产过程中的要素使用情况。

劳动充裕和资本充裕则是描述一个国家或地区在劳动力和资本方面的比较优势。劳动充裕意味着一个国家或地区拥有丰富的劳动力资源，而资本充裕则表示一个国家或地区拥有较丰富的资本资源。

三、要素禀赋论

（一）基本假设

世界上只有两个国家，生产两种商品，使用两种生产要素，即劳动和资本；劳动和资本在两个国家之间不能自由流动，但在两个国家内部可以自由流动，即可以自由地从一种商品生产转移到另一种商品生产中；两国的技术水平相同，即生产函数相同；两国对两种商品的需求偏好相同；商品市场和要素市场都是完全竞争的；生产要素在两个国家的生产中边际收益递减；没有运输成本和其他贸易障碍；两个国家各自充分利用其资源禀赋优势进行生产和贸易；两个国家的生产均未达到规模收益不变的阶段，即不存在规模经济利益。

（二）生产与贸易模式

要素禀赋论描述的生产与贸易模式主要基于各国在生产要素上的差异，其中，假设 A 是劳动密集型产品，B 是资本密集型产品，同时只有资本和劳动两种要素投入。

如果一国具备丰富的资本优势，那么该国在 B 产品的生产上具有比较优势，并因此成为该产品的生产出口国。如果一个国家相对丰裕的资源是劳动力，那么这个国家将在劳动密集型产品上具有比较优势，并成为该产品的出口国。

这种贸易模式的基础是一国在生产要素上的相对丰裕程度。通过出口具有比较优势的产品，各国能够最大化其生产效率，从而实现全球范围内的资源最优配置。

四、列昂惕夫之谜

要素禀赋论自提出以来，在揭示工业革命后的贸易产生原因和贸易模式方面起到了重要的作用，但是在一次实证研究中，这一理论遇到了挑战。

列昂惕夫是投入产出分析法的创始人，他在 1953 年和 1956 年两次对要素禀赋论的验证中得到了和预想不一样的答案。里昂惕夫想通过 1947 年美国的贸易数据对要素禀赋论进行实证检验，一方面，他想要证明要素禀赋论是正确的；另一方面，他想证明美国的生产和贸易模式的检验结果应该是符合人们普遍认知的，即出口资本密集型产品，进口劳动密集型产品。然而，里昂惕夫的实证检验结果和他的预测不同。这被人们称为"里昂惕夫之谜"。

根据赫克歇尔和俄林的观点，一国应该生产并出口那些生产要素相对充裕的产品，并且进口那些生产要素相对稀缺的产品。在当时，人们普遍认为，美国是一个资本相对充足，劳动力相对短缺的国家。按照预测，美国应该出口资本密集型产品，进口劳动密集型产品。然而，里昂惕夫所得出的实证检验结果显示，美国进口更多的是资本密集型产品，出口更多的是劳动密集型产品。

里昂惕夫的实证检验在国际经济学界引起了广泛的争议和讨论。一些经济学家认为，里昂惕夫的实证检验结果并不能证明要素禀赋论是错误的，由于受生产要素密集度逆转、需求逆转、贸易壁垒、技能和人才资源、自然资源等因素的影响，因此实证检验结果与理论预测不一致。他们认为，这些因素在解释国际贸易模式时应该得到更多的关注和研究。

另一些经济学家则认为，要素禀赋论本身存在问题，因为它建立在一些假设条件的基础上，这些假设条件可能与现实情况不符。例如，该理论假设生产要素在两国内部的流动是自由的，但实际上，许多国家的贸易政策会限制生产要素的流动。

从更深层次的分析可以看出，里昂惕夫并没有真正推翻要素禀赋论。经过后人的不断研究，一些重要的观点可以对里昂惕夫之谜做出主要的解释。

一是生产要素密集度逆转是指由于各国生产要素的相对丰裕程度不同，导致同一种产品在不同国家生产时所使用的生产要素比例不同。这种现象可能使一个国家的出口产品在另一个国家成为进口产品。例如，小麦在美国是资本密集型产品，而在非洲是劳动密集型产品。

二是关税和政府的其他贸易壁垒可能对国际贸易产生影响，导致贸易不平衡和逆差。关税是一种对进口商品征收的税，旨在保护国内产业和增加政府收入。然而，过高的关税可能导致贸易伙伴的报复性措施，对双方的经济都会造成负面影响。政府的其他贸易壁垒包括配额、进口许可证等限制措施，这些措施可能使某些国家的出口受到限制，从而导致国际贸易不平衡。

三是技能和人才资源也可能对国际贸易产生影响。每个国家都有自己独特的技能和人才资源，这些专长可能在某些产业或产品中得到更好的应用。

因此，不同国家的出口产品可能因为其独特的技能和人才资源而有所不同。

四是不同国家拥有不同的自然资源，这些资源可能对一个国家的出口具有重要意义。一些国家拥有丰富的矿产资源，而另一些国家则拥有丰富的农业资源。这种自然资源的不均衡分布可能导致国际贸易的不平衡，使某些国家的出口产品成为其他国家的进口产品。

为了更好地理解国际贸易的规律和机制，需要综合考虑多种因素的影响，并进行更深入的研究和探讨。

五、新古典贸易理论的局限性

新古典贸易理论的发展对于古典贸易理论起到了非常大的补充作用。尽管新古典贸易理论具有其合理性和实用性，但也有一些局限性。

1. 假设的局限性

新古典贸易理论基于一系列严格的假设，如完全竞争市场、生产要素的流动性等。然而，这些假设在现实世界中并不总是成立的。特别是考虑到现实中存在的政府干预、规模经济等现象，新古典贸易理论的适用性可能会受到限制。

2. 劳动生产率差异的假设

新古典贸易理论的基础是比较优势，这取决于劳动生产率的差异。然而，现实中除了劳动生产率之外，其他因素如资源、技术、市场规模等也可能对贸易产生重要影响。

3. 忽略发展中国家的情况

新古典贸易理论主要适用于发达国家之间的贸易。然而，发展中国家也在国际贸易中占据重要地位，其贸易模式和发展路径可能与新古典贸易理论不完全吻合。

4. 静态分析

新古典贸易理论通常侧重于静态分析，即假定生产要素分布和市场条件是固定的。然而，现实中的贸易模式和生产要素分布是动态变化的，这使静态分析可能无法完全捕捉到贸易的动态特征。

5. 政策制定的局限性

基于比较优势的贸易政策可能导致某些产业过度专业化，这可能增加经济脆弱性。此外，新古典贸易理论在指导政策制定时可能无法充分考虑非经济因素，如政治、社会和文化等的影响。

6. 技术进步的影响

新古典贸易理论未充分考虑技术进步对贸易的影响。实际上，技术进步是影响国际贸易的重要因素之一，它不仅改变了贸易的结构，还对全球经济的发展方向和政策制定产生了深刻影响。因此，在研究国际贸易时，必须将技术进步作为一个关键变量来考虑，以便更准确地理解和预测贸易模式的演变。

第三节　贸易便利化

新古典贸易理论延续了古典贸易理论的思路，主要关注的是劳动生产率的差异如何影响国际贸易的模式和利益分配，并进一步探讨了要素禀赋、技术差异等因素对贸易的影响。这两大理论都着重于从宏观角度解释贸易的原因和后果。

相比于前两者，贸易便利化作为一种降低贸易成本、提高贸易效率的措施，其目的主要是减少交易成本、促进贸易流量等，这与后来取得重大发展的新贸易理论关注的微观层面有一定的关联。由此可见，在全球化主导的浪潮中，贸易便利化这一顺应全球化的举措使学者的研究视角逐渐从宏观贸易理论转向微观贸易理论。

一、贸易便利化的定义

尽管不同的国际组织和学术机构对"贸易便利化"的定义存在差异，如世界海关组织侧重于简化海关程序，而联合国贸易和发展会议则更关注货物过境程序的简化，但在多数情况下，"贸易便利化"主要指减少买卖双方商品和服务在跨境流动过程中，由不必要的行政负担所引发的交易成本。这些交易成本在传统上被定义为商品跨越边境时因非关税壁垒而产生的直接成本，涵盖因港口和运输基础设施、口岸效率、清关程序等产生的成本。即各方共识认为，贸易便利化的核心在于减少贸易过程中的阻碍，促进商品和服务的顺畅流通。

随着贸易便利化议题讨论的逐步深入，贸易便利化的内涵也在不断变化。传统定义主要聚焦于港口效率、海关程序等"边境措施"的简化。随后，贸易便利化的内涵逐步拓展到信息和通信技术、合同执行和规章制度一致化等"边境后措施"，即一国国内商业环境的改善。经济合作与发展组织（Organization for Economic Co-operation and Development，OECD）进一步将贸易便利化的定义扩展到包括劳动力流动以及与货物流动有关的金融和服务等内容。联合国经济及社会理事会的定义则更为广泛，涵盖了政府规章和管制、企业效率、交通运输、信息通信技术、金融等多个方面。同时，"APEC 贸易便利化行动计划"对改进国内规章制度、商业道德建设和保障贸易安全等更广泛的商业便利化议题表示了关注，反映了贸易便利化议题讨论的广度和深度。这些不同的定义和关注点共同展现了贸易便利化内涵的多样性和发展性。

二、贸易便利化的评估

国际组织为评估各国贸易便利化水平，提供了不同的指标和指数。世界银行提出了营商指数和物流绩效指数。世界海关开发了"放行时间研究"，旨在考察货物放行所需的平均时间和每个环节的时长。亚太经济合作组织（Asia-Pacific Economic Cooperation，APEC）在《贸易便利化行动计划第二阶段最终评估报告》（2007—2010 年）中，选用了海关程序、标准与一致性、商务流动性和电子商务四类关键绩效指标。OECD 则在 21 世纪初发布了"贸易便利化指标"，该指标基于世界贸易组织（World Trade Organization，WTO）谈判文本中的 21 类便利化措施内容，并生成了包括 89 个变量的 12 大项指标，涵盖了信息可获得性、推进规则、程序、费用、单证格式、自动化、程序规范化、国际合作、国内合作、咨询、治理公正性等方面。WTO 贸易便利化委员会也制定了由 43 项指标构成的《贸易便利化自评指南》。《中国贸易便利化年度报告》（2016）便参照了这一指南。

三、贸易便利化的影响

虽然贸易便利化在理论上得到了广泛的支持，但一个国家是否推行贸易便利化改革，实际上取决于改革所带来的收益是否足以弥补其所需支付的巨额财政支出。对于财政资金有限的发展中国家来说，评估贸易便利化改革的成本与收益显得尤为重要。亚洲开发银行（Asian Development Bank）在 2013 年的调查研究中指出，实施贸易便利化措施会产生四项基本成本，即制度成本、规则和法律成本、设备和培训成本以及其他成本。为了准确估算这些成本，理想的方法是从已经实施的改革中提取成本资料进行核算。然而在多数情况下，贸易便利化改革只是广泛经济改革的一部分，资金通常不会被明确用于贸易便利化改革，而且缺乏专项评估，这使准确估算改革成本变得极为困难。

关于贸易便利化改革对国家福利、经济发展及贸易增长的影响，最初的文献研究主要集中在贸易的深度（贸易流量）方面。随着时间的推移，研究的范围逐渐扩展到了贸易的广度（贸易种类）方面。近年来，更多的文献开始深入探讨贸易便利化改革对一国（地区）产品、企业竞争力、产业转型升级以及在全球价值链中的地位等方面的影响，将研究视角提升到了一个新的层次。

第四节　新贸易理论

第二次世界大战后，国际贸易发生许多变化，传统的贸易理论无法或不能全部解释相关的现象或变化，新贸易理论得以发展。新贸易理论起初以实证的方法解释贸易格局，填补传统贸易理论的逻辑空白，后来发展成为以规模经济和非安全竞争市场为两大支柱的完整的经济理论体系。

新贸易理论突破了传统贸易理论中假设企业生产的产品具有完全竞争市场和规模报酬不变的局限，把产业组织理论和规模经济理论引入贸易模型中，重点研究企业异质性和规模经济对国际贸易的影响。新贸易理论还引入了内生增长理论，并把技术进步内生化，从而使贸易与增长的动态化研究取得了突破性的进展。

此外，新贸易理论还研究了各种因素（如不完全竞争、产品差异化、规模经济、技术变化等）对国际贸易的影响，这些因素在传统贸易理论中并没有得到充分考虑。新贸易理论还探讨了最优贸易政策的选择以及政府在国际贸易中的作用等。

一、当代国际贸易的发展

第二次世界大战之后，特别是 20 世纪 50 年代以来，国际贸易发生的变化主要有如下几点。

（一）同类产品之间的贸易量剧增

自 20 世纪 50 年代以来，随着全球化和经济一体化的加速，同类产品之间的贸易量大幅增加。这种现象在许多行业中普遍存在，尤其是在那些高度竞争和全球化的行业中。

同类产品之间的贸易量增加的原因有几个方面。

第一，随着生产技术的不断提高和生产成本的下降，越来越多的国家进入全球市场，与其他国家开展贸易。这使同类产品之间的竞争变得更加激烈，促使企业不断改进产品和服务，以满足消费者的需求。

第二，全球化和经济一体化的加速使贸易壁垒逐渐减少，因此同类产品之间的贸易变得便利。例如，关税和配额等贸易壁垒的取消使进口和出口变得更加便利，从而促进了同类产品的贸易。

第三，消费者需求的多样化和个性化也是同类产品之间贸易量增加的原因之一。消费者对于产品的需求不再是仅仅满足于基本的功能性需求，而是更加注重产品的品质、品牌和文化内涵等。这种需求的多样性促使企业不断推出新的产品和服务，以满足不同国家和地区消费者的需求。

（二）发达的工业国家之间的贸易量剧增

在第二次世界大战之后，发达的工业国家之间的贸易量大幅增加。这主要是因为这些国家拥有先进的生产技术和资本，以及高效率生产和市场营销的能力。这些因素使发达的工业国家之间的贸易变得更加密切和频繁。

那么为什么发达的工业国家之间的贸易量会增加？

一个重要的原因是这些国家之间的经济互补性很强。它们拥有不同的资源、技术和市场优势，在贸易中能够充分发挥各自的比较优势，实现资源的最优配置。

另一个原因是发达的工业国家之间的贸易也受益于全球化的发展。随着关税和贸易壁垒的逐步取消，贸易变得更加便利。跨国公司和国际投资的发展也促进了这些国家之间的贸易往来。

（三）产业领先地位不断转移

在第二次世界大战之后，科技不断发展，全球化也在加速，一些发达国家的产业领先地位逐渐被其他国家所取代。

那么产业领先地位为什么会不断转移呢?

首先,科技的不断进步和创新是推动产业发展的关键因素。随着技术的不断更新迭代,一些新兴市场在技术上逐渐赶超一些发达国家。这使它们在这些产业中逐渐占据了领先地位。

其次,全球化为新兴市场提供了更多的机会和平台。随着贸易和投资壁垒的逐步取消,新兴市场得以更深入地参与全球经济活动。它们充分利用自身的比较优势和资源优势,积极发展具有潜力的产业,从而实现了产业的升级和转型。

最后,国际合作和产业链的优化是产业领先地位转移的一个重要原因。一些国家通过国际合作,共同研发和推广新技术、新产品和新服务,提高了自身的产业竞争力。产业链的优化也使一些国家能够在某一环节上实现专业化生产和经营,提高了生产效率和产品质量。

二、不完全竞争和规模经济的国际贸易理论

(一)不完全竞争与国际贸易

在国际贸易中,不完全竞争是一种常见的市场结构,它与完全竞争市场结构有所不同。不完全竞争市场是指市场中的产品或服务存在差异,生产者对价格有一定的控制力,而不完全受市场供需关系调节。这种市场结构在现实世界中广泛存在,尤其是在一些垄断行业和寡头市场中。

不完全竞争对国际贸易的影响主要体现在以下几个方面。

1. 价格和质量的差异

在不完全竞争市场中,生产者可以通过控制产量和价格来获取更高的利润。这可能导致同一行业的不同生产者设定不同的价格和质量标准,从而在国际贸易中形成不公平的竞争优势。一些国家可能通过降低产品质量标准、降低生产成本等手段来获取价格优势,这对其他国家的生产者造成不公平的竞争压力。

2. 贸易限制和保护主义

由于不完全竞争市场中的生产者具有较强的市场控制力,他们可能采取贸易限制措施来保护国内市场,如关税、配额等。这些措施限制了国际贸易的数量和范围,导致全球贸易量下降、贸易成本增加、资源配置效率降低等问题。

3. 技术创新和知识产权保护

不完全竞争市场中的企业可能更注重技术创新和知识产权保护。由于产品存在差异，企业需要通过技术创新来提高产品质量和竞争力。同时，为了防止技术被模仿或盗用，企业可能会加强知识产权保护，从而对国际贸易中的技术传播和知识分享造成一定的影响。

（二）规模经济和国际贸易

规模经济和国际贸易之间存在密切的联系。规模经济是指在生产规模扩大时，单位产品的生产成本会降低，即生产效率会提高。这种现象在许多行业中普遍存在，尤其是在那些需要大量资本和技术的行业中。

规模经济对国际贸易的影响主要体现在以下几个方面。

1. 降低生产成本

规模经济的出现使企业可以通过扩大生产规模来降低单位产品的生产成本，进而获得竞争优势。规模经济的优势使一些国家在某些产业中具有较高的生产效率，从而成为国际贸易中的出口大国。

2. 提高产品质量

规模经济也促使企业不断改进技术和生产工艺，从而提高产品质量和降低生产成本。随着产品质量和生产效率的提高，企业能够更好地满足国际市场需求，提高出口额和市场份额。

3. 促进专业化分工

规模经济使一些国家在某些产业中拥有较高的生产效率，进而促使国际分工进一步深化。国家之间通过专业化分工，发挥各自的比较优势和竞争优势，共同实现资源的最优配置和经济的共同发展。

第一个使用规模经济和不完全竞争来分析当代国际贸易并建立起理论模型的经济学家是保罗·克鲁格曼（Paul R. Krugman）。在他之前，虽然有人认识到规模经济的作用，但没有人能够建立一个标准的模型来解释规模经济、不完全竞争和国际贸易之间的关系。克鲁格曼的理论不但深化了人们对国际贸易的理解，而且对政策制定产生了深远的影响。他的理论模型为政府决策提供了重要的参考。

三、产品生命周期理论

美国经济学家弗农（Raymond Vernon，1913—1999）根据产品技术变化的规律，分析了国际贸易格局的变迁，提出了"产品生命周期理论"，这一理论诠释了为什么各国具备不同产品不同时期的生产优势。

产品生命周期理论为企业提供了市场策略指导，使企业能够更好地理解产品生命周期的各个阶段，从而做出有针对性的市场策略。通过这一理论，企业可以判断产品所处阶段，预测未来趋势，进而调整营销策略。这也为企业跨国经营策略提供了指导，使企业能够保持比较优势。同时，该理论强调创新的重要性，鼓励企业持续投资研发，以保持竞争力。总体来说，产品生命周期理论在多个方面具有重要意义。

弗农认为，产品生命指市场的营销生命，典型的产品生命周期包括投入期、成长期、成熟期、衰退期。

1. 投入期

投入期指新产品刚刚进入市场的时期，此时消费者对产品还不了解，产品销售量增长缓慢。

2. 成长期

在增长期，产品在市场上已开始被广泛认识和了解，销售量迅速增长，增长速度加快。

3. 成熟期

在成熟期，产品已被大多数潜在购买者接受，销售量稳步增长，增长速度减缓，销售量达到顶峰。随着生产规模扩大和工艺成熟，生产成本继续降低，但市场竞争趋于激烈，因此产品利润经过高峰后，稳中有降。

4. 衰退期

在衰退期，产品在市场上处于过饱和状态，销售量急剧下降，利润大幅度下降。

产品生命周期与企业的区位决策、出口或国外生产决策均有联系。产品生命周期在不同的技术水平的国家里，发生的时间和过程不一样，其间存在较大的差距和时差。正是这一时差，表现为不同国家在技术上的差距。它反映同一产品在不同国家市场上竞争地位的差异，从而决定国际贸易和国际投资的变化。

产品生命周期与企业制定产品策略以及营销策略有直接联系。是营销人员用来描述产品和市场运作方法的有力工具。产品生命周期理论将企业的垄断优势与区位优势相结合，动态描述了跨国公司对外直接投资的原因。

四、需求决定的贸易模式

传统贸易理论主要侧重于供给端的研究，但是随着产品种类的增加和功能特点的多样化，越来越多的经济学家开始关注消费者的购买需求，从需求的角度入手研究贸易产生的基础。

（一）决定需求的因素

决定各国产品需求的因素是多方面的，其中包括实际需求、喜爱偏好和收入水平等。这些因素共同作用，影响着各国对产品的需求。

实际需求是决定产品需求的基本因素。它包括消费者对食物、衣物和住所等的需求，这些需求是人们生存和发展的基础，因此无论在哪个国家，这些需求都是相对稳定的。然而，由于地理位置、气候和资源等的影响，不同国家的人们对某些产品的实际需求也会有所不同。

喜爱偏好是影响产品需求的另一个重要因素。不同国家和地区的文化背景、风俗习惯等的不同，导致了人们对产品的喜好也存在差异。

收入水平是决定产品需求的另一个关键因素。人们的收入水平直接决定了他们的购买力，进而影响他们对产品的需求。一般来说，人们对于产品的需求会随着收入的增长而增长。然而，这也受价格弹性的影响，即产品价格的变化会导致需求的变化。对于价格弹性较大的产品，价格上涨可能会导致需求下降，而对于价格弹性较小的产品，价格上涨可能只会略微影响需求。

（二）收入变动产生的贸易

经济学家林德（S. B. Linder）关于收入变动产生贸易的理论，也被称为"林德定理"。这一理论指出，在一定条件下，当两国收入水平相对变化时，国际贸易会随之发生变化。

林德认为，由于消费者的偏好和收入水平在不同国家之间存在差异，因此即使两个国家生产的产品是相似的，它们也会因为收入水平的不同而产生贸易。具体来说，当一个国家的收入水平提高时，该国对高收入水平国家生产的产品的需求也会相应增加，从而增加对该国产品的进口；当一个国家的收入水平下降时，该国对高收入水平国家生产的产品的需求也会相应减少，从而对该国产品的进口减少。这一理论的基础是消费者偏好和收入水平的变化，它说明了国际贸易中收入水平差异对贸易的影响。

第五节　贸易自由化与区域经济合作理论

古典贸易理论和新古典贸易理论主要从宏观角度解释了贸易产生的原因和结果，强调了要素禀赋、技术差异等因素对贸易的影响。然而，贸易自由化作为一种政策导向，旨在减少或消除贸易壁垒，促进贸易的自由流动。这一内容与新贸易理论中对贸易障碍和贸易流量的关注有很紧密的联系。总体来讲，贸易自由化能够降低交易成本，扩大市场规模，从而进一步推动贸易的发展。

一、贸易自由化的发展背景与内涵

作为国际贸易领域的一个重要概念，贸易自由化的发展背景可以追溯到工业革命时期。随着生产技术的进步和生产力的提高，各国之间的贸易往来逐渐增多。然而，各种贸易壁垒的存在，如关税、配额、许可证等，使国际贸易受到了一定的限制。这种限制不仅阻碍了产品和服务的自由流动，也限制了各国经济的发展。因此，各国开始寻求减少贸易壁垒，推动贸易自由化的途径。

贸易自由化的内涵主要包括减少和取消关税壁垒、非关税壁垒以及消除国际贸易中的歧视待遇。它强调以市场为导向，通过减少政府干预，让市场机制在资源配置中发挥决定性作用。贸易自由化不仅包括货物贸易的自由化，还包括服务贸易的自由化。在贸易自由化的过程中，各国通过签订双边或多边贸易协定，逐步减少和取消关税和非关税壁垒，为进出口商品和服务提供更多的市场准入机会。同时，各国还致力于消除国际贸易中的歧视待遇，实现公平贸易。

不同程度、不同范围的贸易自由化实践，即区域经济合作从低级到高级可以分为五种形式：自由贸易区、关税同盟、共同市场、经济联盟和完全经济一体化。

（一）自由贸易区

自由贸易区描述的是两个或更多经济体，通过谈判达成协议后建立的经济一体化组织形态。这个组织形态具有两大显著特点：遵循原产地规则，这意味着只有原产地产品才能在这一区域内进行自由贸易；成员国在对待非成员国进口时拥有自主制定关税的权力。

自由贸易区在内部实现自由化，但在对待外部时则保持保护态度，形成对内自由、对外保护的鲜明差异。此外，自由贸易区还能产生多种效应，包括贸易创造、贸易转移、规模经济、竞争加剧和投资增加等。然而，与关税同盟不同，自由贸易区可能会引发"贸易偏转"效应。为了消除这种效应，自由贸易区实行了"原产地原则"。成员国可以自主选择对外关税，从而增加了与非区域成员的贸易往来。

（二）关税同盟

关税同盟是建立在两个或两个以上国家之间缔结协定、共同创建统一关境的基础上。在这个统一的关境内，成员国之间会相互减让或取消关税，而对从非成员国，也就是从关境外的国家或地区进口的商品实行统一的关税税率和外贸政策。关税同盟所带来的影响是多方面的，可以产生静态效应和动态效应。

静态效应主要体现在贸易创造效应和贸易转移效应上。贸易创造效应发生在成员国相互取消关税后，使原本在国内生产成本较高的产品转移到关税同盟中生产成本较低的国家进行生产，从而加强了成员国之间的贸易联系。而贸易转移效应则是在成员国相互取消关税后，部分成员国原本与非成员国之间的贸易关系转变为与成员国之间的贸易关系。

动态效应则主要包括规模经济效应、竞争加强效应和投资刺激效应等。其中，规模经济效应得益于成员国之间市场的相互开放，由此形成的一个更大的市场使各成员国能够根据自身的比较优势进行专业化分工，从而实现规模经济。

（三）共同市场

共同市场是一种区域经济一体化组织形态，它建立在成员国已经实现关税同盟目标的基础之上，进一步实现产品、资本及劳动力的自由流动。这种一体化组织形态要求两个或两个以上的国家之间达成某种协议，不仅追求共同市场的目标，还致力于成员国经济政策的协调。在共同市场下，成员国之间完全废除关税，对非成员国则实行统一的关税，从而实现产品市场和生产要素市场的一体化。在这种条件下，成员国的厂商能够根据需要最大限度地利用共同市场内的生产要素，充分发挥资源优势。然而，对于非成员国来说，这种一体化形式可能会使其在竞争中处于更加不利的地位，因为成员国与非成员国的待遇差距被进一步扩大了。

（四）经济联盟

在共同市场的基础上更进一步，经济联盟几乎在所有经济领域中建立起超国家协调管理机制。经济联盟不但要求成员国之间废除贸易壁垒、统一对外贸易政策，并允许生产要素自由流动，而且要求成员国制定一系列统一的经济政策。在货币金融方面，经济联盟追求协调甚至统一成员国的货币和财政政策。在此过程中，各成员国不仅放弃了干预内部经济的财政和货币政策以及保持内部平衡的权力，也放弃了干预外部经济的汇率政策以及维持外部平衡的权力。因此，经济联盟的建立意味着成员国在一体化进程中迈出了更大的步伐，不仅在产品和生产要素的自由流动方面取得了进展，还在超国家层面上建立了经济调节机构，以实现更高级别的经济协调与整合。

（五）完全经济一体化

完全经济一体化是区域经济一体化的最高级组织形态，也是区域经济一体化的最后阶段，主要是指在现有生产力发展水平和国际分工的基础上，两个及两个以上的国家通过协商，缔结政府间的条约，从而建立起多国的经济联盟。在这个多国经济联盟内，产品、资本和劳动力能够实现自由流动，不存在任何贸易壁垒。在该组织内，有统一的机构来监督条约的执行，同时实施共同的政策及措施。它标志着各成员国之间完全消除了产品、资金及劳动力等自由流通的障碍，在经济、金融、财政等方面实现了完全的统一。

二、贸易自由化的实践

不同国家与组织进行了各种贸易自由化的探索。

（一）世界贸易组织

作为贸易自由化最有代表性的成就和组织，自 1995 年成立以来，世界贸易组织（WTO）一直致力于推动全球贸易的自由化，并通过一系列协议和措施来消除贸易壁垒。贸易自由化不仅是 WTO 的核心目标，也是全球多边贸易体制的基础。贸易自由化意味着减少或消除阻碍国与国间产品和服务流动的壁垒，使全球资源得到更有效的配置，促进全球经济的繁荣。

在 WTO 成立之前，其前身关税与贸易总协定（General Agreement on Tariffs and Trade，GATT）已经开始致力于推动全球贸易自由化。从 1947 年的哈瓦那宪章到 1994 年的乌拉圭回合，GATT 通过多个回合的谈判，不断降低关税、减少非关税壁垒，为后来的 WTO 打下了坚实的基础。1995 年，WTO 正式成立，标志着全球贸易治理进入了一个新阶段。《马拉喀什建立世界贸易组织的协定》明确了 WTO 的宗旨和职能，即促进贸易自由化、保障贸易的公平和公正、为发展中国家提供特殊和差别待遇等。同一年，《服务贸易总协定》（GATS）生效，标志着服务贸易正式纳入多边贸易体制。GATS 要求成员方开放其服务市场，并对其他成员方的服务提供者给予国民待遇和最惠国待遇。紧随其后的《与贸易有关的投资措施协议》也于 1995 年生效，该协议旨在消除与贸易有关的投资措施对国际贸易的扭曲作用，要求成员方逐步取消与国民待遇和取消数量限制原则不符的投资措施。农业是贸易自由化的难点之一。WTO 通过《农业协议》推动成员方减少对农业的补贴和保护措施，在一定程度上逐步实现农产品的自由贸易。在知识产权领域，《与贸易有关的知识产权协定》旨在通过强化知识产权保护，促进技术创新和知识传播，进而推动贸易自由化。

WTO 的不断推进，使全球贸易自由化和规则制定取得了显著的成效。WTO 通过不断推动贸易自由化，减少了关税和非关税壁垒，为全球贸易增长提供了坚实的平台。

WTO 成立后，全球贸易总额持续增长，从 1995 年至 2023 年年均增长 5.8%，几乎增长了五倍。服务贸易的增长速度（6.8%）高于货物贸易的增长速度（5.5%）。

（二）欧洲联盟

欧洲联盟（以下简称"欧盟"）对于贸易自由化的推进可以视为其一体

化进程中的重要组成部分。贸易自由化不仅是欧盟内部成员国之间经济整合的关键，也是其对外政策的重要支柱。欧盟自成立以来，一直致力于消除成员国之间的贸易壁垒，推动商品和服务的自由流通。一系列条约和协议的制定，如《罗马条约》中的自由贸易原则、《单一欧洲法案》和《里斯本条约》等，都为欧盟内部的贸易自由化提供了法律基础。

为了进一步深化贸易自由化，欧盟还实施了多种政策和措施。例如，早在 1960 年欧共体就正式提出建立共同农业政策的方案，以消除农产品市场的扭曲，确保公平竞争；1968 年，欧共体推行了统一的海关税率，简化了进出口手续，降低了贸易成本。欧盟还积极与其他国家和地区签订自由贸易协定，以拓展其外部市场。这些协定不仅有助于欧盟商品和服务的出口，也为进口提供了更多选择，从而促进了全球贸易的自由化。

然而，欧盟在推进贸易自由化的过程中也面临诸多挑战。不同成员国的经济差异、产业结构和利益诉求可能导致在贸易政策上的分歧；外部贸易伙伴的政治和经济变动也可能对欧盟的贸易自由化战略产生影响，2020 年 1 月，大不列颠及北爱尔兰联合王国（简称英国）正式结束了其作为欧洲联盟成员国的身份，并开始了与欧盟的贸易关系谈判。英国脱欧事件对欧盟的贸易自由化发展产生了不小的冲击。

总的来说，欧盟在贸易自由化方面取得了显著成果，但也面临诸多挑战。未来，欧盟需要在平衡内部和外部利益的基础上，继续深化贸易自由化，以推动全球经济的繁荣和发展。

（三）《美墨加三国协议》

2020 年 7 月 1 日，在原《北美自由贸易协定》的基础上经过重新谈判而成的《美墨加三国协议》（也称"美国-墨西哥-加拿大协定"）正式生效。协议涵盖了制造业、劳工标准、环境保护等多个领域的规则，对三国之间的贸易和投资关系产生了重要影响。

《美墨加三国协议》在推动北美地区贸易便利化方面发挥了重要作用，《美墨加三国协议》通过简化贸易程序和减少行政障碍，促进了产品和服务的跨境流动。协定中的条款要求各方减少关税和非关税壁垒，降低进口和出口的成本和时间，从而提高了贸易效率。这对企业来说意味着更快的市场准入和更低的运营成本，对消费者来说则意味着更多的选择和更优质的产品。

在行政监管方面，《美墨加三国协议》在海关和监管合作方面加强了合作，推动了贸易的透明度和可预测性。协定中的海关程序规则要求各方加强信息共享和协调，提高海关通关效率。同时，通过加强监管合作，各方可以更好地确保贸易的合规性和安全性，减少不必要的延误和纠纷。

随着电子商务的崛起，数字贸易已经成为全球贸易的重要组成部分。《美墨加三国协议》在促进数字贸易的发展方面也做出了努力，《美墨加三国协议》通过制定相关的规则和标准，为数字贸易的发展提供了便利和支持，包括促进跨境数据流动、保护电子商务交易的安全和隐私，以及推动电子商务争端的解决等。

总的来说，《美墨加三国协议》通过简化贸易程序、加强海关和监管合作以及促进数字贸易的发展，为北美地区的贸易便利化提供了有力支持。这将有助于促进北美地区的经济增长和贸易繁荣，为企业和消费者带来更多的机遇和福祉。

（四）《跨太平洋伙伴关系协定》与《全面与进步跨太平洋伙伴关系协定》

《跨太平洋伙伴关系协定》（TPP）最初是由新加坡、新西兰、智利和文莱在 2005 年 7 月签署的。然而，该协定在 2015 年经过了多次谈判和扩容，最终由美国、日本、加拿大、墨西哥等 12 个国家达成，并在 2015 年 10 月公布了最终文本。但是，2017 年 1 月，唐纳德·特朗普（Donald Trump）上任后宣布美国退出 TPP。随即，剩余的 11 个亚太国家在 2017 年 11 月宣布将 TPP 改名为《全面与进步跨太平洋伙伴关系协定》（Comprehensive and Progressive Agreement for Trans-Pacific Partnership，CPTPP），并签署了该协定。CPTPP 在 2018 年 12 月正式生效。

关于亚太地区的经济合作方面，TPP 在贸易便利化方面起到了重要的推动作用。TPP 通过降低关税和非关税壁垒，促进了成员国之间的贸易自由化。这有助于减少贸易障碍，提高商品的流通效率，使消费者能够享受到更多样化、更低廉的商品。行政管理方面，TPP 推动了海关程序的简化和标准化。通过采用现代化的海关管理系统和技术，TPP 成员国能够更快速、更准确地处理进出口货物，减少通关时间和成本，提高贸易效率。监管方面，TPP 还注重加强成员国之间的监管合作和信息共享。通过建立共同的标准和规则，成员国能够更好地协调各自的监管政策，减少重复检测和认证，降低企业的合规成本。电子商务方面，TPP 极力推动数字贸易的便利化。通过制定相关的规则和标准，为跨境电子商务提供了更加清晰、透明的法律环境，促进了数据的自由流动和电子商务交易的便利化。

争端解决机制方面，TPP 还建立了高效的争端解决机制，为成员国之间的贸易纠纷提供了快速、公正的解决方案。这有助于减少贸易争端的发生，维护贸易秩序的稳定，为贸易便利化提供了坚实的保障。

（五）《区域全面经济伙伴关系协定》

在中国-东盟合作组织的基础之上建立的《区域全面经济伙伴关系协定》（RCEP）对于贸易便利化方面起到了重要的推动作用。RCEP 是一个由东盟十国与中国、日本、韩国、澳大利亚、新西兰和印度 6 个对话伙伴国共同参与的协定，并在 2022 年 1 月 1 日正式生效。

RCEP 通过一系列的成员合作协议，降低了关税和取消非关税壁垒，进一步实现了货物贸易的自由化和便利化。协定生效后，区域内 90% 以上的货物贸易最终实现零关税，极大地促进了成员国之间的贸易往来。RCEP 通过一系列的合作协定，简化了海关程序和贸易规则，提高了贸易效率。协定中的条款要求各方加强海关合作和信息共享，推动电子口岸建设，提高通关效率。这将有助于减少贸易障碍，缩短货物在途时间，降低企业运营成本。

RCEP 中的知识产权章节涵盖了专利、商标、著作权等多个领域，要求各方加强知识产权保护力度，打击侵权行为。这将有助于激发企业创新活力，推动技术进步，促进贸易的可持续发展。RCEP 还建立了高效的争端解决机制，为成员国之间的贸易纠纷提供了快速、公正的解决方案。这有助于减少贸易争端的发生，维护贸易秩序的稳定，为贸易便利化提供坚实的保障。

三、贸易自由化发展现状与阻碍

2008 年全球金融危机后，逆全球化思潮抬头，其中，贸易保护主义抬头趋势率先在美国等发达经济体显现，并逐渐扩散。随后，美国加快对华推行贸易保护政策，重新启用"301"调查、技术禁购等工具，再次引发市场对经济逆全球化风险的担忧。

（一）中美贸易摩擦

受贸易保护主义的冲击，单边主义阻碍了贸易自由化的发展，WTO 传统的三大支柱均不同程度地受到侵蚀，贸易谈判领域多个回合无果而终，争端解决领域的上诉机构停摆，贸易监督领域的通报义务履行情况不尽如人意。最具代表性的事件为，唐纳德·特朗普通过指示美国贸易代表使用一切手段向世界贸易组织施压，对"发展中国家地位"规则进行改革。唐纳德·特朗普认为，一些富裕经济体利用发展中国家身份获取好处，使一些 WTO 成员方在国际贸易中获得了不公平的优势，因此他要求 WTO 在 90 天内进行实质性的改革，否则美国将单方面采取行动，不承认一些国家的发展中国家地位。2018 年 3 月，美国宣布对进口钢铁和铝分别加征 25% 和 10% 的关税。2018 年7 月，美国开始对价值 340 亿美元的中国产品加征 25% 的关税，这些产品主要涉及科技、航空航天、信息和通信技术等领域。作为回应，中国随后宣布对同等规模的美国产品加征关税。2018 年年底至 2019 年年初，中美双方进行了多轮磋商，试图通过谈判解决分歧。2019 年 1 月，中美双方宣布暂时停止加征新的关税，并同意继续谈判。

总体来讲，中美贸易摩擦使全球化与贸易自由化深受影响。

（二）英国脱欧

英国脱欧是另一个对贸易自由化构成威胁的例子。2013 年 1 月 23 日英国前首相卡梅伦首次提及脱欧公投。2016 年 6 月，英国进行了全民公投，结果决定"脱欧"，这一决定震惊了全球金融市场，引发了广泛的政治和经济动荡。2017 年 3 月，英国女王伊丽莎白二世批准了"脱欧"法案，授权时任首相特蕾莎·玛丽·梅（Theresa Mary May）正式启动脱欧程序，这标志着英国正式开始了脱离欧盟的进程。2018 年 6 月，英国女王批准了英国脱欧法案，允许英国退出欧盟，这进一步推动了英国脱欧的进程。欧盟方面，2018 年 11月，欧盟除英国外的 27 国领导人一致通过了英国"脱欧"协议草案，这为英国脱欧提供了法律基础。2020 年 1 月 30 日，欧盟正式批准了英国脱欧，这标志着英国正式脱离了欧盟。

英国脱欧对全球政治、经济和安全格局产生了深远的影响，引发了广泛的关注和讨论。脱欧后的英国将面临许多挑战和机遇，如何应对这些挑战并抓住机遇，将是英国需要面对的重要问题。英国退出欧盟，导致欧洲政治和经济格局发生重大变化。脱欧后，英国与欧盟之间的贸易关系需要重新调整，这可能导致贸易壁垒的增加和贸易流量的减少。脱欧还引发了关于全球自由贸易和合作的争议，导致国际社会对于全球化进程的不确定性和担忧。

总的来说，贸易自由化是全球经济一体化和市场化趋势的必然结果。它不仅促进了产品和服务的自由流动，还推动了各国经济的发展和繁荣。但在金融危机影响与全球经济复苏疲软的大背景下，贸易自由化的步伐明显放缓。

第六节　投资自由化

作为企业国际化战略的重要组成部分，投资自由化是国际贸易理论从宏观层面转向微观角度、从国家与产业研究视角转向企业微观视角的重要理论方向。

一、投资自由化的含义

投资自由化的内涵是一个多层次、多维度的概念，涵盖了全球范围内对跨境资本流动限制的减少或消除，以及各国在投资领域合作的加强。这一进程不仅涉及经济层面，还涉及政治、法律、文化等多个方面。

从资本流动的角度看，投资自由化的核心在于促进资本在全球范围内的自由流动和有效配置。这意味着投资者可以更加自由地选择投资项目和地区，不再受到过多的限制和束缚。这有助于实现资源的优化配置和高效利用，推动全球经济的增长和发展。同时，投资自由化还有助于促进国际分工和产业升级，推动企业在全球范围内进行生产布局和资源配置，形成更加紧密的国际分工体系。

投资自由化也涉及政治和法律层面。在全球化背景下，各国之间的经济联系日益紧密，资本流动也呈现出跨国化的趋势。因此，加强国际投资规则的制定和完善，推动各国在投资领域的合作和对话，共同应对跨境投资面临的挑战和风险，是实现投资自由化的重要保障。这包括加强国际投资协定的谈判和签署，推动投资争端解决机制的完善，以及加强跨国投资监管合作等。

此外，投资自由化还涉及文化和社会层面。随着资本流动的加速和全球化的深入发展，不同文化之间的交流和融合日益频繁。投资自由化有助于推动各国之间的文化交流和相互理解，增进国际友谊和合作。同时，投资自由化也关注社会公正和可持续发展。在促进资本流动的同时，要保障劳工权益、环境保护和公共利益，实现经济发展和社会进步的良性循环。

二、投资自由化的发展现状与阻碍

投资自由化在全球经济中取得了显著的成绩，这一进程不仅促进了资本的跨国流动，还推动了全球资源的优化配置和国际经济合作。就全球而言，外国直接投资流量持续增长。根据联合国贸易和发展会议的数据，2021 年全球外国直接投资流量比 2000 年的增长了近一倍。这一增长表明，投资自由化极大地促进了资本跨国界的流动，为企业寻找更广阔的市场和更好的投资机会提供了便利。

从资源配置方面，投资自由化使资源能够更加高效地在全球范围内配置。以中国为例，改革开放以来，中国积极吸引外资，通过投资自由化政策，吸引了大量外资进入中国市场。这些外资不仅带来了资金，还带来了先进的技术和管理经验，促进了中国经济的快速增长。中国已成为外资流入最大的国家之一，中国在全球外国直接投资领域中占据重要地位。

投资自由化还促进了国际经济合作的深化。根据世界贸易组织的数据，截至 2023 年，全球已有上百个国家和地区加入了世界贸易组织的多边贸易体制，通过减少关税和非关税壁垒，促进了全球贸易的繁荣和发展。

但近年来受逆全球化的影响，投资自由化也面临一些挑战和风险。中美贸易摩擦是近年来全球范围内最引人注目的经济事件之一，直接影响投资全球化进程。

三、投资自由化与国际贸易的关系

投资自由化与国际贸易的关系密切而复杂，二者相互依存、相互促进，共同构成了全球化经济的核心部分。投资自由化推动了国际贸易的发展，国际贸易的繁荣也为投资自由化提供了广阔的空间和动力。

随着投资自由化程度的提高，跨境资本流动更加自由，企业可以更加便捷地在全球范围内进行投资和生产布局。这促进了国际分工的深化和产业链的延伸，使各国之间的经济联系更加紧密。企业通过在海外设立生产基地、研发中心或销售网络，能够更好地利用全球资源，提高生产效率和竞争力。投资自由化也推动了服务贸易的发展，使金融、保险、教育、医疗等领域的服务能够更加自由地跨境流动，为国际贸易的便利化提供了有力支持。

同时，国际贸易的发展促进了全球市场的形成和扩大，为企业提供了更多的商业机会和更广阔的发展空间。企业可以通过国际贸易了解市场需求、拓展销售渠道、获取优质资源，从而增强自身的竞争力和创新能力。这为企业在全球范围内进行投资和生产提供了动力，也促使各国政府更加重视投资自由化，为企业提供更好的投资环境和政策支持。

本质上来讲，投资自由化与国际贸易共同推动了全球化经济的发展。这种相互促进的关系使投资自由化与国际贸易在全球化经济中发挥着越来越重要的作用。

第七节　新新贸易理论

进入 21 世纪以来，全球贸易形式产生了一些新的变化，最突出的就是企业间外包贸易和企业内贸易的不断增加。在新的现实情况的基础上，国际贸易理论有了新的发展和创新。

新贸易理论主要关注产业间贸易，强调规模经济和不完全竞争市场的存在。它解释了为什么国家之间会进行产业间的贸易，并提出了产业组织决定企业在国际贸易中的表现的观点。相比之下，新新贸易理论则更加关注企业层面的贸易。它认为，企业之间的异质性决定了哪些企业会参与国际贸易。根据这个研究方向，新新贸易理论将关注点放在企业如何判断是否进行出口，以及企业在出口市场中的表现。它还解释了为什么有些企业会出口，而其他企业则不出口。

在以上探究的基础上，新新贸易理论还提出了"企业特定因素"的概念，这些因素决定了企业在国际市场上的竞争力。这些因素可能包括企业的生产率、产品质量、品牌形象等。由此可知，新新贸易理论更加注重企业的微观层面，而不是产业或国家层面。

一、新新贸易理论产生的背景

（一）企业间外包贸易不断增加

在全球化和信息化不断加速的背景下，企业间外包贸易已经成为全球商业领域中的重要现象。企业通过将非核心业务外包给其他企业，可以实现降低成本、提高效率、优化资源配置的目的，进而提升企业的竞争力。

据统计，全球企业间外包市场的规模正在持续扩大。据国际数据公司（IDC）预测，到 2023 年，全球企业间外包的市场规模持续扩大，特别是在信息技术外包、业务流程外包和知识流程外包等主要外包领域。同时，随着企业对于外包服务需求的不断增加，企业间外包贸易的形式也在不断演变。除了传统的生产制造环节外包，现在出现了多种形式的外包服务，如 IT 解决方案外包、人力资源管理外包、物流管理外包、财务外包等。这些形式的外包服务为企业提供了更加灵活和高效的管理方式，有助于企业更好地应对市场变化和竞争压力。

企业间外包贸易的地理分布也在不断扩大。过去，外包服务主要集中在发达国家，但现在，发展中国家也正在逐渐成为全球外包市场的重要力量。据统计，发展中国家在全球企业间外包市场中的份额正在逐年增加。中国的华为技术有限公司和印度的 Infosys、Tata Consultancy Services 等公司已经成为全球知名的外包服务提供商。

（二）企业内部贸易不断增加

当下国际贸易中另一个主要的现象就是企业内部贸易数量大幅增加，其作为一种特殊的贸易形式，近年来在全球范围内逐渐崭露头角。这种形式的贸易不仅有助于企业优化资源配置，还能帮助企业更好地应对全球经济环境的变化。尤其在一些大型跨国公司，企业内部贸易占其总贸易量的比例在不断上升。企业内部贸易已经成为全球贸易的重要推动力。

通过内部贸易，企业可以将资源集中于核心业务领域，实现更高效的资源配置和利用。企业内部贸易有助于跨国公司实现各子公司和部门之间的协同效应。通过内部贸易，企业可以更好地协调各业务单元之间的活动，实现技术、知识和资源的共享，从而提高整体竞争力。同时在日渐复杂的国际环境下，企业内部贸易有助于跨国公司应对外部市场的不确定性，能够帮助企业更加灵活地应对市场变化，降低外部风险，强化品牌和知识产权保护，进一步来说，企业内部贸易有助于跨国公司保护自己的品牌和知识产权。通过内部贸易，企业可以更好地控制产品质量和品牌形象，防止假冒伪劣产品的出现，从而维护企业的声誉和利益。

企业内部贸易的主要类型有以下 3 种：

（1）垂直型，这种类型的企业内部贸易涉及跨国公司内部上下游之间的产品和服务交换。例如，原材料供应商与其加工制造商之间，或生产商与其销售部门之间的贸易。

（2）水平型，这种类型的企业内部贸易涉及跨国公司内部相似的产品或服务之间的交换。例如，同一制药公司的不同生产部门之间的药品交换。

（3）混合型，这种类型的企业内部贸易同时涉及垂直型和水平型的企业内部贸易。例如，某跨国石油公司既进行原油与提炼产品的交换，也在不同的石油产品部门之间进行产品交换。

二、新新贸易理论的主要观点

2003 年经济学家马克·梅利兹（Marc J. Melitz）发表了一篇名为《贸易对产业内重新配置和产业总量生产率的影响》的论文。他深入分析了当代国际贸易理论的成果，着眼于异质性企业的贸易模型，并且借用动态产业分析的方法，在一般均衡框架的基础上进一步对克鲁格曼的垄断竞争贸易模型进行了发展。由此将贸易理论的研究触角深入企业层面，奠定了新新贸易理论发展的基础。

梅利兹的主要贡献在于他将企业生产率的差异纳入垄断竞争模型中，为贸易理论研究开辟了新的领域。他提出，只有生产率较高的企业会选择出口，而生产率较低的企业仅在国内销售。贸易自由化会导致生产率最低的企业被迫退出市场，引起行业内资源再分配，从而提高整个行业的平均生产率。此外，他还发现企业生产率与其收益呈正相关，企业的收益和利润等指标与企业加权平均生产率和企业数量之间存在一定的函数关系。因此，梅利茨的研究对于理解贸易自由化对企业和行业的影响具有重要意义。

三、企业异质性与国际贸易

企业异质性是当今国际贸易领域的一个重要概念。它强调企业在生产效率、技术水平、管理能力等方面的差异，这些差异直接影响了企业在国际市场上的竞争力和贸易行为。

自选择效应在企业异质性与国际贸易的关系中起着重要作用。自选择效应是指企业在国际市场上根据自身的比较优势进行自我选择，进而在贸易中获得更大的利益。具体来说，生产效率高、技术先进、管理出色的企业，在国际贸易中更具有竞争优势，更倾向于主动选择出口。这些企业在国际市场上能够更好地满足客户需求，提高产品附加值，从而获得更高的利润。而生产效率较低、技术落后和管理水平较弱的企业，则可能因为不具备竞争优势而选择不出口或者较少参与国际贸易。这种自选择效应有助于提高整个行业的生产效率和国际竞争力。

出口学习效应也是企业异质性与国际贸易关系中不可忽视的一环。出口学习效应是指企业在出口过程中通过不断学习、模仿和创新，提高自身的技术和管理水平，进一步增强竞争优势。这种效应尤其对于那些起初不具备明显竞争优势的企业尤为重要。通过出口，企业可以接触到更广阔的市场和更多的客户反馈，从中获取更多的信息和知识，不断改进产品和服务质量。同时，出口学习效应还能促使企业更好地适应国际市场变化，提高快速响应能力，从而在国际竞争中占据更有利的位置。

由此可知，企业异质性与国际贸易之间的关系是复杂而多元的。自选择效应和出口学习效应作为其中的重要组成部分，对于理解企业参与国际贸易的动机和行为具有重要意义。为了更好地应对全球化，企业需要不断提高自身的生产效率、技术和管理水平，积极参与国际贸易，通过不断学习和创新来增强自身的竞争优势。同时，政府和相关机构也应该为企业提供更多的支持和指导，创造更加良好的外部环境，推动企业不断提高国际竞争力。

四、多产品企业贸易理论演进

随着全球经济的不断发展和市场竞争的加剧，越来越多的企业开始涉足多种产品或服务的生产和销售。这种多产品企业的贸易演进不仅仅是数量上的增加，更涉及产品转换和资源重置等深层次的变化。

产品转换在多产品企业的贸易演进中起着至关重要的作用。产品转换指的是企业从一个产品领域进入另一个产品领域，或者对现有产品进行升级或改良。这种转换可能源于市场需求的变化、技术进步或政策调整等因素。通过产品转换，企业能够拓展新的市场空间、满足消费者多样化的需求，或者提高自身的技术水平和附加值。例如，随着环保意识的增强和技术的进步，许多传统制造企业开始涉足清洁能源或绿色产品的生产和销售，实现产品的绿色转型。

然而，产品转换并非易事。企业在进行产品转换过程中需要面对一系列挑战，如技术瓶颈、市场不确定性、政策风险等。因此，企业在产品转换时需要充分评估自身实力和市场环境，制订科学合理的战略和计划，确保产品转换过程的顺利进行。

资源重置是多产品企业贸易演进的另一个重要方面。资源重置指的是企业根据市场变化和战略调整的需要，重新配置内部资源，包括人力、物力、财力等。在多产品企业中，资源重置可以帮助企业优化资源配置、提高资源利用效率、降低成本，从而更好地应对市场竞争。例如，企业在涉足新领域时，可能会对原有的生产设施、研发团队或销售渠道进行调整和优化，以更好地支持新产品的生产和销售。

同时，多产品企业的贸易演进是多因素共同作用的结果。在全球经济不确定性和市场竞争加剧的背景下，企业需要灵活应对市场变化，积极进行产品转换和资源重置，以实现可持续发展。另外，政府和社会各界也应该为企业提供必要的支持和指导，创造良好的外部环境，推动企业不断创新和发展。

五、新新贸易理论的研究方向和发展趋势

在新新贸易理论的发展方向和趋势中，结合当下企业发展实际，具有较高研究价值的问题包括需求偏好、产品组合与异质企业，要素禀赋、规模经济与异质企业，以及不完全契约、企业组织结构与异质企业等。这些领域的研究有助于企业更好地理解国际贸易的动态变化和企业的竞争策略，为政策制定和企业决策提供有益的参考。

（一）需求偏好、产品组合与异质企业

在新新贸易理论的框架下，企业的异质性主要体现在需求偏好、产品组合和生产效率等方面。随着全球消费者需求的多样化和个性化，企业需要根据市场需求调整产品组合，以满足不同消费者的需求。那么如何根据需求偏好和产品组合的动态变化，优化企业的生产和出口策略？如何利用异质企业的差异化竞争优势，实现资源的最优配置？这些将是未来企业有待解决的问题。

未来的研究将进一步探索需求偏好、产品组合与异质企业之间的内在联系，以及如何利用市场细分和差异化战略提升企业的竞争力。此外，随着数字经济的崛起，消费者行为和需求偏好的变化将为企业提供更多洞察市场和制定战略的机会。

（二）要素禀赋、规模经济与异质企业

要素禀赋是新新贸易理论中的一个关键概念，它涉及企业的资源投入和生产效率。规模经济则是企业在生产过程中的一种经济效应，有助于降低生产成本和提高市场竞争力。那么如何利用要素禀赋和规模经济的优势，提升异质企业的生产效率和竞争力？如何通过国际合作和资源整合，实现要素禀赋的优化配置？为了解决这些问题，我们应该更加关注技术创新和数字化转型对要素禀赋和规模经济的影响。

六、新新贸易理论的局限性

新新古典贸易理论作为新贸易理论或新古典贸易理论的延伸，主要关注企业的异质性和市场结构对国际贸易的影响。尽管新新古典贸易理论为我们理解企业贸易行为提供了新的视角，但它也存在一些局限性。

（一）遗漏变量问题

新新古典贸易理论可能无法完全解释所有影响企业贸易决策的因素。例如，它可能忽略了政治、文化、制度等方面的因素，而这些因素在现实世界中可能会对企业的贸易行为产生重要影响。

（二）假设与现实偏离

新新古典贸易理论的某些假设可能与现实情况不符。例如，理论通常假设企业是同质的，但现实世界中企业之间存在许多异质性特征，如资源分配、管理能力等。

（三）政策制定的限制

尽管新新古典贸易理论为政策制定提供了许多有益的见解和建议，但它可能无法完全指导政策制定者制定具体的贸易政策和措施。政策制定通常需要考虑更广泛的因素，如政治、社会、经济等方面的利益和挑战，而理论可能无法全面地解决这些复杂的问题。

（四）对发展中国家的适用性问题

新新古典贸易理论主要基于发达国家的情况进行研究。然而，发展中国家的市场结构、企业特征和资源分配可能与发达国家存在显著差异，这可能影响理论的适用性。

（五）动态性和不确定性的忽视

新新古典贸易理论在解释企业贸易行为时，通常注重静态分析，而现实世界中的贸易决策往往是动态的，并受到各种不确定因素的影响。例如，企业可能无法完全预测未来的市场需求、技术变化或政策调整，这可能导致其贸易决策存在风险和不确定性。

通过上述分析，尽管新新古典贸易理论为我们理解企业贸易行为提供了新的视角和工具，但由于其假设、方法和适用范围的局限性，在某些情况下可能无法完全解释现实的贸易现象。因此，在应用该理论时，应充分考虑其适用性和限制性，并结合其他理论和实证研究来全面理解贸易现象。

新新贸易理论作为现代国际贸易理论的前沿领域，其研究方向和发展趋势具有重要意义。通过深入探索需求偏好、产品组合与异质企业、要素禀赋、规模经济与异质企业以及不完全契约、企业组织结构与异质企业等方面的内在联系和影响机制，有助于为企业制定全球化战略提供理论支持和实践指导。

第三章　东盟及东盟十国概况

第一节　东盟的形成及发展

东盟，全称为东南亚国家联盟（Association of Southeast Asian Nations, ASEAN），是一个由东南亚的十个国家——印尼、马来西亚、菲律宾、新加坡、泰国、文莱、柬埔寨、老挝、缅甸和越南构成的区域一体化组织。自 1967 年成立以来，已成为推动区域合作与发展的重要力量。2022 年 11 月，东盟原则上同意接纳东帝汶为第 11 个东盟成员国。

从地理位置来看，东盟位于亚洲和大洋洲之间，连接印度洋和太平洋，马六甲海峡是这个"十字路口"的"咽喉"。东盟是世界上经济发展最有活力和潜力的地区之一。

从经济和市场地位来看，截至 2022 年年末，东盟人口超 6.79 亿人，是世界第三大人口集团，是全球第五大、亚洲第三大经济体，还是世界第四大进出口贸易地区和发展中国家吸收外国直接投资的主要地区之一。东盟已日益成为世界各领域合作的参与者和重要力量。

从政治影响来看，东盟是维护地区和平与稳定的重要力量，积极参与多边合作机制，如二十国集团（Group of 20，G20）、APEC、亚欧会议等。东盟还牵头举办了东亚合作领导人系列会议，包括中国-东盟（10+1）领导人会议、东盟与中日韩（10+3）领导人会议、东亚峰会等，吸引了世界多个国家的参与。

从营商环境来看，根据世界银行发布的《2020 年全球营商环境报告》和瑞士洛桑国际管理发展学院发布的《2022 年世界竞争力年报》，东盟成员国中除新加坡的营商环境排名比较靠前，其他国家的营商环境排名在中后。东盟整体营商环境状况还有待改善和提升。东盟十国营商环境状况如表 3-1 所示。

表 3-1　　　　　　　　　　东盟十国营商环境状况

国家名称	《2020 年全球营商环境报告》		《2022 年世界竞争力年报》	
	得分（分）	排名	得分（分）	排名
新加坡	86.2	2	98.11	3
马来西亚	81.5	12	68.79	32
泰国	80.1	21	68.67	33
印尼	69.6	73	63.29	44
菲律宾	62.8	95	54.66	48
越南	69.8	70	—	—
文莱	70.1	66	—	—
老挝	50.8	154	—	—
缅甸	46.8	165	—	—
柬埔寨	53.8	144	—	—

注：《2022 年世界竞争力年报》未衡量越南、文莱、老挝、缅甸和柬埔寨的经济竞争力。

东盟的诞生源于这些国家对于经济合作与政治安全的共同需求。在冷战期间，该地区经历了剧烈的地缘政治动荡。为了应对外来压力，提升区域内的稳定性，并在国际社会中以单一声音表达共同利益，东南亚国家决定联合起来成立东盟。这一决策反映了它们追求独立自主、增强集体身份以及促进地区和平与繁荣的坚定意愿。

随着全球化的加速发展，东盟成员国之间的相互依存性日益增强。为了应对全球市场的挑战，并充分利用区域一体化的优势，东盟逐步建立起一系列合作框架。其中最为人熟知的便是"东盟自由贸易区"（ASEAN Free Trade Area，AFTA），它旨在减少东盟成员国间的贸易壁垒，促进货物和服务的自由流通。

除了经济领域外，东盟还注重社会文化的交流与合作。东盟成员国通过教育、艺术、体育等领域的合作，加深了彼此之间的了解与友谊，也推动了多元文化的融合。同时，东盟还致力于推动区域间人权和社会福利的提升，以实现可持续发展的目标。在国际关系方面，东盟采取了一种独特的区域主义途径，即"东盟方式"。这种方式强调非正式性、共识决策和非干涉内政的原则。尽管这种模式有时被批评为效率不高，但它却有助于维护东盟成员国间的和谐与团结，为解决复杂的地区问题提供了平台。面对 21 世纪的新挑战，如气候变化、跨国犯罪和恐怖主义，东盟正在调整自身的策略与机制以更好地应对这些问题。例如，东盟共同体的建立标志着该组织从经济、政治、安全和社会文化四个方面加强了区域一体化。此外，东盟还与其他国家和地区建立了多种合作关系，展现了其作为区域合作枢纽的能力。

值得一提的是，东盟的成功在很大程度上得益于各成员国对多边主义的承诺，以及它们对于共同利益的追求超越了各自的差异。这种精神体现在每年的东盟峰会上，各国领导人齐聚一堂，就如何应对共同挑战进行讨论和规划。

东盟作为一个多层次、多领域的合作组织，已经成为推动东南亚地区乃至全球稳定与繁荣的关键力量。无论是在经济整合、社会文化交流还是国际合作方面，东盟都展示出了其不可替代的作用。未来，随着全球格局的演变，东盟的角色和影响力只会进一步增强，为区域甚至全球的和平与发展做出更大的贡献。

一、东盟的形成 *

东盟成立之前，东南亚正处于动荡之中。1963 年，马来西亚成立时遭到印尼和菲律宾的反对。印尼对马来西亚的敌意使战争不宣而起（简称印马对抗），且印尼方曾多次试图将战斗扩大至整个马来半岛。1965 年 10 月，随着苏加诺总统下台，印马对抗宣告结束。即使在新成立的马来西亚内部，政局也并不稳定。1965 年，由于种族问题，新加坡州政府与吉隆坡联邦政府间的紧张关系达到顶点，并最终导致新加坡于 1965 年 8 月被逐出马来西亚联邦。1966 年，印尼海军陆战队士兵因谋杀罪被判刑，他们身着便衣潜入新加坡，在麦唐纳大厦引爆炸弹，导致数名平民丧生，新加坡和印尼间关系变得十分紧张。笼罩在这些争端之上的，还有越南战争的阴影。

东盟成立伊始并不致力于成为一个军事或安全组织。鉴于五个创始成员国间曾经不愉快的关系史，东盟主要目标是促进成员国间互信，避免东南亚成为大国竞争的牺牲品。

---

* 本部分内容参考了中华人民共和国驻东盟使团微信公众号上《东盟简史：从冲突、分散走向共同体》的文章，有改动。

成立东盟的想法萌生于 1966 年初。当时，泰国正试图促成马来西亚与菲律宾和印尼和解。泰国外长塔纳·科曼（Thanat Khoman）在纪念三国和解的宴会上向印尼外长亚当·马力克（Adam Malik）提出成立东盟这一想法，并起草了关于成立东盟的第一份草案。1967 年 8 月 8 日《曼谷宣言》在泰国曼谷签署，东南亚国家联盟正式形成。

东盟于 1971 年达成《和平、自由和中立区宣言》。根据其序言，该宣言"受联合国崇高宗旨和目标的指引，特别是尊重一切国家的主权和领土完整，不使用或威胁使用武力，和平解决国际争端，权利平等和人民自决以及不干涉别国内政等原则"。五个创始成员国（印尼、马亚西亚、菲律宾、新加坡和泰国）宣布，东南亚应成为"一个不受外部强国以任何形式或方式干涉的和平、自由和中立地区"。

1976 年 2 月，东盟成员国领导人在巴厘岛举行首次峰会，并取得两项主要成果，即《东南亚国家联盟协调一致宣言》和《东南亚友好合作条约》。

《东南亚国家联盟协调一致宣言》宣布，成员国遵循东盟团结精神，在解决区域内部分歧时完全通过和平方式，规定"在必要时"召开领导人会议。《东南亚国家联盟协调一致宣言》还强调东盟有必要在政治、经济、社会和文化领域加强合作。东盟成员国在《东南亚友好合作条约》第 2 条中宣布放弃使用武力，并承诺以和平方式解决分歧或争端。

越南战争结束后，东盟面临一系列挑战。1978 年 12 月，越南军队入侵柬埔寨，推翻红色高棉政权。这使东盟成员陷入两难境地。东盟外长举行特别会议，谴责越南入侵行径。此后十多年，中南半岛局势持续成为东盟关注的重点。

解决柬埔寨问题的外交努力对促进东盟团结，乃至东盟成长具有决定性意义。东盟各国外交官们在联合国和其他国际平台通力协作，努力确保武力更迭政权的行为不被合法化。1991 年，随着越南军队撤离和柬埔寨新政府选举，延宕了十余年的越柬战争正式结束。

柬埔寨问题解决和冷战结束，为东盟进一步将合作重心转向经贸领域和推进一体化提供了条件。1992 年，东盟成员国达成两项重要经贸协议：《加强东盟经济合作框架协议》和《东盟自由贸易区共同有效普惠关税方案协议》。1992 年后，东盟大部分协议涉及经济领域。

与昔日对手的和解随即而来。越南于 1995 年加入东盟，老挝于 1997 年加入东盟。尽管缅甸在大选后对平民抗议进行军事镇压，引发国际社会批评，缅甸依然于 1997 年加入了东盟。柬埔寨则直到 1999 年才加入。东盟扩员进程告一段落。

越南、老挝、缅甸、柬埔寨四个新成员的加入彰显了东盟的包容性。只要位于东南亚地区，并认同东盟目标、原则和宗旨，均可申请加入东盟。东盟新老成员间不靠共同的历史或文化联结，也没有共同语言或宗教纽带，组成东盟这个大家庭完全是因为各国都位于东南亚，有必要团结起来共同维护地区和平繁荣稳定。从这个意义上讲，迄今为止东盟无疑是非常成功的。

二、东盟的发展及框架结构

（一）东盟的发展愿景

自成立以来，经历三轮扩员，东盟成员国数量和经济实力不断发展壮大，东盟已成为世界经济增长和推动全球一体化的新势力、新活力。东盟成员国的扩员情况如表 3-2 所示。

表 3-2　　　　　　　　　东盟成员国的扩员情况

时间	国家	事项
1967 年	印尼、菲律宾、马来西亚、新加坡、泰国	创始国
1984 年	文莱	第一轮扩员
1995—1999 年	越南、老挝、缅甸、柬埔寨	第二轮扩员
2022 年	东帝汶	第三轮扩员

注：由于东帝汶尚未正式加入东盟，本书主要以东盟十国作为研究对象。

早期的东盟组织较为松散，主要是在成员国之间通过减税降税促进内部贸易的发展。但东盟的发展愿景，始终围绕实现区域和平稳定、经济一体化和社会文化交流三大支柱展开。这一愿景的实现，离不开东盟各成员国的深入合作与交流，也离不开外部力量的支持和参与。

1992 年 1 月，东盟各成员国的领导人齐聚一堂，在第 4 届东盟首脑会议上提出一个宏大的构想——建立东盟自由贸易区。

到了 2007 年，第 12 届东盟首脑会议再次为历史写下浓墨重彩的一笔。这次，他们的目光更为长远，决心在 2015 年构筑起以区域和平稳定、经济一体化和社会文化交流为三大支柱的东盟共同体。

2008 年 12 月，《东盟宪章》正式生效，这部宪章不仅为东盟共同体的建设指引了明确的方向，更昭示了东盟作为一个区域性组织，对区域合作与和平的坚定承诺。然而，前行的道路并非一帆风顺。在消除非关税障碍、技术工人自由流动和知识密集型服务业自由化等核心问题上，东盟共同体谈判遇到诸多挑战，延缓了东盟一体化发展进程。

直到 2015 年 12 月，在第 27 届东盟首脑会议上正式签署的《东盟 2025：携手前行》愿景文件，进一步明确了以区域和平稳定、经济一体化和社会文化交流为三大支柱的建设基础。这是东盟发展历史上具有里程碑意义的一份文件，它不仅标志着东盟在区域合作与一体化道路上迈出了坚实的一步，也为东盟未来十年的发展指明了方向。

（二）经济规模

根据东盟秘书处统计数据，近年来东盟经济呈稳定增长态势，东盟 GDP 从 2017 年的 28569.4 亿美元增长至 2022 年的 36215.8 亿美元。2022 年，东盟经济表现亮眼，GDP 总体实现较快增长，仅文莱为负增长；GDP 前 5 位的成员国依次为印尼、泰国、新加坡、越南、马来西亚。2022 年，东盟人均 GDP 从 2021 年的 4964 美元上升至 5392 美元，新加坡、文莱、马来西亚和泰国居前 4 位。新加坡以 82807 美元位列全球人均 GDP 第 10 位。

（三）法律框架

《东盟宪章》于 2007 年 11 月在第 13 届东盟首脑会议上签署，是东盟第一份具有普遍法律意义的文件。它确立了东盟的目标、原则、地位和架构，赋予东盟法人地位，对各成员国都具有约束力。

（四）组织机构

1. 主要机构

东盟内部建立了多个组织结构，包括东盟峰会、东盟协调理事会、东盟领域部长会议等。

东盟峰会是东盟的核心组织结构之一，也是东盟的最高决策机构，由东盟成员国的国家元首或政府首脑组成。其主要职责是就东盟发展的重大问题和方向做出决策，通常每年举行两次会议，主席由成员国轮流担任。第 43 届东盟峰会于 2023 年 9 月在印尼雅加达举行。由东盟各国外长组成的东盟协调理事会负责管理东盟的活动。东盟领域部长会议由东盟成员国相关领域主管部长出席，向所属共同体理事会汇报工作，致力于加强各相关领域合作，支持东盟一体化和共同体建设。

2. 多边区域机制和机构

东盟建立了一系列多边区域机制和机构，在亚太地区安全、经济合作和贸易制度自由化领域开展合作，例如对话伙伴机制，它建立在 20 世纪 70 年代东盟与世界主要国家"对话"的基础上，共分为正式对话伙伴和"部门"对话伙伴。东盟正式对话伙伴包括中国、澳大利亚、加拿大、俄罗斯、美国、日本、欧盟、印度、新西兰和韩国。东盟"部门"对话伙伴包括巴基斯坦、挪威、土耳其、瑞士、巴西、阿联酋、智利、法国、德国和意大利等东盟发展伙伴。除此之外，1997 年，东盟与中国、日本、韩国共同启动了东亚合作，之后东盟与中国、日本、韩国"10+3"合作、东亚峰会等机制相继诞生。1994 年，东盟倡导成立东盟地区论坛（ARF），主要就亚太地区政治和安全问题交换意见。2010 年，在越南的倡议下，东盟与包括俄罗斯在内的八个主要对话伙伴建立了国防部长会议机制。

第二节　东盟十国概况

一、马来西亚概况

马来西亚地处东南亚中心位置，扼守马六甲海峡，区位优势明显。马来西亚于 1957 年加入《关税和贸易总协定》，是 WTO 的创始成员国之一，也是东盟的创始成员国之一。

（一）基本概况

1. 地理位置

马来西亚国土面积约为 33 万平方千米，主要由马来半岛南部的马来西亚，以及加里曼丹岛北部的沙捞越和沙巴共同构成。其国土包括东马来西亚（简称东马）与西马来西亚（简称西马）两部分。其中西马占据 13.2 万平方千米，而东马则拥有更为广阔的 19.8 万平方千米。西马汇聚了马来西亚的大部分人口和经济活动。作为国家的政治和经济中心，西马以其现代化的城市、繁荣的商业氛围和丰富的文化遗产吸引着世界各地的游客。而东马则以其广袤的热带雨林、迷人的海滩和独特的民族文化著称。马来西亚拥有长达 4192千米的海岸线，沿线分布着诸多重要的国际港口，如巴生港、槟城港、柔佛港和关丹港等。

2. 自然资源

马来西亚以丰富的自然资源著称，石油和天然气储量十分可观，不仅能够满足国内的消费需求，也是该国主要的出口产品之一。据统计，截至 2021年，马来西亚已探明的石油储量高达 27 亿桶，天然气储量更是达到了惊人的9000 亿立方米。丰富的能源储备使马来西亚在全球能源市场上占有一席之地。2021 年马来西亚的石油产量和出口量分别达到每日 73.7 万桶和每日 28 万桶，使其成为全球第 20 大产油国和全球第 28 大石油出口国。

值得一提的是，马来西亚的锡矿资源也十分丰富，曾经是全球主要的锡生产国之一。此外，这片土地上还蕴藏着丰富的铁、金、钨、煤、铝土和锰等矿产资源，为马来西亚的工业发展提供了坚实的物质基础。

3. 人口与民族

2018—2022 年马来西亚人口情况如表 3-3 所示。截至 2022 年底，马来西亚总人口约 3393.8 万人。其中，男性约有 1734.2 万人，女性约有 1659.6 万人。男性人口占比为 51.1%，女性人口占比为 48.9%。从 2018 年至 2022 年，马来西亚人口每年保持 1%以上的增长率。

表 3-3   2018—2022 年马来西亚人口情况

年份	总人口（万人）	按性别分		总人口增长率（%）
		男性（万人）	女性（万人）	
2018	3239.9	1659.7	1580.2	1.3
2019	3280.4	1679.4	1601.0	1.3
2020	3320.0	1698.6	1621.4	1.2
2021	3357.4	1716.7	1640.7	1.1
2022	3393.8	1734.2	1659.6	1.1

数据来源：世界银行。

马来西亚是个多民族国家，其中马来人占比约 69.9%，华人占比约22.8%，印度人占比约 6.6%。

（二）经贸状况

1. 宏观经济

2004 年以来，马来西亚经济保持平稳增长。近年来，马来西亚先后制订多个马来西亚计划和"2030 共享繁荣"新愿景，瞄准提高生产力、提高国民收入、创建包容型社会和国家、创新发展和绿色并行发展的目标，有力地促进了马来西亚经济的平稳发展。

2018 年马来西亚 GDP 为 3588 亿美元，同期增速达 4.8%，人均 GDP 为 11074 美元，同期增速达 3.5%。受新冠疫情的影响，2020 年，马来西亚 GDP 为 3375 亿美元，按照不变价格同比下降 5.5%，人均 GDP 为 10164 美元，同比下降约 8.7%。2021 年马来西亚的经济开始复苏，到了 2022 年，GDP 增长 8.7%，达到 4070 亿美元，人均 GDP 也达到 11993 美元，是东盟国家中少数几个人均 GDP 超过 1 万美元的国家。2018—2022 年马来西亚国内生产总值如表 3-4 所示。

表 3-4　　　　　　　2018—2022 年马来西亚国内生产总值①

年份	国内生产总值 （亿美元）	GDP 增速（%）	人均国内生产总值 （美元）
2018	3588	4.8	11074
2019	3652	4.4	11132
2020	3375	−5.5	10164
2021	3738	3.3	11134
2022	4070	8.7	11993

数据来源：世界银行。

2. 产业结构

长期以来，马来西亚的产业结构以服务业和制造业为主。2018—2022 年马来西亚主要产业增加值占 GDP 比重如表 3-5 所示。在 2018—2022 年马来西亚的产业结构中，服务业占比保持在 50% 以上，工业占比在 36% 以上，农业占比不到 10%。

---

① 本书中，东盟十国国内生产总值和人均国内生产总值按现价美元计算，GDP 增速按不变价计算。

表 3-5　　　　2018—2022 年马来西亚主要产业增加值占 GDP 比重

年份	农业（%）	工业（%）	服务业（%）
2018	7.5	38.3	53.0
2019	7.2	37.5	54.2
2020	8.2	36.0	54.8
2021	9.6	37.8	51.6
2022	8.9	39.2	50.8

数据来源：世界银行。

马来西亚的农业以经济作物为主导，其中包括棕榈油、橡胶、可可、稻米、胡椒、烟草、菠萝和茶叶等。在工业领域，马来西亚相对具有竞争优势的行业包括电子、石油、机械、钢铁、化工以及汽车制造等。同时，旅游及相关服务业是马来西亚服务业的支柱，为马来西亚提供了大量的就业机会，吸纳了大约半数的劳动人口。根据世界银行统计数据，2019 年马来西亚国际旅游入境人数达到 2610 万人，旅游外汇收入达 222 亿美元。

3. 外贸状况

近年来马来西亚外贸形势较为喜人，除了个别年份因外部因素影响，其他年份都保持较快的增长。2010—2022 年马来西亚进出口贸易状况如表 3-6 所示。2022 年，马来西亚货物进出口总额为 6469 亿美元，相较于 2010 年增长了 78.1%，2015 年和 2016 年，马来西亚受到原油和原油产品价格下滑、资金外流和疲软的外围需求拖累，货物进出口总额有所下降。2019—2020 年尽管受新冠疫情的影响，其货物进出口总额增速有所下降，但 2021 年又大幅反弹，并比新冠疫情前的 2018 年增长了 15.6%。从贸易差额来看，马来西亚长期保持稳定的贸易顺差，2010—2022 年每年贸易顺差都超过 200 亿美元，甚至在 2021 年达到 612 亿美元。

表 3-6　　　　　　2010—2022 年马来西亚进出口贸易状况

年份	货物进出口总额（亿美元）	货物出口总额（亿美元）	货物进口总额（亿美元）	贸易差额（亿美元）
2010	3632	1986	1646	340
2011	4156	2281	1875	406

续表

年份	货物进出口 总额（亿美元）	货物出口 总额（亿美元）	货物进口 总额（亿美元）	贸易差额 （亿美元）
2012	4239	2275	1964	311
2013	4342	2283	2059	224
2014	4428	2339	2089	250
2015	3760	2000	1760	240
2016	3584	1897	1687	210
2017	4135	2181	1954	227
2018	4651	2475	2176	299
2019	4432	2382	2050	332
2020	4257	2348	1909	439
2021	5376	2994	2382	612
2022	6469	3525	2944	581

数据来源：世界贸易组织数据车。

马来西亚的对外贸易格局呈现出对非东盟国家的强烈依赖。2022 年，非东盟国家的贸易在马来西亚货物进出口总额中占据了高达 72.9% 的比重，相比之下，东盟内部的贸易仅占 27.1%。无论是从出口还是进口的角度看，非东盟国家都在马来西亚的出口市场和进口来源中占据主导地位，分别占据了70.8% 和 75.4% 的份额。具体到国家层面，2022 年，中国、新加坡和美国是马来西亚前三大出口目的地和进口来源地。值得一提的是，中国已经连续 14年保持马来西亚最大贸易伙伴的地位，这充分显示了中国与马来西亚在经贸领域的紧密合作和深厚友谊。同时，马来西亚在中国对外贸易中的地位也不容忽视。2020 年，马来西亚成了中国的第九大贸易伙伴和第八大进口来源地，特别是在东盟国家中，马来西亚更是中国的第二大贸易伙伴和第一大进口来源地。这些数字不仅反映了中国与马来西亚经济的互补性和互利共赢的关系，也预示着两国未来在经贸领域的合作将更加紧密和深入。

2022 年，马来西亚前五大类出口产品分别是电子电器产品、石油产品、棕榈油及制品、化工及化学产品、液化天然气；前五大类进口产品分别是电子电器产品、石油产品、化工及化学产品、机械设备及零件、金属制品。

4. 经贸合作

马来西亚始终秉持开放经济的理念，积极投身于多边贸易磋商与谈判。其国际视野和区域一体化的决心，使其成为多个国际组织的成员。例如，马来西亚加入了联合国、环印度洋区域合作联盟、亚洲太平洋经济合作组织、不结盟运动、伊斯兰合作组织等。此外，马来西亚还是 RCEP 的积极推动者之一。

马来西亚已经建立了一个自由贸易协定网络，这个网络覆盖了其主要的贸易伙伴。截至 2021 年 4 月，马来西亚已经签署了 16 个自由贸易协定，其中 14 个已经正式生效并实施。这些协定包括与澳大利亚、智利、印度、日本、新西兰、巴基斯坦、土耳其等国家签署的双边自由贸易协定，以及作为东盟的成员，与中国、韩国、日本、澳大利亚、新西兰、印度等签署的区域自由贸易协定。这些协定的签署和实施，进一步推动了马来西亚的开放经济战略，为其在全球贸易舞台上赢得了更多的机会和优势。

5. 发展规划

近年来马来西亚经济取得了比较稳定且快速的增长，得益于马来西亚政府长期重视国家发展规划。

在 2016 年至 2020 年的"第十一个马来西亚计划"期间，马来西亚精心策划了一系列的经济社会发展策略。然而，突如其来的新冠疫情对全球经济造成了严重冲击，马来西亚在 2020 年经济萎缩，这使原定的增长目标未能实现。面对挑战，马来西亚并未气馁。2021 年 10 月，"第十二个马来西亚计划"为马来西亚 2021 年至 2025 年的国家经济发展绘制了新的蓝图。其时任总理将这一计划描述为一项"全面的五年发展计划"，该计划的核心理念不仅在于创造国家财富，更在于应对经济结构性挑战，包括创造就业、改善民生以及缩小地区发展差距等。为实现上述目标，马来西亚政府决定打造新的增长引擎，将焦点放在航空航天、电气电子、智慧农业和创意产业等领域，推动产业向自动化、机械化和高附加值方向转变，以吸引更多的高科技投资。同时，马来西亚政府也意识到数字经济的重要性，因此将与私营部门紧密合作，投资 280 亿林吉特，以加强数字基础设施建设，改善现有的 4G 网络，为数字经济的增长创造有利环境。这项发展计划不仅体现了马来西亚政府对经济持续增长的坚定决心，也展示了其应对全球挑战、实现国家繁荣的智慧和勇气。

除此之外，马来西亚政府在过去几年中，积极规划并推动了一系列雄心勃勃的发展计划。在 2016 年，他们提出了"2050 国家转型计划"（简称 TN50)，展望了一个宏大的目标：到 2050 年，马来西亚将跻身全球经济排名前 20 位的国家行列。这一计划不仅彰显了马来西亚对于自身未来发展的坚定信心，也反映了该国对于经济增长和国际地位提升的渴望。2019 年，马来西亚政府再次抛出新的愿景——"2030 共享繁荣"。该愿景以更广泛的视角，探讨了国家发展的多个维度。从重组和强化国家的商业和工业生态系统，到拓展新的经济领域，再到改善就业市场和劳工薪资，这一愿景旨在确保马来西亚的繁荣能够惠及各个种族、阶级和地区。为了实现这一目标，马来西亚政府还公布了《2019—2030 年国家交通政策》。该政策着眼于提升国家的交通基础设施，以适应未来经济发展的需要，也旨在为国民提供了更加便捷、安全的出行条件。

通过这一系列的政策和愿景，马来西亚政府正在努力创造一个更加包容、和谐的社会环境，以确保每一个国民都能享受到国家发展的红利。同时，他们也在积极改革人力资源，提升国民的思维和创新能力，为国家的未来发展储备更多的人才资源。这些举措无疑将为马来西亚的未来发展注入强大的动力。

二、菲律宾概况

菲律宾的历史是一部充满挑战与变革的史诗。14 世纪前后，菲律宾出现了由土著部落和马来族移民构成的一些割据王国，其中最著名的是 14 世纪 70 年代兴起的海上强国苏禄王国。然而，真正的历史转折点发生在 1521 年，那一年，麦哲伦率领的西班牙王国（简称西班牙）远征队踏上了这片土地。此后，西班牙逐步侵占菲律宾，并统治约 300 多年。但是，历史的车轮总是在转动，1898 年 6 月 12 日，菲律宾起义军宣告脱离西班牙的统治，菲律宾第一共和国诞生。同年，美国凭借与西班牙战争后签订的《巴黎条约》，对菲律宾实施了殖民统治。然而，殖民统治并没有持续太久。1942—1945 年，菲律宾被日本占领，并成立了菲律宾第二共和国。在第二次世界大战结束后，1946 年 7 月 4 日，美国被迫同意菲律宾独立，菲律宾第三共和国应运而生。20 世纪 60 年代后期，菲律宾开始采取开放政策，积极吸引外资，经济发展取得了显著成效。到了 1982 年，世界银行甚至将菲律宾列为"中等收入国家"。

1986—1992 年，科拉松·阿基诺担任总统期间，组建菲律宾第四共和国。1992 年 6 月至今，菲律宾正处于第五共和国时期。

（一）基本概况

1. 地理位置

菲律宾坐落在亚洲东南部，北边隔着巴士海峡与中国的台湾省相对，而南边和西南边则分别通过苏拉威西海和巴拉巴克海峡与印尼和马来西亚相望。它的西边紧邻南中国海，而东边则直接面对着浩渺的太平洋。菲律宾的总面积达到了 29.97 万平方千米，拥有长约 18533 千米的海岸线，散布着超过 7000 个大小岛屿。

2. 自然资源

菲律宾是一个矿产资源丰富的国家。据估算，菲律宾的金属矿产储量约为 215 亿吨，非金属矿产储量则约为 193 亿吨。菲律宾主要的金属矿藏包括镍、铁、铜等 20 余种，其中铜的蕴藏量约为 48 亿吨，镍的蕴藏量为 10.9 亿吨，而金的蕴藏量达到了 1.36 亿吨。在非金属矿产中，最丰富的是石灰石和大理石等。

菲律宾拥有丰富的海洋资源，有着可观的渔业资源和地热资源。

菲律宾森林覆盖率较高，达国土面积的 53%，拥有乌木、紫檀等名贵木材，境内野生植物近万种，其中高等植物有 2500 余种。

3. 人口与民族

2018—2022 年菲律宾人口情况如表 3-7 所示。截至 2022 年年底，菲律宾是东盟成员国中第二个人口过亿的国家，仅次于印尼，总人口约 11555.9 万人。其中，男性约有 5867.9 万人，女性约有 5688 万人。男性人口占比为 50.8%，女性人口占比为 49.2%。从 2018 年至 2022 年，菲律宾人口每年保持 1.4% 以上的增速，但增长速度也呈现逐年下降趋势。

表 3-7　　　　　　　　2018—2022 年菲律宾人口情况

年份	总人口（万人）	按性别分		总人口增长率（%）
		男性（万人）	女性（万人）	
2018	10856.9	5507.2	5349.7	1.7
2019	11038.0	5601.0	5437.0	1.7
2020	11219.1	5694.8	5524.3	1.6

续表

年份	总人口（万人）	按性别分		总人口增长率（%）
		男性（万人）	女性（万人）	
2021	11388.0	5781.7	5606.3	1.5
2022	11555.9	5867.9	5688.0	1.5

数据来源：世界银行。

马来族以其庞大的族群规模，占据菲律宾85%以上的人口。然而，这并不意味着菲律宾的文化是单一的。在这片土地上，还有许多其他族群，他们拥有各自的独特文化和传统，如他加禄人、伊洛人、维萨亚人和比科尔人等，他们共同构成了多元的菲律宾。

（二）经贸状况

1. 宏观经济

近年来，菲律宾的宏观经济呈现出了稳定的增长态势，其经济增长率基本保持在6%以上的水平。然而，2020年，新冠疫情席卷全球，对菲律宾的经济造成了严重冲击。在这一背景下，菲律宾的GDP滑落至3618亿美元，同时，GDP增速下滑，人均GDP更是下滑到3224美元。随后，菲律宾的经济快速恢复，2022年其GDP达到4044亿美元，增速达7.6%。2018—2022年菲律宾国内生产总值如表3-8所示。

表3-8　　　　　　　　2018—2022年菲律宾国内生产总值

年份	国内生产总值（亿美元）	GDP增速（%）	人均国内生产总值（美元）
2018	3468	6.3	3195
2019	3768	6.1	3414
2020	3618	-9.5	3224
2021	3941	5.7	3461
2022	4044	7.6	3499

数据来源：世界银行。

2. 产业结构

近年来，菲律宾产业结构较为稳定，主要以服务业为主，以工业和农业为辅。2018—2022 年，菲律宾农业增加值占 GDP 的比重为 10% 左右，工业增加值占 30% 左右，服务业增加值占 60% 左右。其中，2022 年农业、工业、服务业增加值占 GDP 比重分别为 8.9%、29.7% 和 61.4%。2018—2022 年菲律宾主要产业增加值占 GDP 比重如表 3-9 所示。

表 3-9　　　　　　2018—2022 年菲律宾主要产业增加值占 GDP 比重

年份	农业（%）	工业（%）	服务业（%）
2018	9.7	30.6	59.8
2019	8.8	30.3	60.9
2020	10.2	28.4	61.4
2021	10.1	28.9	61.0
2022	8.9	29.7	61.4

数据来源：菲律宾统计署。

菲律宾的农业主要以热带海产和水果为主，工业主要以食品加工、化工产品、无线电通信设备等制造业为主，服务业主要集中在旅游、批发零售、汽车修理等方面。

3. 外贸状况

自 2010 年以来，菲律宾货物进出口总额基本保持稳定增长，除了 2020 年受新冠疫情影响导致货物进出口总额同比下降 15.6%。2020 年，货物出口总额 639 亿美元，同比下降 9.1%；货物进口总额 908 亿美元，同比下降 19.6%。随着新冠疫情影响的减弱，菲律宾对外贸易开始反弹，2021 年货物出口总额较 2020 年同期增长 16.7%，到了 2022 年，继续增长 5.6%，达到 788 亿美元。长期以来，菲律宾的贸易差额都是保持逆差，且近年来逆差幅度越来越大。2010—2022 年菲律宾进出口贸易状况如表 3-10 所示。

表 3-10　　　　　　2010—2022 年菲律宾进出口贸易状况

年份	货物进出口总额（亿美元）	货物出口总额（亿美元）	货物进口总额（亿美元）	贸易差额（亿美元）
2010	1100	515	585	−70

续表

年份	货物进出口总额（亿美元）	货物出口总额（亿美元）	货物进口总额（亿美元）	贸易差额（亿美元）
2011	1124	483	641	−158
2012	1179	521	658	−137
2013	1224	567	657	−90
2014	1308	621	687	−66
2015	1336	588	748	−160
2016	1422	563	859	−296
2017	1706	687	1019	−332
2018	1826	675	1151	−476
2019	1832	703	1129	−426
2020	1546	639	908	−269
2021	1990	746	1244	−498
2022	2233	788	1445	−657

数据来源：世界贸易组织数据库。

菲律宾的主要贸易伙伴集中在非东盟国家，如中国、日本、美国、韩国等。其中，中国是菲律宾的主要贸易伙伴，2022 年中国与菲律宾的贸易额占菲律宾货物进出口总额的 18.1%。同时，中国是菲律宾最大贸易逆差来源国，菲律宾对中国的贸易逆差占其 2022 年贸易逆差总额的 23.1%。

菲律宾的主要出口货物涵盖了电子产品、机械与运输设备、交通工具零配件等。在这些出口商品中，制成品占主导地位。而进口方面，菲律宾主要进口电子产品、矿物燃料和润滑油、运输设备、工业机械和设备、钢铁、混合制成品等。

4. 经贸合作

菲律宾在全球经济和贸易舞台上扮演着重要角色，它是 WTO、APEC 以及东盟等多个组织的成员。菲律宾还积极与世界各地的主要经济体构建双边经贸关系。以菲律宾和日本的自由贸易协定为例，该协定在 2008 年签署，内容涵盖了多个关键领域，如货物贸易、服务贸易、投资、自然人流动、知识产权保护、海关程序优化、商业环境的改善以及政府采购等。这一协定的签订不仅深化了两国之间的经贸联系，还促进了双方的经济发展。此外，菲律宾在 2016 年与欧洲自由贸易联盟（EFTA）的成员国冰岛、列支敦士登、挪威和瑞士也签署了自由贸易协定。这一举措进一步展示了菲律宾在国际贸易中的开放态度和积极姿态。总的来说，菲律宾通过参与国际经济组织以及签订经贸协定，积极融入全球经济体系，寻求与更多国家和地区的经济合作，以实现自身经济的持续发展和繁荣。

5. 发展规划

2016 年，菲律宾时任总统签署了一项具有深远意义的行政命令，该命令勾勒出了菲律宾未来的宏伟蓝图，即"2040 愿景"。这项愿景的核心目标在于，到 2040 年菲律宾将转型为一个经济繁荣、人民富足的中产国家。同时，多元化的家庭将充满活力，社会的信任度将得到显著提升，抵御各种灾害的能力也将大大增强。为了具体落实这一愿景，菲律宾政府还制定了《2017—2022 年菲律宾发展规划》，该规划与"2040 愿景"紧密呼应，确保菲律宾在未来的发展道路上能够稳步前进，逐步实现愿景中设定的各项目标。

2023 年 1 月，菲律宾总统马科斯签署行政命令，正式批准《2023—2028 年菲律宾发展规划》。该规划是在菲律宾"2040 愿景"下的第二个中期发展规划，也是一项深入的经济和社会转型计划，旨在引导经济重新走上高速增长的道路，创造就业和加速减贫，建设一个繁荣、包容和有韧性的社会。

三、泰国概况

泰国，曾被称为暹罗，自公元 1238 年素可泰王朝的建立起，开始形成较为统一的国家。历经素可泰王朝、大城王朝、吞武里王朝，以及现今的曼谷（或称为却克里）王朝。

第二次世界大战后，泰国与美国建立并维持了紧密的传统盟友关系，在经济和军事等领域均有着深厚的合作。同时，泰国也注重与中国、日本和印度等国家的交往，致力于发展睦邻外交，努力改善与柬埔寨、缅甸等邻国关系，并积极参与东盟一体化的建设进程。

泰国重视国际及区域合作。泰国积极支持和参与联合国在联合国宪章框架内处理国际事务的各项行动，是联合国成员中重要一员。泰国也是东盟创始国之一，在东盟成立之前，泰国就热心于地区事务，积极调节地区国家间的矛盾，努力推动东盟的建立。

（一）基本概况

1. 地理位置

泰国坐落在亚洲中南半岛的中心地带，它的东南方向是碧波万顷的太平洋泰国湾，而西南临印度洋安达曼海，西部和西北部与缅甸紧紧相邻，东北部则与老挝接壤，东面毗邻柬埔寨，南面则与马来西亚接壤。

泰国拥有 51.3 万平方千米的广阔国土面积，在东南亚地区中仅次于印尼和缅甸，位列第三。在这片丰饶的土地上，超过半数的面积是平原和低地，孕育了丰富的自然资源和人文景观。

2. 自然资源

泰国的自然资源较为丰富，有钾盐、锡、钨、锑、铜、钼、镍、铬、铀、铅、铁、锌等，还有重晶石、宝石、石油、天然气等。其中钾盐储量居世界首位。据估计，泰国钾盐储量有 4367 万吨，约占世界钾盐储量半数以上。

3. 人口与民族

截至 2022 年年底，泰国总人口约为 7169.7 万人，比 2021 年仅增长 0.1%。其中男性人口为 3480.6 万人，女性人口为 3689.1 万人，在泰国，近三十年内女性人口占比一直超过男性人口占比。2018—2022 年泰国人口情况如表 3-11 所示。泰国人口增长较为缓慢，且也呈现逐年下降趋势。在全国 77 个府级行政区中，人口最多的 5 个府分别为曼谷、呵叻、乌汶、清迈、孔敬。

表 3-11　　　　　　　　2018—2022 年泰国人口情况

年份	总人口（万人）	按性别分		总人口增长率（%）
		男性（万人）	女性（万人）	
2018	7112.8	3467.2	3645.6	0.3
2019	7130.8	3472.4	3658.4	0.3
2020	7147.6	3477.0	3670.6	0.2
2021	7160.1	3479.4	3680.7	0.2
2022	7169.7	3480.6	3689.1	0.1

数据来源：世界银行。

在泰国，泰族无疑是最大的族群，他们的人数占据了泰国总人口的 75%。行走在泰国的街头巷尾，很难不注意到泰族人民的存在，他们的文化、习俗和传统深深地烙印在这片土地上。然而，在这片多元文化的国度里，华人人数也不少，占据了泰国总人口的 14% 左右。泰国还有许多民族，如马来族、高棉族、克伦族、苗族等。这些民族虽然人数不多，但他们为泰国这个多元文化的国家增添了更多的色彩和魅力。

（二）经贸状况

1. 宏观经济

近年来泰国经济发展不够稳定，呈波动趋势。2018 年泰国 GDP 达到 5068 亿美元，按不变价格计算同期增长 4.2%，增速达到近年来的顶峰，人均 GDP 为 7125 美元。2020 年受新冠疫情影响，泰国经济大幅下滑，GDP 增速的跌幅达到 6.1%。2022 年，以美元现价计算，泰国 GDP 约为 4957 亿美元，比 2021 年减少了 106 亿美元，按不变价计算 GDP 增长 2.5%。2018—2022 年泰国国内生产总值如表 3-12 所示。

表 3-12 　　　　　　　　　**2018—2022 年泰国国内生产总值**

年份	国内生产总值（亿美元）	GDP 增速（%）	人均国内生产总值（美元）
2018	5068	4.2	7125
2019	5440	2.1	7629
2020	5005	-6.1	7002
2021	5063	1.6	7071
2022	4957	2.5	6913

数据来源：世界银行。

2. 产业结构

近年来泰国的产业结构较为稳定。服务业在国民经济中占据主导地位，其增加值占 GDP 的比重接近 60%，而工业增加值占 GDP 的比重为 34% 左右，农业增加值占 GDP 的比重不到 10%。2018—2022 年泰国主要产业增加值占 GDP 比重如表 3-13 所示。

表 3-13 　　　　　　　**2018—2022 年泰国主要产业增加值占 GDP 比重**

年份	农业（%）	工业（%）	服务业（%）
2018	8.2	34.7	57.1

续表

年份	农业（%）	工业（%）	服务业（%）
2019	8.2	33.6	58.3
2020	8.7	33.2	58.1
2021	8.5	34.8	56.7
2022	8.8	35.0	56.2

数据来源：世界银行。

农业是泰国的传统产业，在国民经济中占有重要地位。泰国全国耕地面积约 1500 万公顷（1 公顷＝10000 平方米），占国土总面积的 31%。农产品是泰国重要出口商品之一，主要农产品包括稻米、天然橡胶、木薯、玉米、甘蔗、热带水果等。2021 年，泰国出口大米 611 万吨，出口额 1070 亿泰铢，出口木薯 1038 万吨，出口额 200 亿泰铢。

泰国的工业属出口导向型工业，主要包括电子、汽车装配、采矿、纺织、建材、塑料、食品加工、玩具、石油化工、轮胎等。泰国汽车生产和装配条件优越，产业链较为齐全。目前日本的马自达、本田、丰田、日产、三菱和中国的上汽、长城等汽车制造商已在泰国投资设厂。泰国的电子设备制造业是泰国特色产业，索尼、松下、东芝、三星等电器公司已落户泰国，并逐渐将生产基地转移到泰国。

在泰国的经济结构中，服务业尤为突出，其中旅游业占据重要地位。其以深厚的历史底蕴、丰富多彩的文化遗产、广阔的海滩和壮丽的热带景色而闻名。从曼谷的大皇宫到清迈的古城，从普吉岛的沙滩到芭堤雅的夜生活，再到神秘的白龙寺，泰国共有 500 多个大小景点供游客探索。根据世界银行的统计数据，2019 年泰国成功接待了 3900 万人次的国际游客，较往年增长了 4%。这一年，泰国的旅游外汇收入为 600 多亿美元，充分展现了旅游业对泰国经济的巨大贡献。

3. 外贸状况

长期以来，泰国的对外贸易在东盟内部占据比较重要的地位，基本保持第二，但近年来，泰国的外贸增速放缓，逐渐被越南和马来西亚超越，落到第四的位置。2010—2022 年泰国进出口贸易状况如表 3-14 所示。2022 年泰国货物进出口总额为 5903 亿美元，其中货物出口总额为 2871 亿美元，货物进口总额为 3032 亿美元，自 2015 年以来再次出现贸易逆差，逆差 161 亿美元。

表 3-14 2010—2022 年泰国进出口贸易状况

年份	货物进出口总额（亿美元）	货物出口总额（亿美元）	货物进口总额（亿美元）	贸易差额（亿美元）
2010	3762	1933	1829	104
2011	4514	2226	2288	−62
2012	4782	2291	2491	−200
2013	4789	2285	2504	−219
2014	4552	2275	2277	−2
2015	4170	2143	2027	116
2016	4096	2154	1942	212
2017	4581	2366	2215	151
2018	5012	2530	2482	48
2019	4826	2463	2363	100
2020	4378	2316	2062	254
2021	5389	2720	2669	51
2022	5903	2871	3032	−161

数据来源：世界贸易组织数据库。

4. 经贸合作

自 1995 年加入 WTO 以来，泰国一直是全球贸易体系的重要参与者。作为东盟的创始成员国之一，泰国积极寻求与其他国家和地区的自由贸易合作，旨在打开更多的贸易通道，吸引更多的投资机会，进而提升其在全球和区域市场的竞争力。

截至 2022 年，泰国已经与中国、韩国、日本、印度、澳大利亚、新西兰等国家达成了多边贸易协定。泰国还与澳大利亚、新西兰、日本、印度、秘鲁、智利等国签订了双边自由贸易协定。这不仅展现了泰国在国际贸易舞台上的活跃度，也反映出其开放的经济政策和寻求多元合作的态度。2022 年 1 月，泰国正式签署了《区域全面经济伙伴关系协定》，成为这一重要区域经济一体化组织的一员。这一里程碑事件进一步巩固了泰国在亚洲乃至全球贸易体系中的地位。

目前，泰国出口商品享受美国、瑞士、挪威、俄罗斯和独联体国家的普惠制待遇。尽管在 2020 年，美国曾两次取消泰国部分出口商品的普惠制待遇，但泰国仍有 644 种重要商品享受着普惠制优惠，这为其未来的贸易发展提供了坚实的基础。

5. 发展规划

在 2016 年，泰国前瞻性地提出了"泰国 4.0"策略，即寻求转向一种基于高新技术应用和创新的高附加值经济发展路径。该策略的主要目的是颠覆过去以重工业为主导的增长模式，为泰国的经济增长赋予更高质量、更高附加值的特性。在这一宏大蓝图下，泰国期望不仅能够跨越中等收入国家的瓶颈，更要朝着高收入国家的行列迈进。为了推动这一转型，泰国政府明确将投资重心放在"高新技术、人才发展、基础设施建设、企业培育以及目标产业的促进"这五大支柱上。在这一目标导向下，泰国确立了十大核心产业，作为引领国家经济飞跃的新引擎。这些产业的选定，不仅反映了泰国对未来经济发展的深思熟虑，也展示了泰国在全球化浪潮中寻求自我革新、实现经济持续增长的坚定决心。

2022 年 9 月泰国政府公布了《第十三个国民经济和社会发展规划纲要（2023—2027）》，即《"十三五"总体发展纲要》，该计划也是巴育政府提出的国家战略发展二十年总规划的第二阶段。《"十三五"总体发展纲要》提出了"454"，分别为 4 个方面的原则和理念，即自给自足经济理念，自我修复能力，联合国可持续发展目标，BCG 经济模型（生物经济、循环经济和绿色经济）；5 大主要目标，即制造业结构的优化与创新型产业的蜕变，新时代人才的孕育与成长，打造公正与平等的社会环境，迈向可持续发展的全新模式，以及增强国家在新形势与风险面前的应变能力；4 个维度，即服务、机会和能力，社会经济平等，自然与环境的可持续性，推动改革发展。

除此之外，泰国政府近年来积极推动国家的经济转型和产业升级，制定并实施了一系列发展规划和政策。在 2015 年，他们提出了名为东部经济走廊（EEC）的发展规划，旨在推动其国内东部的经济发展。而到了 2016 年，其内阁通过了关于中小企业的第 4 个五年发展规划，这项规划旨在提升中小企业在国民经济中的地位。不仅如此，为了顺应科技发展趋势和适应日益变化的消费习惯与商业环境，泰国政府在 2020 年发布了数字发展路线图。这项法案旨在推动泰国的数字经济转型，确保其国家在未来的 20 年中在数字经济领域取得显著的成功。

这些规划和政策的实施，不仅反映了泰国政府对经济发展的高度重视，也展现了他们积极应对挑战，推动国家经济持续、健康、稳定发展的决心。

通过这一系列的举措，泰国正在为自己打造一个更加繁荣、多元和富有活力的经济环境。

四、印尼概况

印尼横跨南北半球和两洋两洲，拥有马六甲海峡等多条重要航道。印尼有 17508 个岛屿，号称"千岛之国"，是世界上岛屿最多的国家。当前，印尼无论是国土面积，还是人口规模、经济总量都位居东盟之首，是东盟中重要的成员国之一。

（一）基本概况

1. 地理位置

印尼坐落在亚洲东南部，由散布在太平洋与印度洋之间的 17000 余个岛屿组成，国土面积 191.4 万平方千米，海洋面积 316.6 万平方千米（不包含专属经济区）。印尼的地理位置独特，与巴布亚新几内亚、东帝汶、马来西亚接壤，与泰国、新加坡、菲律宾、澳大利亚等国家隔海相望。

2. 自然资源

印尼自然资源丰富，被誉为"热带宝岛"。在农林产品方面，印尼盛产棕榈油、橡胶等，其中棕榈油的产量居世界第一，天然橡胶的产量居世界第二。在矿产资源方面，石油、天然气以及煤、锡、铝矾土、镍、铜、金、银等矿产资源储量丰富，为印尼的经济发展提供了坚实的物质基础。此外，印尼的海洋资源也十分丰富，这为其海洋经济的发展提供了无限的可能性。

3. 人口与民族

2018—2022 年印尼人口情况如表 3-15 所示。2018—2022 年印尼总人口从 26707 万人增长到 27550 万人，是世界人口第四大国，但其人口增长率有下降趋势。爪哇岛的人口约占印尼总人口的 55%，爪哇岛是世界上人口最多的岛屿。从性别比例来看，印尼男性人口略多于女性人口。

表 3-15　　　　　　　　　　2018—2022 年印尼人口情况

年份	总人口（万人）	按性别分		总人口增长率（%）
		男性（万人）	女性（万人）	
2018	26707	13454	13253	1.0

续表

年份	总人口（万人）	按性别分		总人口增长率（%）
		男性（万人）	女性（万人）	
2019	26958	13580	13378	1.0
2020	27186	13693	13493	0.8
2021	27375	13785	13590	0.7
2022	27550	13870	13680	0.6

数据来源：世界银行。

印尼有 300 多个民族。爪哇族作为印尼最大的族群，占据了印尼总人口的 45%，随后依次是巽他族（14%）、马都拉族（7.5%）和马来族（7.5%）。值得一提的是，华人群体在印尼也占有一席之地，约占印尼总人口的 5%，他们在印尼的商贸和工业领域发挥着重要作用。

（二）经贸状况

1. 宏观经济

2018—2022 年印尼国内生产总值如表 3-16 所示。2022 年，印尼 GDP 约 13191 亿美元，同比增长 5.3%。除了 2020 年略有下降，其他年份保持了一定增速。从 GDP 总量来看，印尼是东盟第一大经济体，是东盟十国中唯一一个 GDP 超过万亿美元的国家。但从人均 GDP 来看，印尼属于全球中等偏下收入国家，在东盟成员国内也仅仅处在中等水平。

表 3-16　　　　　2018—2022 年印尼国内生产总值

年份	国内生产总值（亿美元）	GDP 增速（%）	人均国内生产总值（美元）
2018	10423	5.2	3093
2019	11191	5.0	4151
2020	10591	−2.1	3896
2021	11865	3.7	4334
2022	13191	5.3	4788

数据来源：世界银行。

2. 产业结构

印尼 2022 年农业、工业、服务业增加值占 GDP 比重分别约为 12.4%、41.4%、41.8%，其对第一产业的依赖度较经济体量相近的泰国、新加坡、越南、马来西亚、菲律宾而言仍然偏高。印尼的产业结构主要以工业和服务业为主，两者比重基本相当，分别占到印尼 GDP 比重的 40% 左右。2018—2022 年印尼主要产业增加值占 GDP 比重如表 3-17 所示。2018 年，佐科政府推出"印尼制造 4.0"计划，旨在加大对与第一产业紧密关联的食品饮料、汽车、电子、化工、纺织等第二产业的投资力度，以加快产业升级的步伐。

表 3-17　　　　　2018—2022 年印尼主要产业增加值占 GDP 比重

年份	农业（%）	工业（%）	服务业（%）
2018	12.8	39.7	43.4
2019	12.7	39.0	44.2
2020	13.7	38.2	44.4
2021	13.3	39.8	42.8
2022	12.4	41.4	41.8

数据来源：世界银行。

尽管印尼是由众多岛屿组成的国家，但是其在农业领域的实力不容小觑。该国的耕地面积约 33 万平方千米，是世界上第六大粮食生产国。在农作物方面，印尼不仅种植水稻、玉米、木薯和豆类等粮食作物，还大力发展棕榈油、橡胶、咖啡和可可等热带经济作物。除此之外，印尼还拥有丰富的渔业资源，其海洋鱼类多达 7000 种，潜在捕捞量每年超过 800 万吨。这一优势使印尼在海洋产业领域也占有重要地位。

印尼的工业基础相对薄弱，其制造业以劳动密集型产业为主，如纺织、木材加工、钢铁、机械、纸张、化工、橡胶加工、制鞋、食品和饮料等。这些产业的发展为印尼的经济增长和就业市场提供了重要的支撑。

印尼旅游资源非常丰富，拥有热带雨林、火山、岛屿风情以及众多宗教古迹等，发展旅游业具有先天的优势和条件。受新冠疫情影响，2020 年来访印尼的国际游客人数为 402 万人次，比 2019 年同期的 1610 万人次下降了 75.03%。

3. 外贸状况

不同于新加坡、泰国、马来西亚、越南等高度外向型的东盟经济体，印尼的外贸发展不太稳定。2022 年印尼货物进出口总额为 5294 亿美元，首次突破 5000 亿美元大关，外贸发展迈上了一个新台阶。其中，货物出口总额为 2920 亿美元，增长 26%；货物进口总额为 2374 亿美元，增长 21%。贸易顺差创造新的纪录，达到 546 亿美元。2010—2022 年印尼进出口贸易状况如表 3-18 所示。

表 3-18　　　　　　　　　2010—2022 年印尼进出口贸易状况

年份	货物进出口总额（亿美元）	货物出口总额（亿美元）	货物进口总额（亿美元）	贸易差额（亿美元）
2010	3632	1986	1646	340
2011	2935	1578	1357	221
2012	3809	2035	1774	261
2013	3817	1900	1917	−17
2014	3692	1826	1866	−40
2015	3545	1763	1782	−19
2016	2931	1504	1427	77
2017	2802	1445	1357	88
2018	3257	1688	1569	119
2019	3688	1801	1887	−86
2020	3390	1677	1713	−36
2021	4277	2315	1962	353
2022	5294	2920	2374	546

数据来源：世界贸易组织数据库。

中国、美国、日本和印度是印尼主要的出口市场，2022 年印尼对四国的货物出口额分别为 658.4 亿美元、281.8 亿美元、248.5 亿美元和 233.7 亿美元，分别约占印尼货物出口总额的 23%、10%、9% 和 8%。进口方面，中国、新加坡、日本、马来西亚是印尼主要的进口来源国，2022 年印尼自四国的货物进口额分别为 677.2 亿美元、194.1 亿美元、171.8 亿美元和 124.8 亿美元，分别占印尼货物进口总额的 29%、8%、7% 和 5%。

4. 经贸合作

印尼是一个历史悠久的贸易大国，早在 GATT 的初期阶段就积极参与其中，并于 1995 年正式成为 WTC 的一员。它还在 RCEP 中发挥着不可或缺的作用。印尼作为东盟的重要成员国，与中国、韩国、印度、澳大利亚、新西兰、日本、智利、巴基斯坦等国建立了稳固的多边和双边贸易关系，共同编织了一张紧密的贸易网络。然而，印尼的贸易版图并未止步于此。目前，该国正与欧盟、土耳其、突尼斯、孟加拉国和伊朗等就新的贸易协定进行深入谈判。这不仅展示了印尼在国际贸易中的积极姿态，也反映了其对于开放经济、深化合作的坚定决心。

值得一提的是，自 20 世纪 80 年代起，印尼作为发展中国家便享有美国、欧盟等提供的普遍优惠制待遇。这种待遇不仅为印尼的产品出口提供了更为广阔的市场，也为其经济发展注入了强大的动力。根据 2012 年欧盟公布的新的普惠制方案，印尼被列为普惠制第二类国家，这意味着它将继续享受欧盟给予的关税优惠。这一举措无疑为印尼的产品出口带来了重大利好，进一步推动了其经济的快速增长。

5. 发展规划

近年来，印尼非常重视基础设施建设，连续制定了多项基础设施建设长期规划。例如"新建经济增长中心"计划、"三北一岛"开发计划、"海上高速公路"战略和"新首都（迁都）建设计划"等。

"新建经济增长中心"计划是印尼政府在 2018 年提出的，其内容是围绕爪哇岛以外区域新建数个经济增长中心，改善落后地区基础设施和服务，以缩小与爪哇岛的发展差距，促进印尼城乡共振、多极化发展。

"三北一岛"开发计划是重点改造印尼"三北"中的北苏门答腊、北苏拉威西、北加里曼丹和"一岛"中的巴厘岛的交通、港口、水电管网等基础设施，打造经济和商业中心、能源和矿产中心、高科技与经济创意中心和环太平洋经济中心。

"海上高速公路"战略是以海洋为中心的战略，是在完善"千岛之国"岛屿之间连通的港口及附属设施的基础上，提高物流效率，降低货运成本，从而积极发展海洋经济和海洋产业。

"新首都（迁都）建设计划"是为了解决印尼首都雅加达人口聚集带来的交通、医疗、住房、卫生等拥堵问题而制订的从雅加达迁至东加里曼丹省的迁都计划。该计划很早就被提出，但一直没有落实。2019 年正式启动。2022 年印尼议会通过了有关建设新首都的法案，为印尼迁都铺平了道路。印尼计划使用320 亿美元（约合人民币 2033 亿元）完成新首都的基础设施建设。

以上四个计划相互呼应，同时发力，能够全面提升印尼全国的基础设施服务能力，进而促进印尼全境经济、社会整体均衡发展。根据印尼财政部数据，印尼 2020—2024 年基础设施建设规划的资金需求达 4500 亿美元，其中印尼中央政府财政预计承担 37%，地方政府和国企预计承担 21%，其余 42% 的资金缺口（约 1900 亿美元）将通过与国内外私营资本合作进行融资。印尼为此专门设立主权财富基金及其投资管理机构，拟对收费公路、机场、港口、数字基建等进行战略投资。

除了基础设施建设规划外，印尼仿效德国工业 4.0 计划提出了"印尼工业 4.0 计划"，该计划的目标是通过发挥本国资源和人力优势，加大研发投入力度，提升基础工业制造产品质量和劳动力水平，尽快将印尼工业打造成全球产业链中的重要一环。该计划不但目标比较务实，而且同步制定了有关政策、预算、路线图等配套文件，可操作性强。

五、新加坡概况

新加坡古称淡马锡，其历史可追溯至公元 8 世纪，那时它属于室利佛逝王朝。在公元 18—19 世纪，新加坡又成为马来柔佛王国的一部分。1819 年，英国人史丹福·莱佛士抵达新加坡，与柔佛苏丹签约，开始在新加坡设立贸易站。1824 年，新加坡沦为英国殖民地，成为英国在远东地区的重要转口贸易商埠和东南亚的主要军事基地。1942 年，它被日本占领。日本投降后，英国于 1945 年恢复了在新加坡的殖民统治，并在次年将其划为直属殖民地。然而，新加坡人民并未放弃对自治的追求。1959 年，新加坡实现了自治，成为自治邦，但英国仍保留了一些重要权力，如国防、外交、修改宪法和宣布紧急状态等。1963 年 9 月 16 日，新加坡与马来亚、沙巴、沙捞越共同组成马来西亚联邦。然而，不到两年，新加坡于 1965 年 8 月 9 日脱离马来西亚联邦，宣布成立新加坡共和国，正式踏上了独立自主的发展道路。

如今，新加坡社会稳定、政治开明、清廉高效、基础设施发达、经济开放，已成为发达国家之一，也成为亚洲甚至国际上重要的金融、现代服务、航运和石化冶炼中心。

（一）基本概况

1. 地理位置

新加坡矗立于马来半岛之南端，扼守着马六甲海峡的出入口，与马来西亚以南的柔佛海峡为界，与印尼隔新加坡海峡遥遥相对。尽管新加坡的国土面积并不大，但经过精心规划与建设，其陆地面积约 735 平方千米，在东盟成员国中，它是国土面积最小的一国。新加坡的领土包括新加坡岛及其周边 63 个微小岛屿。新加坡岛的东西跨度约为 50 千米，南北跨度约 26 千米，地势平坦，平均海拔仅为 15 米，最高的山峰也仅达到 163.63 米，而其海岸线则绵延长 200 多千米。

2. 自然资源

由于新加坡国土面积很小，其自然资源较为匮乏，绝大部分生活物资和工业原料严重依赖进口。由于境内缺少大河，水资源在新加坡较为稀缺。新加坡生产、生活用水主要依靠马来西亚的输水管道和海水淡化厂进行供水，同时新加坡建有 10 多个蓄水池为市民储存淡水。新加坡岛内拥有部分原生植物群，但由于城市化发展严重影响了新加坡的森林覆盖面积，新加坡全国约有 23% 的国土属于森林或自然保护区。新加坡渔业资源相对丰富，是世界上重要的捕鱼区之一。

3. 人口与民族

新加坡人主要由近一百年来从亚洲和欧洲大陆迁移而来的移民及其后裔组成。近年来，受新冠疫情影响，新加坡人口移民速度有所减缓，居住人口数量波动较大。2019 年新加坡总人口达到 570.4 万人，但 2020 年和 2021 年其人口数量有所下降，2021 年新加坡总人口减少到 545.4 万人，降幅达 4.1%。2022 年新加坡总人口逐步恢复到 2018 年的人口水平，但新加坡人口规模在东盟十国中仅高于文莱。

从性别比例来看，新加坡男性人口多于女性人口，2022 年占比为 52% 左右。2018—2022 年新加坡人口情况如表 3-19 所示。

表 3-19　　　　　　　　　2018—2022 年新加坡人口情况

年份	总人口（万人）	按性别分		总人口增长率（%）
		男性（万人）	女性（万人）	
2018	563.9	294.7	269.2	0.5
2019	570.4	298.2	272.2	1.2
2020	568.6	297.3	271.3	-0.3
2021	545.4	285.3	260.1	-4.1
2022	563.7	294.8	268.9	3.4

数据来源：世界银行。

新加坡是一个劳动力资源极大丰富的国家，劳动力人口在 2022 年占据了总人口的 62%，这一比例在东盟国家中名列前茅。正因为有如此充沛的人力资源，新加坡的经济才能够迅速腾飞，取得了令人瞩目的成就。这些劳动力不仅是新加坡经济增长的重要支柱，也为该国在国际竞争中赢得了优势。同时由于新加坡国土面积相对小，2020 年新加坡人口密度为 7919 人/平方千米，也是东盟国家中人口密度最高的国家。

在新加坡居住的人口，华人占七成以上，其次为马来人，占比近 15%，印度人、印尼人等其他种族也占有一定的比例。大多数新加坡华人的祖先源自中国南方，主要来自闽、粤、琼三省。在历史发展、地理位置和移民政策开放等多种因素的影响下，新加坡的社会文化越来越多元化。

（二）经贸状况

1. 宏观经济

新加坡经济高度发达。2020 年，受新冠疫情影响，新加坡经济连续 11 年保持增长的纪录被打破，首次出现负增长。2021 年新加坡经济快速复苏，GDP 增速达 9.7%，GDP 达到 4341 亿美元，在东盟经济体中排名靠前，人均 GDP 高达 79601 美元。2018—2022 年新加坡国内生产总值如表 3-20 所示。

表 3-20　　　　　　　2018—2022 年新加坡国内生产总值

年份	国内生产总值（亿美元）	GDP 增速（%）	人均国内生产总值（美元）
2018	3769	3.6	66841
2019	3769	1.3	66082
2020	3495	−3.9	61467
2021	4341	9.7	79601
2022	4985	3.8	88429

数据来源：世界银行。

2. 产业结构

新加坡国土面积小，但人口密度很大，所以造就了新加坡主要以服务业和工业为主，而农业几乎可以忽略不计的产业结构。2022 年新加坡产业结构中服务业占比超过 70%。2018—2022 年新加坡主要产业增加值占 GDP 比重如表 3-21 所示。

表 3-21　　　　2018—2022 年新加坡主要产业增加值占 GDP 比重

年份	农业（%）	工业（%）	服务业（%）
2018	0.03	25.4	69.5
2019	0.03	24.1	70.8
2020	0.03	23.3	72.0
2021	0.03	24.4	70.3
2022	0.03	24.2	70.9

数据来源：世界银行。

新加坡的电子工业、石化工业、精密工程业以及生物医药业等尤为突出。其中，电子工业无疑是新加坡最引人注目的传统优势产业，其产值占新加坡制造业总产值近一半。在这一领域，新加坡汇聚了众多全球顶尖企业，如伟创力、格芯、英飞凌和美光科技等，它们主导着半导体、计算机设备、数据存储设备、电信及消费电子产品的生产与创新。此外，新加坡在全球石化领域也占据重要地位，不仅是世界石化中心之一，还是亚洲石油产品定价中心。其原油加工能力超过 150 万桶/天，2022 年，化工行业产值约占新加坡制造业总产值的 11.8%。在精密工程领域，新加坡同样具有世界级的竞争力。其主要的产品线涵盖了半导体引线焊接机、球焊机、自动卧式插件机以及半导体与工业设备等。值得一提的是，生物医药业已成为新加坡的战略性新兴产业。全球十大收益药物中有四种是在新加坡生产的。众多国际著名的生物医药企业，如中外制药、默克、葛兰素史克等，都在这片土地上设立了研发或生产基地，共同推动着新加坡生物医药业的繁荣发展。

新加坡的现代服务业举世瞩目，金融保险业、商业服务业以及资讯通信业等行业尤为突出。作为全球金融领域的重要枢纽，新加坡享有全球第二大财富管理中心的美誉。不仅如此，新加坡在离岸人民币市场上也占据着举足轻重的地位，名列全球第三。这些荣誉的背后，离不开新加坡稳定的政治环境、健全的法律法规以及完善的基础设施等的支持。众多世界知名金融机构纷纷选择在新加坡设立分支机构或总部，如中国银行、花旗银行、摩根大通等。另外，新加坡的批发零售业、运输仓储业和旅游业等传统服务业也具有一定的优势。以运输仓储业来说，新加坡借助马六甲海峡的交通便利优势，逐步发展成为著名国际航运和物流中心，其港口货物吞吐量位居世界前列。

3. 外贸状况

对外贸易是新加坡国民经济的主要支柱。近年来，除了个别年份受外部环境的影响有所波动，新加坡的外贸整体保持增长趋势。2022 年，新加坡货物进出口总额为 9914 亿美元，增长 14.8%。其中，货物出口总额为 5158 亿美元，增长 12.8%；货物进口总额为 4756 亿美元，增长 17.1%；贸易顺差 402 亿美元，下降 21.5%。2010—2022 年新加坡进出口贸易状况如表 3-22 所示。

表 3-22 　　　　　　　　2010—2022 年新加坡进出口贸易状况

年份	货物进出口总额（亿美元）	货物出口总额（亿美元）	货物进口总额（亿美元）	贸易差额（亿美元）
2010	6627	3519	3108	411
2011	7753	4095	3658	437
2012	7881	4084	3797	287
2013	7833	4103	3730	373
2014	7933	4154	3779	375
2015	6487	3516	2971	545
2016	6138	3305	2833	472
2017	7013	3734	3279	455
2018	7839	4130	3709	421
2019	7501	3908	3593	315
2020	6923	3625	3298	327
2021	8636	4574	4062	512
2022	9914	5158	4756	402

数据来源：世界贸易组织数据库。

新加坡的贸易关系遍布全球，特别是在亚洲及太平洋地区有着深厚的基础。它的主要贸易伙伴涵盖了亚洲的几个重要经济体，包括中国、日本和韩国，同时也不乏跨越大洋的盟友，如美国和欧盟。2022 年，新加坡的出口货物主要流向了中国、马来西亚、美国、欧盟、韩国、日本和泰国等，这些国家几乎构成了新加坡的出口版图。相应地，新加坡的进口货物则主要来自中国、马来西亚、美国、欧盟、韩国、日本和印尼等。这些国家（地区）不仅为新加坡提供了丰富的商品和服务，也是新加坡经济发展的重要推动力。值得注意的是，中国在新加坡的贸易伙伴中占据了特殊的地位。中国不仅是新加坡连续多年最大的货物贸易伙伴，也是新加坡最大的出口市场和进口来源地。这种紧密的经济联系不仅推动了新加坡的经济发展，也为中国与新加坡的全面战略合作伙伴关系注入了新的活力。

从进出口商品结构来看，新加坡以工业制品为主，占到进出口总额的70%以上。2022年新加坡主要出口商品为石油、精密机械装备、化工产品、生物医药产品、杂项制品等，主要进口商品为机械及运输装备、原油等。

4. 经贸合作

新加坡人口数量少，国内市场规模小，因此，新加坡非常依赖国际市场，经济外向程度高，是践行自由贸易和全球经济一体化的倡导者和引领者之一。新加坡是东盟重要成员之一，积极加入 WTO、CPTPP、RCEP，也与中国、美国、英国、日本、澳大利亚、约旦、巴拿马、印度等 20 多个国家签订了双边贸易协定。除此之外，新加坡国际企业发展局在世界上 20 个国家（地区）设有超过 35 个代表处，收集全球商业资讯和信息，协助企业走出去，开拓国际市场，扩展商业版图。

5. 发展规划

2017 年 2 月，新加坡未来经济委员会（FEC）发布《未来经济报告》，并提出了七大战略，旨在为未来 5~10 年的经济发展描绘出清晰的愿景。这些战略主要包括：

（1）强化并扩大国际联系，即通过增强贸易和投资合作，设立全球创新联盟，并深化对海外市场的了解，来扩大新加坡在全球经济中的影响力；

（2）掌握并善用高精尖技能，即协助国人获取并精进专业技能，推动学以致用，以适应未来经济发展的需要；

（3）加强企业创新与成长，即构建强大的创新生态系统，支持企业扩大业务，同时鼓励私人融资以满足企业成长的需求；

（4）提升数字能力，即帮助中小企业接纳数字化科技，深化数据分析和网络安全能力，充分利用数据资源；

（5）构建充满活力的互通都市，即加大投资与外部互联互通，为城市增长和再生制定大胆规划，并通过合作打造活力四射的城市环境，同时开发有市场潜力的城市建设方案；

（6）发展并实施产业转型蓝图，即为多个产业量身定制转型计划，通过开放集群模式促进行业间合作。

（7）协同促进创新与增长，即鼓励商会和工会在创新中发挥更大作用，打造鼓励创新和冒险的监管环境，利用政府需求推动有潜力的行业发展，并调整税制以适应可持续发展的需求。

这份报告强调，实施这七大战略的关键在于"保持新加坡的开放和互联互通""掌握并精通与时俱进的技能"以及"劳资政三方以新的形式加强合作"三大途径，并将新加坡在未来 10 年的经济增长目标设定为每年增长 2% 至 3%。

2021 年 5 月 1 日，其未来经济委员会制定《产业转型蓝图 2025》，并推出产业转型蓝图的 23 个工商产业（合计占经济比重八成以上），集结为制造业、建筑与环境、基本公共服务、现代服务、生活服务以及贸易运输物流六大产业群，制定产业群战略，加强相关产业间的合作，发挥协同效应，促进经济加快转型。

六、文莱概况

文莱，古称为浡泥，由土著人酋长统治。公元 6—9 世纪，文莱曾多次遣使访问中国，与唐朝和宋朝有较多的贸易往来。公元 14 世纪中叶，伊斯兰教传入文莱，建立了苏丹国。16 世纪上半叶，文莱国力鼎盛，成了东南亚地区的商贸和伊斯兰教中心。然而，从 16 世纪中叶到 20 世纪初，文莱先后遭受了葡萄牙共和国（简称葡萄牙）、西班牙、荷兰王国（简称荷兰）、英国等西方殖民主义国家的入侵和统治。文莱逐渐沦为殖民地，领土也相继失去。1959 年，英国殖民统治者开始逐步将国家事务交回给文莱苏丹政府管理。1984 年 1 月 1 日，文莱宣布完全独立。独立后，苏丹政府大力推行"马来伊斯兰君主制"，巩固王室的统治，重点扶持马来族经济，努力提升国家的整体实力。在现代化的进程中，文莱严格维护伊斯兰教义，传承着古老而神圣的文化传统。

（一）基本概况

1. 地理位置

文莱位于加里曼丹岛西北部，北濒南中国海，东南西三面则与马来西亚的沙捞越州接壤。两匡间的陆地边界线长达 381 千米，这条边界线巧妙地穿过了沙捞越州的林梦地区，将文莱划分为东西两块不相连的部分。文莱国土面积只有 5765 平方千米，在东盟成员国内位列倒数第二。文莱海岸线蜿蜒曲折，总长约 162 千米，沿海地带散落着 33 个岛屿。文莱的东部地势较高，而西部则分布着众多的沼泽地。

2. 自然资源

文莱的石油和天然气储量十分可观，稳坐亚洲第三大石油生产国和全球第四大液化天然气生产国的宝座。2023 年《BP 世界能源统计年鉴》的数据显示，截至 2022 年年底，文莱已探明的石油储量为 11 亿桶，占全球总量的0.1%；天然气储量更是高达 2000 亿立方米，占全球总量的 0.1%。文莱的其他矿产资源相对较少，但它在林业资源上却有着得天独厚的优势。森林覆盖率超过 70%，其中 86% 的森林保护区保持着原始状态。文莱有 14 个森林保护区，占地 2355 平方千米，占国土面积的 41%。这些珍贵的森林资源为文莱的生态环境提供了强大的保护，也为其带来了丰富的生物多样性和潜在的经济价值。

3. 人口与民族

2018—2022 年文莱人口情况如表 3-23 所示。2022 年文莱总人口 44.9 万人，男性人口为 23.2 万人，女性人口为 21.7 万人。文莱的人口数量是东盟成员国中最少的，大概相当于中国一个小县城。文莱人口主要集中在摩拉区，有 31.61 万人，占总人口的 69.69%；马来奕区 7.48 万人，占 16.49%；都东区 5.15 万人，占 11.35%；淡布隆区 1.12 万人，占 2.47%。

表 3-23　　　　　　　　2018—2022 年文莱人口情况

年份	总人口（万人）	按性别分		总人口增长率（%）
		男性（万人）	女性（万人）	
2018	43.4	22.5	20.9	0.9
2019	43.8	22.7	21.1	0.9
2020	44.2	22.9	21.3	0.8
2021	44.5	23.0	21.5	0.8
2022	44.9	23.2	21.7	0.8

数据来源：世界银行。

文莱第一大民族为马来土著人，主要有文莱马来人、都东人、克达岩人、马来奕人、比沙雅人、姆鲁人、杜顺人七大土著。其他土著人包括伊班族、达雅族、格拉比族。华人为文莱第二大民族，约占总人口的 10%。华人在文莱经济发展中发挥了重要作用，多数人从事建筑、修理、餐饮和销售业，部分华人有较好的经济基础和产业。目前，已有 3 位华人获丕显（Pehin）封号，其中 1 位已去世，该封号在文莱有极高的社会地位和公众认可度。

（二）经贸状况

1. 宏观经济

文莱经济自 2016 年来连续多年呈现正增长。虽然 2020 年文莱 GDP 下降到 120.1 亿美元，同比下降 10.8%，但总体保持良好的增长态势。文莱 2022年 GDP 达到 166.8 亿美元，虽然经济总量小，但是人均 GDP 高达 37152 美元，在东盟国家中人均 GDP 位居第二，仅次于新加坡。2018—2022 年文莱国内生产总值如表 3-24 所示。

表 3-24　　　　　　　2018—2022 年文莱国内生产总值

年份	国内生产总值 （亿美元）	GDP 增速（%）	人均国内生产总值 （美元）
2018	135.7	0.1	31241
2019	134.7	3.9	30748
2020	120.1	1.1	27179
2021	140.1	-1.6	31449
2022	166.8	-1.6	37152

数据来源：世界银行。

2. 产业结构

2022 年，文莱的三大产业在 GDP 中的占比呈现出鲜明的特点。其中，农业占比仅为 1.1%，工业占比为 67.9%，而服务业占比为 32.5%。2018—2022年文莱主要产业增加值占 GDP 比重如表 3-25 所示。石油和天然气仍然是文莱经济的坚强支柱，其产值占据了 GDP 的 47.4%。这两种资源的生产和出口活动在国内生产总值中占据了高达 67% 的份额。近年来，随着文莱政府加大对非油气产业的投资，文莱的非油气产业也在蓬勃发展，其中包括政府服务、金融、批发与零售、房地产、教育以及建筑业。2022 年，非油气产业的贡献率显著上升，占 GDP 的比重达到了 52.6%。这一趋势预示着文莱经济正逐渐实现多元化，减少对石油和天然气资源的依赖。

表 3-25　　　　　　2018—2022 年文莱主要产业增加值占 GDP 比重

年份	农业（%）	工业（%）	服务业（%）
2018	1.0	63.2	37.3
2019	1.0	62.5	38.2
2020	1.2	59.1	41.5
2021	1.3	62.7	37.6
2022	1.1	67.9	32.5

数据来源：世界银行。

3. 外贸状况

由于文莱产业结构单一的问题，文莱外贸收入受国际市场原油价格影响较大，持续波动不断。2010 年文莱货物进出口总额为 114 亿美元，2012 年增长到 166 亿美元，但从 2013 年开始持续下降，2016 年下降到 76 亿美元，是近十年来的最低点。2017 年开始有所复苏，到 2022 年文莱进出口贸易总额逐步增长到 237 亿美元。从贸易流向来看，文莱一直主要依赖于出口，出口额远远大于进口额，例如，2022 年文莱货物出口总额 140 亿美元，货物进口总额 97 亿美元，保持 43 亿美元的差额。2010—2022 年文莱进出口贸易状况如表 3-26 所示。

表 3-26　　　　　　2010—2022 年文莱进出口贸易状况

年份	货物进出口总额（亿美元）	货物出口总额（亿美元）	货物进口总额（亿美元）
2010	114	89	25
2011	161	125	36
2012	166	130	36
2013	151	114	36
2014	141	105	36
2015	96	64	32
2016	76	49	27
2017	87	56	31

续表

年份	货物进出口 总额（亿美元）	货物出口总额 （亿美元）	货物进口总额 （亿美元）
2018	107	66	42
2019	121	70	51
2020	120	66	53
2021	196	111	85
2022	237	140	97

数据来源：世界贸易组织数据库。

另外，《中国-东盟统计年鉴》的数据显示，2022 年文莱的出口市场主要集中在澳大利亚、日本、中国、新加坡和马来西亚这几个国家。其进口来源市场则主要来自马来西亚、阿联酋、中国、卡塔尔和新加坡等国。在文莱的出口商品中，原油和天然气占据主导地位。其中，原油的前五大出口市场分别是印度、新加坡、泰国、澳大利亚和越南；而液化天然气的主要出口市场则包括日本、马来西亚、中国、韩国和泰国。这充分体现了文莱在全球贸易中的重要地位，以及其作为能源供应国的角色。

4. 经贸合作

文莱实行贸易开放政策，积极加入各类贸易组织，现是东盟、APEC、WTO 和区域全面经济伙伴关系的成员国。作为东盟成员，目前文莱已与日本、澳大利亚等国达成了十个自由贸易协定。文莱正在核准《全面与进步跨太平洋伙伴关系协定》（CPTPP）国内审批程序。文莱原先是《跨太平洋伙伴关系协定》（TPP）发起国之一，但由于美国的退出，《跨太平洋伙伴关系协定》改名为《全面与进步跨太平洋伙伴关系协定》，文莱不得不重新申请加入。

同时，作为一个信奉伊斯兰教的国度，文莱非常重视与其他同样信仰伊斯兰教的国家的合作。近年来，文莱在这些国家的支持下，积极发展清真食品和穆斯林用品产业，以及伊斯兰金融业。这一系列举措，使"文莱清真"的品牌在伊斯兰世界中获得了极高的认可。

5. 发展规划

2008 年，文莱确立了一个宏大的规划，这便是他们的《2035 年宏愿》，一个跨越三十年的蓝图。在这个宏图中，文莱明确了三个核心发展目标："教育水平的提升""生活质量的改善"和"经济实力的增强"。为了实现这些目标，他们精心策划了八大发展战略，这包括教育、经济、国家安全、体制发展、本地商业、基础设施、社会安全和环境保护等各个方面的战略。文莱计划通过全方位的引进外资，推动中小企业的成长，提高社会生产力，改善投资环境，大力发展基础设施建设，以及促进当地就业等具体措施，来推动其经济的多元化、活力和可持续性。这个雄心勃勃的计划，不仅展示了文莱对于未来发展的坚定决心，也向全世界宣告了他们的发展愿景和战略方向。

在追求《2035 年宏愿》的远大目标下，文莱的财政与经济部于 2021 年精心策划了《国家经济发展蓝图》。这份蓝图精心勾勒出四个核心目标："实现迅猛且持久的经济增长""拓宽经济视野，减少对油气产业的依赖""稳固宏观经济基石""降低失业率"。同时，它明确了六大核心发展方向，即"培养充满活力的企业""吸引和培养技术精湛、适应力强且富有创新精神的人才""塑造开放且与世界接轨的经济环境""塑造可持续的经济发展生态""打造高质量且具有国际竞争力的经济基础设施""加强公共治理和提升公共服务水平"。除此之外，文莱交通运输部也在 2020 年提出了《数字经济总体规划2025》。该规划致力于通过数字身份、数字支付以及人民服务中心这三大旗舰项目，推动社会、经济和生态的数字化转型，以此构建一个全面数字化的生态系统。这一宏伟愿景旨在到 2025 年将文莱塑造成一个智能化、数字化的国家。

七、越南概况

越南，这片古老的土地，其历史可追溯至旧石器时代的雒越人。从公元前 3 世纪晚期至 10 世纪前期，越南北部历经三次北属时期，其间中南部也有过占城和扶南两个国家的存在，均与中国和印度建立了紧密的联系。直至公元 968 年，越南北部摆脱了中国南汉的统治，逐步统一越南全境，建立了独立的封建国家。然而，历史的进程并未让越南长期保持独立。1884 年，法国入侵越南，使其逐步沦为殖民地。但越南人民并未放弃抵抗，1945 年 9 月 2 日，越南宣布独立，成立了越南民主共和国。然而，同年 9 月，法国再次入侵越南。经过长达十年的战争，1954 年 7 月，在日内瓦会议上，中国、苏联、美国、英国、法国、越南民主共和国、老挝、柬埔寨和南越共同签署了关于恢复印度支那和平的日内瓦协定，越南北部终于得以解放。然而，越南南部的命运仍未改变，依旧在法国的统治之下，后由美国扶植成立南越政权。1961 年，美国发动了越南战争，这场战争持续了 15 年，最终在 1973 年签署了关于在越南结束战争、恢复和平的协定，美国从越南南部撤军，越南南部得以解放。1976 年 7 月，越南全国统一，正式建立了越南社会主义共和国。进入 20 世纪 80 年代，越南实行改革开放政策，经济开始迅速发展。特别是 1995 年加入东南亚联盟后，越南在政治、经济、外交、安全等多个领域获得了重要的利益，逐渐成为中南半岛的重要力量，并在东盟内部发挥着越来越重要的作用。如今，越南已经从一个古老的国度，发展成为一个在国际舞台上具有影响力的国家。

（一）基本概况

1. 地理位置

越南，坐落在亚洲中南半岛的心脏地带，它的北部接壤中国的广西和云南，西部与老挝和柬埔寨相邻，而在其东面和东南面则紧贴中国南海的广袤海域。在这片土地上，陆地面积约为 32.9 万平方千米。越南的地形独特，南北走向呈现优雅的 "S" 形曲线，南北最长之处可达 1640 千米，东西最宽处约 600 千米，而最狭窄之处则只有 50 千米。尽管高原和山地占据了国土的大部分，但越南仍拥有湄公河三角洲和红河三角洲这两大富饶的平原。在越南的境内，河流如织，长度超过 10 千米的河流就有近 3000 条，其中湄公河、红河、沱江和卢江等河流更是名声在外。此外，越南的海岸线也相当可观，长达 3260 千米的海岸线环绕着这个国家的东部和南部。

2. 自然资源

越南的自然资源颇为丰富，其矿产资源既包括多样化的能源矿产，也涵盖金属和非金属矿产。在能源矿产方面，越南拥有煤、石油和天然气等。越南的煤炭资源尤为突出，不但储量丰富，高居东盟第二，而且品质上乘，主要分布在广宁省以及红河三角洲地区。原油储量在全球位列第 28 位，天然气开采量则位居世界第 36 位。金属矿产方面，越南的铝、铁、铬、镍、钛等储量也相当可观，其中铝土矿的储量高达约 58 亿吨，位居世界第二。此外，越南还拥有大量的稀土资源，被誉为 "工业黄金"，但主要以轻稀土为主。在非金属矿产领域，越南同样拥有丰富的磷灰石、硫化矿、高岭土等矿藏。这些丰富的自然资源为越南的工业发展奠定了坚实的基础。

3. 人口与民族

越南人口众多，人口规模接近 1 亿人，位居东盟第三。2018—2022 年越南人口情况如表 3-27 所示。越南人口连续 5 年保持接近 1% 的增速并缓慢增长。截至 2022 年年底，越南全国人口为 9818.7 万人，年增长率降至 0.7%。其中，男性人口为 4850.2 万人，占 49.4%，女性人口为 4968.5 万人，占 50.6%。全国人口平均年龄为 32 岁，平均寿命为 73.7 岁。2022 年，越南 15 岁以上劳动力为 5595.1 万人，劳动参与率达到 73.4%，劳动力人口数量和劳动参与率都位居东盟第二。越南是农村人口较多的国家，2022 年农村人口数量达到 6012.4 万人，占比高达 68.5%，农村人口比重位居东盟成员国的第三位。

表 3-27   2018—2022 年越南人口情况

年份	总人口（万人）	按性别分		总人口增长率（%）
		男性（万人）	女性（万人）	
2018	9491.4	4685.6	4805.8	0.9
2019	9577.7	4772.7	4848.8	0.9
2020	9664.9	4862.6	4892.2	0.9
2021	9746.8	4813.6	4933.2	0.8
2022	9818.7	4850.2	4968.5	0.7

数据来源：世界银行。

越南是一个文化多元且种族丰富的国度，汇聚了 54 个不同的民族群体。在这些族群中，京族无疑占据了主导地位，他们的数量约占越南总人口的 86%。越南还有岱依族、傣族、芒族、高棉族、侬族等独具特色的少数民族群体，他们各自传承着丰富的文化与传统，共同构筑了越南多彩的民族画卷。

（二）经贸状况

1. 宏观经济

近年来，越南持续推进创新开放，加快融入全球经济，国民经济总体保持平稳发展。2016—2019 年，GDP 年均增速达 6.5% 以上。2020 年，在新冠疫情冲击下，越南经济增幅虽然降至 2.87%，但仍是全球范围内保持经济正增长的少数国家之一。2021 年，越南经济受第四轮新冠疫情影响，GDP 继续保持低位增长。2022 年 GDP 快速回升 8.02%，迈上 4000 亿美元新台阶，达到 4088 亿美元，超越了马来西亚和菲律宾，位居东盟第四，但人均 GDP 只排在第五位，仅为 4163 美元。2018—2022 年越南国内生产总值如表 3-28 所示。

表 3-28　　　　　　2018—2022 年越南国内生产总值

年份	国内生产总值（亿美元）	GDP 增速（%）	人均国内生产总值（美元）
2018	3101	7.47	3267
2019	3343	7.36	3491
2020	3466	2.87	3586
2021	3661	2.56	3756
2022	4088	8.02	4163

数据来源：世界银行。

2. 产业结构

越南产业结构主要以工业和服务业为主，2022 年，越南农业、工业和服务业占 GDP 比重分别为 11.0%、38.3% 和 41.3%。2018—2022 年越南主要产业增加值占 GDP 比重如表 3-29 所示。经济增长的主要拉动力分别是加工制造业（增长 5.82%）、批发零售业（增长 5.53%）和金融、银行和保险业（增长 6.87%）。

表 3-29　　　　　　2018—2022 年越南主要产业增加值占 GDP 比重

年份	农业（%）	工业（%）	服务业（%）
2018	12.3	36.5	42.2
2019	11.8	36.8	42.5
2020	12.7	36.7	41.8
2021	12.6	37.5	41.2
2022	11.9	38.3	41.3

数据来源：世界银行。

越南盛产稻米、橡胶、胡椒、椰子、火龙果、西瓜、杧果、咖啡等农产品。越南水稻种植面积超 700 万公顷，年水稻产量超 4000 万吨，是世界上主要大米出口国之一。越南森林资源较为丰富，森林覆盖面积超40%，开采木材3100万立方米。越南鱼类资源丰富，沿海盛产红鱼、鲐鱼等多种海鱼，每年的海鱼产量都可达到数十万吨。2020年越南水产总量为842.3万吨，同比增长1.8%。

近年来，随着越南经济改革的深入、人口红利的释放和产业转移浪潮的带动，越南在劳动密集型制造业中的优势越来越大，逐步成为世界新兴的加工制造业中心。越南主要工业集中在电子与电器、汽车、食品饮料和服饰服装等制造业，工业产品主要有电子产品、计算机、机械设备、汽车、摩托车、纺织服装、石油天然产品、橡胶产品、塑料制品等。

旅游业是越南重要的服务支柱行业。根据世界银行的数据，新冠疫情之前，2019年越南接待国际游客超1800万亿人次，实现旅游外汇收入32.3亿美元。

3. 外贸状况

2022年，越南货物进出口总额达7307亿美元，较上年增长9.5%，创历史新高。其中，货物出口总额为3714亿美元，同比增长10.6%；货物进口总额为3593亿美元，同比增长8.4%，全年贸易顺差121亿美元，为2016年以来连续第七年顺差。2010—2022年越南进出口贸易状况如表3-30所示。

表3-30　　　　　　　　2010—2022年越南进出口贸易状况

年份	货物进出口总额（亿美元）	货物出口总额（亿美元）	货物进口总额（亿美元）	贸易差额（亿美元）
2010	1571	722	848	−126
2011	2037	969	1068	−99
2012	2283	1145	1138	7
2013	2641	1320	1320	0
2014	2981	1502	1478	24
2015	3277	1621	1656	−35
2016	3514	1766	1748	18
2017	4279	2150	2129	21
2018	4806	2437	2369	68
2019	5177	2643	2534	109

续表

年份	货物进出口总额（亿美元）	货物出口总额（亿美元）	货物进口总额（亿美元）	贸易差额（亿美元）
2020	5453	2826	2627	199
2021	6675	3359	3316	43
2022	7307	3714	3593	121

数据来源：世界贸易组织数据库。

越南的货物贸易伙伴中，中国、美国、韩国和日本占据着重要的位置。从出口方面来看，在越南 2022 年的主要出口市场中，美国以 1094 亿美元位列第一，之后依次是中国、韩国、日本和中国香港，出口额分别为 577 亿美元、243 亿美元、242 亿美元和 109 亿美元。而越南的进口渠道主要集中在中国，其进口额高达 1179 亿美元，之后依次是韩国、日本、中国台湾和美国，进口额分别为 621 亿美元、234 亿美元、226 亿美元和 145 亿美元。越南的出口商品种类多样，其中手机及零部件，计算机产品及其零配件，纺织品服装，机械设备，工具及零配件，鞋靴，木材及木制品等都是其主要出口产品。而在进口方面，越南主要引进的商品包括计算机，电子产品及零配件，机械设备，工具及零配件，手机及零配件，纺织面料，塑料，钢铁，塑料制品以及汽车等。可以看出，越南的货物贸易伙伴较多，进出口商品种类丰富，这表明越南在全球经济中有着广泛的连接和重要的位置。

4. 经贸合作

越南自 1986 年实施经济改革后，积极参与多边和双边自由贸易机制。越南是东盟、APEC 和《区域全面经济合作伙伴关系协定》成员之一，是亚欧会议的创始成员。2007 年加入了世界贸易组织，标志着越南全面融入全球经济。在WTO 框架内，越南支持公平、开放、以规则为基础的多边贸易体系。近年来，越南成功组织了 2017 年的 APEC 峰会及其相关的部长级会议。2020 年，越南作为东盟轮值主席国，巩固东盟内部团结，促进成员国之间积极开展合作，在携手应对新冠疫情中做出共同努力。迄今为止，越南自身以东盟成员国身份已经与中国、印度、澳大利亚、日本、韩国、欧亚经济联盟、智利、欧盟、英国等国或区域组织签署了 22 个区域和双边自由贸易协定（其中 21 个已经生效）。目前，越南正在与欧洲自由贸易联盟（EFTA，包括瑞士、挪威、冰岛和列支敦士登）和以色列就 2 个自由贸易协定进行谈判。越南通过签署自贸协定与大多数重要合作伙伴建立起自由贸易关系，为进一步促进双边贸易和投资以及促进该地区和全球经济一体化做出贡献。在经贸协定的框架下，越南辐射东南亚甚至全球市场，逐步融入全球经济一体化和产业链价值链。

5. 发展规划

在 2021 年的初春，越共的"十三大"会议在热烈的气氛中召开，会议为越南未来几年的发展描绘了一幅宏伟的蓝图。会议明确提出了 2021—2026 年越南经济社会发展的总体目标，那就是全面推动工业化和现代化的进程，以期在 21 世纪中叶将越南建设成为一个社会主义的发达国家。为了实现这一目标，越南政府迅速行动起来，相继出台了一系列的经济、社会、基础设施、能源交通以及重点产业的发展规划。在 2021 年 7 月，越南通过了《2021—2025 五年经济社会发展计划》。根据这个计划，在未来五年内，越南 GDP 的平均增速要达到 6.5% 至 7%，人均 GDP 要达到 4700—5000 美元，从而跻身中高等收入国家的行列。在社会建设方面，越南致力于打造一个民主、和谐、公平和文明的社会。到 2025 年，农业劳动力在社会总劳动力中的比重将下降到 25% 左右；受过培训的工人的比率将达到 70%；城镇的失业率将控制在 4% 以下；贫困率将保持每年 1%～1.5% 的下降速度；每万人将拥有 10 名医生和 30 张病床；健康保险的参保率将达到 95%；平均寿命将提高到约 74.5 岁；新农村的达标率将达到 80% 以上。此外，越南陆续出台了国家电力、交通运输、煤炭、纺织工业等多个配套发展规划。这些规划的实施，将为越南的经济社会发展提供坚实的支撑，助力越南实现其宏伟的发展目标。

越南对其本国的工业化发展给予了极高的重视。在 2019 年 8 月，越南公布了《第四次工业革命国家战略草案》，其中明确提出了一个宏大的目标：到 2025 年，计划成立 5 家市值高达 10 亿美元的科技公司，并预计在 2030 年将这一数字增加至 10 家。该草案不仅描绘了越南在工业领域的宏伟蓝图，更设定了明确的目标：到 2025 年，越南希望在工业领域的专利数量上能够跻身全球前 30 强，并努力在全球创新指数排名中至少提升至第 30 位，而目前其排名为全球第 42 位。此外，越南正在积极推进数字化转型。2020 年 6 月，越南批准了一项国家数字化转型计划，旨在 2025—2030 年，加速越南宽带基础设施的建设和改造升级。该计划还强调了积极推动 5G 移动网络和智能手机在全国范围内的覆盖和推广普及，以在经济、社会和政务等领域尝试新技术和新模式，从而提升全国智能化、数字化服务能力。越南的这些举措显示出其对科技和工业发展的坚定决心。

八、老挝概况

老挝最早起源于中国东周和西汉时期的越裳（百越之一）或掸国，公元7—9世纪属真腊国，9—14世纪属吴哥王朝。公元1353年在老挝建立的澜沧王国，达到历史鼎盛时期。然而，澜沧王国的历史并非一帆风顺，长期在周边国家的夹缝中艰难生存，多次历经侵略与分裂的痛苦。1707年，澜沧王国无法再承受内外的压力，分崩离析为琅勃拉邦王国、万象王国和占巴塞王国。18世纪后到19世纪被暹罗（今泰国）征服。19世纪末澜沧王国沦为法国殖民地，1940年，老挝不幸沦为日本的占领地，其主权和独立遭受严重践踏。然而，在漫长的黑夜之后，曙光终于出现。1945年10月12日，老挝宣布独立，人民开始憧憬一个自主、和平与繁荣的未来。然而，历史的波折并未就此平息。1946年，法国军队重返老挝，再次将其卷入战争的旋涡。这段时期，老挝人民在战火中坚韧不屈，寻求解放。他们的坚持与斗争终于在1954年7月迎来了曙光。关于恢复印度支那和平的日内瓦协定的签署，标志着法国从老挝撤军，为老挝的独立与和平打开了新的篇章。但好景不长，不久后，美国接踵而至，再次将老挝卷入国际政治的纷争。之后在美苏两大势力的支持下，老挝王国和老挝人民党持续了22年的内战，最终以老挝人民党获胜结束。1975年12月2日正式宣布废除君主制，成立老挝人民民主共和国。1986年11月，老挝人民革命党在庄严的第四次全国代表大会上，提出了具有划时代意义的"革新开放"政策。这一重大决策，标志着老挝从此步入了一个崭新的历史时期。

（一）基本概况

1. 地理位置

老挝位于中南半岛的北隅，以其独特的地理位置脱颖而出。它是一个没有海岸线的内陆国家，被其邻国环绕，北与中国接壤，南邻柬埔寨，东界越南，西北至缅甸，而西南则与泰国毗连。这种地理位置为老挝带来了较多的文化交流与互动机会，同时也塑造了其独特的国家特性。湄公河作为老挝的母亲河，贯穿老挝境内超过1800千米，滋养了无数生灵。在东盟十国中，老挝的国土面积约为23.68万平方千米，位列第七。

2. 自然资源

在老挝这片神秘而古老的土地上，自然资源虽不丰饶，却也别具一格。黄金、铜、锡、铅、钾、铁、石膏、煤、盐等矿产资源犹如宝藏般潜藏在这片广袤的国土之下，等待着人们的发掘。水力资源在老挝却显得尤为充沛，全国范围内有 20 余条流程长达 200 千米以上的河流，这些河流犹如大地的血脉，为老挝的经济发展和生活所需提供了源源不断的水力支持。令人瞩目的还有老挝的森林资源，其覆盖率约达 50%。在这片茂密的绿色海洋中，柚木、酸枝、花梨木等名贵木材的生长尤为茂盛，它们不仅为老挝带来了丰富的经济效益，更是向世界展示了老挝独特的自然魅力。

3. 人口与民族

老挝人口并不多，人口密度只有 31.7 人/平方千米，是东盟所有成员国中人口密度最小的国家。2018—2022 年老挝人口情况如表 3-31 所示。老挝全国人口增速较为稳定，每年保持在 1.5% 左右的增幅，2022 年老挝全国人口总数达到 752.9 万人，其中男性人口为 379.4 万人，女性人口为 373.5 万人，老挝人口中男女比例基本相当。另外，老挝农村人口比重偏大，世界银行的数据显示，2022 年老挝农村人口占全国人口的 62.4%，劳动人口占比为 64.9%。

表 3-31　　　　　　　2018—2022 年老挝人口情况

年份	总人口（万人）	按性别分		总人口增长率（%）
		男性（万人）	女性（万人）	
2018	710.5	358.3	352.2	1.5
2019	721.2	363.6	357.6	1.5
2020	731.9	369.0	362.9	1.5
2021	742.5	374.3	368.2	1.4
2022	752.9	379.4	373.5	1.4

数据来源：世界银行。

老挝共有 50 个民族，主要被归类为四大语族，分别是老泰语族、孟高棉语族、汉藏语族和苗瑶语族。老泰语族约占老挝总人口的 60%，成为这个国家的主体民族。在老挝，还有近 3 万名的华侨华人，他们与本土民族和谐共生。

（二）经贸状况

1. 宏观经济

2019 年是实施老挝经济发展八五计划的第四年。受国际上全球油价和粮食价格大幅波动、中美贸易摩擦、气候变化和新冠疫情以及国内政府债务问题、非洲猪瘟、蝗灾和水灾等影响，老挝经济发展下行压力较大。2019 年老挝政府继续减少非必要的政府投资项目，严格控制各类政府支出，开源节流，保持经济稳定增长，取得了 5.5% 经济增长的成绩。但 2020 年后，受新冠疫情的影响，全球经济增长放缓，国际矿产品原材料价格大幅下降，老挝初级产品出口遭受较大损失，导致老挝经济发展不断恶化。2020 年老挝经济增长只有 0.5%，2021 年经济增长也只有 2.5%。2022 年，老挝国内生产总值为 157 亿美元，按照不变价格计算，经济增长 2.7%，人均国内生产总值为 2088 亿美元，为近五年来最低的一年。2018—2022 年老挝国内生产总值如表 3-32 所示。

表 3-32　　　　2018—2022 年老挝国内生产总值

年份	国内生产总值（亿美元）	GDP 增速（%）	人均国内生产总值（美元）
2018	181.4	6.2	2553
2019	187.4	5.5	2599
2020	189.8	0.5	2593
2021	188.3	2.5	2536
2022	157.2	2.7	2088

数据来源：世界银行。

2. 产业结构

长期以来，老挝是一个农业国家，经济结构以农业为主，工业基础和服务业相对薄弱。2018—2022 年老挝主要产业增加值占 GDP 比重如表 3-33 所示，老挝 2018—2022 年的农业增加值占 GDP 的比重保持在 15% 左右，在东盟国家中位列第三，仅次于柬埔寨和缅甸。

表 3-33　　　　　　2018—2022 年老挝主要产业增加值占 GDP 比重

年份	农业（%）	工业（%）	服务业（%）
2018	15.7	31.5	41.6
2019	16.1	31.5	41.5
2020	16.3	32.4	41.0
2021	16.1	34.0	38.8
2022	14.6	33.6	41.2

数据来源：世界银行。

自 1986 年起，老挝开始实施"革新开放"政策，以此为契机，其经济结构经历了一场深刻的优化与调整。老挝坚持在优先发展农林业的基础上，巧妙地结合了农林业、工业和服务业，形成了多元化的经济发展模式。这一策略不仅推动了老挝市场经济的建立与完善，还为其对外开放政策铺平了道路，吸引了大量的外资流入。在此过程中，老挝敞开国门，积极学习并吸收国外的先进技术与管理经验，不断提高国家工业化水平。这一战略决策，不仅显著提升了老挝在全球经济中的竞争力，更为其带来了实质性的经济增长。随着老挝经济改革的深入，其产业结构也实现了质的飞跃。五年来，老挝的工业和服务业增加值占 GDP 的比重持续上升，分别达到了 33% 和 40% 左右，这一成就标志着老挝经济从传统的农林业为主导，逐渐向更为均衡、多元化的经济结构转变。这一变革不仅提高了老挝人民的生活水平，更为其未来经济的可持续发展奠定了坚实的基础。

3. 外贸状况

老挝的对外贸易体量在东盟国家中表现较差，近两年随着文莱外贸额的不断提升和超越，老挝已在所有东盟成员国中货物进出口总额处于末位。不过，纵向来看，老挝的外贸发展基本保持比较稳定的增长，虽然增速变化不大。2010—2022 年老挝进出口贸易状况如表 3-34 所示，从 2010 年的 38 亿美元逐步增长到 2022 年的 153 亿美元，增长了 4 倍之多，保持平均每年 12.9% 的增速。2010—2019 年，老挝的外贸差额一直保持逆差，逆差额度最高达到 20 亿美元，但从 2020 年开始，老挝的外贸逐步转向贸易顺差，这说明近年来老挝在本国产业结构和外贸出口方面实施的改革和促进措施取得了一定的成效。

表 3-34　　　　　　　　2010—2022 年老挝进出口贸易状况

年份	货物进出口总额（亿美元）	货物出口总额（亿美元）	货物进口总额（亿美元）	贸易差额（亿美元）
2010	38	17	21	−4
2011	46	22	24	−2
2012	53	23	31	−8
2013	53	23	31	−8
2014	69	27	43	−16
2015	93	37	57	−20
2016	96	42	54	−12
2017	105	49	57	−8
2018	117	54	63	−9
2019	121	58	63	−5
2020	115	61	54	7
2021	140	77	63	14
2022	153	79	74	5

数据来源：世界贸易组织数据库。

老挝的主要贸易伙伴主要以中国和东盟成员国为主，例如，主要进口来源地为泰国、中国、越南等，主要出口市场为泰国、中国、越南、新加坡等。从出口商品构成来看，老挝的出口主力军集中在矿产品、电力、农产品及手工业产品等领域，这些产品反映了老挝的资源优势与产业特色。而在进口领域，工业品、加工制成品、建材、日用品及食品、家用电器等成为主导，反映了老挝在经济建设和社会发展中的需求结构。

4. 经贸合作

老挝自 1997 年加入东盟后，便不断融入全球经济的潮流。2013 年，老挝正式加入世界贸易组织，虽然成了东盟成员国中最后一个加入世贸的国家，但这并未阻挡其迈向国际化的步伐。现在，老挝不但是中国-东盟自由贸易区（10+1）的坚定一员，而且还深度参与了大湄公河次区域（GMS）合作、亚太贸易协定以及全面经济伙伴关系协定等多边贸易协定。值得注意的是，尽管老挝在经济发展上仍面临着不少挑战，但它依然得到了国际社会的广泛关注和支持。联合国认定老挝为最不发达国家之一，因此，老挝享有一系列特权，包括优惠的市场准入和商品贸易条件。全球有38个国家和地区都将老挝列为普惠制的受惠国，其中，欧盟对老挝的优惠尤为显著，所有进入欧盟市场的老挝商品都能享受免关税和无配额限制的待遇。中国作为老挝的友好邻邦，也给予了老挝特殊的关税优惠。具体来说，中国对459种老挝商品免除了进口关税，这进一步促进了两国之间的贸易往来和经济合作。通过这些举措，可以看到老挝正努力融入全球经济体系，并在此过程中，不断寻求和创造新的机遇和合作空间。

5. 发展规划

老挝第八届国会第一次全体会议批准了由新任政府总理通伦·西苏里提出的在第八个社会经济发展五年规划（2016—2020年）、十年社会经济发展战略（2016—2025年）以及2030愿景中设定的目标。会议还批准国家预算计划（2016—2020年）、2015—2016年国家预算调整计划、国会五年发展计划和法律的制定与修订计划。根据上述规划和战略，老挝政府将努力推动经济不断增长，预计到2025年老挝人均国内生产总值较2015年增长4倍，年增长率至少为7.5%。同时，政府计划使税收达到国内生产总值的19%~20%，支出大约为国内生产总值的25%。政府希望农林部门的平均增长率为3.2%，服务业部门为8.9%，而工业部门的增长率能比2015年翻一番，达到9.3%。

九、缅甸概况

缅甸，一片古老的土地，其历史可追溯至公元前200年左右。在那个遥远的时代，骠人在这片广袤的土地上建立了骠国，开启了缅甸的文明之旅。时光流转，骠族中的一支向南迁移，抵达伊洛瓦底江三角洲，并在849年筑起了蒲甘城。千年的历史长河中，缅甸不断演变和发展。1004年，蒲甘王国派遣使节到北宋朝贡，这标志着一个新纪元的开始——缅甸，作为一个独立的国家，开始崭露头角。封建时代的缅甸先后经历了东吁、贡榜两个王朝的更迭。然而，1824—1885年，英国通过三次侵略战争，逐步占领了缅甸，将其纳入英属印度的版图。1942年5月，缅甸遭遇了日本的占领，但三年后，缅甸重获自由。然而，命运多舛，缅甸再次被英国控制。终于，在1948年1月，缅甸人民迎来了翘首以盼的时刻——缅甸脱离英国，宣布独立，并成立了缅甸联邦。随着时间的推移，缅甸在 1974 年 1 月更名为缅甸联邦社会主义共和国。但历史的进程并非一帆风顺，1988 年 9 月，缅甸政权更迭，国防部长苏貌领导的军人接管了政权，并将国名恢复为"缅甸联邦"。2008 年 5 月，缅甸翻开了新的一页。新宪法规定了实行总统制，吴登盛成为缅甸历史上的第一任总统。这一变革象征着缅甸政治的新篇章。然而，缅甸的政治风云变幻莫测，2016 年 3 月，缅甸联邦议会选举出了吴廷觉，他是半个多世纪以来缅甸首位通过民主选举产生的非军人总统。而 2021 年 2 月 1 日，缅甸再次迎来了政治变局。总统温敏、国务资政昂山素季及一些民盟高级官员被军方扣押。但缅甸人民并未屈服于困境，4 月 16 日，缅甸联邦议会代表委员会宣布成立民族团结政府，温敏出任总统，展现了缅甸人民对民主和自由的坚定追求。

（一）基本概况

1. 地理位置

缅甸坐落于亚洲大陆的中南半岛的西北部。它的地理位置极为独特，北部和东北部与中国毗邻，东部和东南部与老挝和泰国接壤，西部和西北部与孟加拉国和印度相邻，西南濒临印度洋的孟加拉湾和安达曼海。缅甸海岸线总长 3200 千米。缅甸的地形多样，山地、高原、丘陵和平原构成其主要地貌，且地势呈现从北到南由高到低的变化。缅甸拥有约 67 万平方千米的国土面积，是中南半岛上面积最大的国家，同时位居东盟十国国土面积的次席。

2. 自然资源

缅甸自然资源丰富，具有多样化的自然资源。在矿产资源方面，有丰富的镍、铜、锡、黄金、翡翠、宝石等，其中以翡翠和宝石最为出名，翡翠产量占全世界的 80% 以上。在林业资源方面，据 2022 年《缅甸统计年鉴》，缅甸森林覆盖率为 42.19%，缅甸具有极为丰富的植物种类，尤以柚木、花梨木等为名。在水利资源方面，缅甸国内的河流密布，主要河流有伊洛瓦底江、萨尔温江和湄公河等，这些河流的支流遍布全国。其中伊洛瓦底江为缅甸第一大河，全长 2200 千米，流域面积 43 万平方千米，覆盖缅甸的大部分国土。此外，缅甸丰富的海洋资源和近海天然气油田，也为其未来经济发展奠定了良好基础。

3. 人口与民族

缅甸人口较多，人口规模在东盟位列第五。截至 2022 年年底，缅甸约有人口 5417.9 万人，人口主要集中在仰光省、曼德勒省、伊洛瓦底省、掸邦、实皆省和勃固省几个省邦。缅甸男女比例较为平衡，2018—2022 年缅甸人口情况如表 3-35 所示。缅甸农村人口较多，2022 年，农村人口占比达 68.2%，位居东盟成员国的第二位。缅甸人力资源极为丰富，15~64 岁的劳动力人口约占总人口的 68.5%。由于国土面积较大，缅甸人口密度不大。缅甸与中国山水相连，从 19 世纪中叶开始就有不少中国人移居缅甸。目前缅甸华侨华人及其后裔的总人口约为 250 万人（该数据为不完全统计），主要集中在仰光等大城市和缅北地区。

表 3-35　　　　　　　　2018—2022 年缅甸人口情况

年份	总人口（万人）	按性别分		总人口增长率（%）
		男性（万人）	女性（万人）	
2018	5266.6	2624.4	2642.2	0.7
2019	5304.0	2642.3	2661.7	0.7
2020	5342.3	2660.6	2681.7	0.7
2021	5379.8	2678.3	2701.5	0.7
2022	5417.9	2696.2	2721.7	0.7

数据来源：世界银行。

缅甸民族众多，全国共聚居着 135 个独具特色的民族群体。其中，缅族是主体民族，约占总人口 65% 的比例，而掸族、克伦族、若开族、孟族、克钦族、钦族和克耶族等民族也分别占据了不同的人口比例，共同谱写着缅甸的民族乐章。每个民族都拥有自己独特的语言，其中缅、克钦、克伦、掸、孟等族拥有自己独特的文字系统。

（二）经贸状况

1. 宏观经济

自 20 世纪 60 年代起，缅甸长期面临军事政变等政治动乱，缅甸实施了较为封闭的经济政策，也错过了与亚洲其他国家一起走向初步工业化的国际浪潮。1987 年，缅甸被联合国列为世界上最贫穷的十个国家之一。进入 21 世纪，在良好的外部环境和基本稳定的内部环境下，缅甸经济取得了较为长足的进步。2018—2019 年，缅甸经济维持较高增速，经济增长率均保持在 6% 以上。但从 2020 年开始缅甸的经济开始下滑，2020 年国内生产总值下滑 9%，到了 2021 年出现了严重的负增长，下滑 12%，从人均 GDP 来看，缅甸只有 1233.2 美元，在东盟国家中垫底。2018—2022 年缅甸国内生产总值如表 3-36 所示。2022 年缅甸经济总量位居全亚洲第 27 位，仅比约旦、巴林和尼泊尔稍好一点。然而，不论是国土面积、资源总量、地理位置，还是人口、消费市场规模，缅甸和这几个国家相比都显得格格不入。

表 3-36 2018—2022 年缅甸国内生产总值

年份	国内生产总值（亿美元）	GDP 增速（%）	人均国内生产总值（美元）
2018	678.6	6.3	1288.5
2019	750.7	6.6	1415.2
2020	790.1	−9.0	1478.9
2021	663.5	−12.0	1233.2
2022	622.5	4.0	1149.0

数据来源：世界银行。

2. 产业结构

缅甸是以农业为主的国家，农业增加值占 GDP 的比重达到 20% 以上。2018—2022 年缅甸主要产业增加值占 GDP 比重如表 3-37 所示。2018—2022 年，缅甸农业、工业和服务业之间的比例基本保持在 2∶4∶4。

表 3-37 2018—2022 年缅甸主要产业增加值占 GDP 比重

年份	农业（%）	工业（%）	服务业（%）
2018	23.0	36.7	44.4
2019	21.4	38.0	40.7
2020	20.9	38.6	40.5
2021	23.4	35.0	41.5
2022	20.3	41.1	38.6

数据来源：世界银行。

缅甸是一个农业国家，农业在其国民经济中稳居核心地位。缅甸丰富的农作物资源涵盖了粮食作物和经济作物两大类别。粮食作物以水稻、小麦、玉米、豆类等为主，这些传统农作物一直是缅甸农业生产的主力军，提供了大量的粮食供给。同时，经济作物如橡胶、甘蔗、棉花、棕榈等也在缅甸的农业领域中占有举足轻重的地位，为缅甸的出口创汇做出了重要贡献。尤其是水稻种植在缅甸具有深厚的历史和文化根基，其种植面积占全国耕地面积的比例较大，特别是伊洛瓦底江、萨尔温江和钦敦江三大流域，这些地区的水稻产量占据了全国总产量的绝大部分，其中伊洛瓦底江流域的水稻产量更是占据了全国总产量的 60% 以上，充分展示了缅甸水稻生产的强大实力。所以缅甸在全球水稻生产领域具有举足轻重的地位，是世界上最大的水稻生产国之一。近年来，缅甸的农业生产结构也在悄然发生变化。豆类作物的异军突起，使其在出口创汇方面的地位逐渐超过了传统的水稻作物，成了缅甸出口创汇的主要农产品。

缅甸工业较为落后，主要工业有石油和天然气开采、矿石开采和加工、小型机械制造、纺织服装加工等劳动密集型加工行业。

缅甸风景优美，名胜古迹多，尤其是佛教文化浓厚，号称"佛教之国"。旅游业也是缅甸的主要产业。缅甸政府将旅游业作为促进经济增长的重点产业，积极采取措施改善旅游基础设施、放开落地签。根据世界银行的数据，2019 年赴缅国际游客达 436.4 万人次，旅游外汇收入为 25 亿美元。但近年来，由于缅甸政局动荡，加之缅北电信诈骗等不安全因素的影响，缅甸旅游业遭遇寒冬，入境游客人数急剧下降。

3. 外贸状况

自 1988 年起，缅甸政府致力于推动对外开放政策，不仅积极吸引外国投资，更深化了对外经贸合作。这一战略举措为缅甸的对外贸易与国民经济的发展注入了强大动力。2010 年以来，缅甸进出口贸易总体呈现波动式增长趋势，从 2010 年的 134 亿美元缓慢波动增长到 2022 年的 365 亿美元，贸易差额时顺时逆，极不稳定。2010—2022 年缅甸进出口贸易状况如表 3-38 所示。

表 3-38 2010—2022 年缅甸进出口贸易状况

年份	货物进出口总额（亿美元）	货物出口总额（亿美元）	货物进口总额（亿美元）
2010	134	87	48
2011	183	92	90
2012	181	89	92

续表

年份	货物进出口总额（亿美元）	货物出口总额（亿美元）	货物进口总额（亿美元）
2013	233	112	120
2014	279	115	165
2015	283	114	169
2016	275	118	157
2017	331	139	193
2018	359	166	193
2019	366	180	186
2020	346	167	179
2021	295	152	143
2022	365	196	169

数据来源：世界贸易组织数据库。

缅甸的贸易活动主要集中在与东盟成员国、东亚国家以及部分欧洲和非洲国家等，尤其是与周边国家的贸易往来占据了其外贸总额的90%以上。根据《中国—东盟统计年鉴2023》的数据，中国已连续多年是缅甸最大贸易伙伴，在2022—2023年与缅甸的贸易总额高达92.82亿美元。这不仅凸显了中国在缅甸外贸格局中的重要地位，也进一步证明了中缅两国在经济领域合作的巨大潜力和广阔前景。当然，除了中国，缅甸的贸易伙伴还包括新加坡、泰国、日本、印度、印尼、韩国和美国等国家和地区。他们与缅甸之间的贸易往来同样频繁，合作领域广泛，为缅甸的经济发展注入了强大的动力。

缅甸的出口商品结构主要以矿产和农业为主，主要出口天然气、大米、玉米、各种豆类、橡胶、木材、珍珠、宝石等；而进口物资主要为生产资料、工业原料和消费品，诸如电子设备、汽车和汽车配件和日用消费品等。

4. 经贸合作

缅甸于1997年成为东盟成员国。缅甸签订的贸易协定并不多，主要是作为东盟成员国，与中国、韩国、日本、印度签订的多边贸易协定，除此之外，缅甸还是RCEP的成员。同时，缅甸还作为最不发达国家之一享受美国、欧盟等单方面给予的关税普遍优惠制待遇。根据2012年11月欧盟委员会公布的新的普惠制方案，新增缅甸为普惠制第一类国家。自2014年1月1日至

2023 年 12 月 31 日，欧盟对自缅甸等 49 个最不发达国家的进口产品实行免关税政策。欧盟给予缅甸的关税普惠制待遇从 2013 年 7 月 19 日起开始生效。除武器外，缅甸其他商品可向欧盟国家出口，并享受普惠制待遇。2020 年 2 月，欧盟发布《欧盟加强与三个 EBA 国家合作：孟加拉国、柬埔寨和缅甸》报告，表示将继续在"除武器外一切"（EBA）贸易优惠待遇下与缅甸等国保持接触。欧盟对缅甸的关注集中在遵守人权公约和劳工权利方面，特别对若开邦及其他地方严重暴行和侵犯人权行为表达了关切。欧盟委员会将持续对缅甸的情况进行评估，并决定下一步措施。如果对话未能产生足够效果，欧盟仍将启动撤销普惠制程序作为最后手段。

5. 发展规划

长期以来，军队干政现象严重，地方武装割据，缅甸政局不够稳定，导致缅甸政府难以制定和维持有效且可持续的经济、社会发展规划。2016 年 4 月缅甸民盟政府执政后发布了一项经济发展纲领，关于经济政策，主要有以下 12 个方面。

（1）建立透明的、良好的公共财政管理制度，拓展财政收入来源。

（2）改善国有企业经营状况，对于可以转型的企业要实现私有化；要发展中小企业以促进就业和经济发展。

（3）要加强能力建设，加强对职业技术人才的培养，以人才推动经济现代化。

（4）要优先发展电力、能源、港口等基础设施建设，要建立电子化身份证系统、数字政府及电子政务系统。

（5）要在短期内优先为国内民众及从国外归来的缅甸公民创造就业机会。

（6）要实现农业和工业的协调发展，以推动国家的全面发展，保证粮食安全并促进出口；要实现农业产业化发展。

（7）要制定专门政策，建立许可证制度。加强法制建设，使民众能根据市场经济法律法规自由地发展产业，并促进外国投资。

（8）要制定金融政策，稳定金融秩序，为家庭、农民和企业的长期发展提供支持。

（9）在城市建设中要注重环境保护，要提高公共服务水平，开发更多的公共活动场所，加强对文化遗产的维护。

（10）要建立高效合理的税收制度，增加财政收入；要通过立法保障民众的权益和物权。

（11）要制定知识产权保护法，以提高创新能力和科技发展水平。

（12）要在经济建设过程中密切关注东盟及东盟以外地区的发展变化，保证以长远的眼光发展经济。

缅甸于 2018 年公布了《2018—2030 可持续发展规划》（MSDP），这一宏大的蓝图不仅细致规划了国家未来的发展方向，同时也与东盟和联合国发展目标相一致。规划包含了五大核心目标，它们构成了缅甸未来可持续发展的坚实基础。为了实现这些目标，规划制定了 28 项战略，这些战略涵盖了从经济建设到环境保护的各个方面，同时规划详细列出了 238 项行动计划，以确保每项战略都能得到有效的实施。

2020 年 2 月，缅甸发布 2020—2025 年第二个五年国家出口战略（NES），将宝石和珠宝、基础农产品、纺织服装、机械电器设备、林渔业以及数字产品 6 个行业列为优先行业，5 个服务行业——数字产品、物流、质量控制、贸易信息以及创新创业也将获得支持。

十、柬埔寨概况

柬埔寨，原称高棉，有着二年的历史和文化底蕴，自公元 1 世纪建立统一的王国，又历经扶南、真腊等辉煌的王朝。公元 9 世纪至 14 世纪，吴哥王朝将柬埔寨推向了历史的巅峰。然而，盛极必衰，柬埔寨在历史长河中逐渐走向衰落。从 18 世纪末到 20 世纪末长达两百年的时间里，柬埔寨经历沦为法国的殖民地、被日本占领、被美国支持势力颠覆政权、遭遇越南入侵等屈辱煎熬的历史阶段。直到 1993 年 5 月，在联合国的主持下，柬埔寨首次全国大选顺利举行；9 月，新宪法的颁布使其国名恢复为"柬埔寨王国"，西哈努克重登王位；11 月，柬埔寨王国政府正式成立，拉纳烈、洪森分别担任第一首相、第二首相。自 1999 年正式加入东盟以来，柬埔寨以东盟为平台，积极拓展与邻国的合作，加强与西方发达国家及国际组织的联系，为国家的全面发展打开了新的篇章。

（一）基本概况

1. 地理位置

柬埔寨，这个坐落于中南半岛南端的国家，东部和东南部与越南接壤，北邻老挝，西部与西北部则与泰国相邻，西南方向则直面暹罗湾。中南半岛的母亲河——湄公河，宛如一条巨龙，自北向南奔腾穿越柬埔寨，为这片土地赋予了无尽的活力。尽管柬埔寨在东盟十国的国土面积中位列第八，其总面积不过 18.1 万平方千米，但其拥有长约 460 千米的海岸线。

2. 自然资源

虽然柬埔寨国土面积不大，但仍然蕴藏着多元化的矿产资源，其中最为引人注目的有石油、天然气、磷酸盐，以及各类宝石，红宝石和蓝宝石品质上乘。此外，金、铁、铝土等金属矿产也是其不可或缺的自然财富。然而，近年来由于过度开采和不合理开采，柬埔寨的矿产资源正在逐渐枯竭。政府正在积极采取措施，加强管理和监管，以保护这些宝贵的资源。柬埔寨水资源也较为丰富，洞里萨湖为东南亚最大的天然淡水湖，素有"鱼湖"之称。西南沿海也是重要渔场，多产鱼虾。

柬埔寨森林覆盖率为 61.4%，拥有许多自然保护区，主要分布在东、北和西部山区，如豆蔻山等。这些地方环境优美，生物多样性丰富，主要盛产柚木、铁木、紫檀、黑檀等高级木材，并有多种竹类，木材储量约 11 亿多立方米。

3. 人口与民族

柬埔寨人口规模大概处在东盟成员国的中间，截至 2022 年年底柬埔寨人口约 1600 万人，近几年保持 1% 以上的增速稳定增长。2018—2022 年柬埔寨人口情况如表 3-39 所示。2022 年，柬埔寨男性人口为 830 万人，女性人口为 846.8 万人，且绝大部分人口集中在农村，占比达 74.9%，是东盟内农村人口比重最大的国家。另外，柬埔寨人力资源较为丰富，2022 年，劳动人口占比为 55.2%。由于柬埔寨多山区，人口的地理分布很不平衡，居民主要集中在中部平原地区。金边及其周围经济比较发达的省份人口最稠密，2023 年金边人口约 230 万人。截至 2023 年，在柬埔寨的华人华侨约 110 万人。

表 3-39　　　　　　　　2018—2022 年柬埔寨人口情况

年份	总人口（万人）	按性别分		总人口增长率（%）
		男性（万人）	女性（万人）	
2018	1602.5	793.1	809.4	1.2
2019	1620.8	802.2	818.6	1.1
2020	1639.7	811.6	828.1	1.2
2021	1658.9	821.2	837.7	1.2
2022	1676.8	830.0	846.8	1.1

数据来源：世界银行。

柬埔寨主要民族是高棉族，占到柬埔寨总人口的 80% 以上。柬埔寨还有占族、普农族、老族、泰族、华族、京族、缅族、马来族等 20 多个少数民族。此外，柬埔寨的华侨、华人群体亦不容小觑，他们约占总人口的 7.2%，多数集中于首都金边市以及马德望、干拉等经济较为发达的地区。

（二）经贸状况

1. 宏观经济

20 世纪末的柬埔寨，因政局的动荡不安，致使经济发展陷入困境，其国内生产总值长时间徘徊在 50 亿美元以下，甚至在 1971 年被联合国列为最不发达国家的名单中。然而，历史的车轮滚滚向前，新世纪的到来为柬埔寨带来了转机。随着政局的逐步稳定，柬埔寨政府开始调整其国家发展的重点，将发展经济和消除贫困置于前所未有的重要地位。柬埔寨在行政、经济、军队和司法等关键领域进行了全面的改革，同时，对外积极推行开放的自由贸易政策，实施经济私有化的市场经济策略。政府优先投入农业、机械加工业、旅游业、基础设施建设以及教育等关键领域，这一系列举措极大地推动了国家的进步。经过不懈的努力，柬埔寨在 2016 年 7 月，终于被世界银行正式认定脱离最不发达国家行列，跻身中等偏下收入国家的行列。进入新世纪第二个十年，柬埔寨更是展现出惊人的发展势头，成了亚洲地区表现最为亮眼的经济体之一。从 2010—2019 年，其经济以年均超过 6% 的增速快速前行，令人瞩目。然而，2020 年突如其来的新冠疫情给全球带来了前所未有的挑战，柬埔寨也遭受了不小的冲击，全年国内生产总值（GDP）下降至 258.7 亿美元，同比下降 3.1%，人均 GDP 也下降至 1577.9 美元。但正如历史所证明的，柬埔寨人民拥有坚韧不拔的精神。从 2021 年开始，柬埔寨经济便迅速恢复，到了 2022 年，其国内生产总值不仅恢复到了 295.97 亿美元的历史新高，更实现了 5.4% 的同比增长，人均 GDP 也有所回升，达到 1785 美元。2018—2022 年柬埔寨国内生产总值如表 3-40 所示。

表 3-40　　　　　2018—2022 年柬埔寨国内生产总值

年份	国内生产总值（亿美元）	GDP 增速（%）	人均国内生产总值（美元）
2018	245.7	7.5	1533.3
2019	270.9	7.1	1671.4

年份	国内生产总值 （亿美元）	GDP 增速（%）	人均国内生产总值 （美元）
2020	258.7	-3.1	1577.9
2021	269.6	3.0	1625.2
2022	295.97	5.4	1785

数据来源：世界银行。

2. 产业结构

柬埔寨是农业大国，工业基础比较薄弱，服务业发展起步晚。据世界银行数据显示，2022 年，柬埔寨农业、工业和服务业三大产业增加值占 GDP 的比重分别为 21.9%、37.7% 和 33.7%。从 2018—2022 年的发展来看，柬埔寨工业发展取得了一定的进步，工业增加值从 2018 年 32.3% 增长到了 2022 年的 37.7%，增长了约 5 个百分点，而服务业增加值比重则下降了约 6 个百分点。2018—2022 年柬埔寨主要产业增加值占 GDP 比重如表 3-41 所示。

表 3-41　　　2018—2022 年柬埔寨主要产业增加值占 GDP 比重

年份	农业（%）	工业（%）	服务业（%）
2018	22.0	32.3	39.5
2019	20.7	34.2	38.8
2020	22.7	34.6	36.6
2021	22.8	36.8	34.2
2022	21.9	37.7	33.7

数据来源：世界银行。

在柬埔寨的国民经济中，农业无疑扮演着核心角色，稳坐柬埔寨经济支柱产业的头把交椅，其地位在国内经济体系中无可替代。柬埔寨的农业丰富多样，以大米、橡胶、木薯、腰果、杧果、胡椒等为主导产品，充分展现了其农业资源的丰富性和多元性。尽管面临资金不足、技术滞后、农业基础设施薄弱和人才短缺等多重挑战，柬埔寨政府依然积极挖掘和利用其独特的优势。凭借丰富的农业资源、优越的自然条件、充足的劳动力以及广阔的市场潜力，政府加大了对农业领域的投资力度，并积极拓展周边国家的农产品出口市场，使柬埔寨农业在新冠疫情防控期间仍能实现逆势增长。2020—2022

年，柬埔寨农业在应对全球健康危机的挑战中表现出强大的韧性。2022 年，柬埔寨农业的国内生产总值达 67.26 亿美元，相较于 2020 年增长了 13.81%。同时，农业在柬埔寨国内生产总值中的占比达到 21.9%，其中种植业贡献最大，占 57.1%，水产养殖业和畜牧业分别约占 25% 和 11%。

柬埔寨的工业领域，主要由服装制造业和建筑业两大支柱构成。这一格局的形成，源于柬埔寨独特的资源优势——丰富且成本较低的劳动力。此外，柬埔寨还充分利用了美国、欧盟、日本等发达国家和地区所提供的普惠制待遇等优惠政策，强力吸引外资。这些外资主要用于来料加工或来件装配等加工出口贸易，特别是服装制造业，更是凭借这一优势，成功承接了来自发达国家或周边国家的劳动密集型产业转移。尽管柬埔寨在工业发展上取得了一定的成果，但必须明确的是，其目前的工业现状并非真正意义上的工业化，更准确地说，尚未形成完整的工业体系。例如，柬埔寨与中国等国家合作建立了西哈努克港经济特区、中柬金边经济特区等工业园区，但工业企业整体规模不大，以中小企业为主。据柬埔寨工业、科学、技术和创新部统计，2020 年，全国共有工厂 1864 家，雇用工人约 100 万人。其中新注册登记工厂 235 家，同比下降 12.6%；新开的小型工业工厂和加工作坊 261 家，同比增长 295.5%；继续经营的工业工厂和手工作坊 175 家，同比增长 139.7%。工业和手工业领域产值为 96 亿美元，其中国内市场供应产值为 32 亿美元，国际市场供应产值为 64 亿美元。

旅游业作为柬埔寨支柱性产业之一，对于该国经济发展具有重要意义。柬埔寨拥有丰富的旅游资源，从世界闻名的吴哥王朝遗址群到风光旖旎的自然景观，如荔枝山、洞里萨湖、高龙岛和索卡海滩等，无不展示着其独特的魅力。这些佛教古迹与自然景观的完美融合，使柬埔寨成为全球游客瞩目的焦点。根据世界银行发布的数据，2019 年柬埔寨接待了 661.1 万人次的国际游客，实现了 6.6% 的增长，并创下了 53.1 亿美元的旅游外汇收入。这一增长为柬埔寨带来了 63 万个就业岗位。在这一年，中国游客数量达到了 236.2 万人次，增长了 16.7%，使中国成为柬埔寨的第一大国际游客来源国。然而，2020 年的新冠疫情给柬埔寨旅游业带来了前所未有的挑战。这一年，柬埔寨共接待外国游客 130.6 万人次，同比下降了 80.2%。其中，中国游客数量锐减至 32.97 万人次，同比降幅高达 86%。旅游业作为外向型经济的重要组成部分受到了冲击，旅游外汇收入同比下降了 79%，仅达到 11.2 亿美元。尽管面临困境，但柬埔寨的旅游业仍具有巨大的潜力和发展空间。随着全球新冠疫情逐渐得到控制，未来柬埔寨旅游业有望逐渐复苏，并继续发挥其在经济发展中的重要作用。政府和企业也需要积极探索新的发展策略，推动旅游业的多元化发展，提高抵御风险的能力，以确保旅游业的可持续发展。

3. 外贸状况

自柬埔寨跻身东盟成员国及世界贸易组织以来，其经济发展轨迹展现出显著的增长态势，尤其在进出口贸易领域。2010—2022 年柬埔寨进出口贸易状况如表 3-42 所示。

表 3-42　　　　　　　2010—2022 年柬埔寨进出口贸易状况

年份	货物进出口总额（亿美元）	货物出口总额（亿美元）	货物进口总额（亿美元）	贸易差额（亿美元）
2010	119	51	68	−17
2011	160	67	93	−26
2012	192	78	114	−36
2013	162	67	96	−29
2014	175	68	107	−39
2015	218	85	133	−48
2016	224	101	124	−23
2017	256	113	143	−30
2018	302	127	175	−48
2019	351	148	203	−55
2020	368	177	191	−14
2021	479	193	286	−93
2022	523	225	298	−73

数据来源：世界贸易组织数据库。

自 2010 年起，柬埔寨外贸展现出持续上扬的曲线，仅在 2013 年出现 15.6% 的短暂下滑。即使在 2020 年新冠病毒肆虐的艰难时期，柬埔寨的外贸仍然维持了 4.8% 的增长。至 2022 年，柬埔寨货物进出口总额攀升至 523 亿美元，实现了 9.2% 的同比增长。在出口方面，货物出口总额达到 225 亿美元，同比增长 16.6%；进口方面则为 298 亿美元，同比增长 4.2%。然而，柬埔寨外贸结构的一个显著特点是进口占据主导地位，每年的进口贸易额在进出口总额中约占六成，这种结构性不平衡导致了长期的贸易逆差。特别是在2021年，贸易逆差规模近百亿美元。这表明柬埔寨在国际贸易中的依存度较高，同时也揭示出该国面临优化外贸结构、促进出口增长、缩小贸易逆差等方面的巨大挑战。

根据柬埔寨经济财政部和海关税务总署统计数据，柬埔寨主要出口市场为美国、越南、中国、日本和加拿大等；主要进口来源地为中国、泰国、越南和新加坡等。2022年柬埔寨对中国的出口为12.4亿美元，从中国进口104.5亿美元。中国是柬埔寨最大的进口来源国和第三大出口市场，其中自中国进口额占柬埔寨进口额35%。

2022年，柬埔寨主要出口商品为服装、鞋类、机电设备、粮食和橡胶等劳动密集型产品和初级产品；主要进口商品为成衣原料、汽油、建筑材料和设备、车辆等。

4. 经贸合作

在过去的十余年中，柬埔寨充分利用了发达国家提供的普惠制和配额优惠，积极吸引外资，不断扩大对外贸易规模。其对外开放的步伐坚定而有力，成果显著。1999年和2003年，柬埔寨相继加入东盟和世界贸易组织，这标志着其在国际经济舞台上的地位日益提升。作为东盟的重要一员，柬埔寨与中国、日本、韩国、印度等国家缔结了一系列多边贸易协定，形成了广泛而紧密的经济合作关系。近年来，柬埔寨积极参与自由贸易谈判，与周边国家达成了多项重要贸易协议。例如，2020年《区域全面经济伙伴关系协定》的正式签署，为柬埔寨进一步融入区域经济一体化进程奠定了坚实基础。此外，2020年柬埔寨与中国签订了《中华人民共和国政府和柬埔寨王国政府自由贸易协定》，这是双边关系史上的一个重要里程碑。根据协定，中国对柬埔寨97.53%的税目产品最终实现零关税，其中97.4%的产品在协定生效后即可享受零关税待遇。这些产品涵盖服装、鞋类、农产品等多个领域，体现了双方在贸易领域的深度合作和互惠共赢。同样值得关注的是，柬埔寨与韩国于2021年签署了自由贸易协定。这一协定实现了双方的高度开放，韩国95.6%的关税和柬埔寨93.8%的关税得以取消。

5. 发展规划

在全球化浪潮的推动下，柬埔寨致力于推动其工业发展，实现产业价值的深度提升。2015年3月，柬埔寨政府颁布了《2015—2025工业发展计划》，旨在通过10年的战略规划，推动国家工业从传统的劳动密集型向技术密集型转变。这一计划的核心目标是将工业在 GDP 中的占比提升至 30%，通过丰富和优化出口产品和市场，加强中小企业的规范化管理，并聚焦发展高附加值的新型工业、制造业以及医药、建材、包装、家具制造等行业。为了实现这一目标，柬埔寨政府在 2018 年精心策划了 4 个配套行动计划。这些计划分别是降低工商业电力价格、运输物流总体规划、劳动力市场培训计划，以及将西哈努克省打造成为综合示范经济特区。这些策略性的举措不仅彰显了柬埔寨政府在推动工业发展上的决心，也为其未来的工业发展注入了强大的动力。

金融是柬埔寨政府经济与金融政策中的主要优先领域之一，在保持宏观经济稳定方面起着重要作用，为长期经济增长创造了便利条件。为了保持宏观经济稳定和推动经济增长，柬埔寨政府于 2001 年首次推出《2001—2016 年金融业发展战略》，并每 5 年进行一次更新。首相府于 2016 年 10 月召开内阁会议，通过《2016—2025 金融业发展战略》，该战略协助推动经济可持续增长，提高居民生活水平和社会福利，满足融入地区经济和金融领域的需求。

第四章　海南省与东盟各国贸易状况

第一节　中国-东盟自由贸易区的形成与发展

自东盟成立以来，中国与东盟就保持着良好的双边贸易关系。2003 年，中国与东盟建立战略伙伴关系，将中国与东盟的经贸关系又拉进一步。之后经过多年的谈判和磋商，2010 年中国-东盟自由贸易区全面建成，中国-东盟自由贸易区已成为世界上最重要、最具发展潜力和影响力的自由贸易区之一。当前，中国-东盟自由贸易区正不断"升级""增量""提质"，朝着开放度更高、合作领域更广、凝聚力更强的方向继续发力，不断为区域经济融合和世界经济发展提供强有力的能量供给和营养补充，成为亚太地区最为成功和最具活力的典范。

一、中国-东盟自由贸易区 1.0 版

（一）中国-东盟自由贸易区 1.0 版的形成

自 20 世纪 90 年代起，中国与东盟的关系便踏上了高速发展的轨道。1991 年 7 月，时任中国国务委员兼外交部长在第 24 届东盟外长会议开幕式上的亮相，这不仅象征着双方接触的开始，更预示着一场深远对话的启动。之后，中国与东盟所有成员国迅速建立或恢复了外交关系，为双方关系的进一步巩固和深化奠定了坚实的基础。在接下来的几年里，中国与东盟的关系不断升级，双方的合作领域日益广泛。1992 年和 1996 年，中国先后被东盟确认为"磋商伙伴"和"全面对话伙伴"，这不仅是对双方关系的认可，更是对未来合作的期待。1997 年，双方更是将关系提升到了新的高度，建立了"面向 21 世纪的睦邻互信伙伴关系"，这标志着双方愿意在新的世纪里，共同开创和平、稳定、繁荣的未来。同年，双方确定在每年东盟与中日韩（10+3）

领导人会议期间，以中国－东盟（10+1）的形式定期举行会议，这一安排无疑增强了双方的沟通和协调效率，也展示了双方对深化合作的高度重视。1999—2000年，中国与所有东盟成员国分别签署或发表了面向21世纪的双边关系框架文件，这些文件不仅详细规划了双方的合作蓝图，更为双边关系的长远发展提供了坚实的法律保障。

2000年，新加坡作为东道主，见证了中国与东盟之间的历史性时刻。时任中华人民共和国国务院总理在那次会议上，独树一帜地提出了构建中国－东盟自由贸易区的构想。这一创新性的倡议，如同一道闪电，划破了当时的国际经贸格局。随后的日子里，双方如同驶入快车道的列车，迅速展开了密集的对话与谈判。2002年11月，中国与东盟各国在相互尊重、平等协商的基础上，共同签署了《南海各方行为宣言》。这不仅体现了双方共同维护地区和平稳定的决心，也为未来的深入合作奠定了坚实的基石。在同年的中国－东盟领导人会议上，双方再次展现出高瞻远瞩的战略眼光，达成了建立中国－东盟自由贸易区的共识。这是一个历史性的时刻，双方共同制定了建成中国－东盟自由贸易区的明确目标，为之后的合作描绘了一幅清晰的蓝图。而2002年11月4日，更是中国－东盟自由贸易区建设的重要里程碑。在这一天，《中国－东盟全面经济合作框架协议》签署，这标志着双方的合作正式进入了实质性的谈判磋商阶段。这不仅是对之前共识的具体落实，更是对未来美好愿景的坚定承诺。从这一天起，中国与东盟的自由贸易区建设正式进入了快车道，双方的合作关系也在新的历史起点上迎来更加广阔的前景。

2004年1月1日，中国－东盟"早期收获"计划率先实施，开始对部分商品进行降税免税。随着中国与东盟先后达成《中国－东盟全面经济合作框架协议货物贸易协议》（以下简称《货物贸易协议》）、《中国－东盟全面经济合作框架协议争端解决机制协议》（以下简称《争端解决机制协议》）和《中国－东盟全面经济合作框架协议投资协议》（以下简称《投资协议》），中国－东盟自由贸易区主体谈判基本结束，中国－东盟自由贸易区于2010年1月1日正式建成。从此，一个拥有19亿人口、GDP接近6万亿美元、世界最大的自由贸易区腾空而出，活跃在世界经济版图之中。

（二）中国－东盟自由贸易区建立的目标

在探索区域经济一体化的道路上，中国－东盟自由贸易区的诞生承载着深远的愿景。其核心目标在于打破关税与非关税壁垒的桎梏，推动中国与东盟成员国之间货物贸易的自由化进程。这不仅意味着商品流通的顺畅无阻，更象征着双方经济合作的紧密与深入。而在此基础上，中国-东盟自由贸易区致力于通过降低市场准入标准，为双方的服务贸易和投资市场注入新的活力；通过制定一体化贸易及投资规则，如投资促进措施和贸易便利化政策，逐步推动双边市场的开放与融合，以期在更广阔的领域内实现资源共享、优势互补。这不仅是对传统贸易模式的创新与突破，更是对区域经济发展模式的深刻重塑。中国-东盟自由贸易区的建立，不仅将促进双方经济的繁荣与发展，更将为整个亚洲乃至全球经济的稳定增长贡献重要力量。

（三）中国-东盟自由贸易区1.0版的核心内容

中国-东盟自由贸易区1.0版的根基，深深植根于2002年中国与东盟十国共同签署的《中国-东盟全面经济合作框架协议》。这一历史性的文件，不仅为双方的经济合作指明了方向，更构建了中国-东盟自由贸易区发展的宏伟蓝图。双方围绕这一核心框架，逐步展开了更为具体和深入的协作。2004年，中国与东盟达成了《货物贸易协议》和《争端解决机制协议》，为货物贸易的顺畅进行提供了坚实保障，并明确了在合作过程中可能出现的争端解决路径，为双方的合作增添了一份信任与稳定。2007年的《中国-东盟全面经济合作框架协议服务贸易协议》和2009年的《投资协议》相继问世，这标志着双方的经济合作已经从单纯的货物贸易拓展到了更为广泛的服务贸易和投资领域。这些协议的签订，不仅为中国-东盟自由贸易区1.0版注入了新的活力，也为之后的合作预留了更为广阔的发展空间。

总的来说，中国-东盟自由贸易区1.0版的核心内容是一个多层次、多维度的合作体系。它以《中国-东盟全面经济合作框架协议》为基石，通过一系列后续签订的协议，逐步构建了一个全面、深入、富有活力的自贸区架构。这一架构不仅促进了中国与东盟的经济合作，更为双方带来了实实在在的利益。

1. 中国-东盟全面经济合作框架协议

在2001年第5次中国-东盟领导人峰会上，各国政府开始着手自由贸易协定谈判。历经近2年的时间，经过多方的努力，《中国-东盟全面经济合作框架协议》（以下简称《框架协议》）于2002年11月4日签署并于2003年7月1日生效。这一文件标志着双方合作进入了一个崭新的阶段。《框架协议》中详细规划了中国-东盟自由贸易区的宏伟目标，提出了全面经济合作的实施方案与时间表，明确了最惠国待遇、一般例外等关键原则，构建了争端解决机制，并为谈判的机构安排提供了明确的指引。这份文件不仅是中国-东盟自由贸易区的法律基础，更是中国-东盟自由贸易区建设与发展的根本指南。它的签署与生效，无疑为双方的合作注入了强大的动力与信心，预示着之后的合作之路更加宽广与顺畅。

（1）目的

《框架协议》致力于构建一个充满活力与潜力的经济环境，推动中国-东盟自由贸易区的繁荣与发展。其核心目的在于，通过大幅度削减或完全取消关税壁垒及非关税壁垒，消除贸易障碍，为中国与东盟成员国之间搭建起一座畅通无阻的经济桥梁。此举不仅将深化成员国间的经济合作，更将开启新的合作领域，引领区域经济一体化进程向前迈进。《框架协议》还强调，要确保成员国之间的货物、服务流动自由，投资环境便利。通过实施一系列优惠政策与措施，为新加入的东盟成员国提供快速融入经济一体化的契机，实现成员国间经济的互惠互利与共同发展。《框架协议》的制定与实施，彰显了中国与东盟成员国对于加强经济合作、实现共同发展的坚定决心。

（2）全面经济合作措施

《框架协议》明确了货物贸易、服务贸易、投资和其他经济合作领域的全面经济合作措施内容。

在货物贸易领域，除了"早期收获"计划涉及的商品减税，《框架协议》还确定了对其他正常类和敏感类产品在关税和非关税壁垒减少或取消方面的基本原则和方法，并明确了对截至 2003 年 7 月 1 日中国与东盟各国是否为WTO 成员的不同待遇和对东盟老成员国、新成员国在关税减让上的时间表。同时《框架协议》还制定了与货物贸易有关的原产地规则、反倾销、反补贴、保障措施、争端解决机制等贸易规则。

在服务贸易领域，各国同意在 GATS 的基础上通过谈判方式逐步取消现有或禁止新增歧视性措施，并加大各国在服务贸易领域的合作及服务供给与分配多样化。

在投资领域，各国虽然没有提出具体开放举措，但一致表示同意通过谈判方式实现投资自由化、便利化和透明化，加强各国在投资方面的合作并适当做好投资保护。

在其他经济合作领域，优先在各国之间加强但不仅限于农业、信息及通信技术、人力资源开发、投资和湄公河盆地的开发等领域的合作，并同意对新成员国或经济相对落后的成员国实施能力建设计划或技术援助。

（3）时间框架

《框架协议》明确了自 2005 年起，中国与东盟将展开正常产品的降税进程。在这一过程中，双方采用了"负面列表"的方式，即未被列入敏感产品清单的产品，均被视为正常产品，并受到相应的降税措施。正常产品又分为一轨产品和二轨产品。虽然两者在最终税率上均要求降至零，但二轨产品在取消关税的时间上享有更大的灵活性。这一创新性策略不仅反映了双方对贸易自由化的坚定承诺，也体现了双方对不同产品特性和市场环境的深刻理解。根据《框架协议》，中国与东盟老成员国（包括文莱、印尼、马来西亚、菲律宾、新加坡和泰国）在 2010 年率先实现自由贸易，而东盟新成员国（越南、老挝、柬埔寨和缅甸）可以延迟到 2015 年完成自由贸易的进程。这一措施充分考虑了东盟各国经济发展水平差异和入盟时间不同等因素，为东盟新成员国提供了时间上的缓冲和措施上的灵活性。

（4）"早期收获"计划

为了让各国尽快获得实惠，在中国和东盟双方共同努力下，《框架协议》里制订了"早期收获"计划，即从 2004 年 1 月 1 日起对数百种产品（主要涉及《商品名称及编码协调制度》下第 1 章至第 8 章的产品）逐步降低关税，直到 2006 年中国与老成员国或 2010 年中国与新成员国将这些产品的关税取消，并实施临时原产地规则。

（5）特殊待遇

当时，部分东盟新成员国（越南、老挝、柬埔寨和缅甸）尚未加入 WTO 且被世界银行确定为世界贫困国家。为了照顾和帮助这些国家，要在具体措施中给予这些国家特殊和差别待遇及灵活性。

2. 货物贸易协议

在《框架协议》的指导下，2004 年，中国与东盟展现了巨大的创新力，率先推出"早期收获"计划，为双方的商品贸易搭建了坚实的桥梁。在此基础上，双方深化合作，不断推动关税减让谈判的进展。终于，在 2004 年 11 月，双方正式签署《货物贸易协议》，中国-东盟自由贸易区全面降税的大幕正式拉开。

为了响应这一倡议，我国从 2005 年 7 月开始，有策略地分阶段削减正常商品的平均进口关税。到 2010 年，大部分商品已实现零关税。作为回应，东盟六国（文莱、印尼、马来西亚、菲律宾、新加坡和泰国）也展现出了诚意，它们分 4 个阶段（分别在 2005 年、2007 年、2009 年、2010 年）对我国正常产品进行了降税，并在 2010 年 1 月 1 日将平均进口关税降至零。同时，东盟新成员国（柬埔寨、老挝、缅甸和越南）在降低关税方面也做出了承诺。它们选择了更加温和的降税路径，分 8 次逐步降低平均关税。

由此可以看出，中国与东盟在关税减让方面的合作已取得了显著成果，这不仅有利于双方的商品贸易往来，也为推动区域经济的一体化进程提供了有力支持。

3. 服务贸易协议

《服务贸易协议》是中国与东盟十国在历经长时间、复杂磋商后，于 2007 年 1 月在菲律宾宿务成功签署的重要文件。这是规范我国与东盟各国在服务贸易领域开放及相关问题处理的基础性法律文件，也是我国在自由贸易区框架下，首次与其他国家签订的具有深远意义的服务贸易协议。此协议的签署和生效，标志着中国与东盟在服务贸易领域的开放进入了新的历史阶段。它借鉴了 GATS 的模式，形成了包含定义与范围、义务与纪律、具体承诺和机构条款等在内的 33 个条款，构建了一个全面、系统、严谨的服务贸易法律框架。同时，中国与东盟十国还公布了第一批《服务贸易具体承诺表》，展示了各方在服务贸易领域的开放承诺和决心。

《服务贸易协议》的签署和生效，不仅深化了中国与东盟的经贸合作，也为全球服务贸易的发展注入了新的活力和动力。它的成功实践，为中国与更多国家在自由贸易区框架下开展服务贸易合作提供了宝贵的经验和借鉴。

4. 投资协议

2009 年 8 月 15 日，中国与东盟十国共同签署了中国-东盟自由贸易区的《投资协议》。这一协议的签订，不仅标志着中国与东盟在自由贸易区建设上取得了关键性的进展，还象征着双方的合作关系得到了进一步深化。《投资协议》这一纲领性文件，以详尽的 27 项条款，清晰地界定了双方的投资关系。其中涵盖了定义、目的、适用范围以及国民待遇等核心要素。该协议的主旨在于通过相互赋予各国投资者国民、最惠国等投资待遇，逐步推进投资促进和投资便利化措施。这一进程不但增强了各国国内投资政策及法律法规的透明度，而且为各国国内的投资者及其投资活动塑造了一个自由、便利、透明且公正的投资环境。随着《投资协议》的正式签署与实施，中国与东盟之间的相互投资和经贸关系步入到一个崭新的发展阶段。

二、中国-东盟自由贸易区 2.0 版

(一) 中国-东盟自由贸易区 2.0 版形成的背景及过程

自 2008 年金融风暴席卷全球以来,世界经济呈现出疲软复苏的态势,全球经济前景的不确定性越发显著。在这样的背景下,各国纷纷通过区域经济一体化的方式,共同应对挑战,实现互利共赢。正是在这样的历史节点上,中国-东盟自由贸易区应运而生,为双方带来了巨大的经济福祉。

自 2010 年 1 月 1 日中国-东盟自由贸易区正式建立以来,其成果显著,不仅促进了双方贸易的快速增长,更深化了双方经济合作的广度和深度。统计数据显示,2013 年中国与东盟贸易额达到了 4435.9 亿美元,较签署《框架协议》之初增长了 8 倍,年均增速高达 20.9%。这一数字不仅彰显了中国与东盟之间紧密的经贸联系,更体现了双方对自由贸易区建设的坚定信心。值得一提的是,中国已连续 4 年稳坐东盟贸易伙伴的头把交椅,而东盟也连续 3 年成为中国第三大贸易伙伴。这种双向的、互利共赢的经贸关系,不仅推动了双方经济的发展,还为区域经济一体化注入了新的活力。在投资领域,双向投资额累计超过 1100 亿美元,这一数字同样证明了双方在经济合作中的深厚基础和广阔前景。在这样的背景下,时任中国国务院总理在 2013 年 9 月 3 日的第十届中国-东盟博览会和中国-东盟商务与投资峰会上,高瞻远瞩地提出了打造中国-东盟自由贸易区升级版的构想。这一构想旨在进一步更新和扩大《框架协议》的内容与范围,不断削减非关税措施,同时在服务贸易和投资领域推进更高水平的对外开放。这一创新举措不仅符合时代潮流和双方共同利益,更为区域经济一体化提供了新的动力和路径。

2014 年 8 月 26 日,第十三届中国-东盟经贸部长会议正式通过中国-东盟自由贸易区升级版要素文件,并随之启动了相关升级版的谈判程序。通过 4 轮精心的磋商与谈判,中国与东盟在 2015 年 11 月共同签署了《中国与东盟关于修订〈中国-东盟全面经济合作框架协议〉及项下部分协议的议定书》(以下简称《升级议定书》)。随后,各国在 2018 年 10 月完成了一系列严谨且必要的程序,使《升级议定书》全面生效。它的生效,标志着中国-东盟自由贸易区从 1.0 版迈向了更加成熟、更加完善的 2.0 版。从此,中国与东盟翻开崭新的一页,开启更加紧密的经贸合作,携手共创更加繁荣与和谐的未来。

（二）中国-东盟自由贸易区 2.0 版的主要内容

《升级议定书》不仅是对某一领域的简单升级，更是对《框架协议》的全面革新、完善与提升。它展现了广泛的涉及面和深远的合作力度，涵盖了货物贸易、服务贸易、投资以及众多其他经济技术合作领域。

在货物贸易领域，《升级议定书》带来了诸多创新。首先，优化了原产地认定标准，进一步明确了原产地规则。例如，在原产地认定标准中，除了原有的完全获得（WO）和实质性改变两个标准，新增了完全生产（PE）原产地标准，这标志着《升级议定书》对产品来源地的判断更加精准和全面。在实质性改变标准中，新增了税则归类改变标准，这进一步明确了产品在生产过程中所经历的改变。而新增的微小含量规则使原产地规则的适用性更加广泛。其次，《升级议定书》简化了原产地证书的填写和领取手续，进一步推动了中国-东盟自由贸易区内的贸易便利化。例如，原产地证书统一采用白色A4 纸印刷，使证书的制作更加标准化和规范化。同时，取消了一份证书最多20 项品名的限制，使证书的内容更加灵活和丰富。只有适用区域价值成分标准时（包括 PSR 标准中满足区域价值成分要求），才会在证书第 9 栏显示离岸价（Free on Board，FOB）金额，这增加了证书的针对性和实用性。最后，生产商也可申请原产地证书，这进一步拓宽了证书的适用范围，使更多的企业能够享受到贸易便利化的红利。总的来说，《升级议定书》在货物贸易领域的改革和创新，不仅优化了原产地认定标准和规则，还简化了原产地证书的填写和领取手续，进一步推动了贸易便利化。

在服务贸易和投资领域，中国和东盟在原来服务贸易和投资领域做出更高水平的开放承诺。同时，双方还纳入了新型贸易模式——跨境电子商务谈判议题。

在其他经济技术合作领域，双方同意在原来优先发展的 5 个领域外，积极扩展在渔业、林业、旅游、交通、环境等多个领域的合作，并为有关合作项目提供政策倾斜和资金支持。

三、中国-东盟自由贸易区 3.0 版

为了应对新的国际形势和双方发展需求，在中国再次提议下，中国与东盟各国领导人在 2021 年 11 月 22 日举行的中国-东盟建立对话关系 30 周

年纪念峰会上，宣布启动中国-东盟自由贸易区 3.0 版建设。2022 年 11 月正式启动 3.0 版的谈判，截至 2023 年年底，中国与东盟已完成 3.0 版第四轮谈判，有望在 2024 年完成所有谈判。从此可以看出，中国和东盟各国都非常重视这一个重要的合作项目，迫切希望进一步促进双方的经济发展和区域一体化。

随着全球经济的深度融合，中国-东盟自由贸易区 3.0 版的建设正站在新的历史起点上，聚焦于数字经济、绿色经济、供应链连接、提升竞争力、保护消费者权益，以及中小微企业的合作与发展。这些不仅是双方共同关心的领域，更是构建未来合作框架的重要基石。

在货物贸易领域，中国-东盟自由贸易区 3.0 版将以更高的标准对接国际，努力与 CPTPP 等高标准协定接轨，进一步提升中国与东盟的货物贸易自由化水平。面对当前双方在贸易领域存在的顺差问题，中国致力于平衡各方利益，增加对东盟国家的进口，特别是在农产品领域。同时，中国提出在农产品检验检疫方面实施更为便利化的措施和互认机制，以期推动双边贸易朝着持续、健康的方向发展。

在质量标准领域，特别是消费产品领域，中国-东盟自由贸易区 3.0 版将积极促进质量标准的互认，达成更为紧密的互认协议，从而减少非关税壁垒，增强市场准入透明度。

在数字经济领域，中国-东盟自由贸易区 3.0 版将参照《数字经济伙伴关系协定》（Digital Economy Partnership Agreement，DEPA），深化电子商务领域的规则合作，建立对企业更加友好的统一规则体系。这不仅为双方企业在数字贸易等领域的合作提供了更加稳定、可预期的发展环境，也预示着双方在数字经济领域的合作将达到新的高度。

在投资领域，中国-东盟自由贸易区 3.0 版将致力于为中国企业在东盟创造更有利的投资环境。通过鼓励和支持在东盟国家的本地投资生产，不仅可以促进贸易的平衡发展，还能进一步加强双方在产业链、供应链上的深度融合，共同打造更为紧密的经济伙伴关系。

中国-东盟自由贸易区 3.0 版建设将进一步挖掘和释放双方在多个领域的合作潜力，进一步拓宽合作空间、渠道和方式，进一步提高双方区域经济一体化合作的层次和水平，进一步带动双方及周边区域的要素流动和集聚，以实现经济高质量发展。

第二节　中国与东盟及海南省与东盟贸易状况

一、中国与东盟贸易发展现状

2009—2022 年，中国与东盟的进出口总额展现出了令人瞩目的增长轨迹。2009—2022 年中国与东盟进出口总额及变化如图 4-1 所示。2009 年，中国与东盟进出口总额初具规模，达到 2130.2 亿美元。然而，随着 2010 年中国-东盟自由贸易区的正式建立，中国与东盟进出口总额迅猛增长 37.5%，攀升至 2928.6 亿美元。接下来的十余年，虽然有 2013—2016 年大宗商品价格波动和新冠疫情等情况，中国与东盟双方贸易仍有较好发展。2010—2022 年，中国与东盟进出口总额增长了约 3 倍。这一成绩不仅令人瞩目，更凸显出中国-东盟自由贸易区为中国与东盟经贸关系带来的强大动力和韧性。

在过去的 14 个年头里，中国以稳定的姿态，连续保持着东盟第一大贸易伙伴的地位。而东盟，自 2020 年起，也以其强大的经济活力和潜力，超越美国和欧盟连续 3 年成为中国最大的贸易伙伴。这无疑是对双方贸易关系的深度与广度的最好印证。

2009—2022 年中国对东盟出口额、进口额和贸易差额如表 4-1 所示。从出口来看，2009 年中国对东盟出口额为 1062.6 亿美元，同比下降 6.9%，2010 年暴涨 30%，达到 1381.6 亿美元，且中国-东盟自由贸易区建成后的 4 年间，中国对东盟出口额保持爆发式增长。2015—2016 年出口额的增速下滑到 2%，甚至是-7.7%。之后逐步进入较为理性的发展态势。受新冠疫情影响，2021 年中国对东盟出口额的增速达到 26.1%，2022 年又有所回落。

从进口来看，2009 年中国对东盟的进口额为 1067.6 亿美元，同比下降 8.7%，2010 年中国对东盟的进口额暴涨 44.9%，达到 1547.0 亿美元，2011 年再次增长 24.8%。之后呈现波动变化，但总体保持增长趋势。

从贸易差额来看，2011 年及以前中国与东盟的贸易总体是逆差，而且在 2010—2011 年出现了短暂的逆差增大趋势。2012 年之后出现戏剧性变化，中国对东盟的贸易开始出现顺差，到 2022 年中国对东盟的贸易顺差达 1592.4 亿美元。

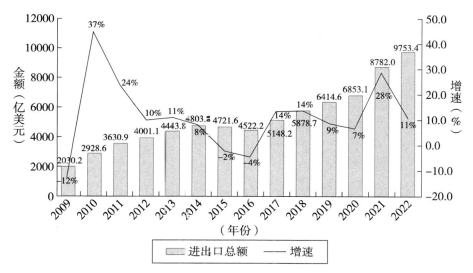

图 4-1　2009—2022 年中国与东盟进出口总额及变化

数据来源：世界银行。

表 4-1　　　2009—2022 年中国对东盟出口额、进口额和贸易差额

年份	出口额		进口额		贸易差额（亿美元）
	出口额（亿美元）	增速（%）	进口额（亿美元）	增速（%）	
2009	1062.6	-6.9	1067.6	-8.7	-5.0
2010	1381.6	30.0	1547.0	44.9	-165.4
2011	1700.7	23.1	1930.2	24.8	-229.5
2012	2042.3	20.1	1958.8	1.5	83.5
2013	2440.4	19.5	2003.4	2.3	437.0
2014	2720.7	11.5	2083.1	4.0	637.6
2015	2774.9	2.0	1946.7	-6.5	828.2
2016	2560.0	-7.7	1962.2	0.8	597.8
2017	2791.2	9.0	2357.0	20.1	434.2
2018	3192.4	14.4	2686.3	14.0	506.1
2019	3594.2	12.6	2820.4	5.0	773.8
2020	3836.8	6.7	3016.3	6.9	820.5

年份	出口额		进口额		贸易差额（亿美元）
	出口额（亿美元）	增速（%）	进口额（亿美元）	增速（%）	
2021	4836.9	26.1	3945.1	30.8	891.8
2022	5672.9	17.3	4080.5	3.4	1592.4

数据来源：《中国-东盟统计年鉴》。

2010—2022 年中国与东盟各国进出口总额如表 4-2 所示。从贸易伙伴结构来看，2010 年我国与东盟的贸易往来主要集中在马来西亚、新加坡、泰国、印尼和越南 5 个国家，分别约占我国与东盟进出口总额的 25.4%、19.5%、18.1%、14.6% 和 10.3%，而菲律宾、缅甸、柬埔寨、老挝和文莱 5 个国家的进出口总额的比重之和只有 12.2%。经过 12 年的发展，虽然我国与东盟各国的贸易额有较大幅度的增长，但与东盟的贸易往来仍然主要集中在原来的 5 个国家，只是位次发生较大变化，越南取代马来西亚上升到第一位，依次为越南、马来西亚、印尼、泰国和新加坡，占比分别为 24.1%、20.9%、15.3%、13.8% 和 11.8%。从双边贸易关系发展速度来看，与我国的贸易关系发展最快的是柬埔寨，其他依次为越南、缅甸、老挝、印尼、菲律宾、文莱、马来西亚、泰国和新加坡。

表 4-2　　　　2010—2022 年中国与东盟各国进出口总额　　　单位：亿美元

年份	文莱	柬埔寨	印尼	老挝	马来西亚	缅甸	菲律宾	新加坡	泰国	越南	东盟总计
2010	10.3	14.4	427.5	10.9	742.5	44.4	277.6	570.8	529.4	300.9	2928.7
2011	13.1	25.0	605.5	13.0	900.2	65.0	322.5	637.1	647.3	402.1	3630.8
2012	16.3	29.2	662.3	17.2	948.3	69.7	363.8	692.7	697.5	504.4	4001.4
2013	17.9	37.7	683.5	27.3	1060.8	102.0	380.5	759.0	712.4	654.8	4435.9
2014	19.4	37.6	635.8	36.2	1020.2	249.7	444.6	797.4	726.7	836.4	4804.0
2015	15.1	44.3	542.3	27.8	972.9	152.8	456.5	795.6	754.6	959.7	4721.6
2016	7.2	47.6	535.1	23.4	868.8	122.8	472.1	704.2	758.7	982.3	4522.2
2017	10.0	57.9	633.2	30.2	960.3	135.4	512.8	792.4	802.9	1213.2	5148.2

年份	文莱	柬埔寨	印尼	老挝	马来西亚	缅甸	菲律宾	新加坡	泰国	越南	东盟总计
2018	18.4	73.9	773.7	34.7	1086.3	152.4	556.7	828.8	875.2	1478.6	5878.7
2019	11.0	94.3	797.1	39.2	1239.6	187.0	609.5	899.4	917.5	1620.0	6414.6
2020	19.4	95.5	784.6	35.8	1314.8	188.9	612.2	892.4	986.5	1922.9	6853.0
2021	28.5	136.7	1244.3	43.5	1768.0	186.2	820.5	940.6	1311.8	2302.0	8782.1
2022	30.8	160.2	1490.9	56.8	2035.9	251.1	877.3	1151.3	1350.0	2349.2	9753.5

数据来源:《中国-东盟统计年鉴》。

二、海南省贸易发展现状

海南省北接广东省,西与越南相对,东面和南面与菲律宾、文莱、印尼和马来西亚为邻。从地理位置来看,海南省处于中国-东盟自由贸易区的中心地带和重要连接处。

1988 年,国家在海南省设省办经济特区,从此海南省成为中国最年轻的省,也是我国最大的经济特区和唯一的热带岛屿省份。2009 年,国务院发文推进海南省国际旅游岛建设。2018 年,中共中央、国务院决定支持海南省建设自由贸易试验区和中国特色自由贸易港。2020 年 6 月 1 日,中共中央、国务院印发了《海南自由贸易港建设总体方案》,对建设海南自由贸易港做了全面部署和具体安排。当前海南自由贸易港正处于硬件封关条件、压力测试全面推进的关键阶段。建省办经济特区 30 多年来,虽然海南省曾遇多次重大发展良机,经济社会发展随之取得显著成就,但由于发展起步晚、基础差,海南省经济社会发展整体水平仍然较低。

(一)宏观经济

1978—2022 年海南省生产总值如表 4-3 所示。海南省生产总值从 1978 年的 16.4 亿元增长到 2022 年的 6818.22 亿元,44 年间增长了约 414.7 倍,不仅每年都保持正增长,且按不变价格计算,年均增长速度达到 10.3%。同时,人均地区生产总值从 1978 年的 314 元,提升到了 2022 年的 66602 元,增长约 211 倍,按不变价格计算,年均增速为 9.2%。

表 4-3 1978—2022 年海南省生产总值

年份	地区生产总值		人均地区生产总值	
	金额（亿元）	增速（%）	金额（元）	增速（%）
1978	16.40	—	314	—
1979	17.45	3.1	327	0.6
1980	19.33	1.8	354	2.8
1981	22.23	13.0	399	20.6
1982	28.86	23.6	510	23.7
1983	31.12	5.8	540	9.3
1984	37.18	16.9	636	17.4
1985	43.26	12.0	729	12.9
1986	48.03	8.7	798	7.3
1987	57.28	11.5	925	9.5
1988	77.00	9.7	1220	7.6
1989	91.32	5.7	1420	3.8
1990	102.42	10.6	1562	8.5
1991	120.52	14.9	1804	12.7
1992	184.92	41.5	2719	39.0
1993	260.40	20.6	3755	18.2
1994	331.98	11.2	4702	9.3
1995	363.25	3.8	5063	2.1
1996	389.68	4.7	5346	3.1
1997	411.16	6.8	5567	4.1
1998	442.12	8.4	5912	5.4
1999	476.68	8.5	6294	7.1
2000	526.82	9.0	6798	6.6
2001	579.18	9.1	7315	6.8
2002	642.74	9.6	8041	8.5
2003	713.96	10.6	8849	9.6
2004	802.68	9.7	9859	8.7

续表

年份	地区生产总值		人均地区生产总值	
	金额（亿元）	增速（%）	金额（元）	增速（%）
2005	884.87	10.5	10753	9.3
2006	1027.45	10.6	12350	9.4
2007	1234.00	15.8	14683	14.6
2008	1474.66	10.3	17357	9.1
2009	1620.28	11.7	18860	10.5
2010	2020.53	16.0	23323	15.0
2011	2463.84	12.2	28014	10.5
2012	2789.38	9.4	30993	6.9
2013	3115.85	9.6	34053	7.8
2014	3449.01	8.6	37166	7.1
2015	3734.19	7.8	39704	6.3
2016	4090.20	7.5	43009	6.3
2017	4497.54	7.0	46631	5.5
2018	4910.69	5.8	50263	4.4
2019	5330.84	5.8	53929	4.5
2020	5566.24	3.5	55438	2.0
2021	6504.05	11.3	63991	9.9
2022	6818.22	0.2	66602	-0.5

注：本表按不变价格计算。

数据来源：《海南统计年鉴》。

（二）产业结构

受本土产业基础和结构以及区域特点等影响，海南省产业结构经历了两大发展阶段。第一阶段是1978—1991年，海南省的经济结构以第一产业为主导。这一时期，由于海南省的工业发展并未与国内整体工业化进程保持同步，而服务业的发展也尚处于初级阶段，因此，第一产业的贡献尤为突出，其占比在1978—1986年一度超越50%。第二阶段是1992—2022年，海南省经济转向以第三产业为主导。随着国际旅游岛建设的深入实施，第三产业在旅游业的推动下迅速发展，逐渐成为支撑海南省经济发展的支柱。在这一阶段，第三产业的年均增长率超过了第一产业和第二产业，形成了"三一二"的产业结构模式。特别是从2013年开始，海南省第三产业的产值占比超过了50%，并且这一比例还在持续扩大。到2020年和2021年，海南省第三产业的产值占比更是超过了60%。1978—2022年海南省产业结构比重如表4-4所示。这一趋势清晰地反映出海南省经济结构的持续优化和升级。综上所述，海南省的产业结构经历了从农业主导到第三产业引领的转变，而今第三产业已成为其经济发展的重要引擎。

表4-4　　　　　　　　1978—2022年海南省产业结构比重

年份	地区生产总值（亿元）	第一产业		第二产业		第三产业	
		金额（亿元）	占比（%）	金额（亿元）	占比（%）	金额（亿元）	占比（%）
1978	16.40	8.72	53.2	3.65	22.3	4.03	24.6
1979	17.45	9.31	53.4	3.77	21.6	4.37	25.0
1980	19.33	10.8	55.9	3.61	18.7	4.92	25.5
1981	22.23	13.02	58.6	3.47	15.6	5.74	25.8
1982	28.86	17.25	59.8	4.04	14.0	7.57	26.2
1983	31.12	18.45	59.3	4.47	14.4	8.20	26.3
1984	37.18	20.48	55.1	6.68	18.0	10.02	26.9
1985	43.26	21.80	50.4	9.30	21.5	12.16	28.1
1986	48.03	24.05	50.1	9.92	20.7	14.06	29.3
1987	57.28	28.63	50.0	10.91	19.0	17.74	31.0
1988	77.00	38.46	49.9	14.19	18.4	24.35	31.6
1989	91.32	42.64	46.7	18.29	20.0	30.39	33.3
1990	102.42	45.71	44.6	20.19	19.7	36.52	35.7
1991	120.52	49.80	41.3	24.71	20.5	46.01	38.2
1992	184.92	53.59	29.0	38.27	20.7	93.06	50.3
1993	260.40	76.82	29.5	66.08	25.4	117.50	45.1
1994	331.98	106.12	32.0	83.32	25.1	142.54	42.9
1995	363.25	128.90	35.5	78.48	21.6	155.87	42.9

续表

年份	地区生产总值（亿元）	第一产业		第二产业		第三产业	
		金额（亿元）	占比（%）	金额（亿元）	占比（%）	金额（亿元）	占比（%）
1996	389.68	141.15	36.2	81.52	20.9	167.01	42.9
1997	411.16	148.52	36.1	83.13	20.2	179.51	43.7
1998	442.12	156.05	35.3	91.41	20.7	194.66	44.0
1999	476.68	172.62	36.2	96.02	20.1	208.04	43.6
2000	526.82	192.00	36.4	103.97	19.7	230.85	43.8
2001	579.18	196.78	34.0	133.84	23.1	248.56	42.9
2002	642.74	222.89	34.7	148.88	23.2	270.97	42.2
2003	713.96	244.29	34.2	175.82	24.6	293.85	41.2
2004	802.68	271.99	33.9	199.60	24.9	331.09	41.2
2005	884.87	289.86	32.8	229.83	26.0	365.18	41.3
2006	1027.45	310.71	30.2	291.62	28.4	425.12	41.4
2007	1234.00	351.32	28.5	354.26	28.7	528.42	42.8
2008	1474.66	423.57	28.7	412.58	28.0	638.51	43.3
2009	1620.28	448.09	27.7	432.36	26.7	739.83	45.7
2010	2020.53	521.92	25.8	528.55	26.2	970.06	48.0
2011	2463.84	636.64	25.8	671.26	27.2	1155.94	46.9
2012	2789.38	683.85	24.5	747.22	26.8	1358.31	48.7
2013	3115.85	723.60	23.2	750.90	24.1	1641.35	52.7
2014	3449.01	793.15	23.0	826.52	24.0	1829.34	53.0
2015	3734.19	835.35	22.4	882.85	23.6	2015.99	54.0
2016	4090.20	924.74	22.6	903.95	22.1	2261.51	55.3
2017	4497.54	962.84	21.4	996.35	22.2	2538.35	56.4
2018	4910.69	985.96	20.1	1053.14	21.4	2871.59	58.5
2019	5330.84	1079.01	20.2	1083.75	20.3	3168.08	59.4
2020	5566.24	1135.98	20.4	1072.24	19.3	3358.02	60.3
2021	6504.05	1254.44	19.4	1240.78	19.1	4008.83	61.5
2022	6818.22	1417.79	20.8	1310.94	19.2	4089.49	60.0

注：为便于计算，各产业占比仅保留一位有效小数，因此三个产业占比之和可能出现0.1%的误差。

数据来源：《海南统计年鉴》。

　　海南省自建省办经济特区以来，一直在摸索、寻找和选择应该重点发展的主导产业。海南省主导产业的确定和发展主要经历了以下几个阶段。

　　第一个阶段（1989—1995 年），海南省刚刚建省办经济特区，产业结构主要以农业为主。此时海南省政府继续在原有产业结构的基础上，充分发挥"经济特区"的区位和政策优势内联外引，既加强与广东、广西这些周边省份的联系，又扩大引进外资，以项目带土地和基础设施开发，综合发展区域经济，通过沿海若干个经济开发区和大农业经济基地的建设，辐射和带动全省的经济发展。

　　第二个阶段（1996—2009 年），海南省经济战略思想逐渐成型。1995 年海南省经济工作会议与计划会议的召开，孕育出"一省两地"的宏大构想，即构建新兴工业省，打造热带高效农业基地与度假休闲旅游胜地。1996 年，海南省"九五计划"正式采纳此战略，并确立农业为基石、工业为引擎、旅游业为引领的发展蓝图，旨在推动海南省经济的全面繁荣。

　　第三个阶段（2010—2014 年），海南省经济发展翻开了新的篇章。面对国际金融危机的挑战，海南省积极应对，借助国际旅游岛建设的东风，实现了经济发展的新跨越。这一阶段，海南省在巩固"一省两地"产业结构的同时，将重点投向以旅游业为龙头的现代服务业及相关产业。海南省充分利用其独特的地域资源，拓展多元化旅游与休闲农业，优化和完善房地产业规划，并依托资源优势，对传统服务业如餐饮、住宿、商贸等进行改造升级，同时培育和发展金融保险、商务中介、娱乐会展、文化创意等现代服务业。

　　第四个阶段（2015—2017 年），海南省为解决产业结构单一、增长质量不高的问题，开始聚焦海南省主导产业的长远健康发展。经过深思熟虑，确定了以互联网产业、热带特色高效农业等 12 个重点产业为突破口，以期加快优化海南省的产业结构，构建新的产业格局，促进经济社会健康可持续发展，实现海南省的科学发展和绿色崛起。这一阶段的重点是推动重点产业的发展，带动传统产业的升级和改造，激发和培育新模式、新业态的创新和发展，逐步建立跨区域、跨市县的投资机制，推动城镇间生产分工、产业整合、园区共建。同时，海南省积极落实"互联网+"战略，促进各产业深度融合和跨界发展。

　　第五个阶段（2018 年至今），是海南省经济转型升级的关键期。在前四个阶段的基础上，海南省继续深化产业结构调整，加快新旧动能转换，全力打造现代化经济体系。这一阶段，海南省更加注重创新驱动，大力发展高新技术产业、绿色经济和数字经济，推动经济质量与效益的全面提升。同时，海南省还积极拓展对外开放合作新空间，加强与国内外地区的经贸合作，提升海南省在国际舞台上的竞争力。

　　展望未来，海南省将继续保持战略定力，坚定不移地推进经济高质量发展，为实现全面建设社会主义现代化国家的目标贡献力量。2018—2020 年，海南省接连被赋予建立自由贸易试验区和自由贸易港的重大历史使命。这是一个国家层面的战略决策，标志着海南省将成为中国对外开放的新高地。在深思熟虑的建设方案中，海南省清晰地描绘了自己的发展蓝图，将旅游业、现代服务业和高新技术产业锁定为未来发展的三大主导产业。2021 年，海南省在原有的三大主导产业基础上，新增热带特色高效农业作为第四大主导产业，从而构成以"3+1"产业为主的现代化产业体系。这四大主导产业将共同支撑起海南自由贸易港的繁荣与发展。

　　在自由贸易港建设的稳健步伐与政策的积极催化下，海南省以"3+1"为主的现代化产业体系发展交出了一份引人注目的成绩单。这份成绩单不仅彰显了海南省在自由贸易港建设中的坚实步伐，更凸显了其在各主导产业中的强劲发展势头。2014—2022 年海南省主导产业结构及比重如表 4-5 所示。

表 4-5　　　　　　　2014—2022 年海南省主导产业结构及比重

指标 年份	旅游业		现代服务业		高新技术产业		热带特色高效农业		主导产业
	增加值 （亿元）	占 GDP 比重 （％）	增加值 （亿元）	占 GDP 比重 （％）	增加值 （亿元）	占 GDP 比重 （％）	增加值 （亿元）	占 GDP 比重 （％）	占 GDP 比重 （％）
2014	258.07	7.48	——	——	85.07	2.47	597.89	17.34	27.29
2015	280.88	7.52	——	——	90.00	2.41	629.47	16.86	26.79
2016	309.75	7.57	——	——	185.38	4.53	703.83	17.21	29.31
2017	347.74	7.73	——	——	212.28	4.72	725.19	16.12	28.57
2018	392.82	8.00	——	——	256.19	5.22	758.30	15.44	28.66
2019	448.92	8.42	1450.36	27.21	263.17	4.94	785.00	14.73	55.30
2020	402.31	7.23	1608.45	28.90	357.29	6.42	842.89	15.14	57.69
2021	587.45	9.07	2004.51	30.96	961.96	14.86	962.04	14.86	69.75
2022	489.57	7.20	2124.70	31.20	1086.71	15.9	1090.02	16.00	70.30

　　注：1. 本表总量按当年价格计算，未扣除价格因素。

　　　　2. 2020 年高新技术产业使用新统计分类目录测算，与 2020 年前统计口径不太一致。

　　　　3. 现代服务业统计数据时间开始于 2019 年。

　　　　4. 数据来源：《海南统计年鉴》和《海南统计月报》。

一方面，主导产业规模不断壮大，其对海南省经济发展的贡献越来越大。2014—2022 年，旅游业、高新技术产业和热带特色高效农业三大主导产业对海南省 GDP 的贡献率，由 27.29% 飙升到 39.10%。这一跃升不仅体现了海南省经济的强劲增长，更揭示了其产业结构的深刻变革。具体来看，从 2014 年至 2022 年，旅游业的增加值占海南省 GDP 的比重尽管在绝对数值上有所波动，但在海南省经济中的地位依然稳固。与此同时，现代服务业异军突起，其增加值占海南省 GDP 的比重从 2019 年的 27.21% 一路攀升至 2022 年的 31.2%，显示出海南省正逐渐向着服务经济主导的方向迈进。而在高新技术产业方面，其增加值占海南省 GDP 的比重则从 2014 年的 2.47% 快速跃升至 2022 年的 15.9%，这一增长速度可谓惊人。与之形成鲜明对比的是，热带特色高效农业的增加值占海南省 GDP 的比重则从 2014 年的 17.34% 下滑至 2022 年的 16%，尽管在海南省经济中仍占有重要地位，但其主导地位已逐渐被其他产业所取代。

另一方面，海南省四大主导产业的内部结构也正在发生深刻的变化。曾经以旅游业和热带特色高效农业为主的产业结构正在逐步向技术含量和附加值更高的现代服务业和高新技术产业倾斜。2014 年，旅游业与热带特色高效农业增加值之和占主导产业增加值和占海南省 GDP 的比重分别为 90.95% 和 24.82%，而到了 2022 年，这两个数字已经分别下滑至 33% 和 23.2%。与此同时，新兴的高新技术产业与现代服务业增加值占主导产业增加值和占海南省 GDP 的比重之和则在 2022 年分别跃升至 67% 和 47.1%，成了海南省经济发展的新引擎。

综上所述，海南省已经初步构建了一个以"四大主导产业"为核心的现代产业体系，这一体系不但有力地带动了其他产业的发展，而且具有鲜明的海南自由贸易港特色。

（三）对外贸易

海南省作为我国的南大门，是我国和东盟开展经贸合作的前沿阵地和重要平台。自我国加入 WTO 和 CAFTA，以及"一带一路"倡议实施以来，海南省开放的大门越开越大，对外贸易额得到快速增长。进入 21 世纪后，除了 2005 年、2015 年、2016 年和 2017 年略有下降，海南省进出口总额基本保持正增长，年均增速达 15.7%。2022 年全省进出口总额为 20096680 万元，其中出口额为 7225896 万元，进口额为 12870784 万元，比 2001 年分别增长了约

12.9 倍、19.9 倍和 15.4 倍。从贸易差额来看，海南省外贸出口额不如进口额，始终保持逆差，且逆差额度越来越大，甚至在 2021 年达到 8136053 万元，占到当年进出口总额的近 55%。2001—2022 年海南省进出口总额如表 4-6 所示。

表 4-6　　　　　　　　2001—2022 年海南省进出口总额　　　　　　　单位：万元

年份	进出口总额	出口额	进口额	贸易差额
2001	1445665	660409	785256	-124847
2002	1544751	678133	866618	-188485
2003	1889207	719026	1170181	-451155
2004	2814161	904271	1909890	-1005619
2005	2088577	840364	1248214	-407850
2006	2278332	1101101	1177231	-76131
2007	2692518	1047764	1644754	-596990
2008	3161135	1109536	2051599	-942063
2009	3332641	893635	2439006	-1545371
2010	5856210	1573155	4283055	-2709901
2011	8282414	1650278	6632136	-4981858
2012	9075518	1979305	7096213	-5116908
2013	9345724	2304483	7041241	-4736758
2014	9743224	2713888	7029336	-4315448
2015	8691005	2324339	6366665	-4042326
2016	7513213	1405123	6108090	-4702966
2017	7027040	2956490	4070550	-1114061
2018	8481758	2977608	5504150	-2526542
2019	9059028	3437144	5621884	-2184740
2020	9351415	2770189	6581225	-3811036
2021	14685486	3274716	11410770	-8136053
2022	20096680	7225896	12870784	-5644888

数据来源：《海南统计年鉴》。

从贸易伙伴关系来看，2022年海南省主要贸易国家为澳大利亚、美国、荷兰、印尼和英国，主要出口市场为荷兰、越南、美国和印尼，主要进口来源地为澳大利亚、英国、美国、俄罗斯和印尼。

从贸易方式来看，海南省主要以一般贸易为主。2022年海南省以一般贸易方式统计的进出口总额占全部货物进出口总额的近55.8%。从外贸主体来看，以私营企业和外商投资企业为主，2022年两大外贸主体货物贸易额分别占进出口总额的46.1%和28.9%。

从贸易结构来看，2022年海南省工业制品贸易额占比为55.9%，初级产品贸易额占比为44.1%。工业制品中以化学品及相关产品、机械及运输设备为主，分别占工业制品贸易额的53.6%和22.9%。初级产品中以矿物燃料、润滑油及有关原料和非食用原料（燃料除外）为主，分别占初级产品贸易额的48.2%和38.7%。具体来说，出口商品主要为机电产品、成品油和高新技术产品，分别占所有出口额的31.5%、23.0%和17.2%；进口商品主要为美容化妆品及护肤品、金属矿及矿砂、煤及褐煤和机电产品，分别占所有进口额的19.2%、18.2%、7.3%和6.4%。

三、中国海南省与东盟贸易发展现状

海南省紧邻东盟各国，与东盟各国有较好的贸易基础和历史渊源。在古代，由于地理位置的特殊性，海南省成了中国与东南亚地区往来沟通的重要节点。据史书记载，汉代兴起的海上丝绸之路使海南岛成为重要的中转站。唐宋时期，南海海域的海上交通更是日益繁忙，商船穿梭于中国与东南亚之间，带来了丰富的商品，促进了文化交流。通过海上丝绸之路，大量的香料如胡椒、丁香、肉桂等运往中国，部分货物在海南省转运。同时，中国的丝绸、瓷器、茶叶等商品也经由海南省销往海外。这种贸易不仅丰富了双方的物质生活，还促进了技术和文化的传播。进入现代，尤其是随着改革开放政策的实施和中国-东盟自由贸易区的建立，海南省与东盟的经济联系越发紧密。海南省不仅是中国面向东盟的前沿阵地，更是连接中国与东盟市场的桥梁。

（一）中国海南省与东盟贸易规模

自中国-东盟自由贸易区建立后，双边贸易的平均税率大幅下调，加上海南省国际旅游岛建设的强力推动，中国海南省与东盟进出口总额得到极大的提升。2009—2022 年中国海南省对东盟进出口总额变化如图 4-2 所示。2010年中国海南省与东盟进出口总额达到 13.83 亿美元，几乎比 2009 年增加了一倍，同时东盟跃升为中国海南省第三大贸易伙伴。随着 2013 年"一带一路"倡议的提出，中国海南省对东盟国家进出口规模有所扩大，进出口总额由2012 年的 16.87 亿美元增长到 2013 年的 27.44 亿美元，同比增长 62.66%。但受国际经济增长乏力等多重因素的影响，2014—2016 年，中国海南省与东盟的贸易额出现短暂的下滑，甚至 2016 年的进出口总额只有 13.05 亿美元。2017 年中国海南省与东盟进出口总额比 2016 年增长 142.76%，攀升到 31.68亿美元。2020 年，国家确定建设海南自由贸易港。在政策红利的带动下，中国海南省与东盟 2022 年进出口总额达到 58.81 亿美元。

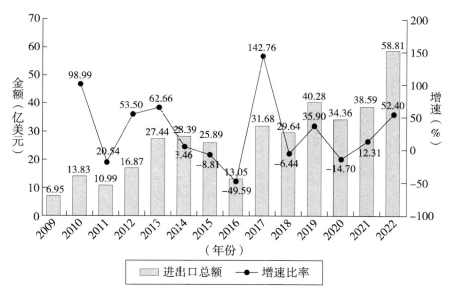

图 4-2　2009—2022 年中国海南省对东盟进出口总额变化

从贸易流向来看，2022 年中国海南省对东盟出口额达到 28.84 亿美元，比 2009 年增长了 17 倍，年均增速达 60.8%。2022 年中国海南省对东盟进口额为 29.97 亿美元，比 2009 年增长了 5.6 倍，年均增速为 18.4%。由此可以看出，自中国-东盟自由贸易区建成后，中国海南省对东盟的出口增长速度要大于进口增长速度。从两者的变化趋势来看，中国海南省对东盟的出口发展不够稳定，波动幅度要大于海南省对东盟的进口波动幅度。2009—2022 年中国海南省对东盟出口额和进口额变化如图 4-3 所示。

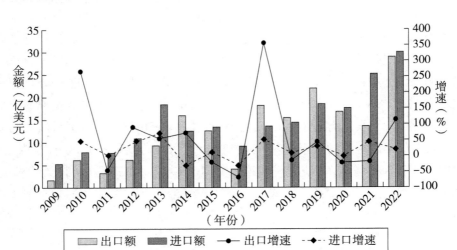

图 4-3　2009—2022 年中国海南省对东盟出口额和进口额变化

从贸易差额来看，2009—2022 年中国海南省与东盟的贸易除了在 2014 年、2017 年、2018 年和 2019 年曾出现贸易顺差，大部分年份处于逆差状态，且在 2013 年和 2021 年贸易逆差超过 8 亿美元，这说明中国海南省对东盟各国的出口优势不够明显。2009—2022 年中国海南省对东盟贸易差额变化如图 4-4 所示。

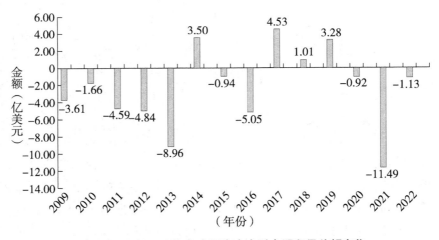

图 4-4　2009—2022 年中国海南省对东盟贸易差额变化

（二）中国海南省对东盟贸易结构

在国际贸易中，产品主要划分为初级产品与工业制成品两大类别。为了更好地分析中国海南省与东盟贸易结构，本部分采纳了联合国制定的《国际贸易标准分类》（Standard International Trade Classification，SITC）。这一分类法将国际贸易中琳琅满目的产品归为 10 大类。其中，SITC-0 至 SITC-4 的产品被归为初级产品；SITC-5 至 SITC-9 的产品被归为工业制成品。《国际贸易标准分类》中的各类产品如表 4-7 所示。

表 4-7 《国际贸易标准分类》中的各类产品

初级产品	资源密集型产品	SITC-0	食品及活动物
		SITC-1	饮料及烟类
		SITC-2	非食用原料（燃料除外）
		SITC-3	矿物燃料、润滑油及有关原料
		SITC-4	动植物油、脂及蜡
工业制成品	资本密集型产品	SITC-5	化学品及相关产品
	劳动密集型产品	SITC-6	按原料分类的制成品
	资本密集型产品	SITC-7	机械及运输设备
	劳动密集型产品	SITC-8	杂项制品
	—	SITC-9	未分类的商品及交易品

从整体上看，中国海南省对东盟贸易结构历经了从以初级产品为主导，到以初级产品和工业制成品并重的演变。2009 年，在中国海南省对东盟的贸易往来中，初级产品占比高达 76.12%。2012 年，这一比重攀升至 86.10%。相比之下，工业制成品的比重较小。随着时间的推移，这种单一的贸易结构发生了变化。2020 年，初级产品的比重下滑至 61.98%，工业制成品的比重上升到 38.02%。2022 年，初级产品的比重进一步下降至 56.01%，工业制成品的比重升至 43.99%。这种贸易结构反映了双方在资源和产业结构上的互补性。2009—2022 年中国海南省对东盟贸易中初级产品和工业制成品比重如图 4-5 所示。为便于统计，图 4-5 中各年份初级产品比重和工业制成品比重仅保留两位有效数字，因此各年份初级产品比重和工业制成品比重之和可能出现 0.01% 的误差。

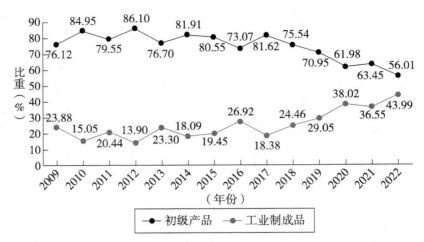

图 4-5　2009—2022 年中国海南省对东盟贸易中初级产品和工业制成品比重

从出口来看，中国海南省对东盟出口的商品结构呈现"工业制成品为主—初级产品为主—初级产品、工业制成品并重"的发展态势。2009 年，中国海南省对东盟出口中工业制成品占比达到 86.62%，初级产品占比只有 13.38%。但从 2010 年开始发生反转式变化，初级产品占比迅速提升到 73.57%，而工业制成品占比则下跌至 26.43%。2016 年，中国海南省对东盟出口中初级产品和工业制成品的比重比较接近，但之后又再次拉开差距。随着海南省主导产业的明确及相关政策的出台，中国海南省对东盟出口中初级产品和工业制成品在 2022 年的比重分别为 47.20% 和 52.80%。这也说明，海南省需要进一步发展主导产业，不断优化中国海南省对东盟出口结构。2009—2022 年中国海南省对东盟出口中初级产品和工业制成品比重如图 4-6 所示。为便于统计，图 4-6 中各年份初级产品比重和工业制成品比重仅保留两位有效数字，因此各年份初级产品比重和工业制成品比重之和可能出现 0.01% 的误差。

从进口来看，中国海南省对东盟进口结构呈现"初级产品为主—初级产品为主、工业制成品为辅"的发展趋势。2009 年，中国海南省对东盟进口商品中初级产品占比高达 95.98%，而工业制成品占比只有区区的 4.02%。之后，初级产品比重和工业制成品比重之间的差距越来越小，到 2021 年曾缩小到相差近 20%。这种变化也印证了多年来海南省产业结构发展的变化趋势。2009—2022 年中国海南省对东盟进口中初级产品和工业制成品比重如图 4-7 所示。

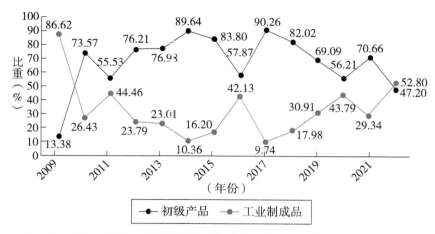

图 4-6　2009—2022 年中国海南省对东盟出口中初级产品和工业制成品比重

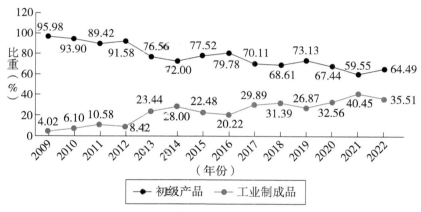

图 4-7　2009—2022 年中国海南省对东盟进口中初级产品和工业制成品比重

从产品类别的具体分布来看，2009 年中国海南省与东盟之间的贸易往来主要聚焦于三大领域：矿物燃料、润滑油及有关原料占比达到了 46.14%，非食用原料（燃料除外）占比为 19.27%，化学品及相关产品占比为 12.01%。在出口方面，化学品及相关产品以 46.4% 的比例领先，其次是机械及运输设备，占比为 22.29%，食品及活动物占比为 12.25%。在进口方面，矿物燃料、润滑油及有关原料占主导地位，占比为 60.74%，其次是非食用原料（燃料除外），占比为 25.02%。

随着时间的推移，到 2022 年，中国海南省与东盟的贸易结构发生了一些变化。尽管矿物燃料、润滑油及有关原料仍占主导地位，但占比下降至

36.67%；非食用原料（燃料除外）的占比降至 12.31%；化学品及相关产品的占比上升至 18.63%。值得注意的是，机械及运输设备的比重有了显著的提升，从 2009 年的 5.99% 增加到 17.16%，成了第三大主要商品。在出口方面，矿物燃料、润滑油及有关原料的占比升至 45.19%，成了最大的出口商品；机械及运输设备的比重也有显著提升，达到 34.47%，位居第二。2022 年中国海南省对东盟出口产品分类比重如图 4-8 所示。在进口方面，矿物燃料、润滑油及有关原料的占比下降到了 28.47%，化学品及相关产品则以 28.86% 的比例成了最大的进口商品，非食用原料（燃料除外）占比为 24.08%。2022 年中国海南省对东盟进口产品分类比重如图 4-9 所示。

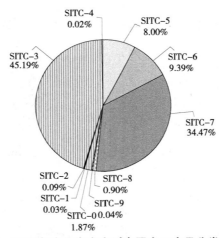

图 4-8　2022 年中国海南省对东盟出口产品分类比重

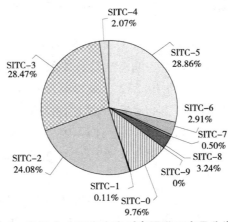

图 4-9　2022 年中国海南省对东盟进口产品分类比重

第三节　中国海南省与东盟各国贸易状况

一、中国海南省与马来西亚贸易状况

中国海南省与马来西亚的交往由来已久，跨越了数个世纪。据史料记载，大约在 600 年前，勇敢的海南人便踏上了满剌加国（现今的马来西亚马六甲州）的土地。近 200 年前，有商船从海南省前往槟城经商，并逐渐有海南人选择在这片热土上安家落户。19 世纪中叶，海南人移居马来西亚的浪潮达到高峰，马六甲琼州会馆、太平琼州会馆和槟城琼州会馆相继成立，成为海南移民在异国他乡的精神家园。这些会馆见证了海南人逐渐在马来西亚各地生根发芽的历程。自 1974 年中国和马来西亚建交以来，中国海南省与马来西亚的经贸合作和人员往来始终热络，双方关系在发展中不断升华。2013 年 11 月，中国海南省与马来西亚槟城正式缔结为友好城市，为双方的合作打开了新的篇章。这一重要举措进一步推进了两地在经贸、投资、旅游等领域的深度合作。

近年来，随着双方往来逐步密切，中国海南省与马来西亚的贸易在规模和结构上有了很大的提升，为中国海南省与东盟各国的合作树立了比较好的典范。

（一）中国海南省与马来西亚贸易规模

中国海南省与马来西亚地缘相近、人文相亲，马来西亚也是琼籍华人华侨重要旅居地，这为两地合作寺续升温奠定了坚实基础。2009 年，中国海南省与马来西亚进出口总额为 27233.35 万美元，马来西亚成为当年东盟成员国内中国海南省的第一大贸易伙伴。从 2009 年到 2022 年的 14 年间，中国海南省与马来西亚的贸易发展不够稳定。2011 年进出口总额降到 4102.79 万美元，同比降幅达 86.5%，为近 14 年来的最低点。2012 年进出口总额恢复到 2009 年的水平，达到 28894.43 万美元，2013 年迎来一个高峰，进出口总额达到 49221.52 万美元。之后的 3 年间，双方贸易关系再次陷入低迷状态，进出口总额连续下滑，2016 年中国海南省与马来西亚进出口总额只有 14039.24 万美元。2017 年双方贸易迎来又一个高峰期,进出口总额攀升到 58842.34 万美元。但 2018 年,进出口总额再次下降,降到 21326.90 万美元。随后再次逐步恢复,甚至在 2020 年仍然保持正向增长,进出口总额达到 56880.69 万美元。2022 年中国海南省与马来西亚进出口总额迎来近 14 年高光时刻,达到 96125.99 万美元,马来西亚成为中国海南省第九大贸易伙伴,也是东盟成员国内中国海南省的第三大贸易伙伴。2009—2022 年中国海南省与马来西亚进出口总额变化如图 4-10 所示。

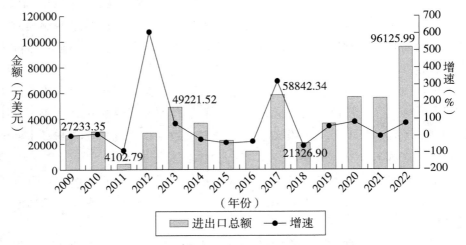

图 4-10 2009—2022 年中国海南省与马来西亚进出口总额变化
数据来源:中华人民共和国海口海关。

从出口来看,中国海南省对马来西亚出口额总体上呈现"过山车"式波动增长。中国海南省对马来西亚出口额在 2009 年只有 2323.73 万美元,经过 3 次"增长—下降"后,到 2017 年增长到 40917.58 万美元,2018 年大幅下降,2019 年下探到接近 2009 年的水平,2020 年逆势反弹,增长到 35175.99 万美元。2022 年中国海南省对马来西亚出口额达到近年新高度,为 46352.80 万美元,约是 2009 年中国海南省对马来西亚出口额的 20 倍。2009—2022 年中国海南省对马来西亚出口额变化如图 4-11 所示。

从进口来看,中国海南省对马来西亚的进口额相对于出口额来说波动幅度略小。中国海南对马来西亚进口额在 2009 年为 24909.62 万美元,到 2011 年突然萎缩到 993.10 万美元,只有 2009 年的 3.99%。经过 2 年的恢复,中国海南省对马来西亚进口额在 2013 年增长到 43110.86 万美元。之后出现 3 年的

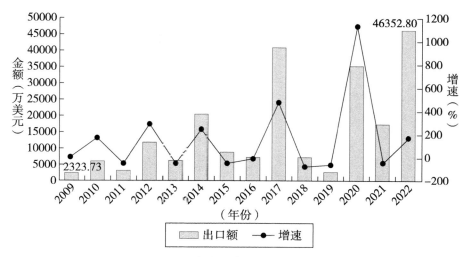

图4-11　2009—2022年中国海南省对马来西亚出口额变化

数据来源：中华人民共和国海口海关。

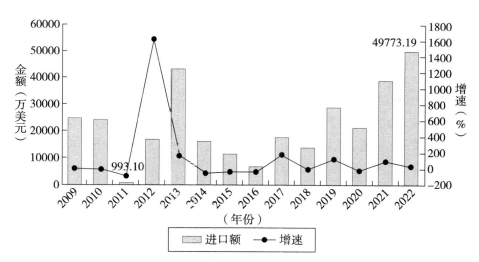

图4-12　2009—2022年中国海南省对马来西亚进口额变化

数据来源：中华人民共和国海口海关。

低迷时期，中国海南省对马来西亚进口额从2017年开始波动式增长，到2022年达到49773.19万美元，是近年来的历史之高。2009—2022年中国海南省对马来西亚进口额变化如图4-12所示。

从贸易差额来看，2009—2022年中国海南省对马来西亚的贸易多是逆差，中国海南省从马来西亚进口总体要大于中国海南省对马来西亚的出口。2013

年和 2017 年分别是双方贸易逆差和顺差最大的年份，分别达到 37000.21 万美元和 22992.82 万美元。2009—2022 年中国海南省对马来西亚贸易差额变化如图 4-13 所示。

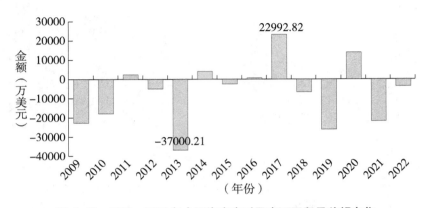

图 4-13　2009—2022 年中国海南省对马来西亚贸易差额变化

数据来源：中华人民共和国海口海关。

（二）中国海南省与马来西亚贸易结构

2009—2021 年，中国海南省与马来西亚贸易结构主要以初级产品为主。2009 年中国海南省与马来西亚贸易中，初级产品占比高达 93.8%，工业制成品的比重只有 6.2%。2011 年工业制成品的比重曾短暂地超过初级产品的比重，但从 2012 年到 2021 年，初级产品的比重一直高于工业制成品的比重。其实从 2019 年开始，初级产品的比重在逐步下降，工业制成品的比重在不断提升。2022 年，工业制成品的比重提高到 58%，其占比再次超过初级产品的占比。2009—2022 年中国海南省与马来西亚初级产品和工业制成品贸易比重变化如图 4-14 所示。

从出口结构来看，2022 年中国海南省对马来西亚出口主要以工业制成品为主，占全部出口额的 77.2%。其中"办公室用机械及自动数据处理设备"占 40.68%，"电力机械、装置、器具及其电气零件"占 27.47%。从进口结构来看，2022 年中国海南省从马来西亚进口主要以初级产品为主，占全部进口贸易额 59.81%，主要为天然气，占比为 42.52%。

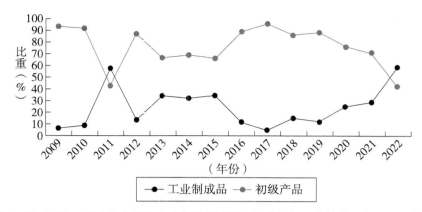

图 4-14 2009—2022 年中国海南省与马来西亚初级产品和工业制成品贸易比重变化
数据来源：中华人民共和国海口海关。

二、中国海南省与菲律宾贸易状况

中国海南省与菲律宾在经济和文化上一直保持着紧密的联系。在"一带一路"的宏观布局下，双方不断深化全方位的合作与交流，力求推动双方的交往迈向更大规模、更广泛领域、更深层次。2019 年 1 月，时任海南省副省长率领代表团访问了菲律宾，并参与了在马尼拉举办的 2019 中国（海南）·菲律宾经贸交流座谈会。在座谈会上，海南省副省长提出菲琼加强相互投资，加强在旅游、海洋经济等领域的深度合作。同时，此次座谈会还积极商讨了推动海口市与马尼拉市建立友好城市关系的可能性，以此进一步巩固和深化双方的交流与合作。目前，中国海南省与菲律宾的贸易额相对较大，双方合作潜力巨大，前景广阔。

（一）中国海南省与菲律宾贸易规模

2009—2022 年中国海南省与菲律宾进出口总额变化如图 4-15 所示。2009 年中国海南省与菲律宾进出口总额为 3682.35 万美元，之后的 4 年进出口总额有增有减，但变化幅度较平缓。2014 年中国海南省与菲律宾进出口总额猛增 514.1%，达到 23232.29 万美元，2015—2016 年连续两年下滑，2016 年降到 7673.38 万美元。2016 年 6 月，杜特尔特就任菲律宾第 16 任总统，他重视恢复和发展对华双边贸易关系。在他的带领下，中国海南省与菲律宾双方贸易也进入快速发展的阶段。2017 年，中国海南省与菲律宾进出口总额增长到

57058.04 万美元，此后的两年持续增长，2019 年达到 70089.72 万美元。受新冠疫情的影响，2020—2022 年中国海南省与菲律宾的进出口总额下滑到 20000 万~40000 万美元。2022 年杜特尔特卸任，随着菲律宾新任总统对华政策的变化，未来中国海南省与菲律宾的双方贸易可能进入不稳定发展的态势。

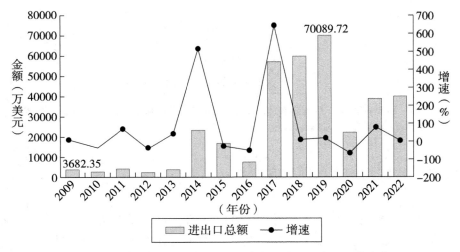

图 4-15　2009—2022 年中国海南省与菲律宾进出口总额变化

数据来源：中华人民共和国海口海关。

从出口来看，2009 年中国海南省对菲律宾出口额为 2622.18 万美元，2017—2019 年是中国海南省对菲律宾出口发展较好的 3 年，2019 年出口额达到 65987.85 万美元，约是 2009 年的 25 倍，之后下滑并进入较为温和的增长时期，2009—2022 年中国海南省与菲律宾出口额变化如图 4-16 所示。

从进口来看，2009—2022 年中国海南省对菲律宾的进口额呈波浪式变化。2009 年进口额为 1060.17 万美元，2010 年暴跌 80.8%，跌到 203.67 万美元。之后反复增降，在 2011 年、2015 年、2018 年和 2021 年掀起了 4 次暴涨小浪潮，进口额分别达到 1597.07 万美元、4297.15 万美元、9131.55 万美元和 5641.29 万美元。2009—2022 年中国海南省与菲律宾进口额变化如图 4-17 所示。

从贸易差额来看，2009—2022 年中国海南省对菲律宾的出口要远超中国海南省从菲律宾的进口，始终保持贸易顺差状态。2009 年贸易顺差为 1562.01 万美元，2014 年则迅速达到 19209.90 万美元，约是 2009 年的 12 倍。之后有所下降，但到 2017 年贸易顺差暴涨到 50000 万美元以上。2020 年贸易

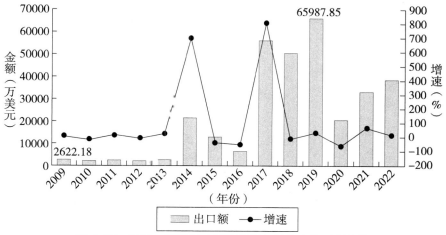

图 4-16 2009—2022 年中国海南省与菲律宾出口额变化
数据来源：中华人民共和国海口海关。

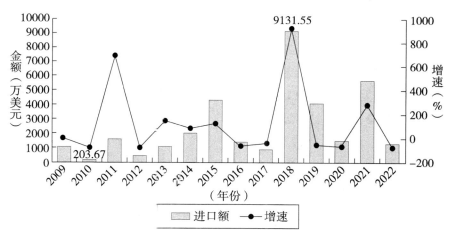

图 4-17 2009—2022 年中国海南省与菲律宾进口额变化
数据来源：中华人民共和国海口海关。

顺差再次下降，但 2021—2022 年有小幅增长。2009—2022 年中国海南省与菲律宾贸易差额变化如图 4-13 所示。

（二）中国海南省与菲律宾贸易结构

近年来，中国海南省与菲律宾贸易结构总体以初级产品为主。2009—2012 年双方贸易结构呈现交替变换状态，2009 年和 2010 年工业制成品比重

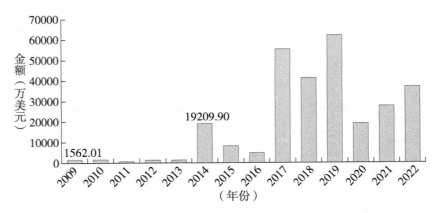

图 4-18　2009—2022 年中国海南省与菲律宾贸易差额变化
数据来源：中华人民共和国海口海关。

分别达到 59.0% 和 79.6%，高于初级产品比重，但到 2011 年工业制成品比重则下降到 27.2%，又远低于初级产品比重，2012 年工业制成品比重提升到 52.5%，略胜于初级产品比重。2013—2022 年，在中国海南省与菲律宾双方贸易中，初级产品的比重始终保持在 70% 以上，甚至在 2017 年达到 96.1%。2009—2022 年中国海南省与菲律宾初级产品和工业制成品贸易比重变化如图 4-19 所示。具体来说，2022 年，中国海南省对菲律宾出口产品中主要以石油、石油产品及有关原料等为主，占到全部出口额的 74.33%；而进口产品主要有镍矿金属、箱包和热带水果等，分别占全部进口额的 48.85%、18.02% 和 13.07%。

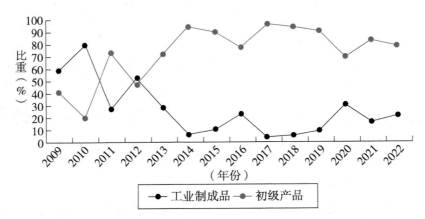

图 4-19　2009—2022 年中国海南省与菲律宾初级产品和工业制成品贸易比重变化
数据来源：中华人民共和国海口海关。

三、中国海南省与泰国贸易状况

中国海南省与泰国同处在南海国际海运要道核心位置，是"21世纪海上丝绸之路"的重要节点，泰国的4.0战略与"一带一路"倡议既有异曲同工之处，也有相互补充之处。这为中国海南省与泰国之间的合作创造了机遇。

泰国一直与中国海南省保持着较好的贸易关系。海南省是我国古代出使或经商东南亚的重要路线节点和补给点，这为中国海南省与泰国的贸易往来提供了很好的基础。自1975年中国与泰国建交后，泰国与中国海南省的贸易关系得到了快速发展，双方在交通、新能源、旅游、农业等方面的合作越来越多。2017年中国海南省与泰国签订了院校友好关系备忘录、航空服务类培训协议、热带特色高效农业合作协议及海口至芭堤雅航线开通协议等。同年，中国海南省正式开通第三条外贸直达航线——中国海口-泰国外贸集装箱班轮航线，为中国海南省与泰国之间的货物贸易提供了快速直航服务。

2021年，中国海南省与泰国签署了贸易合作谅解备忘录（又称"迷你自贸协定"），中国海南省成为泰国商业部在中国第一个签署合作备忘录的省份。"迷你自贸协定"主要包括五个方面的内容：

①促进双方贸易信息的互通交流；

②促进双方在产品、创新、市场营销等方面的信息交流，如促进开展贸易展览会；

③促进双方贸易往来，如开展商务研讨会、商务访问等；

④双方着重扩大农业、食品业、工业方面的产品贸易；

⑤双方开展电子商务等合作。

（一）中国海南省与泰国贸易规模

泰国一直以来都是中国海南省重要的贸易伙伴之一。2009年，中国海南省与泰国进出口总额为8651.50万美元，在东盟成员国中位居第三。2010—2012年中国海南省与泰国进出口总额稳定增长，年均增长率为23.5%。2013年，中国海南省与泰国进出口总额同比猛涨194.2%，达到47760.17万美元。之后有所下降，并呈现波动发展趋势。2022年，受"迷你自贸协定"的影响，中国海南省与泰国之间的进出口总额同比增长91.5%，为52048.86万美元。2009—2022年中国海南省与泰国进出口总额变化如图4-20所示。总体来看，2009—2022 年中国海南省与泰国的贸易保持 30% 左右的年均增速。

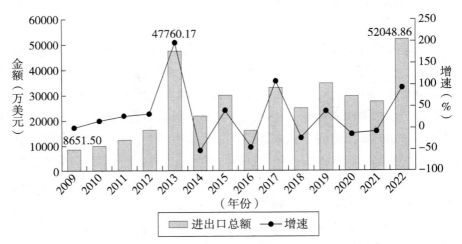

图 4-20　2009—2022 年中国海南省与泰国进出口总额变化
数据来源：中华人民共和国海口海关。

从出口来看，中国海南省对泰国出口额势头较好的是 2017 年和 2022 年，分别达到 18590.11 万美元和 22096.55 万美元，比 2009 年分别增长 292.7% 和 366.7%。其他年份中国海南省对泰国的出口额大部分在 3000 万～10000 万美元。2009—2022 年中国海南省与泰国出口额变化如图 4-21 所示。

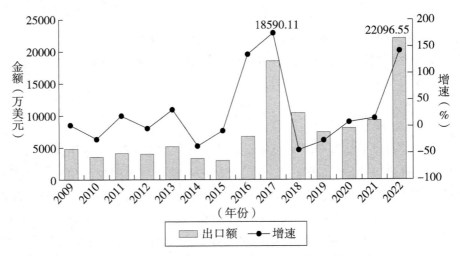

图 4-21　2009—2022 年中国海南省与泰国出口额变化
数据来源：中华人民共和国海口海关。

从进口来看，2009—2022 年中国海南省对泰国进口额的发展趋势与进出口总额的发展趋势基本相同。2013 年因从泰国进口 15290.91 万美元的"矿物燃料、润滑油及有关原料"和 19579.11 万美元的"化学品及相关产品"，中国海南省从泰国进口达到近年来的最高点，进口额为 42613.95 万美元。2009—2022 年中国海南省与泰国进口额变化如图 4-22 所示。

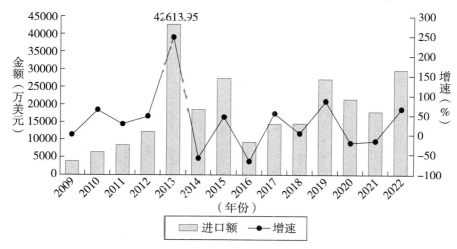

图 4-22　2009—2022 年中国海南省与泰国进口额变化
数据来源：中华人民共和国海口海关。

从贸易差额来看，2009—2022 年中国海南省与泰国的贸易有 12 年处于贸易逆差，只有在 2009 年和 2017 年出现过贸易顺差，且 2013 年贸易逆差高达 37467.73 万美元。2009—2022 年中国海南省与泰国贸易差额变化如图 4-23 所示。

（二）中国海南省与泰国贸易结构

2009—2022 年中国海南省与泰国初级产品和工业制成品贸易比重变化如图 4-24 所示。2009—2022 年中国海南省与泰国的贸易结构主要以工业制成品为主。除了 2010 年和 2017 年初级产品贸易比重略微超过工业制成品贸易比重，其他年份工业制成品贸易比重都要高于初级产品贸易比重。在 2014—2015 年和 2019—2020 年工业制成品贸易比重都超过 70%。

从具体产品来看，2022 年，中国海南省对泰国出口的产品主要为"办公室用机械及自动数据处理设备"（23.61%）、"石油"（18.7%）、"电力机械、装置、器具及其电气零件"（14.43%）和"塑料"（9.88%）；2022 年，中国

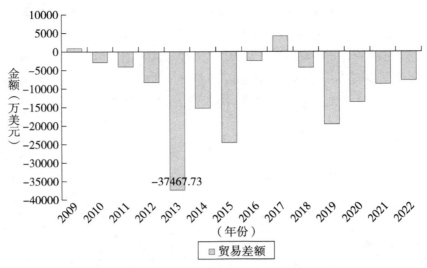

图 4-23　2009—2022 年中国海南省与泰国贸易差额变化

数据来源：中华人民共和国海口海关。

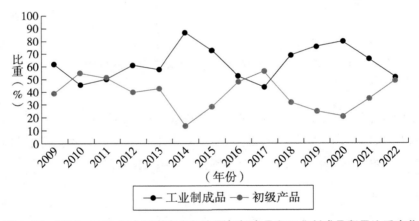

图 4-24　2009—2022 年中国海南省与泰国初级产品和工业制成品贸易比重变化

数据来源：中华人民共和国海口海关。

海南省从泰国进口的产品主要有"蔬菜及水果"（19.16%）、"有机化学品"（15.41%）、"金属矿砂"（13.51%）和"橡胶"（9.25%）。

四、中国海南省与印尼贸易状况

在古代，中国的丝绸、瓷器等通过海上丝绸之路运往东南亚，中国海南省和印尼正是这条贸易路线上的重要节点。

在全球化的背景下，对外贸易已经成为推动国家经济发展的重要动力。中国海南省和印尼作为两个具有丰富资源和潜力的地区，对外贸易发展对于两地的经济增长具有重要意义。

从地理位置上看，中国海南省位于中国南海沿岸，地处东南亚经济圈的核心位置，是连接中国与东南亚、南亚的重要门户。而印尼是东南亚最大的国家，是世界上人口第四多的国家，地理位置优越。这两个地区在地理上的优势为它们的对外贸易发展提供了良好的条件。

从资源禀赋来看，中国海南省和印尼都具有丰富的资源。海南省拥有得天独厚的旅游资源，如三亚、海口等旅游胜地吸引了大量游客。海南省还拥有丰富的热带水果资源，如椰子、菠萝等。印尼拥有世界上最多的火山岛群，矿产资源丰富，如石油、天然气、煤炭等。这些资源优势为两地的贸易提供了便利。

中国海南省和印尼的对外贸易结构存在一定的差异。近年来，随着海南自由贸易港的建立，海南省对外贸易逐渐多元化。印尼的对外贸易则以资源出口为主，如出口石油、天然气、煤炭等资源。这种差异使两地在对外贸易发展中面临不同的机遇与挑战。

在过去的十几年里，中国海南省与印尼在货物贸易领域的合作取得了丰硕的成果。双方在农产品、矿产资源、电子产品等多个领域开展了深入的合作。

（一）中国海南省与印尼贸易规模

在双方的共同努力下，中国海南省与印尼的进出口总额逐年攀升。2009—2022 年中国海南省与印尼进出口总额变化如图 4-25 所示。自 2009 年以来，双方的进出口总额增长了近 34 倍。这一增长速度远超过同期海南省对外贸易的平均增速，显示出中国海南省与印尼之间贸易合作的强劲势头。总的来看，2009—2022 年中国海南省与印尼的贸易有两个快速发展的阶段。第一个阶段出现在 2009—2013 年。在中国-东盟自由贸易区的带动下，中国海南省与印尼的进出口总额由 2009 年的 4380.95 万美元迅速增长到 2010 年的 19417.47 万美元，增幅超过 3 倍。之后每年保持一定的增速，2013 年中国海南省与印尼进出口总额达到 55501.82 万美元，完成第一个快速发展的阶段。第二个快速发展的阶段为 2017—2022 年。在此期间，中国海南省与印尼进出口总额从 2016 年的 20505.61 万美元稳步增长到 2020 年的 49178.64 万美元，年均增速保持在 25% 左

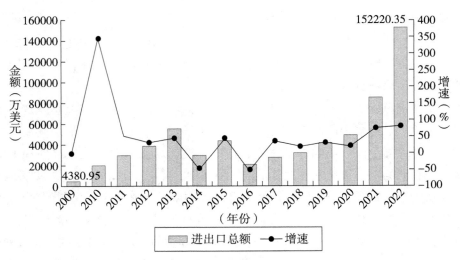

图 4-25 2009—2022 年中国海南省与印尼进出口总额变化
数据来源：中华人民共和国海口海关。

右。2021—2022 年，中国海南省与印尼进出口总额每年以 75% 左右的增速迅速拉升到 152220.35 万美元，这使印尼成为东盟成员国内第一个与海南省的贸易额突破 15 亿美元的国家，也使印尼成为海南省第四大贸易伙伴。

从出口来看，2009—2022 年，中国海南省对印尼的出口额经历了起起伏伏的变化。2009—2022 年中国海南省与印尼出口额变化如图 4-26 所示。

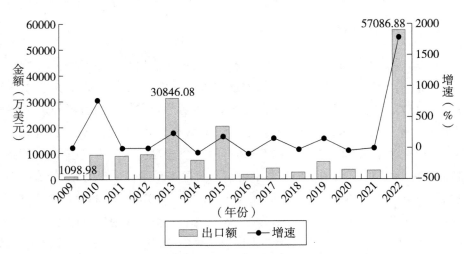

图 4-26 2009—2022 年中国海南省与印尼出口额变化
数据来源：中华人民共和国海口海关。

2009 年，中国海南省对印尼的出口额为 1098.98 万美元。2010 年，中国海南省对印尼的出口额增长了 758.6%，达到 9435.84 万美元。这样的增长速度令人瞩目，显示出中国海南省对印尼市场的高度重视和积极的开放态度。然而 2011 年，中国海南省对印尼的出口额下降了 6.7%，降至 8807.03 万美元。尽管 2012 年中国海南省对印尼的出口额有所回升，但增速已明显放缓，仅增加了 6.2%，达到 9355.59 万美元。到了 2013 年，中国海南省对印尼的出口额出现了显著的增长，达到 30846.08 万美元，同比增长 229.7%。2014 年，中国海南省对印尼的出口额再次大幅下滑，下降了 76.4%，降至 7284.97 万美元。2015 年，这一数字增至 20519.33 万美元，同比增长 181.7%，但在 2016 年又急剧下降至 1688.69 万美元，下降了 91.8%。这种剧烈的波动可能与市场需求、国际贸易环境等多种因素有关。2019 年，中国海南省对印尼的出口额再次大幅增长，达到 6759.26 万美元，同比增长 133.6%。2020 年，中国海南省对印尼的出口额下降至 3549.77 万美元，同比下降 46%；2021 年进一步降至 3059.82 万美元，同比下降了 16.2%。2022 年，中国海南省对印尼的出口额实现了爆发式增长，达到 57086.88 万美元，同比增长 1765.7%。这一增长率创下了历史新高，显示出中国海南省对印尼市场的开拓力度进一步加大，这也让印尼成为中国海南省在东盟中的第二大出口市场，仅次于越南。

从总体上看，中国海南省对印尼的出口额有增长的趋势。这说明中国海南省对印尼市场的重视和投入是持续的，也反映出印尼市场对中国海南省商品的需求是持续增长的。未来，中国海南省与印尼的贸易关系将进一步深化，贸易额将继续增长。

从进口来看，2009—2022 年，中国海南省与印尼之间的进口贸易关系呈现"增长—下降—增长"态势。

2009 年，中国海南省对印尼的进口额为 3281.97 万美元。在随后的几年里，中国海南省对印尼的进口额呈现快速增长的趋势，到 2012 年，中国海南省对印尼的进口额达到 29069.51 万美元，3 年平均增速为 117.2%。然而到了 2013 年，中国海南省对印尼的进口额出现了首次下滑，降到 24655.75 万美元，同比下降 15.2%。这一下滑趋势一直持续到 2016 年，年均降速为 13.4%。从 2017 年开始，中国海南省对印尼进口额再次得到快速增长，从 2017 年的 22817.46 万美元增长到 2022 年的 95133.47 万美元，年均增速高达 65.3%。经过多年发展，印尼已由 2009 年中国海南省在东盟内的第四大进口国上升为第一大进口国，也是中国海南省全球第五大进口来源地。总的来说，

2009—2022 年中国海南省对印尼的进口额虽然经历了增长、降低、再增长的波动，但总体上呈现出上升的趋势。2009—2022 年中国海南省与印尼进口额变化如图 4-27 所示。

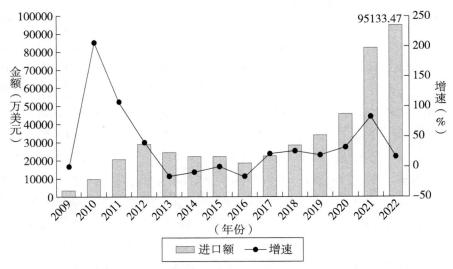

图 4-27　2009—2022 年中国海南省与印尼进口额变化
数据来源：中华人民共和国海口海关。

从贸易差额来看，2009—2022 年中国海南省与印尼的贸易基本为逆差。2009 年贸易逆差只有 2182.99 万美元，到 2012 年达到 19713.92 万美元。2013 年出现了少有的一次贸易顺差，为 6190.33 万美元。之后再次出现贸易逆差，且从 2015 年开始，贸易逆差逐年扩大，到 2021 年达到近年来贸易逆差顶点，接近 8 亿美元。尽管 2022 年的贸易逆差有所缩小，但仍保持在较大规模。2009—2022 年中国海南省与印尼贸易差额变化如图 4-28 所示。

（二）中国海南省与印尼贸易结构

印尼是农业大国，也是人口大国，在印尼从事农业的人口约占印尼总人口的 58%，因此初级产品在印尼的对外贸易中占有重要地位。如图 4-29 所示，2009—2022 年，中国海南省与印尼的贸易主要以初级产品为主，且大部分年份初级产品贸易比重远远大于工业制成品贸易比重。2009—2020 年，中国海南省与印尼初级产品贸易比重一直保持在 80% 以上，最高时达到 96.3%，在这段时间里，中国海南省对印尼的工业制成品贸易比重相对较低，最高仅

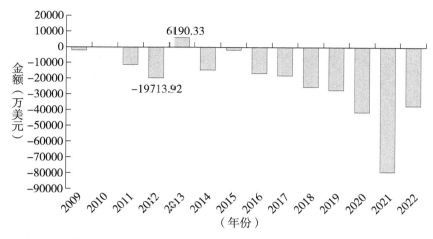

图 4-28　2009—2022 年中国海南省与印尼贸易差额变化
数据来源：中华人民共和国海口海关。

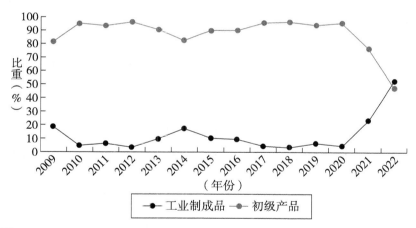

图 4-29　2009—2022 年中国海南省与印尼初级产品和工业制成品贸易比重变化
数据来源：中华人民共和国海口海关。

为 13.7%。这表明中国海南省对印尼的初级产品需求较大，也反映出印尼在初级产品方面的资源优势。然而，随着印尼产业结构的调整，工业制成品贸易比重不断提升，从 2021 年开始，中国海南省与印尼的初级产品贸易比重开始下降，而工业制成品贸易比重开始上升。到 2022 年，中国海南省对印尼的初级产品贸易比重已经降至 48.0%，而工业制成品贸易比重则升至 52.0%，这标志着中国海南省与印尼在工业制成品贸易方面的合作已经取得了重大突破。

具体来说，根据中华人民共和国海口海关的数据，2022 年中国海南省对印尼出口的主要是工业制成品，其比重为所有出口额的 94.13%，其中以"办公室用机械及自动数据处理设备"（22.86%）、"通用工业机械设备及零件"（20.15%）和"电力机械、装置、器具及其电气零件"（19.24%）为主；中国海南省从印尼进口的主要是初级产品，其比重为所有进口额的 74.86%，其中以"煤、焦炭及煤砖"（35.12%）和"纸浆及废纸"（18.77%）为主。

五、中国海南省与新加坡贸易状况

早在宋朝时期，中国海南省与新加坡就已经有了贸易往来。当时，新加坡还是一个名为"龙牙门"的小渔村。中国海南省与新加坡现代的贸易关系可以追溯到 20 世纪 90 年代。随着改革开放的深入推进，我国与新加坡的经济交流逐渐增多。作为我国的重要经济特区，中国海南省与新加坡的贸易往来日益密切，双方在农产品、电子产品、旅游业等领域开展了广泛的合作。随着时间的推移，新加坡逐渐发展壮大，成了东南亚地区的商业、金融、航运中心和世界一流自由贸易港。而海南省则在中国改革开放的大潮中，焕发出了新的活力，成为中国唯一的一个自由贸易港。

近年来，在"一带一路"倡议下，中国海南省国际贸易航线持续加密，再加上海南自由贸易港运输便利化、税收优惠政策红利的释放，不断吸引着不同国家和地区的企业和船舶在此聚集。2022 年 3 月，新加坡全球能源国际有限公司"马跃"轮落户洋浦，成为入籍"中国洋浦港"的第一艘外资企业拥有的国际船舶。新加坡龙头物流企业 CWT 集团也乘着海南自由贸易港的东风布局海南省，于 2022 年 9 月在海南省儋州洋浦设立了海南迅通国际物流有限公司，开展大宗商品进出口以及国内贸易业务。

（一）中国海南省与新加坡贸易规模

新加坡一直以来都是海南省重要且稳定的贸易伙伴之一。在过去的十多年中，中国海南省与新加坡的进出口贸易起起伏伏。2009—2022 年，两地的进出口总额增长了 7.6 倍。

2009 年，中国海南省与新加坡的进出口总额为 5849.28 万美元。中国-东盟自由贸易区建成后，2010 年两地进出口总额迅猛提升到 34477.98 万美元，增长了 489.4%。然而，2011 年，两地进出口总额大幅回落，降至 12944.88

万美元，降幅达 62.5%。2012—2015 年，两地进出口总额迎来较为稳定的增长时期，年均增长率接近 50%，于 2015 年达到 48268.22 万美元。2016 年，两地进出口总额再次大幅回落，降至 25241.52 万美元，同比下降 47.7%。2017—2019 年再次恢复增长态势，尤其是 2019 年中国海南省与新加坡进出口总额达到 110798.87 万美元，创近年历史之最，这也使新加坡成为东盟成员国内海南省第一大贸易伙伴。2020 年受新冠疫情影响，两地进出口总额直接降到 53131.18 万美元。2021—2022 年，中国海南省与新加坡的进出口总额虽然起色不明显，但显示出两地之间的贸易关系正在逐步恢复。2009—2022 年中国海南省与新加坡进出口总额变化如图 4-30 所示。

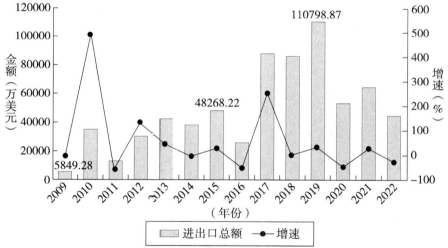

图 4-30 2009—2022 年中国海南省与新加坡进出口总额变化

数据来源：中华人民共和国海口海关。

从出口和进口来看，2009—2022 年中国海南省对新加坡的出口额、进口额的发展态势与进出口总额的发展态势基本相同。2009—2022 年中国海南省与新加坡的出口额变化和进口额变化分别如图 4-31、图 4-32 所示。

2009—2022 年中国海南省与新加坡贸易差额变化如图 4-33 所示。2009—2022 年，除了 2011 年和 2016 年出现少量的贸易逆差，其他年份中国海南省与新加坡的贸易基本为顺差，且大部分时间顺差超过 2 亿美元。

（二）中国海南省与新加坡贸易结构

中国海南省与新加坡贸易结构长期以来主要以初级产品为主。2009—

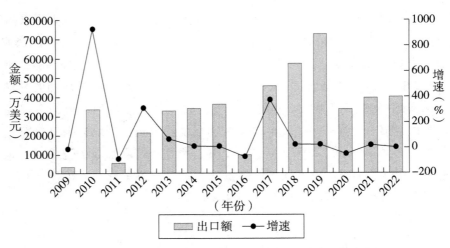

图4-31　2009—2022年中国海南省与新加坡出口额变化
数据来源：中华人民共和国海口海关。

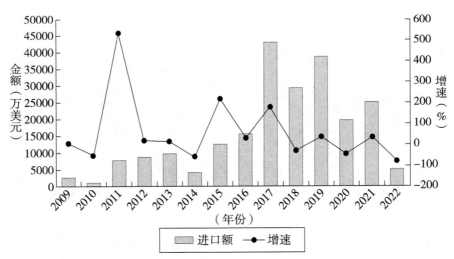

图4-32　2009—2022年中国海南省与新加坡进口额变化
数据来源：中华人民共和国海口海关。

2022年中国海南省与新加坡初级产品和工业制成品贸易比重变化如图4-34所示。除了在2009年工业制成品比重超过初级产品比重，其他年份均为初级产品占据绝对优势，特别是在2010—2015年，初级产品比重高达80%，甚至更多。虽然自2016年以来，初级产品与工业制成品之间的贸易比重差距有所缩小，但两者之间的差距仍然显著。

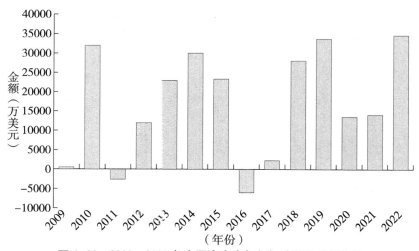

图4-33　2009—2022年中国海南省与新加坡贸易差额变化
数据来源：中华人民共和国海口海关。

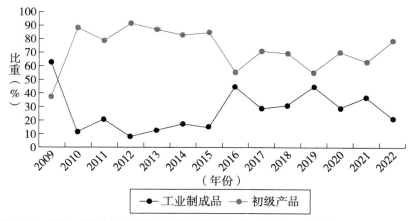

图4-34　2009—2022年中国海南省与新加坡初级产品和工业制成品贸易比重变化
数据来源：中华人民共和国海口海关。

　　在具体产品层面，中国海南省与新加坡的主要贸易产品有矿物燃料、润滑油及有关原料，以及工业制成品中的化学品及相关产品，机械及运输设备等。以2022年为例，中国海南省向新加坡出口的主要产品为石油、石油产品及有关原料，占比高达80.45%；中国海南省从新加坡进口的主要产品包括石油、石油产品及有关原料（45.36%）、有机化学品（20.7%）以及专业、科学及控制用的仪器和设备（10.32%）。这些数据进一步印证了新加坡作为全

175

球主要的炼油基地和石油贸易枢纽的重要地位。这种以初级产品为主的贸易结构反映了新加坡与中国海南省之间资源互补的紧密关系。尽管近年来工业制成品在双方贸易中的比重有所上升，但初级产品仍占主导地位，表明双方在能源、原材料等领域的合作具有坚实的基础和广阔的前景。同时，这种贸易结构也为双方的企业提供了更多机遇和挑战，促进了技术交流和产业升级。

六、中国海南省与文莱贸易状况

中国和文莱于 1991 年 9 月 30 日建立外交关系。由于与中国建交时间较晚，且自身国土面积小、人口少、产业结构极为单一等，文莱与中国海南省经贸关系比较疏远，进出口总额时常居于东盟成员国的末位。

（一）中国海南省与文莱贸易规模

自 2010 年中国-东盟自由贸易区全面建成后，中国海南省与文莱的贸易关系得到了较快的发展，双方贸易额逐步扩大。2009—2022 年中国海南省与文莱进出口总额变化如图 4-35 所示。2009 年中国海南省与文莱进出口总额仅有 6.3 万美元。2010 年中国海南省与文莱进出口总额突破百位数，提升到 175.47 万美元，增长近 27 倍。2016 年突破千位数，达到 5626.5 万美元。2020 年突破万位数，达到 21667.19 万美元，甚至在 2022 年达到 44916.49 万美元，比 2020 年翻了一番，使文莱成为东盟成员国内中国海南省的第五大贸易伙伴。从中可以看出，虽然 2009—2022 年中国海南省与文莱贸易发展存在起伏，但总体呈现几年一个台阶的跃升，且近十几年，进出口总额的年均增速在东盟成员国内位居第一，双方贸易潜力较大。

从出口来看，中国海南省对文莱的出口主要集中在 2010—2014 年，出口额在 100 万~450 万美元，其他年份的出口额都不足 50 万美元。2009—2022 年中国海南省与文莱出口额变化如图 4-36 所示。由于文莱市场较小，中国海南省对文莱的出口规模不大。

从进口来看，中国海南省从文莱进口主要发生在 2020 年以后，进口额为 15000 万~45000 万美元。2009—2022 年中国海南省与文莱进口额变化如图 4-37 所示。14 年来，文莱发展成为中国海南省第四大进口市场，是中国海南省与东盟成员国进口贸易年均增速最快的国家。

从贸易差额来看，2009—2015 年，中国海南省与文莱双方贸易基本保持平

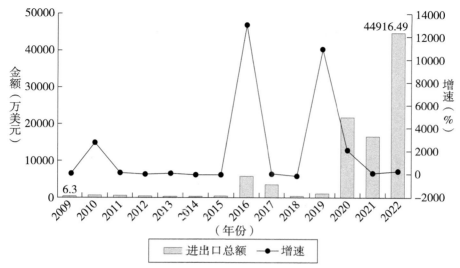

图 4-35　2009—2022 年中国海南省与文莱进出口总额变化
数据来源：中华人民共和国海口海关。

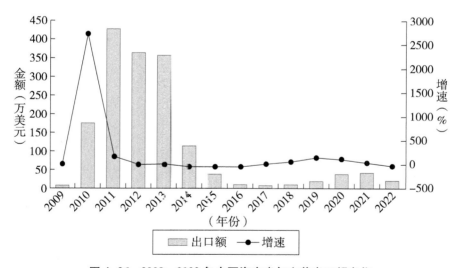

图 4-36　2009—2022 年中国海南省与文莱出口额变化
数据来源：中华人民共和国海口海关。

衡，中国海南省保持微弱的贸易顺差，顺差额度在 500 万美元以下；2016—2022 年（除 2018 年）海南省出现贸易逆差，且在 2022 年逆差达到 44876.71 万美元。2009—2022 年中国海南省与文莱贸易差额变化如图 4-38 所示。

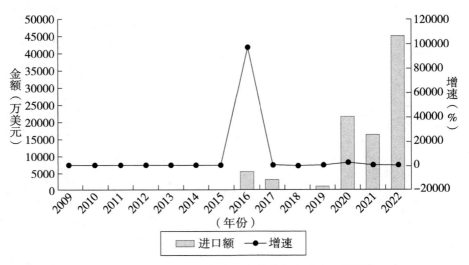

图 4-37　2009—2022 年中国海南省与文莱进口额变化

数据来源：中华人民共和国海口海关。

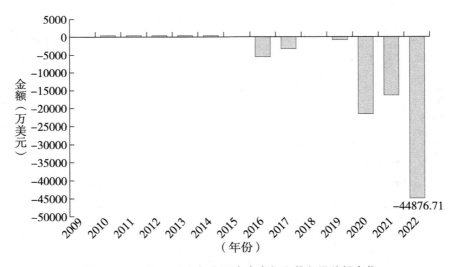

图 4-38　2009—2022 年中国海南省与文莱贸易差额变化

数据来源：中华人民共和国海口海关。

（二）中国海南省与文莱贸易结构

2009—2022 年中国海南省与文莱初级产品和工业制成品贸易比重变化如图 4-39 所示。中国海南省与文莱贸易结构较为单一和集中，2009—2015 年和 2018—2022 年都以工业制成品为主，其比重基本为 100%，而 2016—2017 年则全是初级产品。由于文莱是东南亚重要的石油和天然气生产国，其工业基础薄弱，产业结构较为单一，因此中国海南省与文莱不但进出口总额较小，而且贸易结构较为单一和集中。2009—2015 年和 2018—2022 年中国海南省出口到文莱的工业制成品集中在"杂项制品"和"机械及运输设备"，如服装、塑料制品以及办公设备器材等。2016—2017 年文莱出口到中国海南省的产品基本是天然气和有机化学品。

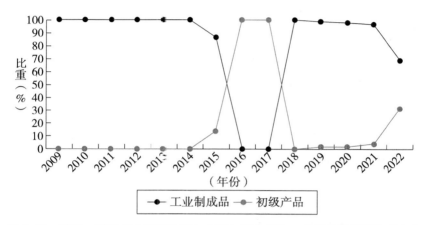

图 4-39　2009—2022 年中国海南省与文莱初级产品和工业制成品贸易比重变化
数据来源：中华人民共和国海口海关。

七、中国海南省与越南贸易状况

中国海南省与越南地理位置相近，两地交往历史源远流长。越南是东盟成员国中与中国海南省距离最近的国家，两地的贸易关系早在宋元时期便已开启，贸易产品以农产品如占域稻、小粒花生等为主。明清时期，中国海南省成为越南朝贡的必经之地，双方贸易规模逐渐扩大，贸易产品涵盖了如大米、槟榔、番薯、玉米、胡椒、香料等。进入 19 世纪，中国海南省与越南南部的贸易交往更为频繁，每年约有 25 艘次船只往返于两地之间，船舶吨位多在 100~150 吨。

然而，中华人民共和国成立后，受国际政治环境及海南省内部经济状况的影响，中国海南省与越南的贸易活动逐步减少，局限于零星的农产品交易。改革开放为中国海南省与越南的贸易带来了新的契机。至 2000 年，中国海南省与越南的边境小额贸易额为 8000 多万美元，展现出两地经济合作的巨大潜力和广阔前景。

2008 年 10 月时任越南总理访问海南省，就中国海南省与越南工贸部建立高层互访机制，推动中国海南省与越南各个省份开展经贸合作达成共识。后来双方签署《越南工贸部与海南省关于加强双方经贸合作协议》。2023 年 2 月，时任海南省委书记出访越南，并与时任越南工贸部部长会见，双方就在海南省海口市设立越南贸易促进办公室、促进越南新鲜柚子等农产品对海南省和中国其他地区出口等问题交换了意见。同时，海南自由贸易港推介会在越南胡志明市举行，海南省与越南在农产品、金属、汽车、钢材等领域达成 19 个合作项目的签约，签约金额超过 30 亿元人民币。

（一）中国海南省与越南贸易规模

越南一直以来都是海南省的重要贸易伙伴。2009 年中国海南省与越南进出口总额为 18823.31 万美元，位居东盟成员国第二，仅次于马来西亚。受中国-东盟自由贸易区的影响，2010—2014 年，中国海南省与越南贸易进出口总额逐步上升，到 2014 年达到 132744.49 万美元，年均增长 53.2%。2015—2016 年受国际经济下行压力和整体外贸形势不好的影响，中国海南省与越南的进出口总额连续下滑，到 2016 年只有 38448.96 万美元，成为 2010 年以来的低谷。2017 年开始复苏，从 44594.65 万美元逐步增长到 2022 年的 135322.06 万美元，恢复到 2014 年的水平，这也使越南成为东盟成员中国海南省的第二大贸易伙伴。这说明中国海南省与越南的贸易关系韧性十足。2009—2022 年中国海南省与越南进出口总额变化如图 4-40 所示。

从出口来看，2009 年中国海南省对越南出口额只有 2574.35 万美元。2010 年同比增长约 124.4%，增至 5775.69 万美元，之后 3 年基本保持 30% 的增速，实现稳步增长。到 2014 年，中国海南省对越南出口大增，增长至 71775.56 万美元，使越南成为中国海南省在东盟成员国内最大的出口市场。2015 年中国海南省对越南的出口额开始下滑，到 2016 年下滑到 5688.77 万美元。2019 年，中国海南省对越南的出口额再次回到 55000 万美元以上，虽然 2021 年出现下滑，但掩盖不了中国海南省对越南出口上升的大趋势。2022 年，越南再次成为中国海南省在东盟成员国内最大的出口市场。2009—2022 年中国海南省与越南出口额变化如图 4-41 所示。

跟出口相比，2009—2022 年中国海南省与越南的进口贸易发展较为稳定，进口额大部分时间保持在 30000 万美元以上。2009—2022 年中国海南省与越

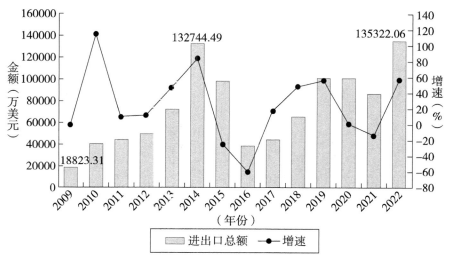

图 4-40　2009—2022 年中国海南省与越南进出口总额变化

数据来源：中华人民共和国海口海关。

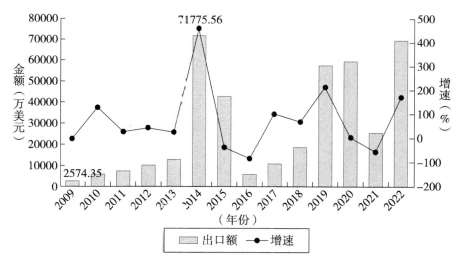

图 4-41　2009—2022 年中国海南省与越南出口额变化

数据来源：中华人民共和国海口海关。

南进口额变化如图 4-42 所示。2009—2022 年越南始终在东盟成员国内居中国海南省进口来源地的前两位，是中国海南省重要的进口货物来源地。

从贸易差额来看，2009—2002 年中国海南省对越南的贸易在多数年份为逆差。2009 年贸易逆差为 13674.61 万美元，之后的 3 年贸易逆差均接近

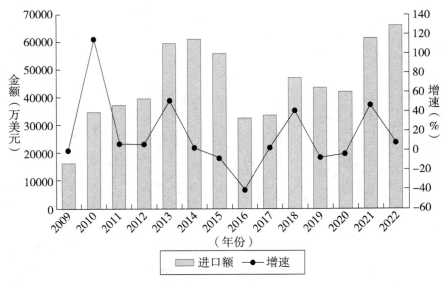

图4-42 2009—2022年中国海南省与越南进口额变化
数据来源：中华人民共和国海口海关。

30000万美元。2013年，贸易逆差为46625.25万美元，约是2009年的3.4倍。2014年，中国海南省与越南的贸易出现了10806.62万美元的顺差。2015—2018年再次恢复到贸易逆差。在海南自由贸易港的影响下，中国海南省加大对越南的出口力度，2019—2022年中国海南省对越南的贸易中有3年顺差。这说明，中国海南省对越南的贸易依赖度总体要强于越南对中国海南省的贸易依赖度。2009—2022年中国海南省与越南贸易差额变化如图4-43所示。

（二）中国海南省与越南贸易结构

2009—2022年中国海南省与越南初级产品和工业制成品贸易比重变化如图4-44所示。2009—2022年中国海南省与越南的贸易一直都是初级产品比重远大于工业制成品比重，尤其在2009—2017年，中国海南省与越南贸易中初级产品比重在80%以上。2020—2021年，中国海南省与越南贸易结构有所变化，初级产品比重有所下降，工业制成品比重有所上升，初级产品比重降到60%左右，工业制成品比重提高至近40%。这说明两地贸易结构在逐步调整和优化，产业分工越来越细，产业内贸易进一步发展。

中国海南省与越南贸易的产品较为多元，主要有"矿物燃料、润滑油及

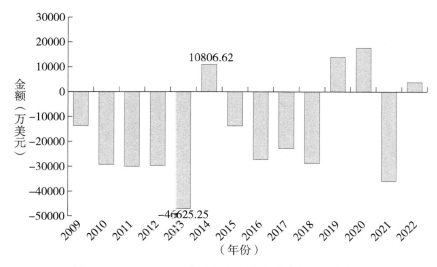

图 4-43　2009—2022 年中国海南省与越南贸易差额变化
数据来源：中华人民共和国海口海关。

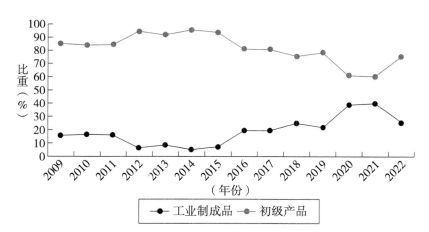

图 4-44　2009—2022 年中国海南省与越南初级产品和工业制成品贸易比重变化
数据来源：中华人民共和国海口海关。

有关原料""食品及活动物""非食用原料（燃料除外）""化学品及相关产品""按原料分类的制成品"和"杂项制品"。以 2022 年的出口和进口数据来看，中国海南省对越南出口的产品主要是"石油及石油产品"（60.42%）和"煤矿"（11.68%）等，而从越南进口的产品主要为"木材"（60.62%）、"水果"（9.29%）、"有机化学品"（8.27%）和"水泥"（6.89%）等。

八、中国海南省与老挝贸易状况

老挝是亚洲较为落后的国家，产业结构以农业与旅游业为主，且其不是沿海国家，与中国海南省的经贸关系并不密切。随着中国-东盟自由贸易区的建成、"一带一路"倡议的提出以及海南自由贸易港的建设，中国海南省与老挝的贸易关系得到了一定的发展。

（一）中国海南省与老挝贸易规模

2009—2022 年中国海南省与老挝进出口总额变化如图 4-45 所示。2009 年中国海南省与老挝进出口总额只有 240 万美元。2010—2018 年，进出口总额稍有起伏，但未超过 2009 年的水平，甚至在 2014—2016 年不足 10 万美元。2019 年，中国海南省与老挝的贸易迎来第一次爆发，进出口总额达到 5178.95 万美元。之后的 2 年再次下滑，但稍高于 2009 年的水平。2022 年，中国海南省与老挝的贸易迎来第二次爆发，达到近 14 年来的最高点——8753.57 万美元。由此可以看出，中国海南省与老挝的贸易虽然有了一定的发展，但总体贸易规模不大，不够稳定。

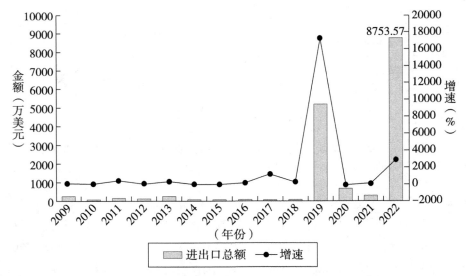

图 4-45　2009—2022 年中国海南省与老挝进出口总额变化

数据来源：中华人民共和国海口海关。

从出口来看，2009—2019 年中国海南省出口老挝的金额极少，不超过 200 万美元，甚至 2009 年和 2016 年两年全年都没有出口。2022 年，中国海南省对老挝出口额增长至 8523.67 万美元，约占中国海南省与老挝当年进出口总额的 97.4%。2009—2022 年中国海南省与老挝出口额变化如图 4-46 所示。

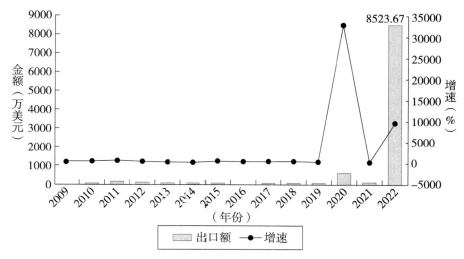

图 4-46　2009—2022 年中国海南省与老挝出口额变化
数据来源：中华人民共和国海口海关。

进口方面，2009—2022 年大部分年份海南省从老挝进口额极少，甚至 2011—2012 年没有进口。只有在 2019 年中国海南省对老挝进口额大幅增至 5177.04 万美元，几乎是当年进出口总额的 100%。

2009—2022 年中国海南省与老挝进口额变化如图 4-47 所示。由此可以看出，在中国海南省与老挝的贸易中，进出口极不平衡。从增速来看，老挝已成为中国海南省在东盟成员区内出口年均增速最快和进口年均增速第二的国家。

（二）中国海南省与老挝贸易结构

正如双方贸易发展趋势一样，中国海南省与老挝的贸易结构也极不稳定。2009—2022 年中国海南省与老挝初级产品和工业制成品贸易比重变化如图 4-48 所示。2009—2022 年，初级产品比重与工业制成品比重交替变换，2010—2012 年、2015—2016 年、2020 年和 2022 年工业制成品比重大于初级产品比重，其他年份则相反。从具体产品来看，近十几年中国海南省出口到老挝最

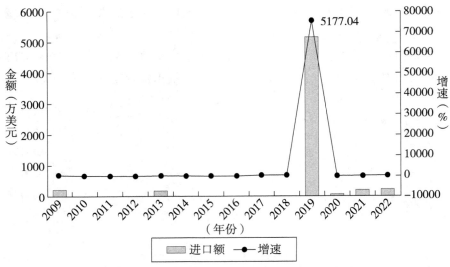

图 4-47　2009—2022 年中国海南省与老挝进口额变化
数据来源：中华人民共和国海口海关。

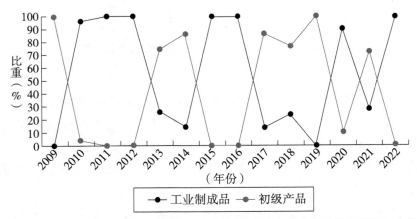

图 4-48　2009—2022 年中国海南省与老挝初级产品和工业制成品贸易比重变化
数据来源：中华人民共和国海口海关。

多的产品是机械及运输设备、化学品和服装等，而进口的主要产品是食品、
木材和淀粉等。

九、中国海南省与缅甸贸易状况

长久以来，中国海南省与缅甸的贸易往来并不密切，主要是通过古代海

上丝绸之路开展过零星贸易。进入 21 世纪后，2018 年中国海南省三亚市与缅甸确定了长期稳定的农业合作关系，助力两地农业技术和农产品贸易的发展。中远海运集装箱运输有限公司于 2019 年 6 月开通的海南省洋浦港到缅甸仰光的货运航线，为中国海南省与缅甸之间的贸易往来增添了快速发展的"羽翼"。

（一）中国海南省与缅甸贸易规模

中国海南省与缅甸的贸易总体规模不大。2009—2022 年中国海南省与缅甸进出口总额变化如图 4-49 所示。2009 年中国海南省与缅甸进出口总额为 100.44 万美元，之后以年均 124.4% 的增速快速增长到 2013 年的 1814.63 万美元。虽然 2014—2015 年略有下滑，但从 2017 年开始以年均 50% 左右的增速增长到 2020 年的 7188.13 万美元，达到近十几年中国海南省与缅甸进出口总额的最高峰。2021—2022 年再次下滑，但仍然有 4000 万美元以上的进出口总额。由此说明，中国海南省与缅甸的贸易虽然略有波折，但总体保持了向上的发展趋势。

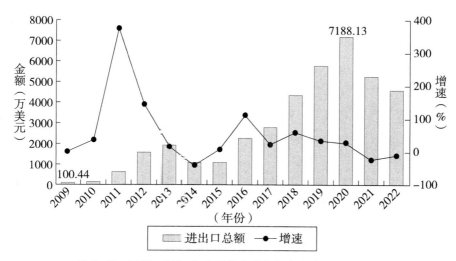

图 4-49 2009—2022 年中国海南省与缅甸进出口总额变化

数据来源：中华人民共和国海口海关。

从出口来看，2009—2022 年中国海南省对缅甸出口额基本保持增长态势。2009—2022 年中国海南省与缅甸出口额变化如图 4-50 所示。中国海南省对缅甸出口额从 2009 年的不足 100 万美元，逐步增长到 2020 年的 5517.11 万美元高点，增长了约 54 倍。这说明在中国-东盟自由贸易区形成后，中国海南省越来越重视开发缅甸的外贸市场，中国海南省与缅甸的贸易进入一个良性发展阶段。

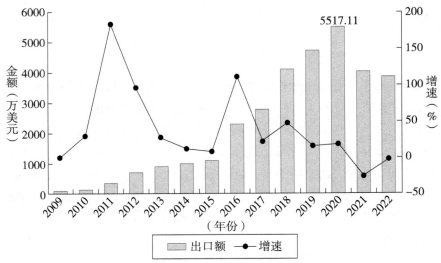

图 4-50　2009—2022 年中国海南省与缅甸出口额变化

数据来源：中华人民共和国海口海关。

从进口来看，2009—2022 年中国海南省从缅甸进口的情况总体波动较大。2009—2010 年进口额不足 10 万美元，但 2011—2013 年进口额有大幅增长。2014—2017 年断崖式下滑到 10 万美元以下，2018—2020 年再次飙升，在 2020 年达到近年最高峰——1671.03 万美元。2009—2022 年中国海南省与缅甸进口额变化如图 4-51 所示。

从贸易差额来看，除 2012 年和 2013 年略有逆差外，2009—2022 年中国海南省对缅甸保持贸易顺差。2009—2011 年贸易顺差不大，在 100 万美元左右，但 2014—2022 年受中国海南省加大对缅甸市场开发力度的影响，贸易顺差迅速扩大到 1000 万美元以上。2009—2022 年中国海南省与缅甸贸易差额变化如图 4-52 所示。

（二）中国海南省与缅甸贸易结构

2009—2022 年，中国海南省与缅甸贸易结构主要以工业制成品为主，且呈现"剪刀"式发展趋势。2009—2022 年中国海南省与缅甸初级产品和工业

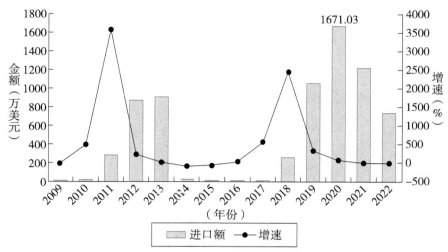

图 4-51 2009—2022 年中国海南省与缅甸进口额变化
数据来源：中华人民共和国海口海关。

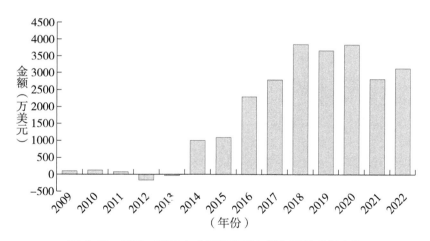

图 4-52 2009—2022 年中国海南省与缅甸贸易差额变化
数据来源：中华人民共和国海口海关。

制成品贸易比重变化如图 4-53 所示。2009—2011 年，中国海南省与缅甸贸易中工业制成品比重高于初级产品比重，两者的差距逐步呈现缩小趋势。2012年初级产品比重首次超过工业制成品比重，但之后工业制成品再次成为中国海南省与缅甸双方贸易的主要产品，甚至在 2014—2017 年的贸易中几乎完全是工业制成品贸易。

中国海南省与缅甸贸易结构较为单一。以 2022 年数据为例，中国海南省

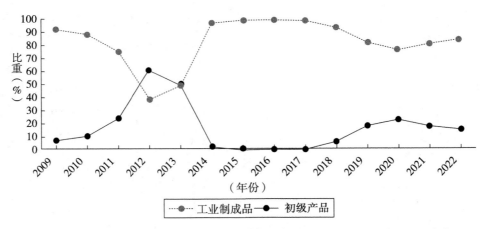

图 4-53　2009—2022 年中国海南省与缅甸初级产品和工业制成品贸易比重变化
数据来源：中华人民共和国海口海关。

对缅甸出口的产品主要为"塑料"（68.02%）、"纸及纸板"（10.61%）等工业制成品，从缅甸进口的产品主要为"橡胶"（49.4%）和"大米"（31.25%）等初级产品。

十、中国海南省与柬埔寨贸易状况

（一）中国海南省与柬埔寨贸易规模

柬埔寨是东盟成员国中经济发展较为落后的国家之一，与中国海南省的贸易规模并不大。2009—2022 年中国海南省与柬埔寨进出口总额变化如图 4-54 所示。2009 年中国海南省与柬埔寨进出口总额只有 543.32 万美元。2011 年增长到 1408.74 万美元，2012 年开始下滑，到 2015 年下降到不足 278 万美元，只有 2009 年的一半左右。2017—2019 年，在经历一次翻越高山似的起伏后，双方贸易逐步进入发展快车道，在 2021 年和 2022 年分别达到 4503.53 万美元和 3756.04 万美元。虽然近几年中国海南省与柬埔寨的贸易规模有了较大的发展，但年均增速只有 42.95%，而且 2022 年双方贸易规模在东盟成员国内垫底。

从出口来看，2009—2022 年中国海南省对柬埔寨出口额主要有三波增长趋势。第一波是 2009—2013 年，出口额从 10.8 万美元增长到 780.55 万美元；第二波是 2015—2017 年，出口额从 220.59 万美元增长到 1935.54 万美元；第三波是 2019—2021 年，出口额从 239.8 万美元增长到 3699.20 万

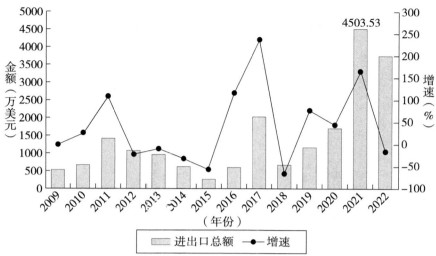

图 4-54　2009—2022 年中国海南省与柬埔寨进出口总额变化

数据来源：中华人民共和国海口海关。

美元。每波增长之间都有一两年的调整期，2022 年再次进入新的调整期。相信在海南自由贸易港不断发展的背景下，中国海南省与柬埔寨的出口额会迎来更大的一波增长。2009—2022 年中国海南省与柬埔寨出口额变化如图 4-55 所示。

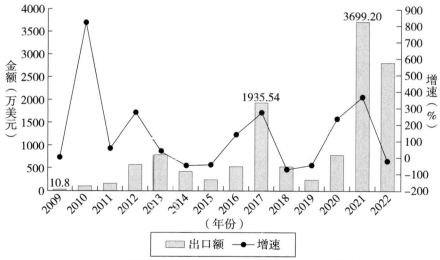

图 4-55　2009—2022 年中国海南省与柬埔寨出口额变化

数据来源：中华人民共和国海口海关。

2009—2022 年中国海南省与柬埔寨进口额变化如图 4-56 所示。从进口来看，2009—2012 年中国海南省与柬埔寨的进口额保持在 500 万美元以上的高位，而 2013—2018 年则基本处在 200 万美元以下的低位，2019—2022 年中国海南省与柬埔寨的进口额再次上扬到 800 万美元以上的新高位。

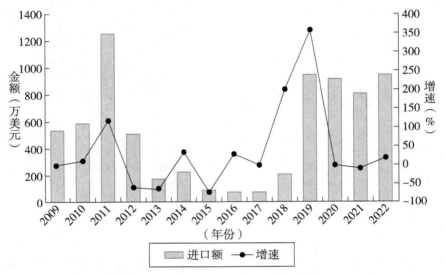

图 4-56　2009—2022 年中国海南省与柬埔寨进口额变化
数据来源：中华人民共和国海口海关。

从贸易差额来看，2009—2022 年，中国海南省与柬埔寨贸易顺差的年份居多，如图 4-57 所示。2009—2011 年和 2019—2020 年，中国海南省对柬埔寨是贸易逆差，逆差额最大为 1099.43 万美元，而其他年份都是贸易顺差，顺差额最大为 2894.89 万美元。

（二）中国海南省与柬埔寨贸易结构

2009—2022 年中国海南省与柬埔寨贸易结构呈现"蛙"形发展走势。"蛙腿"（2009—2011 年）部分，中国海南省与柬埔寨贸易中初级产品比重大于工业制成品比重，"蛙身"（2012—2020 年）部分，除了 2017 年，工业制成品比重大于初级产品比重，而到了"蛙头"（2021—2022 年）部分，再次出现初级产品比重大于工业制成品比重的现象。从具体产品来看，虽然每年中国海南省与柬埔寨贸易的产品不太固定，但仍然主要集中在食品、石油、塑料制品、纸及纸板、服装及家用电器等。2009—2022

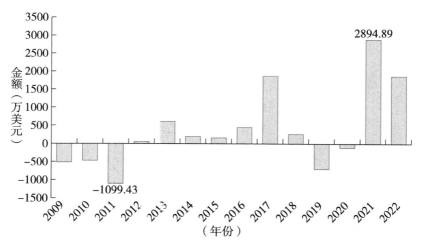

图4-57　2009—2022年中国海南省与柬埔寨贸易差额变化
数据来源：中华人民共和国海口海关。

年中国海南省与柬埔寨初级产品和工业制成品贸易比重变化如图4-58所示。

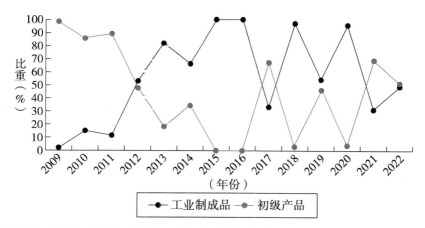

图4-58　2009—2022年中国海南省与柬埔寨初级产品和工业制成品贸易比重变化
数据来源：中华人民共和国海口海关。

第五章　海南省与东盟十国贸易竞争力实证分析

随着 CAFTA 建设的推进，中国海南省与东盟十国的贸易便利化程度不断提高，双方贸易规模发展迅速。为了深入研究和分析中国海南省与东盟十国在国际市场中竞争力的差异，本章通过引入竞争力指数，对中国海南省与东盟十国的贸易竞争力进行实证研究，以此分析不同国家和地区贸易竞争力差异，为后续的政策研究提供基础。

第一节　贸易竞争优势指数测算

一、贸易竞争优势指数介绍

（一）贸易竞争优势指数

贸易竞争优势指数（以下简称 TC 指数）是指一国进出口的贸易差额占其进出口总额的比重，用来说明一国贸易在国际市场上是否具有竞争力。在国际贸易中，通常用 TC 指数来度量一国在国际贸易中的整体竞争优势，其计算公式如下：

$$TC = \frac{X_a - M_a}{X_a + M_a} \qquad (5-1)$$

在式（5-1）中，X_a 为 a 国出口额，M_a 为 a 国进口额，$X_a - M_a$ 表示 a 国净出口额，$X_a + M_a$ 表示 a 国进出口总额。该指数的取值范围为 [-1, 1]，若 TC 指数大于 0，则表示该国在国际市场上具有竞争力，越接近 1，竞争力越强；若 TC 指数小于 0，则表示该国在国际市场上不具备竞争力，越接近 -1，竞争力越弱；若 TC 指数等于 0，则表示此类产品为产业内贸易，竞争力与国际水平相当。

（二）贸易竞争优势指数的发展

随着研究的深入，越来越多的学者将 TC 指数用于测度某一类产品的贸易竞争优势，并将 TC 指数的计算公式发展为：

$$TC = \frac{X_{ai} - M_{ai}}{X_{ai} + M_{ai}} \tag{5-2}$$

在式（5-2）中，X_{ai} 为 a 国 i 产品出口额，M_{ai} 为 a 国 i 产品进口额，$X_{ai} - M_{ai}$ 表示 a 国 i 产品净出口额，$X_{ai} + M_{ai}$ 表示 a 国 i 产品进出口总额。该指数的取值范围为 [-1, 1]，若 TC 指数大于 0 且越接近 1，则表示该产品在市场上竞争力越强；若 TC 指数小于 0 且越接近 -1，则表示该产品在市场上的竞争力越弱；若 TC 指数等于 0，则表示比产品为产业内贸易，竞争力与国际水平相当。同时，TC 指数处于（-1, -0.6）时，表明该国该产品的生产效率低下，该产品具有极大的竞争劣势，该国是该产品的净进口国；TC 指数处于 [-0.6, -0.3）时，表明该国该产品具有较大的竞争劣势；TC 指数处于 [-0.3, 0）时，表明该国该产品具有较小的竞争劣势，该国该产品在国际市场上的市场份额较低；TC 指数处于（0, 0.3] 时，表明该国该产品具有较小的竞争优势；TC 指数处于（0.3, 0.6] 时，表明该国该产品具有较大的竞争优势；TC 指数处于（0.6, 1）时，表明该国该产品具有极大的竞争优势，该国该产品的生产效率超过了世界水平。

二、中国海南省和东盟十国整体 TC 指数分析

为了准确测度中国海南省和东盟十国在国际市场上的贸易竞争优势，笔者查找了《海南统计年鉴》和 UN Comtrade 数据库，确定了 2013—2022 年中国海南省和东盟十国的进出口数据（菲律宾数据部分缺失），并结合式（5-1）计算了 TC 指数。

2013—2022 年中国海南省和东盟十国 TC 指数如表 5-1 所示。2013—2022 年，文莱、马来西亚、新加坡的 TC 指数始终大于 0，说明这 3 个国家在国际贸易中具有竞争优势。2013—2022 年，泰国、印尼、老挝和越南的 TC 指数虽有浮动但接近 0，说明这 4 个国家在国际贸易中的竞争力与国际水平相当。柬埔寨、菲律宾和海南省的 TC 指数始终小于 0，说明这 3 个国家和地区在国际市场中存在竞争劣势。柬埔寨、菲律宾和缅甸的 TC 指数大部分为负数但大于

-0.3，说明这 3 个国家具有较小的竞争劣势。海南省的 TC 指数大部分低于-0.3，且个别年份低于-0.6，说明该地区整体生产效率低下，贸易竞争劣势明显。

表 5-1　　　　　2013—2022 年中国海南省和东盟十国 TC 指数

年份	中国海南省	马来西亚	柬埔寨	新加坡	菲律宾	泰国	印尼	老挝	文莱	缅甸	越南
2013	-0.51	0.05	-0.11	0.04	—	-0.05	-0.01	-0.09	0.52	-0.02	0.00
2014	-0.44	0.06	-0.17	0.05	—	0.00	-0.01	-0.27	0.49	-0.17	0.01
2015	-0.47	0.06	-0.11	0.07	—	0.03	0.03	-0.12	0.33	-0.19	-0.01
2016	-0.63	0.06	-0.10	0.07	—	0.05	0.03	-0.14	0.29	-0.15	0.00
2017	-0.09	0.06	-0.12	0.06	-0.19	0.03	0.04	-0.02	0.29	-0.16	0.00
2018	-0.30	0.07	-0.16	0.05	-0.26	0.01	-0.02	-0.00	0.22	-0.07	0.01
2019	-0.24	0.08	-0.16	0.04	-0.25	0.04	-0.01	0.00	0.16	-0.01	0.02
2020	-0.42	0.10	-0.04	0.06	-0.19	0.05	0.07	0.01	0.11	-0.03	0.04
2021	-0.55	0.11	-0.24	0.06	-0.25	0.00	0.08	0.10	0.13	0.03	0.01
2022	-0.28	0.09	-0.19	0.04	-0.30	-0.04	0.10	0.10	0.22	-0.01	-0.13

2013—2022 年中国海南省和东盟十国 TC 指数变化如图 5-1 所示。中国海南省和东盟十国在国际贸易中的竞争优势整体较小。总体而言，文莱的贸易竞争优势最明显，且自 2020 年后 TC 指数有小幅增加；中国海南省竞争劣势最明显，且 TC 指数波动较大；其他国家的 TC 指数波动不明显。

三、中国海南省和东盟十国各类产品 TC 指数

为了准确测度中国海南省与东盟十国各类产品的贸易竞争优势，本部分采用《国际贸易标准分类》（参见表 4-7），并分别计算每一类产品的 TC 指数。

（一）SITC-0 产品 TC 指数分析

SITC-0 产品为食品及活动物。通过《海南统计年鉴》及 UN Comtrade 数据库中中国海南省和东盟十国 SITC-0 产品的进出口数据，结合式（5-2）可以计算出中国海南省和东盟十国 SITC-0 产品 TC 指数。

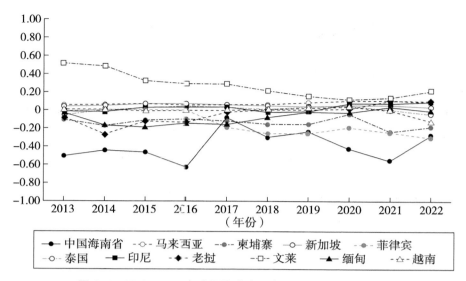

图 5-1　2013—2022 年中国海南省和东盟十国 TC 指数变化

2013—2022 年中国海南省和东盟十国 SITC-0 产品 TC 指数如表 5-2 所示。2013—2022 年，中国海南省、泰国、老挝、缅甸和越南 SITC-0 产品的 TC 指数大部分大于 0，说明它们在 SITC-0 产品贸易中具有竞争优势，特别是泰国和缅甸的 TC 指数均值大于 0.4，SITC-0 产品贸易竞争优势明显。马来西亚、柬埔寨、菲律宾、印尼和文莱 SITC-0 产品的 TC 指数大部分小于 0，说明它们在 SITC-0 产品贸易中存在竞争劣势，其中文莱、菲律宾竞争劣势明显，特别是文莱的 TC 指数接近-1，该国 SITC-0 产品几乎完全依赖进口；新加坡 SITC-0 产品的 TC 指数自 2018 年变负为正，目前其 SITC-0 产品具有微弱的竞争优势。

表 5-2　2013—2022 年中国海南省和东盟十国 SITC-0 产品 TC 指数

年份	中国海南省	马来西亚	柬埔寨	新加坡	菲律宾	泰国	印尼	老挝	文莱	缅甸	越南
2013	0.62	-0.28	0.02	-0.19	—	0.43	-0.12	0.46	-0.93	0.71	0.34
2014	0.54	-0.25	-0.15	-0.15	—	0.47	-0.09	0.26	-0.88	0.53	0.34
2015	0.54	-0.25	-0.10	-0.15	—	0.44	-0.03	0.41	-0.97	0.46	0.25
2016	0.54	-0.21	-0.07	-0.15	—	0.42	-0.08	0.35	-0.97	0.28	0.24
2017	0.43	-0.24	-0.09	-0.15	-0.37	0.43	-0.07	0.35	-0.96	0.36	0.25
2018	0.43	-0.23	-0.07	0.04	-0.45	0.43	-0.11	0.24	-0.94	0.42	0.21

年份	中国海南省	马来西亚	柬埔寨	新加坡	菲律宾	泰国	印尼	老挝	文莱	缅甸	越南
2019	0.35	−0.21	−0.13	0.06	−0.43	0.45	−0.08	0.23	−0.95	0.47	0.17
2020	0.21	−0.24	−0.10	0.06	−0.43	0.40	−0.03	0.26	−0.96	0.49	0.15
2021	0.05	−0.25	−0.13	0.05	−0.51	0.38	−0.07	0.29	−0.86	0.49	0.04
2022	−0.24	−0.26	−0.17	0.05	−0.59	0.39	−0.09	0.90	−0.85	0.54	−0.09

2013—2022 年中国海南省和东盟十国 SITC-0 产品 TC 指数变化如图 5-2 所示。中国海南省和东盟十国在 SITC-0 产品贸易中的竞争优势差别明显。总体而言，泰国、缅甸和老挝具有竞争优势，且老挝 SITC-0 产品的 TC 指数在 2022 年最大；中国海南省和越南的 TC 指数波动下降；新加坡 SITC-0 产品的 TC 指数变负为正，截至 2022 年具有微弱的竞争优势；文莱 SITC-0 产品的 TC 值一直最小，且波动不明显，其 SITC-0 产品竞争劣势极大。

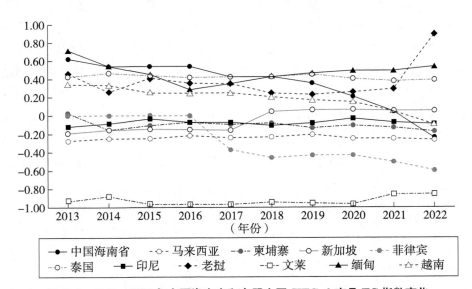

图 5-2　2013—2022 年中国海南省和东盟十国 SITC-0 产品 TC 指数变化

（二）SITC-1 产品 TC 指数分析

SITC-1 产品为饮料及烟类。通过《海南统计年鉴》和 UN Comtrade 数据库中中国海南省和东盟十国 SITC-1 产品的进出口数据，结合式（5-2）可以计算出中国海南省和东盟十国 SITC-1 产品的 TC 指数。

2013—2022 年中国海南省和东盟十国 SITC-1 产品 TC 指数如表 5-3 所示。2013—2022 年，泰国 SITC-1 产品 TC 指数整体呈上升态势，且近几年其 TC 指数接近 0.6，竞争优势突出。印尼 SITC-1 产品 TC 指数浮动较大，整体竞争优势较小。马来西亚、新加坡、菲律宾、老挝的 TC 指数有浮动且大多数年份接近 0，说明这 4 个国家的贸易竞争力与国际水平相当，竞争优势或竞争劣势不明显。中国海南省、柬埔寨、文莱 SITC-1 产品的 TC 指数大部分低于 -0.6，说明这 3 个国家和地区 SITC-1 产品在国际贸易中存在极大的竞争劣势，它们的 SITC-1 产品生产效率低下，这些国家和地区是 SITC-1 产品的净进口国（或地区）。越南的 TC 指数波动较大，其值在 2022 年达到 0.64，显示出较大的竞争优势，但不排除偶发因素。缅甸的 TC 指数均值接近 -0.6，显示出较大的竞争劣势。

表 5-3　2013—2022 年中国海南省和东盟十国 SITC-1 产品 TC 指数

年份	中国海南省	马来西亚	柬埔寨	新加坡	菲律宾	泰国	印尼	老挝	文莱	缅甸	越南
2013	-0.79	-0.02	-0.75	0.01	—	0.40	0.11	0.52	-0.93	-0.83	0.18
2014	-0.83	0.00	-0.85	0.04	—	0.44	0.17	0.71	-0.67	-0.73	0.17
2015	-0.65	0.01	-0.86	0.11	—	0.48	0.31	0.75	-0.92	-0.70	0.16
2016	-0.75	0.04	-0.85	0.09	—	0.50	0.27	0.05	-0.93	-0.67	0.13
2017	-0.90	0.09	-0.90	0.05	-0.12	0.52	0.22	0.04	-0.87	-0.41	0.06
2018	-0.26	-0.03	-0.89	0.05	-0.09	0.50	0.17	0.03	-0.99	-0.45	-0.02
2019	-0.98	-0.04	-0.90	0.06	-0.14	0.55	0.07	-1.00	-1.00	-0.49	0.09
2020	-0.99	-0.01	-0.96	-0.02	-0.07	0.57	0.24	0.00	-1.00	-0.54	-0.05
2021	-0.98	-0.03	-0.96	-0.01	-0.08	0.57	0.19	-0.41	-0.99	-0.54	-0.11
2022	-0.92	-0.14	-0.96	0.05	-0.15	0.50	0.19	0.00	-0.99	-0.63	0.64

2013—2022 年中国海南省和东盟十国 SITC-1 产品 TC 指数变化如图 5-3 所示。中国海南省和东盟十国在 SITC-1 产品贸易中的竞争优势差别较大。总体而言，2013—2022 年，泰国在 SITC-1 产品贸易中具有较大的竞争优势，印尼具有较小的竞争优势，且这两个国家 SITC-1 产品的 TC 指数比较稳定；老

挝 SITC-1 产品的 TC 指数有波动下降的趋势；2022 年越南 SITC-1 产品的 TC 指数在各个国家和地区中最大；中国海南省、柬埔寨、文莱在 SITC-1 产品贸易中存在极大的竞争劣势，其中中国海南省 SITC-1 产品的 TC 指数波动较大；缅甸 SITC-1 产品的 TC 指数近几年小幅下降。

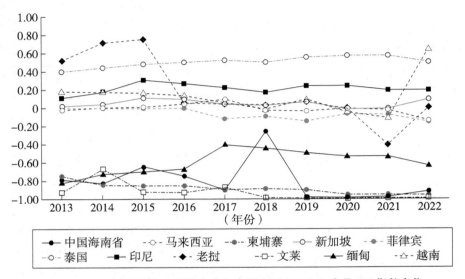

图 5-3　2013—2022 年中国海南省和东盟十国 SITC-1 产品 TC 指数变化

（三）SITC-2 产品 TC 指数分析

SITC-2 产品为非食用原料（燃料除外）。通过《海南统计年鉴》及 UN Comtrade 数据库中中国海南省和东盟十国 SITC-2 产品的进出口数据，结合式（5-2）可以计算出中国海南省和东盟十国 SITC-2 产品的 TC 指数。

2013—2022 年中国海南省和东盟十国 SITC-2 产品 TC 指数如表 5-4 所示。2013—2022 年，泰国、印尼、老挝和缅甸 SITC-2 产品的 TC 指数大于 0，说明这 4 个国家在 SITC-2 产品贸易中具有竞争优势，特别是老挝和缅甸大部分的 TC 指数大于 0.6，这两个国家在 SITC-2 产品贸易中竞争优势极大。柬埔寨、新加坡、菲律宾 SITC-2 产品 TC 指数均值在 0 左右，竞争优势或竞争劣势不明显。中国海南省、马来西亚、文莱和越南 SITC-2 产品 TC 指数大多数小于 0，说明它们在 SITC-2 产品贸易中均有竞争劣势，特别是中国海南省 SITC-2 产品的 TC 指数接近-1，说明中国海南省 SITC-2 产品生产效率低下，主要依靠进口满足需求。

表 5-4　　2013—2022 年中国海南省和东盟十国 SITC-2 产品 TC 指数

年份	中国海南省	马来西亚	柬埔寨	新加坡	菲律宾	泰国	印尼	老挝	文莱	缅甸	越南
2013	-0.95	-0.10	0.48	-0.07	——	0.34	0.35	0.93	-0.54	0.86	-0.19
2014	-0.93	-0.12	0.42	-0.02	——	0.25	0.18	0.91	-0.43	0.69	-0.33
2015	-0.95	-0.03	-0.15	0.03	——	0.25	0.27	0.91	-0.62	0.66	-0.30
2016	-0.94	-0.05	-0.19	0.10	——	0.27	0.27	0.91	-0.33	0.68	-0.28
2017	-0.94	-0.08	-0.12	0.11	-0.13	0.33	0.30	0.89	-0.47	0.56	-0.31
2018	-0.96	-0.17	-0.21	0.12	0.06	0.26	0.28	0.85	-0.33	0.45	-0.34
2019	-0.98	-0.21	-0.24	0.16	0.26	0.28	0.24	0.76	0.01	0.59	-0.29
2020	-0.97	-0.25	-0.09	0.10	0.34	0.24	0.32	0.73	-0.46	0.77	-0.30
2021	-0.99	-0.34	-0.19	0.05	0.23	0.18	0.29	0.54	-0.34	0.76	-0.41
2022	-0.99	-0.26	-0.10	0.09	0.08	0.22	0.42	0.67	-0.46	0.67	0.11

2013—2022 年中国海南省和东盟十国 SITC-2 产品 TC 指数变化如图 5-4 所示。中国海南省和东盟十国在 SITC-2 产品贸易中的竞争优势差别较大。总体而言，2013—2022 年老挝和缅甸 SITC-2 产品的 TC 指数最大且波动较小，这两个国家在 SITC-2 产品贸易中具有极大的竞争优势；柬埔寨、菲律宾和文莱 SITC-2 产品的 TC 指数波动较大，但三者的波动方向不同。中国海南省 SITC-2 产品的 TC 指数一直最小且波动不明显，其 SITC-2 产品几乎不出口。

（四）SITC-3 产品 TC 指数分析

SITC-3 产品为矿物燃料、润滑油及有关原料。通过《海南统计年鉴》和 UN Comtrade 数据库中中国海南省及东盟十国 SITC-3 产品的进出口数据，结合式（5-2）可以计算出中国海南省和东盟十国 SITC-3 产品的 TC 指数。

2013—2022 年中国海南省与东盟十国 SITC-3 产品 TC 指数如表 5-5 所示。2013—2022 年马来西亚、印尼、文莱和缅甸 SITC-3 产品的 TC 指数大部分大于 0，说明这 4 个国家在 SITC-3 产品贸易中具有竞争优势，特别是文莱 SITC-3 产品 TC 指数大部分接近 1，这说明文莱在 SITC-3 产品贸易中竞争优势极大，但近年其竞争优势有下降趋势。中国海南省和老挝 SITC-3 产品 TC 指数波动较大，其竞争优势或者竞争劣势不突出。柬埔寨、新加坡、菲律宾、泰国和越南 SITC-3 产品 TC 指数大部分小于 0，说明这些国家和地区在 SITC-3

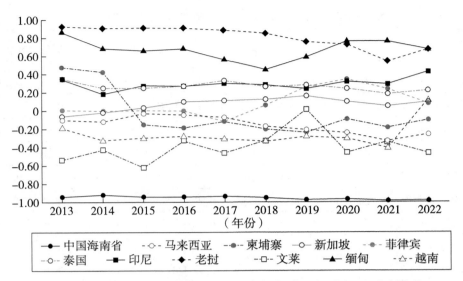

图 5-4　2013—2022 年中国海南省和东盟十国 SITC-2 产品 TC 指数变化

产品贸易中存在竞争劣势，其中柬埔寨、菲律宾和泰国竞争劣势极大，SITC-3
产品出口量非常小或者几乎不出口。

表 5-5　　2013—2022 年中国海南省和东盟十国 SITC-3 产品 TC 指数

年份	中国海南省	马来西亚	柬埔寨	新加坡	菲律宾	泰国	印尼	老挝	文莱	缅甸	越南
2013	-0.67	0.21	-1.00	-0.24	—	-0.57	0.12	-0.94	0.95	0.36	-0.02
2014	-0.54	0.19	-1.00	-0.25	—	-0.60	0.08	-1.00	0.93	0.24	-0.06
2015	-0.46	0.20	-1.00	-0.19	—	-0.56	0.16	-0.99	0.94	0.42	-0.22
2016	-0.79	0.21	-1.00	-0.15	—	-0.59	0.18	-0.98	0.90	0.31	-0.37
2017	0.38	0.15	-1.00	-0.20	-0.83	-0.57	0.18	0.30	0.90	0.02	-0.39
2018	0.29	0.11	-1.00	-0.24	-0.85	-0.60	0.14	0.25	0.91	-0.05	-0.58
2019	0.37	0.08	-1.00	-0.22	-0.86	-0.61	0.18	0.18	0.58	0.10	-0.62
2020	0.00	0.08	-1.00	-0.24	-0.84	-0.65	0.24	0.11	0.47	0.12	-0.66
2021	-0.28	0.11	-1.00	-0.24	-0.89	-0.62	0.22	0.32	0.21	0.05	-0.67
2022	0.07	0.04	-1.00	-0.23	-0.91	-0.70	0.23	1.00	0.29	-0.13	0.65

2013—2022 年中国海南省和东盟十国 SITC-3 产品 TC 指数变化如图 5-

5 所示。文莱 SITC-3 产品的 TC 指数在 2018—2021 年大幅下降，2022 年有小幅增加；中国海南省和老挝 SITC-3 产品的 TC 指数在 2017 年大幅增加，之后中国海南省 SITC-3 产品的 TC 指数在 2021 年降到 2017 年以来的新低点，老挝 SITC-3 产品的 TC 指数先下降后增加，到 2022 年成为各个国家中的最大值；越南 SITC-3 产品的 TC 指数在 2013—2021 年连续下降，在 2022 年大幅增加；柬埔寨和菲律宾 SITC-3 产品的 TC 指数稳居最后两位，竞争劣势极大。

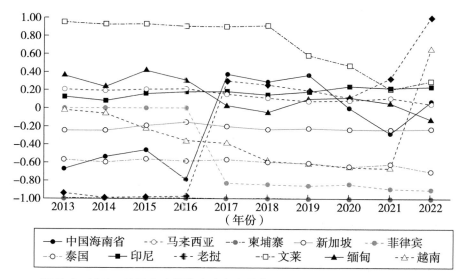

图 5-5　2013—2022 年中国海南省和东盟十国 SITC-3 产品 TC 指数变化

（五）SITC-4 产品 TC 指数分析

SITC-4 产品为动植物油、脂及蜡。通过《海南统计年鉴》及 UN Comtrade 数据库中中国海南省和东盟十国 SITC-4 产品的进出口数据，结合式（5-2）可以计算出中国海南省和东盟十国 SITC-4 产品的 TC 指数。

2013—2022 年中国海南省和东盟十国 SITC-4 产品 TC 指数如表 5-6 所示。2013—2022 年，马来西亚、柬埔寨、泰国和印尼 SITC-4 产品的 TC 指数大部分大于 0，存在竞争优势，尤其是马来西亚和印尼的 TC 指数都超过 0.6，SITC-4 产品竞争优势极大。中国海南省 SITC-4 产品的 TC 指数浮动较大，竞争优势或者竞争劣势不稳定。新加坡、老挝、文莱、缅甸和越南这 5 个国家 SITC-4 产品的 TC 指数大部分小于 0，其中老挝、文莱、缅甸 SITC-4 产品的

TC 指数大部分接近-1，说明这 3 个国家是 SITC-4 产品的净输入国。菲律宾 SITC-4 产品的 TC 指数均值接近 0，其竞争力与国际水平相当。

表 5-6　2013—2022 年中国海南省和东盟十国 SITC-4 产品 TC 指数

年份	中国海南省	马来西亚	柬埔寨	新加坡	菲律宾	泰国	印尼	老挝	文莱	缅甸	越南
2013	-0.84	0.84	0.27	-0.45	—	0.50	0.98	-1.00	-0.99	-0.97	-0.45
2014	-0.69	0.84	0.12	-0.45	—	0.26	0.99	-1.00	-0.99	-1.00	-0.47
2015	-0.10	0.75	-0.04	-0.46	—	0.06	0.99	-1.00	-0.99	-1.00	-0.39
2016	0.61	0.81	0.07	-0.53	—	0.02	0.98	-0.91	-0.98	-1.00	-0.60
2017	0.03	0.79	0.25	-0.70	0.18	0.33	0.99	-0.95	-1.00	-0.99	-0.63
2018	-0.62	0.75	0.26	-0.61	0.05	0.41	0.98	-0.81	-0.99	-0.99	-0.63
2019	-0.99	0.75	0.35	-0.67	0.03	0.39	0.97	-0.91	-0.95	-0.99	-0.62
2020	-1.00	0.72	0.33	-0.79	-0.03	0.33	0.98	-0.89	-1.00	-1.00	-0.63
2021	-1.00	0.69	0.55	-0.82	-0.05	0.69	0.98	-0.91	-0.93	-1.00	-0.56
2022	-0.98	0.69	0.55	-0.82	0.04	0.72	0.98	0.00	-0.97	-1.00	0.54

2013—2022 年中国海南省和东盟十国 SITC-4 产品 TC 指数变化如图 5-6 所示。2013—2022 年，中国海南省和东盟十国在 SITC-4 产品贸易中竞争优势差别明显。总体而言，印尼和马来西亚 SITC-4 产品的 TC 指数最大且较为稳定，竞争优势极大；新加坡存在竞争劣势，且其 SITC-4 产品的 TC 指数有小幅波动下降的趋势；老挝、文莱、缅甸 SITC-4 产品的 TC 指数稳居最后，竞争劣势极大；其他国家和地区 SITC-4 产品的 TC 指数波动较大。

（六）SITC-5 产品 TC 指数分析

SITC-5 产品为化学品及相关产品。通过《海南统计年鉴》及 UN Comtrade 数据库中中国海南省和东盟十国 SITC-5 产品的进出口数据，结合式（5-2）可以计算出中国海南省和东盟十国 SITC-5 产品的 TC 指数。

2013—2022 年中国海南省和东盟十国 SITC-5 产品 TC 指数如表 5-7 所示。2013—2022 年，中国海南省与东盟十国中仅新加坡 SITC-5 产品的 TC 指数始终大于 0，存在竞争优势；文莱 SITC-5 产品的 TC 指数自 2013 年的 -0.51 上升到 2022 年的 0.67，由竞争劣势转变为竞争优势；其他国家和地区

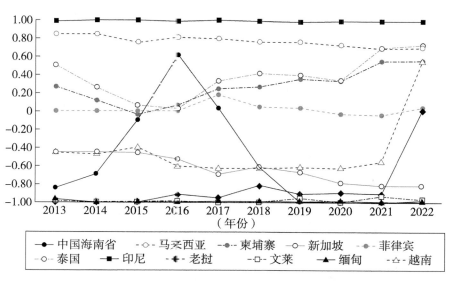

图 5-6 2013—2022 年中国海南省和东盟十国 SITC-4 产品 TC 指数变化

SITC-5 产品的 TC 指数大部分小于 0，其中柬埔寨、缅甸和越南的 TC 指数大部分低于-0.6，这 3 个国家 SITC-5 产品竞争力弱。

表 5-7 2013—2022 年中国海南省和东盟十国 SITC-5 产品 TC 指数

年份	中国海南省	马来西亚	柬埔寨	新加坡	菲律宾	泰国	印尼	老挝	文莱	缅甸	越南
2013	-0.54	-0.07	-0.92	0.33	—	0.02	-0.31	-0.39	-0.51	-0.95	-0.65
2014	-0.38	-0.08	-0.97	0.35	—	0.03	-0.29	-0.45	0.22	-0.99	-0.65
2015	-0.21	-0.07	-0.81	0.35	—	-0.02	-0.36	-0.05	-0.26	-0.99	-0.66
2016	-0.35	-0.07	-0.67	0.33	—	-0.04	-0.29	-0.10	-0.02	-0.98	-0.68
2017	-0.32	-0.07	-0.70	0.31	-0.70	-0.04	-0.28	-0.26	-0.10	-0.94	-0.70
2018	-0.34	-0.06	-0.85	0.32	-0.78	-0.01	-0.31	-0.22	-0.04	-0.95	-0.67
2019	-0.52	-0.05	-0.90	0.29	-0.77	0.02	-0.30	-0.21	-0.18	-0.95	-0.64
2020	-0.75	-0.07	-0.92	0.29	-0.77	-0.05	-0.26	-0.26	0.39	-0.98	-0.63
2021	-0.65	-0.02	-0.92	0.28	-0.77	-0.07	-0.27	-0.33	0.66	-0.98	-0.62
2022	-0.49	-0.03	-0.90	0.22	-0.78	-0.10	-0.20	0.78	0.67	-0.98	0.57

2013—2022 年中国海南省和东盟十国 SITC-5 产品 TC 指数变化如图 5-7 所示。2013—2022 年，中国海南省和东盟十国在 SITC-5 产品贸易中竞争优势差别明显，且个别年份变化较大。总体而言，新加坡存在竞争优势，且其 SITC-5 产品的 TC 指数较为稳定；文莱 SITC-5 产品的 TC 指数在 2020—2022 年连续增加，使文莱在 SITC-5 产品贸易中变竞争劣势为竞争优势；老挝和越南 SITC-5 产品的 TC 指数在 2022 年大幅增加；中国海南省和菲律宾 SITC-5 产品的 TC 指数波动较大，但近几年竞争劣势明显。

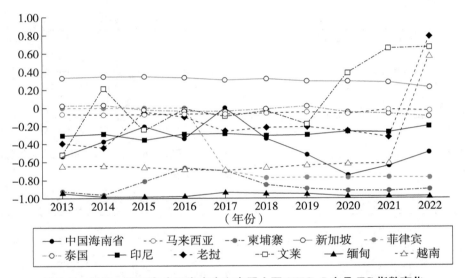

图 5-7　2013—2022 年中国海南省和东盟十国 SITC-5 产品 TC 指数变化

（七）SITC-6 产品 TC 指数分析

SITC-6 产品为按原料分类的制成品。通过《海南统计年鉴》及 UN Comtrade 数据库中中国海南省和东盟十国 SITC-6 产品的进出口数据，结合式（5-2）可以计算出中国海南省和东盟十国 SITC-6 产品的 TC 指数。

2013—2022 年中国海南省和东盟十国 SITC-6 产品 TC 指数如表 5-8 所示。2013—2022 年，仅中国海南省 SITC-6 产品的 TC 指数大部分大于 0，说明中国海南省在 SITC-6 产品贸易中存在竞争优势，但近两年其 SITC-6 产品的竞争优势有下降的趋势；东盟十国 SITC-6 产品 TC 指数大部分小于 0，存在竞争劣势，其中柬埔寨和文莱的 TC 指数接近-1，在 SITC-6 产品贸易中的竞争劣势极大。

表 5-8　　2013—2022 年中国海南省和东盟十国 SITC-6 产品 TC 指数

年份	中国海南省	马来西亚	柬埔寨	新加坡	菲律宾	泰国	印尼	老挝	文莱	缅甸	越南
2013	0.11	-0.12	-0.93	-0.19	—	-0.16	-0.13	0.04	-0.81	-0.46	-0.37
2014	0.25	-0.13	-0.96	-0.19	—	-0.14	-0.09	-0.28	-0.82	-0.38	-0.36
2015	0.38	-0.09	-0.87	-0.18	—	-0.12	-0.07	-0.17	-0.86	-0.49	-0.37
2016	0.44	-0.11	-0.86	-0.19	—	-0.13	-0.06	-0.29	-0.87	-0.52	-0.37
2017	0.44	-0.08	-0.82	-0.16	-0.44	-0.14	-0.07	-0.44	-0.94	-0.42	-0.32
2018	0.48	-0.05	-0.82	-0.14	-0.61	-0.15	-0.08	-0.14	-0.89	-0.29	-0.29
2019	0.57	-0.02	-0.82	-0.19	-0.59	-0.11	-0.06	-0.37	-0.84	-0.38	-0.26
2020	0.81	-0.01	-0.79	-0.23	-0.53	-0.11	0.11	-0.49	-0.95	-0.50	-0.19
2021	-0.24	0.09	-0.73	-0.14	-0.54	-0.17	0.15	-0.07	-0.85	-0.49	-0.13
2022	0.04	0.05	-0.78	-0.17	-0.58	-0.16	0.15	-0.75	-0.70	-0.77	0.19

2013—2022 年中国海南省和东盟十国 SITC-6 产品 TC 指数变化如图 5-8 所示。2013—2022 年，中国海南省和东盟十国在 SITC-6 产品贸易中竞争优势整体偏弱。2013—2020 年中国海南省 SITC-6 产品的 TC 指数呈"增长—下降—增加"趋势，整体上存在竞争优势。2013—2020 年越南 SITC-6 产品的 TC 指数一直在小幅增加，并于 2022 年变负为正，形成微弱的竞争优势；文莱和柬埔寨 SITC-6 产品的 TC 指数有波动，但竞争劣势明显。

（八）SITC-7 产品 TC 指数分析

SITC-7 产品为机械及运输设备。通过《海南统计年鉴》和 UN Comtrade 数据库中中国海南省和东盟十国 SITC-7 产品的进出口数据，结合式（5-2）可以计算出中国海南省和东盟十国 SITC-7 产品的 TC 指数。

2013—2022 年中国海南省和东盟十国 SITC-7 产品 TC 指数如表 5-9 所示。2013—2022 年，马来西亚、新加坡、菲律宾和越南 SITC-7 产品的 TC 指数均值接近 0，竞争优势或竞争劣势不明显；中国海南省 SITC-7 产品的 TC 指数自 2013 年的 -0.54 增长到 2022 年的 0.66，发展态势迅猛；柬埔寨、印尼、老挝、文莱和缅甸 SITC-7 产品的 TC 指数大部分为负数，说明这些国家在 SITC-7 产品贸易中存在竞争劣势，其中老挝、文莱和缅甸三国 SITC-7 产品的 TC 指数大部分低于 -0.6，竞争劣势极大。

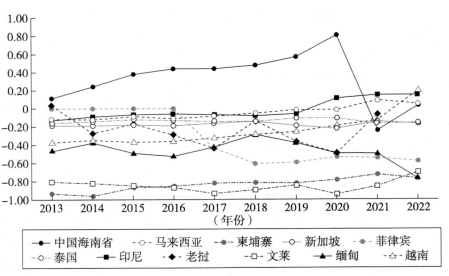

图 5-8　2013—2022 年中国海南省和东盟十国 SITC-6 产品 TC 指数变化

表 5-9　　2013—2022 年中国海南省和东盟十国 SITC-7 产品 TC 指数

年份	中国海南省	马来西亚	柬埔寨	新加坡	菲律宾	泰国	印尼	老挝	文莱	缅甸	越南
2013	−0.54	−0.01	−0.49	0.10	—	0.05	−0.44	−0.92	−0.82	−0.98	−0.07
2014	−0.60	0.02	−0.91	0.11	—	0.10	−0.40	−0.80	−0.81	−0.99	−0.06
2015	−0.79	0.05	−0.56	0.11	—	0.11	−0.39	−0.63	−0.75	−0.99	−0.07
2016	−0.82	0.03	−0.52	0.10	—	0.12	−0.37	−0.63	−0.57	−0.77	−0.03
2017	−0.71	0.03	−0.53	0.10	−0.02	0.13	−0.39	−0.62	−0.77	−0.78	−0.01
2018	−0.77	0.07	−0.56	0.07	−0.07	0.13	−0.45	−0.62	−0.81	−0.76	0.04
2019	−0.47	0.10	−0.62	0.04	−0.05	0.12	−0.41	−0.62	−0.74	−0.79	0.03
2020	0.13	0.12	−0.47	0.07	0.01	0.13	−0.37	−0.68	−0.93	−0.70	0.04
2021	0.16	0.11	−0.40	0.08	−0.02	0.12	−0.35	−0.71	−0.66	−0.73	0.03
2022	0.66	0.12	−0.25	0.07	−0.03	0.11	−0.34	0.96	−0.77	−0.67	−0.19

　　2013—2022 年中国海南省和东盟十国 SITC-7 产品 TC 指数变化如图 5-9 所示。2013—2022 年，中国海南省和东盟十国在 SITC-7 产品贸易中竞争劣势比较明显。总体而言，近几年中国海南省 SITC-7 产品出口贸易发展迅猛，其 SITC-7 产品的 TC 指数在 2018—2022 年大幅增加；2022 年老挝 SITC-7 产品

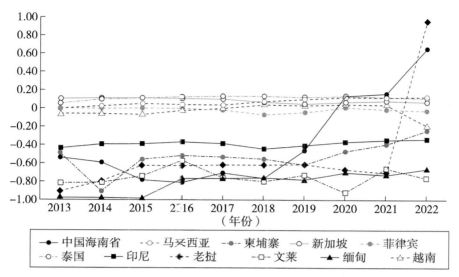

图 5-9　2013—2022 年中国海南省和东盟十国 SITC-7 产品 TC 指数变化

的 TC 指数暴增，成为当年各个国家中的最大值；文莱和缅甸 SITC-7 产品的 TC 指数有波动，但竞争劣势极大。

（九）SITC-8 产品 TC 指数分析

SITC-8 产品为杂项制品。通过《海南统计年鉴》和 UN Comtrade 数据库中中国海南省和东盟十国 SITC-8 产品的进出口数据，结合式（5-2）可以计算出中国海南省和东盟十国 SITC-8 产品的 TC 指数。

2013—2022 年中国海南省和东盟十国 SITC-8 产品 TC 指数如表 5-10 所示。2013—2022 年，中国海南省、菲律宾和文莱 SITC-8 产品 TC 指数大部分小于 0，存在竞争劣势，其中中国海南省和文莱 TC 指数大部分低于 -0.6，SITC-8 产品竞争劣势极大；其他国家 SITC-8 产品 TC 指数大部分大于 0，截至 2022 年柬埔寨和缅甸 SITC-8 产品 TC 指数均达到 0.80，竞争优势极大。

表 5-10　2013—2022 年中国海南省和东盟十国 SITC-8 产品 TC 指数

年份	中国海南省	马来西亚	柬埔寨	新加坡	菲律宾	泰国	印尼	老挝	文莱	缅甸	越南
2013	0.71	0.29	0.80	0.06	—	0.14	0.42	0.12	-0.77	0.49	0.70
2014	0.35	0.28	0.74	0.08	—	0.16	0.49	0.16	-0.79	0.38	0.71

年份	中国海南省	马来西亚	柬埔寨	新加坡	菲律宾	泰国	印尼	老挝	文莱	缅甸	越南
2015	-0.41	0.25	0.77	0.08	—	0.14	0.53	0.22	-0.70	0.33	0.70
2016	-0.67	0.24	0.80	0.07	—	0.12	0.48	0.26	-0.69	0.52	0.67
2017	-0.73	0.27	0.80	0.09	-0.02	0.10	0.42	0.26	-0.21	0.52	0.61
2018	-0.68	0.30	0.79	0.09	-0.08	0.06	0.37	0.10	-0.63	0.68	0.62
2019	-0.77	0.34	0.80	0.09	-0.18	0.06	0.34	0.36	-0.69	0.74	0.63
2020	-0.56	0.44	0.80	0.11	-0.13	0.04	0.37	0.24	-0.86	0.75	0.62
2021	-0.72	0.46	0.77	0.07	-0.13	0.07	0.43	0.24	-0.82	0.76	0.63
2022	-0.75	0.32	0.80	0.03	-0.14	0.04	0.43	-0.96	-0.81	0.80	-0.52

2013—2022 年中国海南省和东盟十国 SITC-8 产品 TC 指数变化如图 5-10 所示。2013—2022 年，除中国海南省和文莱，其他国家在 SITC-8 产品贸易中整体竞争优势良好。总体而言，中国海南省和文莱 SITC-8 产品的 TC 指数波动较大，但近几年两者的竞争劣势明显；菲律宾有微弱的竞争劣势；其他国家 SITC-8 产品的 TC 指数整体比较稳定，具有竞争优势。

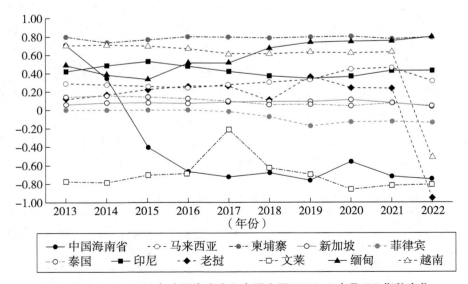

图 5-10　2013—2022 年中国海南省和东盟十国 SITC-8 产品 TC 指数变化

（十）SITC-9 产品 TC 指数分析

SITC-9 产品为未分类的商品及交易品。通过《海南统计年鉴》和 UN Comtrade 数据库中中国海南省和东盟十国 SITC-9 产品的进出口数据，结合式（5-2）可以计算出中国海南省和东盟十国 SITC-9 产品的 TC 指数。

2013—2022 年中国海南省和东盟十国 SITC-9 产品 TC 指数如表 5-11 所示。2013—2022 年，新加坡、菲律宾、老挝 SITC-9 产品 TC 指数大部分大于 0，存在竞争优势，其中菲律宾 TC 指数均超过 0.8，竞争优势极大；印尼、文莱、缅甸和越南 SITC-9 产品的 TC 指数均值接近 0，竞争优势或竞争劣势不明显。其他国家和地区的 TC 指数略有浮动且大部分为负数，说明这些国家和地区在 SITC-9 产品贸易中存在竞争劣势。

表 5-11　2013—2022 年中国海南省和东盟十国 SITC-9 产品 TC 指数

年份	中国海南省	马来西亚	柬埔寨	新加坡	菲律宾	泰国	印尼	老挝	文莱	缅甸	越南
2013	-0.00	-0.51	-0.93	0.35	—	-0.64	0.11	0.97	-0.25	0.76	-0.12
2014	-0.00	-0.51	-0.66	0.40	—	-0.40	0.21	0.98	-0.13	-0.30	-0.21
2015	-0.00	-0.56	-0.89	0.26	—	-0.30	0.15	0.95	-0.14	0.25	-0.18
2016	-0.00	-0.43	-0.13	0.19	—	0.10	0.11	0.29	-0.03	0.18	-0.15
2017	-0.00	-0.34	-0.04	0.31	0.86	-0.31	0.09	0.65	0.20	-0.24	-0.19
2018	-0.00	-0.30	-0.87	0.36	0.82	-0.43	-0.16	0.43	0.12	0.22	0.07
2019	-0.00	-0.42	0.61	0.33	0.90	0.08	0.22	0.96	-0.09	0.64	0.09
2020	-0.89	-0.63	0.55	0.28	0.87	0.45	0.45	1.00	0.84	-0.53	0.10
2021	-0.10	-0.71	-0.96	0.35	0.84	-0.36	-0.32	0.56	0.51	0.82	0.02
2022	-0.12	-0.54	-0.90	0.41	0.86	-0.25	-0.60	-0.68	-0.04	-0.92	-0.19

2013—2022 年中国海南省和东盟十国 SITC-9 产品 TC 指数变化如图 5-11 所示。总体而言，在 SITC-9 产品贸易中菲律宾和老挝竞争优势最突出，但老挝的 TC 指数在 2022 年大幅下降；马来西亚和新加坡 SITC-9 产品的 TC 指数波动较小；其他国家和地区 SITC-9 产品的 TC 指数波动频繁且浮动区间较大，竞争优势或竞争劣势不明显。

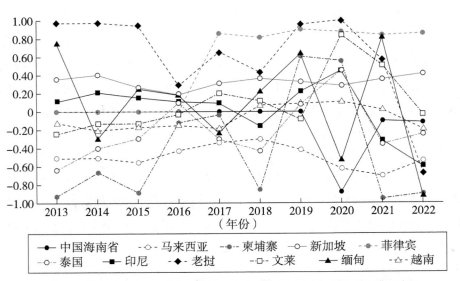

图 5-11 2013—2022 年中国海南省和东盟十国 SITC-9 产品 TC 指数变化

第二节 显示性比较优势指数测算

一、显示性比较优势指数介绍

显示性比较优势指数（以下简称 RCA 指数）是美国经济学家巴拉萨（Balassa）于 1965 年提出的，指某产品的出口额占其国家出口总额的份额与该产品在世界范围内的出口额占世界出口总额的份额的比率。该指数剔除了国家出口总额的波动和世界出口总额的波动的影响，可以较好地反映一个国家某一产业的出口水平与世界平均出口水平的比较优势，是衡量某产品国际竞争力大小的重要指标，其计算公式如下：

$$RCA_{ak} = \frac{X_{ak}/X_a}{X_{wk}/X_w} \tag{5-3}$$

式（5-3）中，RCA_{ak} 为 a 国 k 产品的 RCA 指数；X_{ak} 为 a 国（地区）k 产品的出口额；X_a 为 a 国出口总额；X_{wk} 为 k 产品在世界范围内的出口额；X_w 为世界出口总额。该指数的取值范围为 [0，+∞)。一般认为，当 RCA 指数大于 2.5 时，表明该国该产品具有极强的竞争力；RCA 指数在 1.25 至 2.5，表明该国该产品具有比较强的竞争力；RCA 指数在 0.8 至 1.25，表明该国该产品具有中度的竞争力；RCA 指数小于 0.8，表明该国该产品的竞争力较弱。

二、分国别和地区 RCA 指数的测算

为了准确测度中国海南省和东盟十国在国际市场上的比较优势，本研究根据《海南统计年鉴》及 UN Comtrade 数据库确定了 2013—2022 年中国海南省和东盟十国的各类产品进出口数据，并结合式（5-3）分别计算了 RCA 指数。

（一）中国海南省 RCA 指数

基于 2013—2022 年中国海南省进出口统计数据和式（5-3）可以计算出 SITC-0 至 SITC-9 产品 RCA 指数。从不同类产品 RCA 指数中可以发现海南省在国际竞争中具有存在比较优势的产品。

2013—2022 年中国海南省 RCA 指数如表 5-12 所示。通过 2013—2022 年中国海南省 RCA 指数可以发现，2013—2022 年，SITC-3 产品 RCA 指数大多大于 2.5，这说明海南省 SITC-3 产品具有极强的竞争力；SITC-0 产品 RCA 指数大多高于 1.25，个别 RCA 指数大于 2.5，说明海南省 SITC-0 产品具有比较强的竞争力；SITC-5 和 SITC-6 产品 RCA 指数大多在 [0.8, 1.25] 浮动，说明海南省 SITC-5 和 SITC-6 产品具有中等的竞争力；SITC-1、SITC-2、SITC-4、SITC-7、SITC-8 和 SITC-9 产品 RCA 指数均值低于 0.8，说明海南省这些类产品的竞争力较弱。

表 5-12 　　　　　　2013—2022 年中国海南省 RCA 指数

年份	SITC-0	SITC-1	SITC-2	SITC-3	SITC-4	SITC-5	SITC-6	SITC-7	SITC-8	SITC-9
2013	2.64	0.01	0.14	2.50	0.00	0.48	1.03	0.59	0.86	0.00
2014	2.24	0.01	0.17	3.83	0.00	0.77	0.72	0.26	0.50	0.00
2015	2.09	0.01	0.14	4.95	0.01	1.07	0.77	0.25	0.30	0.00
2016	3.54	0.01	0.31	2.62	0.03	1.61	1.34	0.33	0.37	0.00
2017	1.99	0.00	0.19	7.00	0.00	0.00	0.83	0.20	0.18	0.00

续表

年份	SITC-0	SITC-1	SITC-2	SITC-3	SITC-4	SITC-5	SITC-6	SITC-7	SITC-8	SITC-9
2018	1.73	0.05	0.14	4.61	0.00	1.50	0.71	0.28	0.22	0.00
2019	1.58	0.04	0.08	4.78	0.00	1.19	0.72	0.38	0.17	0.00
2020	1.81	0.02	0.17	4.73	0.00	1.22	0.88	0.37	0.81	0.00
2021	1.76	0.03	0.12	2.56	0.00	2.00	0.74	0.56	0.52	0.04
2022	0.84	0.05	0.07	2.49	0.01	1.69	0.80	0.86	0.19	0.00

2013—2022 年中国海南省 RCA 指数变化如图 5-12 所示。2013—2022 年，中国海南省 RCA 指数变化趋势有所区别。总体而言，中国海南省 SITC-3 产品 RCA 指数自 2019 年开始有下降态势，但其值大多依旧在 2.5 以上；海南省 SITC-0 产品 RCA 指数自 2017 年开始整体上呈下降态势，但其值大多在 1 和 2 之间；海南省 SITC-5 产品 RCA 指数在 2022 年接近 2；其他类产品 RCA 指数变化不大。这就要求海南省在国际贸易中充分利用 SITC-0 和 SITC-3 产品的比较优势，也要进一步培育 SITC-5 产品的贸易潜力。

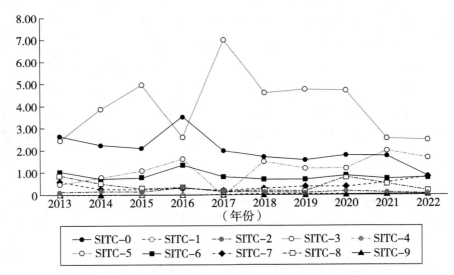

图 5-12　2013—2022 年中国海南省 RCA 指数变化

（二）马来西亚 RCA 指数

基于 2013—2022 年马来西亚进出口统计数据和式（5-3）可以计算出

SITC-0 至 SITC-9 产品 RCA 指数。从不同类产品 RCA 指数中可以发现马来西亚在国际竞争中具有存在比较优势的产品。

2013—2022 年马来西亚 RCA 指数变化如表 5-13 所示。通过 2013—2022年马来西亚 RCA 指数可以发现，SITC-4 产品 RCA 指数均值超过 10，说明马来西亚 SITC-4 产品具有极强的竞争力；SITC-3 产品 RCA 指数大多高于 1.25且小于 2.5，说明马来西亚 SITC-3 产品具有比较强的竞争力；SITC-7 和SITC-8 产品 RCA 指数大多在 [0.8, 1.25] 浮动，说明马来西亚 SITC-7 和SITC-8 产品具有中等的竞争力；SITC-0、SITC-1、SITC-2、SITC-5、SITC-6和 SITC-9 产品 RCA 指数均值低于 0.8，说明马来西亚在这些类产品的竞争力较弱。

表 5-13　　　　　　　　2013—2022 年马来西亚 RCA 指数

年份	SITC-0	SITC-1	SITC-2	SITC-3	SITC-4	SITC-5	SITC-6	SITC-7	SITC-8	SITC-9
2013	0.52	0.67	0.72	1.52	14.11	0.66	0.76	1.14	0.84	0.10
2014	0.54	0.66	0.63	1.51	14.05	0.66	0.70	1.13	0.83	0.11
2015	0.55	0.71	0.78	1.58	12.46	0.71	0.76	1.15	0.85	0.09
2016	0.57	0.71	0.82	1.58	12.44	0.73	0.72	1.16	0.90	0.11
2017	0.52	0.56	0.81	1.62	11.22	0.72	0.71	1.15	0.93	0.15
2018	0.50	0.43	0.69	1.45	10.30	0.74	0.75	1.21	0.96	0.14
2019	0.53	0.40	0.73	1.35	10.51	0.74	0.81	1.20	0.98	0.11
2020	0.49	0.31	0.62	1.46	10.11	0.61	0.74	1.22	1.21	0.06
2021	0.49	0.26	0.52	1.25	10.20	0.70	0.81	1.19	1.21	0.07
2022	0.46	0.24	0.50	1.35	9.57	0.65	0.73	1.26	0.92	0.11

2013—2022 年马来西亚 RCA 指数变化如图 5-13 所示。总体而言，SITC-4 产品 RCA 指数远远高于其他类产品 RCA 指数，但有明显下降趋势，其他类产品 RCA 指数变化趋势不明显。这就要求马来西亚在国际贸易中充分发挥SITC-4 产品的比较优势，同时要进一步培育其他类产品的国际竞争力。

（三）柬埔寨 RCA 指数

基于 2013—2022 年柬埔寨进出口统计数据和式（5-3）可以计算出 SITC-0至 SITC-9 产品 RCA 指数。从不同类产品 RCA 指数中可以发现柬埔寨在国际

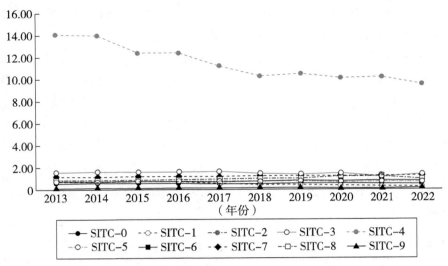

图 5-13 2013—2022 年马来西亚 RCA 指数变化

竞争中具有存在比较优势的产品。

2013—2022 年柬埔寨 RCA 指数如表 5-14 所示。通过 2013—2022 年柬埔寨 RCA 指数可以发现，SITC-8 产品的 RCA 指数均值超过 6（除了 2020 年），这说明柬埔寨 SITC-8 产品具有极强的竞争力；其他类产品的 RCA 指数均值低于 0.8，说明马来西亚其他类产品的竞争力普遍较弱。

表 5-14   2013—2022 年柬埔寨 RCA 指数

年份	SITC-0	SITC-1	SITC-2	SITC-3	SITC-4	SITC-5	SITC-6	SITC-7	SITC-8	SITC-9
2013	0.85	0.63	0.98	0.00	0.54	0.03	0.16	0.28	7.06	0.01
2014	0.75	0.50	1.10	0.00	0.48	0.01	0.10	0.04	7.51	0.10
2015	0.66	0.41	0.64	0.00	0.27	0.08	0.32	0.21	6.30	0.07
2016	0.60	0.36	0.61	0.00	0.28	0.14	0.34	0.22	6.15	0.31
2017	0.65	0.30	0.81	0.00	0.42	0.14	0.44	0.22	6.23	0.31
2018	0.75	0.33	0.67	0.00	0.42	0.07	0.47	0.22	6.64	0.04
2019	0.65	0.25	0.53	0.00	0.43	0.05	0.45	0.21	6.34	0.46
2020	0.60	0.09	0.50	0.00	0.33	0.03	0.40	0.23	5.15	2.93
2021	0.75	0.08	0.68	0.00	0.53	0.05	0.64	0.32	6.03	0.16
2022	0.69	0.07	0.69	0.00	0.51	0.06	0.47	0.46	6.02	0.23

2013—2022年柬埔寨RCA指数变化如图5-14所示。SITC-8产品RCA指数远远大于其他类产品RCA指数，即SITC-8产品的竞争力远远强于其他类产品的竞争力，但SITC-8产品RCA指数有波动下降的趋势，其他类产品RCA指数整体波动不明显。这要求柬埔寨在国际贸易中充分利用SITC-8产品的比较优势，同时要培育其他类产品的国际竞争力。

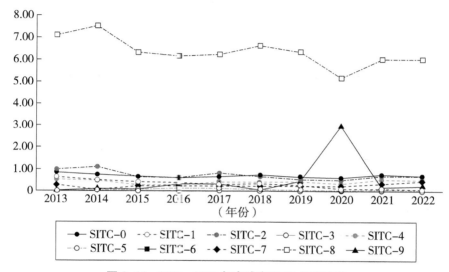

图5-14　2013—2022年柬埔寨RCA指数变化

（四）新加坡RCA指数

基于2013—2022年新加坡进出口统计数据和式（5-3）可以计算出SITC-0至SITC-9产品RCA指数。从不同类产品RCA指数中可以发现新加坡在国际竞争中的具有存在比较优势的产品。

2013—2022年新加坡RCA指数如表5-15所示。通过2013—2022年新加坡SITC-0至SITC-9产品RCA指数可以发现，新加坡SITC-0至SITC-9产品中没有竞争力极强的产品。2013—2022年，SITC-7和SITC-9产品RCA指数均值属于［1.25，2.5］，这说明新加坡SITC-7和SITC-9产品具有比较强的竞争力。SITC-3和SITC-5产品RCA指数在［0.8，1.25］波动，这说明新加坡SITC-3和SITC-5产品具有中度的竞争力。其他类产品RCA指数均值低于0.8，这说明新加坡其他类产品的竞争力较弱。

表 5-15				2013—2022 年新加坡 RCA 指数					
年份	SITC-0	SITC-1	SITC-2	SITC-3	SITC-4	SITC-5	SITC-6	SITC-7	SITC-8	SITC-9
2013	0.23	0.15	0.18	1.16	0.14	1.09	0.30	1.36	0.69	1.71
2014	0.25	0.15	0.18	1.21	0.14	1.14	0.32	1.31	0.67	1.90
2015	0.26	0.17	0.21	1.17	0.11	1.20	0.31	1.36	0.67	1.62
2016	0.25	0.17	0.24	1.25	0.10	1.21	0.31	1.36	0.73	1.33
2017	0.24	0.15	0.23	1.35	0.09	1.21	0.28	1.32	0.74	1.44
2018	0.36	0.16	0.23	1.21	0.10	1.24	0.28	1.31	0.74	1.47
2019	0.37	0.16	0.20	1.14	0.10	1.20	0.27	1.33	0.75	1.53
2020	0.37	0.11	0.16	1.04	0.09	1.09	0.24	1.41	0.76	1.70
2021	0.36	0.13	0.15	0.93	0.08	1.06	0.26	1.49	0.72	1.84
2022	0.34	0.10	0.16	1.00	0.08	0.92	0.25	1.50	0.69	2.01

2013—2022 年新加坡 RCA 指数变化如图 5-15 所示。2013—2022 年，新加坡 RCA 指数变化趋势有所差别。总体而言，SITC-7 和 SITC-9 产品竞争力高于其他类产品，且近几年有小幅的上升趋势；SITC-3 和 SITC-5 产品具有中度竞争力，但近几年有下降态势；其他类产品 RCA 指数波动不明显。

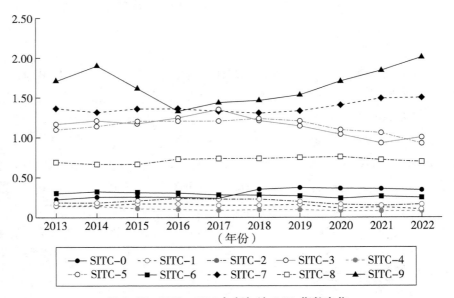

图 5-15　2013—2022 年新加坡 RCA 指数变化

（五）菲律宾 RCA 指数

基于 2017—2022 年菲律宾进出口统计数据和式（5-3）可以计算出 SITC-0 至 SITC-9 产品 RCA 指数。从不同类产品 RCA 指数中可以发现菲律宾在国际竞争中具有存在比较优势的产品。

2017—2022 年菲律宾 RCA 指数如表 5-16 所示。通过对比 2017—2022 年菲律宾 RCA 指数，可以发现菲律宾 SITC-0 至 SITC-9 产品在国际贸易中的竞争力差异明显。2017—2022 年，SITC-4 产品 RCA 指数均值约为 3.5，这说明菲律宾 SITC-4 产品具有极强的竞争力。SITC-7 产品 RCA 指数在［1.25，2.5］波动，这说明菲律宾 SITC-7 产品具有较强的竞争力。SITC-0、SITC-1 和 SITC-2 产品 RCA 指数大多在［0.8，1.25］波动，这说明菲律宾这些类产品具有中度竞争力；其他类产品竞争力偏弱。

表 5-16　　　　　　　2017—2022 年菲律宾 RCA 指数

年份	SITC-0	SITC-1	SITC-2	SITC-3	SITC-4	SITC-5	SITC-6	SITC-7	SITC-8	SITC-9
2017	0.95	0.74	0.94	0.16	4.48	0.23	0.60	1.78	0.68	0.30
2018	0.97	0.97	1.00	0.16	3.81	0.18	0.46	1.87	0.73	0.30
2019	1.08	0.83	1.09	0.14	3.06	0.18	0.45	1.87	0.64	0.36
2020	0.99	0.84	1.22	0.14	2.67	0.17	0.47	1.83	0.58	0.35
2021	0.96	0.89	1.17	0.11	3.18	0.21	0.51	1.89	0.66	0.30
2022	0.88	0.94	1.32	0.12	4.08	0.19	0.47	1.93	0.71	0.32

2017—2022 年菲律宾 RCA 指数变化如图 5-16 所示。2017—2022 年菲律宾 RCA 指数整体变化不明显。SITC-4 产品的 RCA 指数先降后增，但整体在 2.5 以上，这说明菲律宾 SITC-4 产品的竞争力较强。其他类产品的 RCA 指数比较稳定，其中 SITC-7 产品的 RCA 指数在 1.5 到 2.5 之间，即菲律宾 SITC-7 产品的竞争力较强。

（六）泰国 RCA 指数

基于 2013—2022 年泰国进出口统计数据和式（5-3）可以计算出 SITC-0 至 SITC-9 产品 RCA 指数。从不同类产品 RCA 指数中可以发现泰国在国际竞

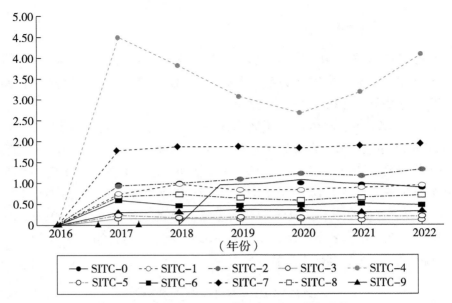

图 5-16　2017—2022 年菲律宾 RCA 指数变化

争中具有存在比较优势的产品。

2013—2022 年泰国 RCA 指数如图 5-17 所示,泰国缺乏竞争力极强的产品。2013—2022 年,SITC-0 产品 RCA 指数在 ［1.25,2.5］波动,这说明泰国的 SITC-0 产品具有较强的竞争力;SITC-1、SITC-2、SITC-5、SITC-6 和 SITC-7 产品的 RCA 指数大多在 ［0.8,1.25］波动,这说明泰国这些类产品具有中度的竞争力。SITC-3、SITC-4、SITC-8 和 SITC-9 产品的 RCA 指数大多在 ［0,0.8］波动,这说明泰国 SITC-3、SITC-4、SITC-8 和 SITC-9 产品的竞争力偏弱。

表 5-17　　　　　　　　　　2013—2022 年泰国 RCA 指数

年份	SITC-0	SITC-1	SITC-2	SITC-3	SITC-4	SITC-5	SITC-6	SITC-7	SITC-8	SITC-9
2013	2.01	0.70	1.42	0.43	0.67	0.98	1.04	1.26	0.79	0.22
2014	2.05	0.79	1.26	0.38	0.48	0.98	1.00	1.25	0.78	0.22
2015	1.97	0.85	1.23	0.38	0.29	0.89	0.99	1.23	0.74	0.32
2016	1.87	0.87	1.24	0.33	0.26	0.82	0.99	1.22	0.73	0.56
2017	1.91	0.89	1.46	0.37	0.42	0.84	0.99	1.21	0.72	0.40

续表

年份	SITC-0	SITC-1	SITC-2	SITC-3	SITC-4	SITC-5	SITC-6	SITC-7	SITC-8	SITC-9
2018	1.98	0.96	1.26	0.39	0.48	0.92	1.03	1.22	0.73	0.28
2019	2.06	1.15	1.19	0.34	0.43	0.90	1.09	1.13	0.79	0.59
2020	1.88	1.04	1.06	0.34	0.38	0.75	0.98	1.15	0.74	1.00
2021	1.92	1.01	1.12	0.33	0.81	0.86	1.01	1.25	0.73	0.31
2022	2.03	1.01	1.24	0.30	1.03	0.80	1.04	1.27	0.70	0.49

2013—2022 年泰国 RCA 指数变化如图 5-17 所示。2013—2022 年，泰国 SITC-4 和 SITC-9 产品 RCA 指数波动较大，其他类产品 RCA 指数波动不大。SITC-0 产品 RCA 指数最大，但仅仅在 2 附近波动，说明泰国缺少竞争力极强的产品。

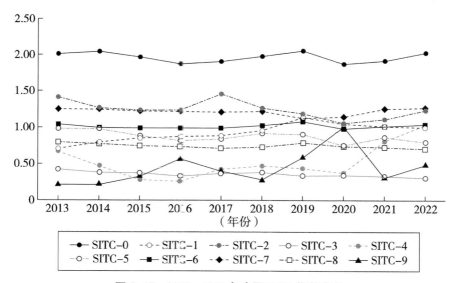

图 5-17　2013—2022 年泰国 RCA 指数变化

（七）印尼 RCA 指数

基于 2013—2022 年印尼进出口统计数据和式（5-3）可以计算出 SITC-0 至 SITC-9 产品 RCA 指数。从不同类产品 RCA 指数中可以发现印尼在国际竞争中具有存在比较优势的产品。

2013—2022 年印尼 RCA 指数如表 5-18 所示。2013—2022 年，SITC-4 产

品 RCA 指数均值超过 22，说明印尼这类产品具有极强的竞争力，竞争优势明显；SITC-2 和 SITC-3 产品 RCA 指数大多在 [1.25，2.5] 波动，说明印尼这两类产品具有较强的竞争力；SITC-0、SITC-1、SITC-6 和 SITC-8 产品的 RCA 指数大多在 [0.8，1.25] 波动，说明印尼 SITC-0、SITC-1、SITC-6 和 SITC-8 产品具有中度竞争力；SITC-5、SITC-7 和 SITC-9 产品竞争力偏弱。

表 5-18 　　　　　　　　2013—2022 年印尼 RCA 指数

年份	SITC-0	SITC-1	SITC-2	SITC-3	SITC-4	SITC-5	SITC-6	SITC-7	SITC-8	SITC-9
2013	1.01	0.70	2.80	2.15	21.05	0.62	0.97	0.37	0.84	0.15
2014	1.11	0.78	2.08	2.12	24.46	0.67	1.02	0.36	0.94	0.16
2015	1.20	0.86	2.44	2.21	24.30	0.61	1.08	0.36	1.07	0.17
2016	1.20	0.90	2.45	2.17	23.36	0.68	1.12	0.38	1.16	0.17
2017	1.16	0.90	2.56	2.30	24.21	0.67	1.07	0.35	1.03	0.19
2018	1.17	0.88	2.64	2.15	23.55	0.69	1.19	0.35	1.02	0.18
2019	1.22	0.93	2.38	1.90	22.36	0.68	1.32	0.38	1.03	0.38
2020	1.27	0.89	2.13	2.00	21.85	0.62	1.44	0.35	1.00	0.60
2021	1.15	0.69	1.97	1.80	21.25	0.65	1.48	0.33	0.95	0.15
2022	1.03	0.66	2.52	1.91	16.51	0.61	1.42	0.34	0.90	0.08

2013—2022 年印尼 RCA 指数变化如图 5-18 所示。2013—2022 年，印尼各类产品 RCA 指数整体波动幅度不大。SITC-4 产品的 RCA 指数自 2017 年后有下降态势，但其值依旧远高于其他类产品的 RCA 指数，这说明印尼的 SITC-4 产品具有极强的竞争力。SITC-2 和 SITC-3 产品的 RCA 指数在 2 附近波动，这说明印尼 SITC-2 和 SITC-3 产品具有较强的竞争力。

（八）老挝 RCA 指数

基于 2013—2022 年老挝进出口统计数据和式（5-3）可以计算出 SITC-0 至 SITC-9 产品 RCA 指数。从不同类产品 RCA 指数中可以看出老挝在国际竞争中具有存在比较优势的产品。

2013—2022 年老挝 RCA 指数如表 5-19 所示。老挝 SITC-0 至 SITC-9 产品竞争力差异明显。2013—2022 年，SITC-1 和 SITC-2 产品 RCA 指数均值超过 2.5，这说明老挝 SITC-1 和 SITC-2 产品具有极强的竞争力，比较优势明

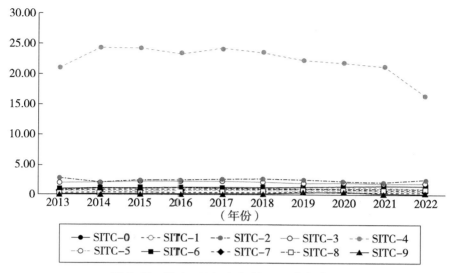

图 5-18　2013—2022 年印尼 RCA 指数变化

显；SITC-0、SITC-3、SITC-6 和 SITC-9 产品的 RCA 指数波动幅度较大，比较优势不稳定；其他类产品竞争力偏弱。

表 5-19　　　　　　2013—2022 年老挝 RCA 指数

年份	SITC-0	SITC-1	SITC-2	SITC-3	SITC-4	SITC-5	SITC-6	SITC-7	SITC-8	SITC-9
2013	1.79	3.88	7.68	0.04	0.00	0.32	2.87	0.06	0.71	1.16
2014	1.58	9.12	8.11	0.00	0.00	0.31	2.13	0.24	0.86	0.97
2015	1.97	10.03	7.86	0.02	0.00	0.62	1.56	0.33	0.61	0.91
2016	3.05	9.63	8.04	0.03	0.01	0.50	1.10	0.33	0.55	0.69
2017	2.21	7.40	5.44	2.77	0.00	0.31	0.79	0.26	0.50	0.59
2018	1.74	7.36	5.91	2.24	0.02	0.38	1.22	0.25	0.48	0.43
2019	2.58	6.73	5.67	2.16	0.02	0.47	0.84	0.21	0.58	0.58
2020	3.19	6.30	5.48	2.16	0.02	0.40	0.54	0.16	0.55	1.55
2021	2.62	4.89	4.05	2.12	0.01	0.30	0.92	0.11	0.47	2.82
2022	0.02	0.03	0.17	0.00	0.00	0.26	0.08	0.18	0.12	0.02

2013—2022 年老挝 RCA 指数变化如图 5-19 所示。2013—2022 年，老挝多类产品 RCA 指数波动幅度较大。总体而言，老挝 SITC-1 和 SITC-2 产品的

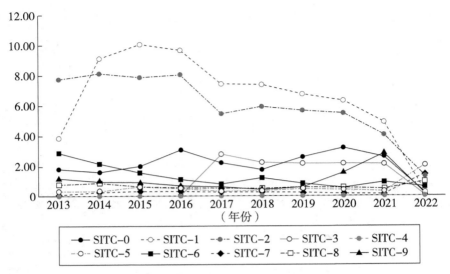

图 5-19　2013—2022 年老挝 RCA 指数变化

RCA 指数较大，但 2018 年后有下降的趋势；SITC-0、SITC-3、SITC-6 和 SITC-9 产品的 RCA 指数波动较大，比较优势不稳定。

（九）文莱 RCA 指数

基于 2013—2022 年文莱进出口统计数据和式（5-3）可以计算出 SITC-0 至 SITC-9 产品 RCA 指数。从不同类产品 RCA 指数中可以看出文莱在国际竞争中具有存在比较优势的产品。

2013—2022 年文莱 RCA 指数如表 5-20 所示。文莱 SITC-0 至 SITC-9 产品竞争力差别巨大。2013—2022 年，SITC-3 产品的 RCA 指数均值超过 2.5，这说明文莱这类产品具有极强的竞争力。其他类产品的 RCA 均值低于 0.8，这说明文莱其他类产品竞争力较弱。

表 5-20　　　　　　　　　　2013—2022 年文莱 RCA 指数

年份	SITC-0	SITC-1	SITC-2	SITC-3	SITC-4	SITC-5	SITC-6	SITC-7	SITC-8	SITC-9
2013	0.02	0.02	0.03	6.61	0.00	0.07	0.06	0.03	0.04	0.00
2014	0.05	0.12	0.04	6.76	0.00	0.40	0.04	0.04	0.04	0.00
2015	0.01	0.04	0.04	8.93	0.00	0.20	0.07	0.08	0.06	0.00
2016	0.02	0.04	0.10	9.90	0.00	0.43	0.06	0.13	0.07	0.00

续表

年份	SITC-0	SITC-1	SITC-2	SITC-3	SITC-4	SITC-5	SITC-6	SITC-7	SITC-8	SITC-9
2017	0.02	0.05	0.08	9.44	0.00	0.32	0.04	0.07	0.25	0.00
2018	0.03	0.00	0.08	8.40	0.00	0.33	0.08	0.07	0.09	0.00
2019	0.02	0.00	0.09	8.49	0.01	0.30	0.07	0.09	0.06	0.00
2020	0.02	0.00	0.02	10.46	0.00	1.34	0.02	0.02	0.03	0.00
2021	0.06	0.00	0.06	7.26	0.01	1.45	0.02	0.06	0.02	0.00
2022	0.05	0.00	0.05	6.30	0.00	1.39	0.04	0.03	0.02	0.00

2013—2022 年文莱 RCA 指数变化如图 5-20 所示。2013—2022 年文莱各类产品的 RCA 指数变化趋势有所区别。总体而言，文莱 SITC-3 产品的 RCA 指数较大且呈现"增—降—增—降"的趋势，即 SITC-3 产品具有极强的竞争力，但波动幅度大；SITC-5 产品的 RCA 指数在 2020 年大幅增长后比较稳定；其他类产品的 RCA 指数较小且波动不明显。

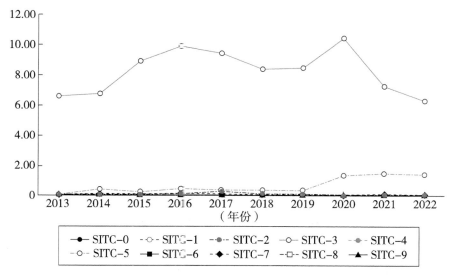

图 5-20　2013—2022 年文莱 RCA 指数变化

（十）缅甸 RCA 指数

基于 2013—2022 年缅甸进出口统计数据和式（5-3）可以计算出 SITC-0 至

SITC-9 产品 RCA 指数。从不同类产品 RCA 指数中可以看出缅甸在国际竞争中具有比存在较优势的产品。

2013—2022 年缅甸 RCA 指数如表 5-21 所示。缅甸 SITC-0 至 SITC-9 产品的竞争力差异明显。截至 2022 年，SITC-0 和 SITC-3 产品的 RCA 指数均值超过 2.5，这说明缅甸 SITC-0 和 SITC-3 产品具有极强的竞争力，比较优势明显；SITC-2 和 SITC-8 产品的 RCA 指数均值在 [1.25，2.5]，这说明缅甸的 SITC-2 和 SITC-8 产品具有较强的竞争力；其他类产品 RCA 指数均低于 0.8，竞争力较弱。

表 5-21　　　　　　　　2013—2022 年缅甸 RCA 指数

年份	SITC-0	SITC-1	SITC-2	SITC-3	SITC-4	SITC-5	SITC-6	SITC-7	SITC-8	SITC-9
2013	4.11	0.08	3.60	2.30	0.12	0.02	0.69	0.01	1.01	1.16
2014	3.69	0.12	2.16	2.94	0.02	0.01	1.02	0.01	0.86	1.09
2015	4.36	0.21	1.40	4.06	0.02	0.01	0.80	0.01	0.71	0.91
2016	5.17	0.25	1.48	3.17	0.02	0.01	0.72	0.15	1.30	0.13
2017	4.50	0.57	1.27	2.81	0.03	0.04	0.89	0.14	1.74	0.11
2018	4.16	0.47	0.95	2.00	0.04	0.03	1.15	0.11	2.53	0.02
2019	3.34	0.46	1.27	2.30	0.04	0.03	0.95	0.08	2.78	0.00
2020	3.59	0.38	1.57	2.60	0.05	0.01	0.73	0.14	2.75	0.00
2021	4.47	0.37	1.69	1.95	0.02	0.01	0.54	0.08	2.76	0.00
2022	4.01	0.18	1.26	1.84	0.01	0.01	0.26	0.08	3.47	0.00

2013—2022 年缅甸 RCA 指数变化如图 5-21 所示。2013—2022 年，缅甸 SITC-0 至 SITC-9 产品 RCA 指数变化趋势有所区别。总体而言，SITC-0 产品 RCA 指数较大，波动较频繁；SITC-8 产品 RCA 指数整体呈增长态势，潜力巨大；SITC-2、SITC-3 和 SITC-9 产品 RCA 指数整体呈下降趋势，竞争力逐渐减弱；其他类产品 RCA 指数较小且波动不明显。

（十一）越南 RCA 指数

基于 2013—2022 年越南进出口统计数据和式（5-3）可以计算出 SITC-0 至 SITC-9 产品 RCA 指数。从不同类产品 RCA 指数中可以看出越南在国际竞争中具有存在比较优势的产品。

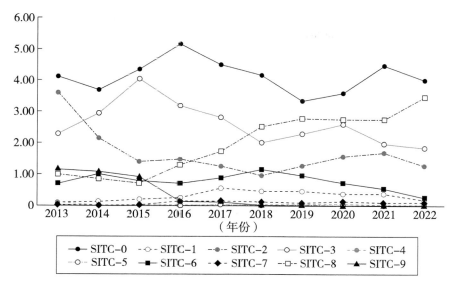

图 5-21　2013—2022 年缅甸 RCA 指数变化

2013—2022 年越南 RCA 指数如表 5-22 所示。越南 SITC-0 至 SITC-9 产品竞争力普遍较弱，没有竞争力极强的产品。2013—2022 年，SITC-0 和 SITC-8 产品的 RCA 指数均值属于［1.25，2.5］，这说明越南这两类产品具有较强的竞争力；SITC-6 和 SITC-7 产品 RCA 指数均值属于［0.8，1.25］，这两类产品具有中度竞争力；其他类产品 RCA 指数均值低于 0.8，竞争力较弱。

表 5-22　　　　　　　　　2013—2022 年越南 RCA 指数

年份	SITC-0	SITC-1	SITC-2	SITC-3	SITC-4	SITC-5	SITC-6	SITC-7	SITC-8	SITC-9
2013	2.33	0.51	0.95	0.50	0.40	0.27	0.84	0.98	2.53	0.07
2014	2.32	0.45	0.77	0.45	0.37	0.25	0.86	0.94	2.56	0.07
2015	1.93	0.42	0.72	0.30	0.36	0.23	0.83	1.03	2.42	0.07
2016	1.86	0.35	0.67	0.23	0.18	0.20	0.81	1.07	2.43	0.02
2017	1.79	0.30	0.63	0.24	0.14	0.19	0.83	1.13	2.39	0.02
2018	1.65	0.27	0.62	0.15	0.15	0.21	0.90	1.16	2.43	0.25
2019	1.40	0.28	0.63	0.13	0.14	0.21	0.91	1.19	2.35	0.30
2020	1.21	0.19	0.54	0.12	0.14	0.19	0.90	1.28	2.14	0.18
2021	1.24	0.18	0.50	0.09	0.18	0.22	1.04	1.36	1.98	0.31
2022	1.01	0.68	0.91	0.40	0.59	0.90	1.48	1.19	1.11	0.22

2013—2022 年越南 RCA 指数变化如图 5-22 所示。2013—2022 年，越南 SITC-0 至 SITC-9 产品 RCA 指数变动趋势有所区别。总体而言，SITC-6 和 SITC-7 产品具中度竞争力，且 SITC-6 和 SITC-7 产品 RCA 指数整体呈增长态势；SITC-0 和 SITC-8 产品具有较强的竞争力，但 RCA 指数整体呈下降趋势；其他类产品 RCA 指数浮动有限。

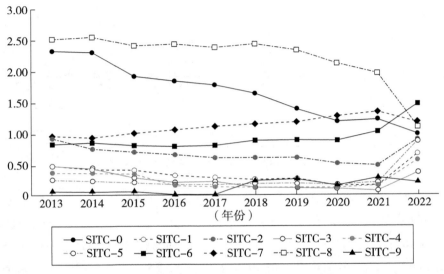

图 5-22　2013—2022 年越南 RCA 指数变化

三、分类别 RCA 指数测算

前文分国别和地区计算并对比了 SITC-0 至 SITC-9 产品 RCA 指数，指出了各个国家和地区在国际市场中具有存在比较优势的产品。本部分通过对比不同国家和地区同类产品 RCA 指数，分析各个国家和地区同类产品的竞争力差异。

（一）中国海南省和东盟十国 SITC-0 产品 RCA 指数

2013—2022 年中国海南省和东盟十国 SITC-0 产品 RCA 指数变化如图 5-23 所示，中国海南省和东盟各国在 SITC-0 产品上的国际竞争力差距较大。2013—2022 年，缅甸 SITC-0 产品的 RCA 指数波动较大，但最小值也在 3 以上，可见缅甸的 SITC-0 产品在国际市场上具有极强的竞争力；海南省、老挝、泰国和越南 SITC-0 产品 RCA 指数在 2 左右波动，这些国家和地区 SITC-

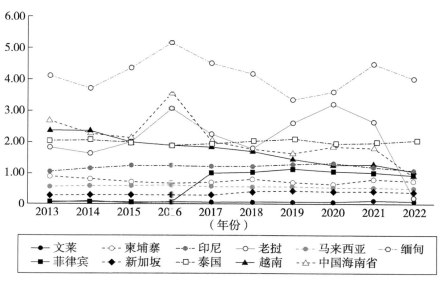

图 5-23 2013—2022 年中国海南省和东盟十国 SITC-0 产品 RCA 指数变化

0 产品的竞争力次之；其他国家 SITC-0 产品的 RCA 指数较小且波动不大，即国际竞争力较弱。

（二）中国海南省和东盟十国 SITC-1 产品 RCA 指数

2013—2022 年中国海南省和东盟十国 SITC-1 产品 RCA 指数变化如图 5-24 所示。中国海南省和东盟各国在 SITC-1 产品上的国际竞争力差距悬殊。2013—2022 年，老挝 SITC-1 产品 RCA 指数先增后降，其值最大时达到 10.03，老挝 SITC-1 产品国际竞争力极强，但近两年有明显下降趋势；除老挝之外，中国海南省与东盟其他各国的 SITC-1 产品 RCA 指数都在 1.25 以下，国际竞争力较老挝弱。

（三）中国海南省和东盟十国 SITC-2 产品 RCA 指数

2013—2022 年中国海南省和东盟十国 SITC-2 产品 RCA 指数变化如图 5-25 所示。2013—2022 年，老挝 SITC-2 产品 RCA 指数最大，即其国际竞争力极强，但近两年下降趋势明显；印尼、缅甸 SITC-2 产品具有较强的国际竞争力，且 RCA 指数较老挝 SITC-2 产品的 RCA 指数稳定；其他国家和地区 SITC-2 产品 RCA 指数不大且波动不明显。

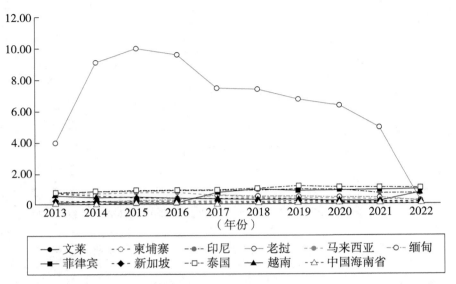

图 5-24　2013—2022 年中国海南省和东盟十国 SITC-1 产品 RCA 指数变化

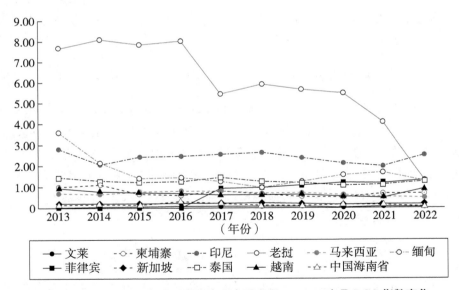

图 5-25　2013—2022 年中国海南省和东盟十国 SITC-2 产品 RCA 指数变化

（四）中国海南省和东盟十国 SITC-3 产品 RCA 指数

2013—2022 年中国海南省与东盟十国 SITC-3 产品 RCA 指数变化如图 5-26 所示。中国海南省和东盟各国在 SITC-3 产品上的国际竞争力差异明显。

2013—2022 年，文莱 SITC-3 产品的 RCA 指数波动较大，但始终大于 6，可见文莱的 SITC-3 产品在国际市场上具有极强的竞争力；缅甸和中国海南省 SITC-3 产品 RCA 指数波动较大，但其在国际市场上的竞争优势也非常突出；老挝 SITC-3 产品 RCA 指数在 2017 年大幅增加后维持了 4 年的稳定。

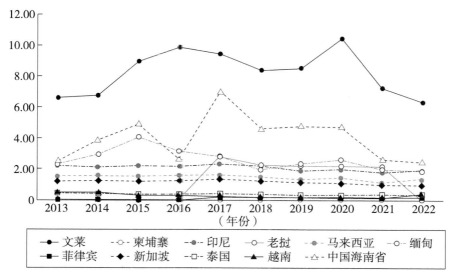

图 5-26　2013—2022 年中国海南省和东盟十国 SITC-3 产品 RCA 指数变化

（五）中国海南省和东盟十国 SITC-4 产品 RCA 指数

2013—2022 年中国海南省和东盟十国 SITC-4 产品 RCA 指数变化如图 5-27 所示。2013—2022 年，印尼、马来西亚 SITC-4 产品的 RCA 指数有所波动，但始终大于 2.5，菲律宾 2017—2022 年 SITC-4 产品的 RCA 指数也始终大于 2.5，可见这三国 SITC-4 产品在国际市场上具有极强的竞争力，尤其是印尼和马来西亚；其他国家和地区 SITC-4 产品的 RCA 指数不大且波动不明显，这些国家和地区的 SITC-4 产品在国际市场上缺乏竞争力。

（六）中国海南省和东盟十国 SITC-5 产品 RCA 指数

2013—2022 年中国海南省和东盟十国 SITC-5 产品 RCA 指数变化如图 5-28 所示。2013—2022 年，中国海南省和东盟十国 SITC-5 产品的国际竞争力普遍不强。中国海南省 SITC-5 产品的 RCA 指数波动较大，多数情况在 1 以上，其 SITC-5 产品在国际市场上具有较强的竞争力。文莱 SITC-5 产品 RCA

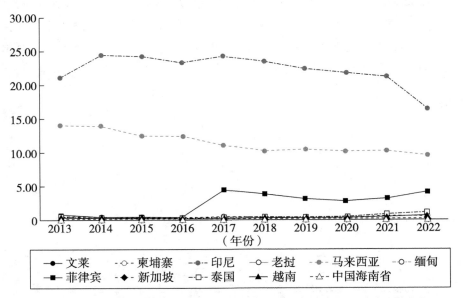

图 5-27　2013—2022 年中国海南省和东盟十国 SITC-4 产品 RCA 指数变化

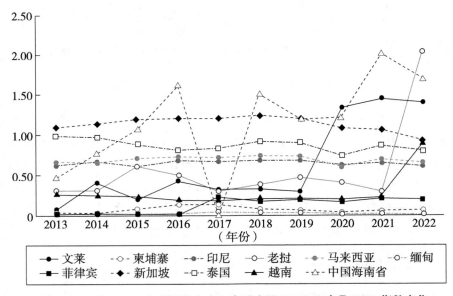

图 5-28　2013—2022 年中国海南省和东盟十国 SITC-5 产品 RCA 指数变化

指数在 2020 年有较大幅度的增长，2021—2022 年保持了同样的水平。老挝和越南 SITC-5 产品 RCA 指数在 2022 年有较大幅度的增长，其他国家 SITC-5

产品 RCA 指数波动不明显，其中柬埔寨和缅甸 SITC-5 产品的 RCA 指数接近 0，说明这两个国家的 SITC-5 产品在国际市场上缺乏竞争力。

（七）中国海南省和东盟十国 SITC-6 产品 RCA 指数

2013—2022 年中国海南省和东盟十国 SITC-6 产品 RCA 指数变化如图 5-29 所示。2013—2022 年，中国海南省和东盟十国 SITC-6 产品的 RCA 指数基本在［0，1.5］波动，国际竞争力普遍不强。印尼 SITC-6 产品具有较强国际竞争力；老挝 SITC-6 产品 RCA 指数波动下降，比较优势几乎消失；文莱 SITC-6 产品的 RCA 指数接近 0，说明其 SITC-6 产品在国际市场上缺乏竞争力。

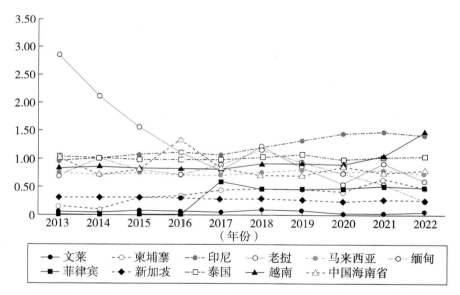

图 5-29 2013—2022 年中国海南省和东盟十国 SITC-6 产品 RCA 指数变化

（八）中国海南省和东盟一国 SITC-7 产品 RCA 指数

2013—2022 年中国海南省和东盟十国 SITC-7 产品 RCA 指数变化如图 5-30 所示。2013—2022 年，中国海南省和东盟十国 SITC-7 产品的 RCA 指数差异明显，国际竞争力差异明显。菲律宾 SITC-7 产品 RCA 指数于 2017—2022 年在［1.5，2.0］浮动，国际竞争力最强；马来西亚、新加坡、泰国和越南 SITC-7 产品的 RCA 指数整体上在［1.0，1.5］浮动，国

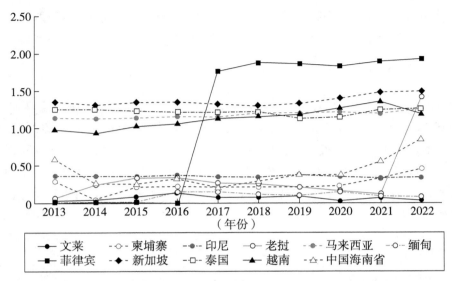

图 5-30　2013—2022 年中国海南省和东盟十国 SITC-7 产品 RCA 指数变化

际竞争力次之；其他国家和地区 SITC-7 产品的国际竞争力较弱，尤其文莱和缅甸 SITC-7 产品的 RCA 指数接近 0，说明这两国的 SITC-7 产品在国际市场上缺乏竞争力。

（九）中国海南省和东盟十国 SITC-8 产品 RCA 指数

2013—2022 年中国海南省和东盟十国 SITC-8 产品 RCA 指数变化如图 5-31 所示。2013—2022 年，中国海南省和东盟十国 SITC-8 产品的国际竞争力差异明显。柬埔寨 SITC-8 产品 RCA 指数虽然有波动，但其值较大，说明柬埔寨 SITC-8 产品的国际竞争力极强；缅甸 SITC-8 产品 RCA 指数呈增长态势；越南 SITC-8 产品 RCA 指数近年有下降趋势，但其值大多在 2 和 3 之间，说明越南 SITC-8 产品国际竞争力较强；其他国家和地区 SITC-8 产品 RCA 指数较小且波动相对较小。

（十）中国海南省和东盟十国 SITC-9 产品 RCA 指数

2013—2022 年中国海南省和东盟十国 SITC-9 产品 RCA 指数变化如图 5-32 所示。2013—2022 年，新加坡 SITC-9 产品 RCA 指数整体上在 [1.5，2.0] 波动，说明新加坡 SITC-9 产品国际竞争力极强。柬埔寨、老挝、泰国 SITC-9 产品 RCA 指数波动幅度过大，比较优势不稳定；其他国家和地区

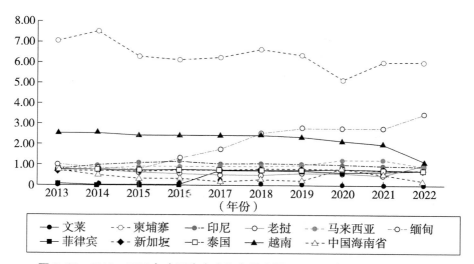

图5-31　2013—2022年中国海南省和东盟十国SITC-8产品RCA指数变化

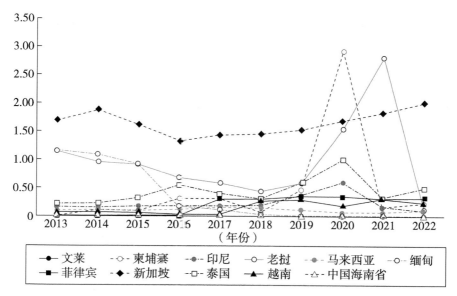

图5-32　2013—2022年中国海南省和东盟十国SITC-9产品RCA指数变化

SITC-9产品RCA指数基本低于0.8，这些国家和地区SITC-9产品国际竞争力较弱。

第三节　出口相似性指数测算

一、出口相似性指数介绍

Finger 和 Kreinin 于 1979 年提出出口相似性指数（以下简称 ESI 指数）。该指数主要用于判断贸易双方在某目标市场上的竞争程度，其计算公式表示如下：

$$ESI_{ab} = \left\{ \sum_{i=0}^{n} \left[\left(\frac{X_{ak}^i/X_{ak} + X_{bk}^i/X_{bk}}{2} \right) \times \left(1 - \left| \frac{X_{ak}^i/X_{ak} - X_{bk}^i/X_{bk}}{X_{ak}^i/X_{ak} + X_{bk}^i/X_{bk}} \right| \right) \right] \right\} \times 100$$

$$(5-4)$$

在式（5-4）中，a、b、k 分别为 a 国（地区）、b 国（地区）、k 目标市场，X_{ak}^i、X_{bk}^i 分别表示为 a 国（地区）、b 国（地区）对 k 市场 i 类产品的出口额，X_{ak}、X_{bk} 分别表示 a 国（地区）、b 国（地区）对 k 市场的出口总额。ESI_{ab} 的取值范围为 [0，100]，当两国（地区）在 k 市场上的出口产品结构完全相同时其值为 100；两国（地区）在 k 市场上的出口产品结构完全不同时其值为 0；其值越高说明两国（地区）在 k 市场上的竞争越激烈。

二、总体 ESI 指数的测算

本部分以国际市场为 k 市场，中国海南省为 a，东盟十国中的任一国家为 b，计算 ESI_{ab}，通过对比分析可以发现中国海南省与东盟十国中任一国家在中国市场的出口产品结构相似性，即中国海南省与东盟十国中任一国家在国际市场的竞争激烈程度。

2013—2022 年中国海南省与东盟十国 ESI 指数如表 5-23 所示。中国海南省与东盟十国在国际市场上的竞争程度不同。从横向对比来看，2022 年，文莱、印尼、老挝、马来西亚、新加坡、泰国、越南与中国海南省的 ESI 指数超过 50，说明它们与中国海南省在国际市场上的竞争比较激烈。其中中国海南省与马来西亚 ESI 指数接近 70，说明两者的出口产品结构相似性高；柬埔寨、菲律宾、缅甸 ESI 指数低于 50，说明这三国的出口产品结构与海南省的出口产品结构相似性较低，竞争程度较低。

表 5-23　　　　　　2013—2022 年中国海南省与东盟十国 ESI 指数

年份	中国海南省-文莱	中国海南省-柬埔寨	中国海南省-印尼	中国海南省-老挝	中国海南省-马来西亚	中国海南省-缅甸	中国海南省-菲律宾	中国海南省-新加坡	中国海南省-泰国	中国海南省-越南
2013	39.78	26.70	76.71	37.57	69.56	68.67	—	55.29	65.28	64.33
2014	60.34	13.79	67.86	37.03	57.05	69.96	—	46.14	51.00	47.25
2015	58.47	21.25	60.64	42.79	50.82	70.19	—	43.02	49.49	41.23
2016	35.18	23.95	67.06	58.12	53.15	67.48	—	48.16	55.09	45.03
2017	72.00	19.97	49.98	59.38	37.88	58.26	25.38	28.07	36.52	34.51
2018	58.79	22.30	60.55	60.41	49.34	48.88	28.81	46.25	47.66	36.39
2019	60.09	20.19	60.77	57.27	51.12	49.26	32.15	47.80	48.96	37.65
2020	53.68	28.55	66.81	54.55	55.85	57.89	37.51	50.95	59.04	47.02
2021	49.06	31.67	62.95	57.69	60.42	49.16	43.12	55.51	61.69	47.78
2022	51.35	28.96	61.18	51.67	69.08	37.41	47.18	61.57	61.05	63.54

数据来源：UN Comtrade 数据库、《海南统计年鉴》。

2013—2022 年中国海南省与东盟十国 ESI 指数变化如图 5-33 所示。十年间，中国海南省与马来西亚、新加坡、泰国、印尼、老挝、文莱、越南和缅甸七国的竞争比较激烈，其中马来西亚、中国海南省-印尼、中国海南省-泰国ESI 指数波动频繁，但始终保持高位；中国海南省-菲律宾的 ESI 指数整体上呈增长态势；中国海南省-老挝的 ESI 指数近几年有增长态势；中国海南省-缅甸的 ESI 指数呈波动下降趋势；中国海南省-柬埔寨 ESI 指数较低且比较稳定，说明中国海南省与缅甸出口产品结构相似性低，可探索更多类产品的贸易合作。

三、SITC-0 至 SITC-9 产品 ESI 指数的测算

本部分选取国际市场作为目标市场，分别计算中国海南省与东盟十国SITC-0 至 SITC-9 产品 ESI 指数，并通过对比分析，说明中国海南省与东盟十国 SITC-0 至 SITC-9 产品在国际市场上的竞争程度。

（一）中国海南省-马来西亚 SITC-0 至 SITC-9 产品 ESI 指数的测算

基于 2013—2022 年中国海南省和马来西亚 SITC-0 至 SITC-9 产品出口统

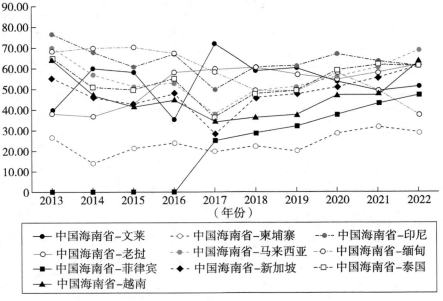

图 5-33　2013—2022 年中国海南省与东盟十国 ESI 指数变化

计数据和式（5-4）可以计算出 ESI 指数。通过中国海南省-马来西亚各类产品的 ESI 指数对比，可以发现中国海南省与马来西亚 SITC-0 至 SITC-9 产品在国际市场上的竞争程度。

2013—2022 年中国海南省-马来西亚 SITC-0 至 SITC-9 产品 ESI 指数如表 5-24 所示。中国海南省与马来西亚 SITC-0 至 SITC-9 产品在国际市场上的竞争程度不同。SITC-3 和 SITC-7 产品的 ESI 指数在各类产品的 ESI 指数中较大，2022 年 SITC-7 产品的 ESI 指数接近 30，说明中国海南省与马来西亚 SITC-3 和 SITC-7 产品的出口结构有一定的相似性，竞争比较激烈；其他类产品 ESI 指数较小，即出口产品结构相似性极低，几乎不存在竞争。

表 5-24　2013—2022 年中国海南省-马来西亚 SITC-0 至 SITC-9 产品 ESI 指数

年份	SITC-0	SITC-1	SITC-2	SITC-3	SITC-4	SITC-5	SITC-6	SITC-7	SITC-8	SITC-9
2013	3.07	0.01	0.54	22.27	0.00	5.20	9.40	19.71	9.35	0.00
2014	3.35	0.01	0.61	22.09	0.00	7.39	8.85	8.88	5.86	0.00
2015	3.51	0.01	0.49	16.46	0.01	7.78	9.63	9.18	3.75	0.00
2016	3.85	0.01	1.08	14.00	0.01	8.22	8.92	12.38	4.68	0.00

年份	SITC-0	SITC-1	SITC-2	SITC-3	SITC-4	SITC-5	SITC-6	SITC-7	SITC-8	SITC-9
2017	3.41	0.00	0.71	15.40	0.00	0.00	8.85	7.32	2.19	0.00
2018	3.15	0.04	0.50	15.67	0.00	8.46	8.74	10.21	2.57	0.00
2019	3.43	0.04	0.31	14.44	0.00	8.54	8.56	13.75	2.07	0.00
2020	3.44	0.01	0.68	11.39	0.00	7.62	8.99	13.82	9.89	0.03
2021	3.12	0.02	0.55	12.45	0.00	8.67	9.48	19.79	6.15	0.21
2022	2.87	0.04	0.27	17.16	0.01	8.10	8.90	29.52	2.19	0.02

数据来源：UN Comtrade 数据库、《海南统计年鉴》。

（二）中国海南省-柬埔寨 SITC-0 至 SITC-9 产品 ESI 指数的测算

基于 2013—2022 年中国海南省和柬埔寨 SITC-0 至 SITC-9 产品出口统计数据和式（5-4）可以计算出 ESI 指数。通过中国海南省-柬埔寨各类产品的 ESI 指数对比，可以发现中国海南省与柬埔寨 SITC-0 至 SITC-9 产品在国际市场上的竞争程度。

2013—2022 年中国海南省-柬埔寨 SITC-0 至 SITC-9 产品 ESI 指数如表5-25 所示。中国海南省与柬埔寨 SITC-0 至 SITC-9 产品在国际市场上的出口结构相似性普遍较低。SITC-7 产品的 ESI 指数在各类产品的 ESI 指数中是最大的，但 ESI 指数没有超过 20 约。这说明，中国海南省和柬埔寨各类产品的出口结构相似性较低，中国海南省和柬埔寨各类产品的竞争程度较小。

表5-25　2013—2022 年中国海南省-柬埔寨 SITC-0 至 SITC-9 产品 ESI 指数

年份	SITC-0	SITC-1	SITC-2	SITC-3	SITC-4	SITC-5	SITC-6	SITC-7	SITC-8	SITC-9
2013	5.05	0.01	0.54	0.00	0.00	0.30	1.95	9.28	9.57	0.00
2014	4.61	0.01	0.61	0.00	0.00	0.17	1.26	1.27	5.86	0.00
2015	4.27	0.01	0.49	0.00	0.01	0.88	4.09	7.76	3.75	0.00
2016	4.04	0.01	1.08	0.01	0.01	1.58	4.24	8.30	4.68	0.00
2017	4.29	0.00	0.71	0.00	0.00	5.46	7.32	2.19	0.00	
2018	4.68	0.04	0.50	0.00	0.00	0.78	5.75	7.96	2.57	0.00
2019	4.17	0.04	0.31	0.00	0.00	0.56	5.38	7.67	2.07	0.00
2020	4.19	0.01	0.68	0.00	0.00	0.41	4.92	8.44	9.89	0.03

年份	SITC-0	SITC-1	SITC-2	SITC-3	SITC-4	SITC-5	SITC-6	SITC-7	SITC-8	SITC-9
2021	4.75	0.02	0.55	0.00	0.00	0.68	8.17	11.30	6.15	0.04
2022	4.39	0.04	0.04	0.00	0.01	0.71	5.81	15.74	2.19	0.02

数据来源：UN Comtrade 数据库、《海南统计年鉴》。

（三）中国海南省–新加坡 SITC-0 至 SITC-9 产品 ESI 指数的测算

基于 2013—2022 年中国海南省和新加坡 SITC-0 至 SITC-9 产品出口统计数据和式（5-4）可以计算出 ESI 指数。通过中国海南省–新加坡各类产品的 ESI 指数对比，可以发现中国海南省与新加坡 SITC-0 至 SITC-9 产品在国际市场上的竞争程度。

2013—2022 年中国海南省–新加坡 SITC-0 至 SITC-9 产品 ESI 指数如表 5-26 所示。中国海南省与新加坡各类产品在国际市场上的竞争程度不同。SITC-3、SITC-5 和 SITC-7 产品的 ESI 指数较高，2022 年 SITC-7 产品的 ESI 指数接近 30，这说明中国海南省与新加坡这三类产品的出口结构有一定的相似性，贸易中的竞争比较激烈；其他类产品的 ESI 指数较小，即出口产品结构相似性极低，几乎不存在竞争。

表 5-26　2013—2022 年中国海南省–新加坡 SITC-0 至 SITC-9 产品 ESI 指数

年份	SITC-0	SITC-1	SITC-2	SITC-3	SITC-4	SITC-5	SITC-6	SITC-7	SITC-8	SITC-9
2013	1.34	0.01	0.54	17.00	0.00	5.20	3.77	19.71	7.71	0.00
2014	1.56	0.01	0.61	16.53	0.00	8.60	4.08	8.88	5.86	0.00
2015	1.67	0.01	0.49	12.19	0.01	11.76	3.96	9.18	3.75	0.00
2016	1.68	0.01	0.84	11.07	0.01	13.65	3.83	12.38	4.68	0.00
2017	1.55	0.00	0.71	12.81	0.00	0.00	3.49	7.32	2.19	0.00
2018	2.22	0.04	0.50	13.12	0.00	14.14	3.45	10.21	2.57	0.00
2019	2.41	0.04	0.31	12.26	0.00	13.76	3.20	13.75	2.07	0.00
2020	2.58	0.01	0.66	8.09	0.00	13.64	2.88	13.82	9.24	0.03
2021	2.28	0.02	0.55	10.04	0.00	13.13	3.35	19.79	6.15	0.21
2022	2.15	0.04	0.27	12.75	0.01	11.57	3.06	29.52	2.19	0.02

数据来源：UN Comtrade 数据库、《海南统计年鉴》。

（四）中国海南省-菲律宾 SITC-0 至 SITC-9 产品 ESI 指数的测算

鉴于数据的可获得性，本部分基于 2017—2022 年中国海南省和菲律宾 SITC-0 至 SITC-9 产品出口统计数据和式（5-4）计算 ESI 指数，并通过不同类产品 ESI 指数的对比分析中国海南省与菲律宾 SITC-0 至 SITC-9 产品在国际市场上的竞争程度。

2017—2022 年中国海南省-菲律宾 SITC-0 至 SITC-9 产品 ESI 指数如表 5-27 所示。中国海南省与菲律宾 SITC-0 至 SITC-9 产品在国际市场上的竞争程度整体不高。SITC-7 产品 ESI 指数呈上升态势，2022 年达到 29.25，说明中国海南省与菲律宾 SITC-7 产品的出口结构有一定的相似性，贸易中的竞争比较激烈；SITC-0 和 SITC-6 产品的 ESI 指数在［5，10］波动，说明中国海南省与菲律宾这两类产品的出口结构相似性较低，贸易中的竞争不激烈；其他类产品的 ESI 指数较低，尤其 SITC-1、SITC-2、SITC-4、SITC-9 产品的 ESI 指数接近 0，说明中国海南省与菲律宾这些类产品的出口结构相似性极低，贸易中几乎不存在竞争。

表 5-27　　2017—2022 年中国海南省-菲律宾 SITC-0 至 SITC-9 产品 ESI 指数

年份	SITC-0	SITC-1	SITC-2	SITC-3	SITC-4	SITC-5	SITC-6	SITC-7	SITC-8	SITC-9
2017	6.25	0.00	0.71	1.51	0.00	0.00	7.40	7.32	2.19	0.00
2018	6.09	0.04	0.50	1.70	0.00	2.01	5.69	10.21	2.57	0.00
2019	6.96	0.04	0.31	1.48	0.00	2.13	5.42	13.75	2.07	0.00
2020	7.00	0.01	0.68	1.09	0.00	2.06	5.77	13.82	7.06	0.03
2021	6.09	0.02	0.55	1.18	0.00	2.61	6.54	19.79	6.15	0.21
2022	5.32	0.04	0.27	1.57	0.01	2.44	5.81	29.52	2.19	0.02

数据来源：UN Comtrade 数据库、《海南统计年鉴》。

（五）中国海南省-泰国 SITC-0 至 SITC-9 产品 ESI 指数的测算

基于 2013—2022 年中国海南省和泰国 SITC-0 至 SITC-9 产品出口统计数据和式（5-4）可以计算出 ESI 指数。通过不同类产品的 ESI 指数对比，可以发现中国海南省与泰国 SITC-0 至 SITC-9 产品在国际市场上的竞争程度。

2013—2022 年中国海南省-泰国 SITC-0 至 SITC-9 产品 ESI 指数如表 5-28 所示。中国海南省与泰国 SITC-0 至 SITC-9 产品在国际市场上的竞争程度有较大的差异。2013—2022 年，SITC-0、SITC-5、SITC-6 和 SITC-7 产品的 ESI 指数较高，尤其是 SITC-7 产品 ESI 指数在 2022 年达到了 29.52，说明中国海南省与泰国 SITC-7 产品的出口结构具有一定的相似性，贸易中的竞争比较激烈；SITC-3 和 SITC-8 产品的 ESI 指数较低，说明中国海南省与泰国在 SITC-3 和 SITC-8 产品的贸易中略有竞争；SITC-1、SITC-2、SITC-4、SITC-9 产品的 ESI 指数接近 0，说明中国海南省与泰国这些类产品的出口结构相似性极低，贸易中几乎不存在竞争。

表 5-28　　2013—2022 年中国海南省-泰国 SITC-0 至 SITC-9 产品 ESI 指数

年份	SITC-0	SITC-1	SITC-2	SITC-3	SITC-4	SITC-5	SITC-6	SITC-7	SITC-8	SITC-9
2013	11.92	0.01	0.54	6.26	0.00	5.20	12.83	19.71	8.80	0.00
2014	12.65	0.01	0.61	5.27	0.00	8.60	9.12	8.88	5.86	0.00
2015	12.64	0.01	0.49	3.94	0.01	9.71	9.77	9.18	3.75	0.00
2016	12.52	0.01	1.08	2.91	0.01	9.20	12.30	12.38	4.68	0.00
2017	12.51	0.00	0.71	3.49	0.01	10.30	7.32	2.19	0.00	
2018	10.81	0.04	0.50	4.22	0.00	10.57	8.74	10.21	2.57	0.00
2019	10.21	0.04	0.31	3.63	0.00	10.39	8.56	13.75	2.07	0.00
2020	12.76	0.01	0.68	2.67	0.00	9.33	10.74	13.82	8.99	0.03
2021	11.18	0.02	0.55	3.61	0.00	10.71	9.48	19.79	6.15	0.21
2022	5.32	0.04	0.27	3.88	0.01	9.98	9.81	29.52	2.19	0.02

数据来源：UN Comtrade 数据库、《海南统计年鉴》。

（六）中国海南省-印尼 SITC-0 至 SITC-9 产品 ESI 指数的测算

基于 2013—2022 年中国海南省和印尼 SITC-0 至 SITC-9 产品出口统计数据和式（5-4）可以计算出 ESI 指数。通过不同类产品的 ESI 指数对比，可以发现中国海南省与印尼 SITC-0 至 SITC-9 产品在国际市场上的竞争程度。

2013—2022 年中国海南省-印尼 SITC-0 至 SITC-9 产品 ESI 指数如表 5-29 所示。海南省与印尼 SITC-0 至 SITC-9 产品出口结构相似性差异较大。2013—2022 年，SITC-3、SITC-6 和 SITC-7 产品的 ESI 指数均值大于 10，尤其是 SITC-3 产品 ESI 指数在 2022 年达到了 24.32，说明中国海南省与印尼 SITC-3 产品的出口结构有一定的相似性，贸易中的竞争比较激烈；SITC-0、SITC-5、SITC-6、SITC-8 产品的 ESI 指数较低，中国海南省与印尼在这些类产品的贸易中略有竞争；SITC-1、SITC-4、SITC-9 产品的 ESI 指数接近 0，说明中国海南省与印尼在这几类产品的贸易中几乎不存在竞争。

表 5-29　　　　2013—2022 年中国海南省-印尼 SITC-0 至 SITC-9 产品 ESI 指数

年份	SITC-0	SITC-1	SITC-2	SITC-3	SITC-4	SITC-5	SITC-6	SITC-7	SITC-8	SITC-9
2013	6.00	0.01	0.54	31.44	0.00	5.20	12.05	12.13	9.33	0.00
2014	6.86	0.01	0.61	29.04	0.00	7.48	9.12	8.88	5.86	0.00
2015	7.72	0.01	0.49	23.04	0.01	6.68	9.77	9.18	3.75	0.00
2016	8.05	0.01	1.08	19.29	0.01	7.64	13.91	12.38	4.68	0.00
2017	7.61	0.00	0.71	21.35	0.00	0.00	10.30	7.32	2.19	0.00
2018	7.29	0.04	0.50	23.31	0.00	7.89	8.74	10.21	2.57	0.00
2019	7.91	0.04	0.31	20.34	0.00	7.80	8.56	13.75	2.07	0.00
2020	8.95	0.01	0.68	15.53	0.00	7.76	10.74	13.12	9.89	0.03
2021	7.34	0.02	0.55	19.48	0.00	8.08	9.48	11.65	6.15	0.21
2022	5.32	0.04	0.27	24.32	0.01	7.61	9.81	11.59	2.19	0.02

数据来源：UN Comtrade 数据库、《海南统计年鉴》。

（七）中国海南省-老挝 SITC-0 至 SITC-9 产品 ESI 指数的测算

基于 2013—2022 年中国海南省和老挝 SITC-0 至 SITC-9 产品出口统计数据和式（5-4）可以计算出 ESI 指数。通过不同类产品的 ESI 指数对比，可以发现中国海南省与老挝 SITC-0 至 SITC-9 产品在国际市场上的竞争程度。

2013—2022 年中国海南省-老挝 SITC-0 至 SITC-9 产品 ESI 指数如表 5-30 所示。中国海南省与老挝 SITC-0 至 SITC-9 产品出口结构相似性差异较大，且 ESI 指数波动明显。截至 2022 年，中国海南省与老挝 SITC-5 和 SITC-7 产品的 ESI 指数大于 20，说明中国海南省与老挝 SITC-5 和 SITC-7 产品的出口结构存在一定的贸易相似性，贸易中的竞争比较激烈；SITC-6 和 SITC-8 产品的 ESI 指数大多不高于 10，说明中国海南省与老挝 SITC-6 和 SITC-8 产品的出口结构相似性较低，贸易中的竞争较小；SITC-1、SITC-2、SITC-4、SITC-9 产品的 ESI 指数接近 0，说明中国海南省与老挝在这些类产品的贸易中几乎不存在竞争；SITC-0 和 SITC-3 产品的 ESI 指数波动幅度较大，中国海南省与老挝这两类产品的出口结构相似性不稳定。

表5-30　　2013—2022年中国海南省-老挝SITC-0至SITC-9产品ESI指数

年份	SITC-0	SITC-1	SITC-2	SITC-3	SITC-4	SITC-5	SITC-6	SITC-7	SITC-8	SITC-9
2013	10.60	0.01	0.54	0.62	0.00	3.45	12.83	1.95	7.98	0.00
2014	9.75	0.01	0.61	0.04	0.00	3.44	9.12	8.19	5.86	0.00
2015	12.64	0.01	0.49	0.18	0.00	6.78	9.77	9.18	3.75	0.00
2016	20.40	0.01	1.08	0.24	0.01	5.67	13.68	12.35	4.68	0.00
2017	13.05	0.00	0.71	26.33	0.00	9.78	7.32	2.19	0.00
2018	10.81	0.04	0.50	24.25	0.00	4.36	8.74	9.13	2.57	0.00
2019	10.21	0.04	0.31	23.19	0.00	5.36	8.56	7.53	2.07	0.00
2020	12.76	0.01	0.68	16.87	0.00	4.94	6.63	5.92	6.74	0.03
2021	11.18	0.02	0.55	22.98	0.00	3.68	9.48	4.01	5.59	0.21
2022	0.93	0.04	0.27	0.33	0.00	21.15	7.23	29.52	2.19	0.02

数据来源：UN Comtrade数据库、《海南统计年鉴》。

（八）中国海南省-文莱SITC-0至SITC-9产品ESI指数的测算

基于2013—2022年中国海南省和文莱SITC-0至SITC-9产品出口统计数据和式（5-4）可以计算出ESI指数。通过中国海南省与文莱不同类产品的ESI指数对比，可以发现中国海南省与文莱SITC-0至SITC-9产品在国际市场上的竞争程度。

2013—2022年中国海南省-文莱SITC-0至SITC-9产品ESI指数如表5-31所示。中国海南省与文莱SITC-0至SITC-9产品出口结构相似性差异巨大。2013—2022年SITC-3产品的ESI指数均值达到40以上，SITC-3产品的ESI指数在2017年达到66.43，说明中国海南省与文莱SITC-3产品的出口结构相似性较高，贸易中的竞争比较激烈；2020—2022年SITC-5产品的ESI指数均值在［10，20］，说明中国海南省与文莱SITC-5产品的出口结构有一定的相似性，贸易中的竞争比较激烈；其他类产品的ESI指数较小，尤其SITC-1、SITC-4、SITC-9产品的ESI指数接近0，说明中国海南省与文莱在这几类产品的贸易中几乎不存在竞争。

表5-31　　2013—2022年中国海南省-文莱SITC-0至SITC-9产品ESI指数

年份	SITC-0	SITC-1	SITC-2	SITC-3	SITC-4	SITC-5	SITC-6	SITC-7	SITC-8	SITC-9
2013	0.14	0.01	0.11	36.47	0.00	0.81	0.69	1.13	0.43	0.00
2014	0.29	0.01	0.13	53.11	0.00	4.49	0.51	1.36	0.44	0.00

续表

年份	SITC-0	SITC-1	SITC-2	SITC-3	SITC-4	SITC-5	SITC-6	SITC-7	SITC-8	SITC-9
2015	0.08	0.01	0.15	51.60	0.00	2.17	0.84	2.86	0.75	0.00
2016	0.13	0.01	0.35	23.26	0.00	4.82	0.77	4.90	0.93	0.00
2017	0.15	0.00	0.30	66.43	0.00	0.00	0.44	2.51	2.19	0.00
2018	0.20	0.00	0.29	49.93	0.00	3.75	1.00	2.61	1.01	0.00
2019	0.14	0.00	0.31	51.30	0.00	3.51	0.85	3.25	0.71	0.00
2020	0.15	0.00	0.09	36.89	0.00	15.18	0.25	0.76	0.33	0.03
2021	0.35	0.00	0.27	27.74	0.00	18.05	0.29	1.95	0.28	0.14
2022	0.31	0.00	0.20	31.67	0.00	17.48	0.51	0.93	0.23	0.02

数据来源：UN Comtrade 数据库、《海南统计年鉴》。

（九）中国海南省-缅甸 SITC-0 至 SITC-9 产品 ESI 指数的测算

基于 2013—2022 年中国海南省和缅甸 SITC-0 至 SITC-9 产品出口统计数据和式（5-4）可以计算出 ESI 指数。通过中国海南省与缅甸不同类产品的 ESI 指数对比，可以发现中国海南省与缅甸 SITC-0 至 SITC-9 产品在国际市场上的竞争程度。

2013—2022 年中国海南省-缅甸 SITC-0 至 SITC-9 产品 ESI 指数如表 5-32 所示。中国海南省与缅甸 SITC-0 至 SITC-9 产品的出口结构相似性差异较大。SITC-3 产品的 ESI 指数均值超过 20，说明中国海南省与缅甸 SITC-3 产品的出口结构相似性较高，贸易中的竞争比较激烈；SITC-0 产品的 ESI 指数均值在 10 以上，说明中国海南省与缅甸 SITC-0 产品的出口结构具有一定的相似性；SITC-6、SITC-7、SITC-8 产品的 ESI 指数较低，说明中国海南省与缅甸在这些类产品的贸易中略有竞争；SITC-1、SITC-2、SITC-4、SITC-5、SITC-9 产品的 ESI 指数接近 0，说明中国海南省与缅甸在这几类产品的贸易中几乎不存在竞争。

表 5-32　2013—2022 年中国海南省-缅甸 SITC-0 至 SITC-9 产品 ESI 指数

年份	SITC-0	SITC-1	SITC-2	SITC-3	SITC-4	SITC-5	SITC-6	SITC-7	SITC-8	SITC-9
2013	15.68	0.01	0.54	33.52	0.00	0.26	8.61	0.40	9.57	0.00
2014	13.81	0.01	0.61	40.20	0.00	0.09	9.12	0.26	5.86	0.00
2015	13.43	0.01	0.49	42.32	0.01	0.09	9.77	0.33	3.75	0.00

年份	SITC-0	SITC-1	SITC-2	SITC-3	SITC-4	SITC-5	SITC-6	SITC-7	SITC-8	SITC-9
2016	23.68	0.01	1.08	23.26	0.01	0.13	8.93	5.70	4.68	0.00
2017	13.05	0.00	0.71	26.67	0.00	0.00	10.30	5.34	2.19	0.00
2018	10.81	0.04	0.50	21.72	0.00	0.34	8.74	4.16	2.57	0.00
2019	10.21	0.04	0.31	24.69	0.00	0.31	8.56	3.08	2.07	0.00
2020	12.76	0.01	0.68	20.25	0.00	0.12	8.87	5.31	9.89	0.01
2021	11.18	0.02	0.55	21.18	0.00	0.13	6.95	2.99	6.15	0.01
2022	5.32	0.04	0.27	23.49	0.01	0.12	3.14	2.82	2.19	0.00

数据来源：UN Comtrade 数据库、《海南统计年鉴》。

（十）中国海南省-越南 SITC-0 至 SITC-9 产品 ESI 指数的测算

基于 2013—2022 年中国海南省和越南 SITC-0 至 SITC-9 产品出口统计数据和式（5-4）可以计算出 ESI 指数。通过中国海南省与越南不同类产品的 ESI 指数对比，可以中国发现海南省与越南 SITC-0 至 SITC-9 产品在国际市场上的竞争程度。

2013—2022 年中国海南省-越南 SITC-0 至 SITC-9 产品 ESI 指数如表 5-33 所示。中国海南省与越南 SITC-0 至 SITC-9 产品的出口结构相似性差异较大。SITC-7 产品 ESI 指数在 2022 年达到了 29.52，说明中国海南省与越南 SITC-7 产品的出口结构相似性较高，贸易中的竞争比较激烈；SITC-0、SITC-3、SITC-5、SITC-6、SITC-8 产品的 ESI 指数次之，且波动幅度较大，说明中国海南省与越南在这些类产品的贸易中略有竞争；SITC-1、SITC-2、SITC-4、SITC-9 产品的 ESI 指数接近 0，说明中国海南省与越南在这几类产品的贸易中几乎不存在竞争。

表 5-33　　2013—2022 年中国海南省-越南 SITC-0 至 SITC-9 产品 ESI 指数

年份	SITC-0	SITC-1	SITC-2	SITC-3	SITC-4	SITC-5	SITC-6	SITC-7	SITC-8	SITC-9
2013	13.82	0.01	0.54	7.34	0.00	2.90	10.44	19.71	9.57	0.00
2014	13.81	0.01	0.61	6.15	0.00	2.81	9.12	8.88	5.86	0.00
2015	12.41	0.01	0.49	3.08	0.01	2.53	9.77	9.18	3.75	0.00
2016	12.43	0.01	1.08	2.03	0.01	2.28	10.13	12.38	4.68	0.00

续表

年份	SITC-0	SITC-1	SITC-2	SITC-3	SITC-4	SITC-5	SITC-6	SITC-7	SITC-8	SITC-9
2017	11.75	0.00	0.71	2.25	0.00	0.00	10.28	7.32	2.19	0.00
2018	10.32	0.04	0.50	1.61	0.00	2.39	8.74	10.21	2.57	0.00
2019	9.07	0.04	0.31	1.38	0.00	2.48	8.56	13.75	2.07	0.00
2020	8.50	0.01	0.68	0.95	0.00	2.41	10.74	13.82	9.89	0.03
2021	7.86	0.02	0.55	0.98	0.00	2.76	9.48	19.79	6.15	0.21
2022	5.32	0.04	0.27	5.06	0.01	11.30	9.81	29.52	2.19	0.02

数据来源：UN Comtrade 数据库、《海南统计年鉴》。

本章通过 TC 指数、RCA 指数、ESI 指数对中国海南省和东盟十国的贸易竞争力进行了实证研究。

首先，通过 TC 指数的分析可知，中国海南省和东盟十国在国际市场上的贸易竞争力整体偏弱，文莱、马亚西亚、新加坡稍有竞争优势，其他国家和地区处于竞争劣势。从各类产品的角度来看，缅甸和泰国在 SITC-0 产品的贸易竞争中具有较大优势；泰国在 SITC-1 产品的贸易竞争中具有较大优势；泰国和印尼在 SITC-2 产品的贸易竞争中有较大优势，老挝和缅甸具有极大优势；文莱在 SITC-3 产品的贸易竞争中有极大优势；泰国和柬埔寨在 SITC-4 产品的贸易竞争中具有较大优势，印尼和马亚西亚具有绝对优势；新加坡在 SITC-5 产品的贸易竞争中稍有优势；中国海南省在 SITC-6 产品的贸易竞争中稍有优势；中国海南省和东盟十国在 SITC-7 产品的贸易竞争中不具有明显优势；马来西亚和印尼在 SITC-8 产品的贸易竞争中具有中等优势，柬埔寨和缅甸具有极大优势；在 SITC-9 产品的贸易竞争中，菲律宾具有极大优势。

其次，通过 RCA 指数测算可以了解中国海南省和东盟十国具有存在比较优势的产品。中国海南省的 SITC-3 产品具有极强的竞争力，SITC-0 产品具有比较强的竞争力；马来西亚 SITC-4 产品具有极强的竞争力，SITC-3 产品具有比较强的竞争力；柬埔寨 SITC-8 产品具有极强的竞争力；新加坡 SITC-7 和 SITC-9 产品具有比较强的竞争力；菲律宾 SITC-4 产品具有极强的竞争力，SITC-7 产品具有比较强的竞争力；泰国 SITC-0 产品具有比较强的竞争力；印尼 SITC-4 产品具有极强的竞争力，SITC-2 和 SITC-3 产品具有比较强的竞争力；老挝 SITC-1 和 SITC-2 产品具有极强的竞争力；文莱 SITC-3 产品具有极强的竞争力；缅甸 SITC-0 和 SITC-3 产品具有极强的竞争力，SITC-2 和

SITC-8 产品具有比较强的竞争力；越南 SITC-0 和 SITC-8 产品具有比较强的竞争力。

最后，通过 ESI 指数测算可知，中国海南省与东盟十国在国际市场上的竞争激烈程度存在差异。中国海南省与马来西亚、新加坡、泰国、印尼、老挝、文莱、越南在国际市场上的竞争比较激烈，其中与马来西亚出口产品结构的相似性最高，且 SITC-3 和 SITC-7 产品的出口结构相似性较高；与新加坡 SITC-3、SITC-5 和 SITC-7 产品的贸易相似性较高；与泰国 SITC-7 产品的出口结构相似性较高；与印尼 SITC-3、SITC-6 和 SITC-7 产品的出口结构相似性较高；与老挝 SITC-5 和 SITC-7 产品的出口结构相似性较高；与文莱 SITC-3 产品的出口结构相似性较高；与越南 SITC-7 产品的出口结构相似性较高。

基于以上结论，中国海南省在与东盟十国的贸易合作中，应该立足资源禀赋，发挥比较优势，尽量扬长避短，在区域经济合作和贸易发展中找到合适的路径。

第六章 海南省与东盟十国贸易互补性实证分析

本章引入贸易互补性指数和贸易专业化指数，对中国海南省与东盟十国的贸易互补性和贸易竞争性进行实证研究，以分析中国海南省与东盟十国产业合作的可能性，为后续的研究提供基础。

第一节 贸易互补性指数测算

一、贸易互补性指数介绍

贸易互补性指数（以下简称 TCI 指数）用于衡量一国（地区）出口与另一国（地区）进口的匹配程度，可以判断两国（地区）在某产品上是否具有贸易潜力，其数值越大越有利于双方扩大服务贸易规模，深化服务贸易自由化合作，其计算公式如下：

$$TCI_{abi} = RCA_{xai} \times RCA_{mbi} \qquad (6-1)$$

其中：

$$RCA_{xai} = \frac{X_{ai}/X_{at}}{X_{wi}/X_{wt}}$$

$$RCA_{mbi} = \frac{M_{bi}/M_{bt}}{M_{wi}/M_{wt}}$$

在式（6-1）中，TCI_{abi} 表示 a 国（地区）和 b 国（地区）在 i 产品贸易中的互补性指数，RCA_{xai} 表示 a 国（地区）i 产品的显示性比较优势指数，RCA_{mbi} 表示 b 国（地区）i 产品的显示性比较劣势指数。其中 X_{ai} 代表 a 国（地区）i 产品在一定时期内的出口额；X_{at} 代表 a 国（地区）在一定时期内的全部产品出口总额；M_{bi} 代表 b 国（地区）i 产品一定时期内的进口额；M_{bt} 代表 b 国（地区）在一定时期内的全部产品的进口总额；X_{wi} 代表国际市场上

i 产品在一定时期内的出口额；X_{wt} 代表国际市场上一定时期内的全部产品出口总额；M_{wi} 代表国际市场上 i 产品在一定时期内的进口额；M_{wt} 代表国际市场上一定时期内的全部产品的进口总额。TCI_{abi} 的值小于 1，表示 a 国（地区）与 b 国（地区）在 i 产品上互补性弱；TCI_{abi} 的值大于 1，表示 a、b 两国（地区）在 i 产品上互补性强。

二、分国别 TCI 指数的测算

为了准确测算海南省与东盟十国的贸易互补性，本部分采用《国际贸易标准分类》（详见表 4-7），将贸易中的产品划分为 SITC-0 至 SITC-9，并分类计算中国海南省出口至东盟各国的每类产品的 TCI 指数。

（一）中国海南省-马来西亚 TCI 指数测算

基于 2013—2022 年中国海南省、马来西亚进出口统计数据和式（6-1）可以计算出中国海南省与马来西亚 SITC-0 至 SITC-9 产品的 TCI 指数。通过对比中国海南省与马来西亚各类产品的 TCI 指数，可以发现中国海南省与马来西亚在国际贸易中的互补性。

2013—2022 年中国海南省-马来西亚 TCI 指数如表 6-1 所示。中国海南省与马来西亚各类产品在国际市场上的贸易互补性不同。2022 年，SITC-3、SITC-5、SITC-7 产品 TCI 指数大于 1，说明中国海南省与马来西亚这些类产品的贸易互补性强，其中 SITC-3 产品的贸易互补性尤其明显；其他类产品的 TCI 指数小于 1，其中 SITC-1、SITC-2、SITC-4、SITC-9 产品的 TCI 指数接近 0，说明中国海南省与马来西亚在这些类产品的贸易中几乎不存在互补性。

表 6-1　　　　2013—2022 年中国海南省-马来西亚 TCI 指数

年份	SITC-0	SITC-1	SITC-2	SITC-3	SITC-4	SITC-5	SITC-6	SITC-7	SITC-8	SITC-9
2013	2.7152	0.0085	0.1240	2.3856	0.0035	0.3888	1.1581	0.7732	0.4722	0.0000
2014	2.3072	0.0055	0.1350	4.1924	0.0012	0.6490	0.7584	0.3192	0.2858	0.0000
2015	2.2096	0.0106	0.1254	5.7281	0.0256	0.9441	0.8183	0.2911	0.1856	0.0000
2016	3.6057	0.0113	0.3109	2.9986	0.0425	1.4395	1.3974	0.3905	0.2425	0.0000
2017	1.8834	0.0023	0.1972	8.3037	0.0066	0.0000	0.7910	0.2352	0.1112	0.0000

续表

年份	SITC-0	SITC-1	SITC-2	SITC-3	SITC-4	SITC-5	SITC-6	SITC-7	SITC-8	SITC-9
2018	1.5777	0.0259	0.1474	5.3474	0.0059	1.3420	0.6847	0.3337	0.1311	0.0000
2019	1.4966	0.0223	0.1078	5.9466	0.0044	1.0719	0.7107	0.4294	0.1011	0.0000
2020	1.7841	0.0058	0.2131	6.6184	0.0035	0.9849	0.8463	0.4383	0.4791	0.0017
2021	1.7738	0.0086	0.1575	2.9039	0.0021	1.7118	0.6503	0.6753	0.3093	0.0219
2022	0.8051	0.0203	0.0680	2.9684	0.0335	1.3488	0.6654	1.0766	0.1197	0.0016

数据来源：《海南统计年鉴》、UN Comtrade 数据库。

2013—2022 年中国海南省-马来西亚 TCI 指数变化如图 6-1 所示。SITC-3 产品 TCI 指数波动频繁，但始终保持高位；SITC-0、SITC-5、SITC-6、SITC-7 产品 TCI 指数波动幅度较大，贸易互补性不稳定；SITC-1、SITC-2、SITC-4、SITC-9 产品的 TCI 指数始终接近 0，贸易互补性不足。从各类产品 TCI 指数变化来看，中国海南省与马来西亚应该重点探索 SITC-3 产品的贸易合作。

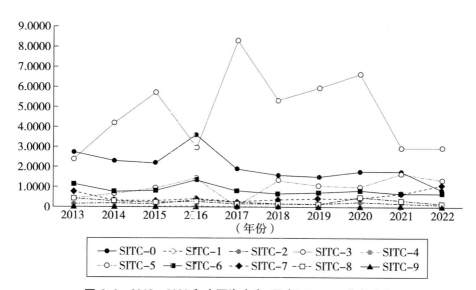

图 6-1　2013—2022 年中国海南省-马来西亚 TCI 指数变化

（二）中国海南省-柬埔寨 TCI 指数测算

基于 2013—2022 年中国海南省、柬埔寨进出口统计数据和式（6-1）可以计算出中国海南省与柬埔寨 SITC-0 至 SITC-9 产品 TCI 指数。通过对比中国海南省与柬埔寨各类产品的 TCI 指数，可以发现中国海南省与柬埔寨在国际贸易中的互补性。

2013—2022 年中国海南省-柬埔寨 TCI 指数如表 6-2 所示。中国海南省与柬埔寨各类产品在国际市场上的贸易互补性不同。2022 年，SITC-3、SITC-5、SITC-6 产品的 TCI 指数大于 1，说明中国海南省与柬埔寨这三类产品的贸易互补性强；其他类产品的 TCI 指数小于 1，其中 SITC-2、SITC-4 和 SITC-9 产品的 TCI 指数接近 0，说明中国海南省与柬埔寨在这些类产品的贸易中几乎不存在互补性。

表 6-2　　　　　　2013—2022 年中国海南省-柬埔寨 TCI 指数

年份	SITC-0	SITC-1	SITC-2	SITC-3	SITC-4	SITC-5	SITC-6	SITC-7	SITC-8	SITC-9
2013	1.7685	0.0392	0.0356	1.7869	0.0007	0.2619	3.8140	0.4033	0.5886	0.0000
2014	1.6435	0.0321	0.0468	0.8231	0.0002	1.2453	2.9332	0.1497	0.4368	0.0000
2015	1.3990	0.0578	0.0925	0.3676	0.0030	1.8509	2.9049	0.1483	0.2070	0.0000
2016	2.0453	0.0562	0.2244	2.5360	0.0057	2.9814	4.9658	0.1851	0.2179	0.0000
2017	1.2400	0.0183	0.1519	6.4354	0.0009	0.0000	2.9228	0.1090	0.1047	0.0000
2018	1.0859	0.2022	0.0977	4.2844	0.0006	2.6210	2.4146	0.1569	0.1305	0.0000
2019	0.9787	0.1504	0.0518	4.7339	0.0004	1.9809	2.4753	0.2482	0.0927	0.0000
2020	1.2222	0.0609	0.0934	5.5151	0.0003	1.8369	2.8314	0.2195	0.4349	0.0040
2021	1.0260	0.0566	0.0732	1.9074	0.0001	2.7123	1.8982	0.2555	0.2581	0.1881
2022	0.5834	0.1312	0.0391	1.9172	0.0016	2.2968	2.1561	0.4739	0.0981	0.0116

数据来源：《海南统计年鉴》、UN Comtrade 数据库。

2013—2022 年中国海南省-柬埔寨 TCI 指数变化如图 6-2 所示。SITC-3、SITC-5、SITC-6 产品 TCI 指数波动幅度大，但数值大部分大于 1，贸易互补性强；中国海南省与柬埔寨 SITC-0 产品贸易互补性较强，但近 3 年有明显下降趋势；其他类产品 TCI 指数始终低于 1，贸易互补性不足。从各类产品 TCI 指数变化来看，中国海南省与柬埔寨应该重点探索 SITC-3、SITC-5 和 SITC-6 产品的贸易合作。

（三）中国海南省-新加坡 TCI 指数测算

基于 2013—2022 年中国海南省、新加坡进出口统计数据和式（6-1）可

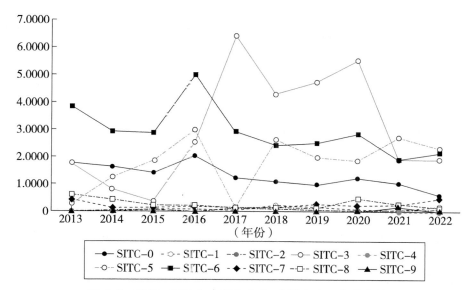

图 6-2　2013—2022 年中国海南省-柬埔寨 TCI 指数变化

以计算出中国海南省与新加坡 SITC-0 至 SITC-9 产品 TCI 指数。通过对比中国海南省与新加坡各类产品的 TCI 指数，可以发现中国海南省与新加坡在国际贸易中的互补性。

2013—2022 年中国海南省-新加坡 TCI 指数如表 6-3 所示。中国海南省与新加坡各类产品在国际市场上的贸易互补性不同。2022 年 SITC-3、SITC-5、SITC-7 产品的 TCI 指数大于 1，尤其 SITC-3 产品的 TCI 指数达到了 3.4958，说明中国海南省与新加坡这三类产品的贸易互补性强；其他类产品的 TCI 指数小于 1，其中 SITC-1、SITC-2、SITC-4、SITC-9 产品的 TCI 指数接近 0，说明中国海南省与新加坡在这四类产品的贸易中几乎不存在互补性。

表 6-3　　　　　　2013—2022 年中国海南省-新加坡 TCI 指数

年份	SITC-0	SITC-1	SITC-2	SITC-3	SITC-4	SITC-5	SITC-6	SITC-7	SITC-8	SITC-9
2013	0.9740	0.0126	0.0287	4.4373	0.0011	0.2779	0.5253	0.7246	0.6116	0.0000
2014	0.8654	0.0086	0.0316	7.4316	0.0003	0.4579	0.3920	0.3056	0.3441	0.0000
2015	0.8753	0.0165	0.0303	9.7203	0.0043	0.6839	0.4150	0.3076	0.2125	0.0000
2016	1.4229	0.0191	0.0691	5.0858	0.0108	1.0838	0.7263	0.4118	0.2862	0.0000
2017	0.7299	0.0053	0.0390	4.3598	0.0025	0.0000	0.3700	0.2422	0.1319	0.0000
2018	0.6223	0.0609	0.0260	8.8199	0.0016	0.9982	0.2995	0.3551	0.1533	0.0000

年份	SITC-0	SITC-1	SITC-2	SITC-3	SITC-4	SITC-5	SITC-6	SITC-7	SITC-8	SITC-9
2019	0.5737	0.0519	0.0129	8.5713	0.0013	0.8090	0.3119	0.4953	0.1197	0.0000
2020	0.6678	0.0165	0.0256	8.3156	0.0014	0.7823	0.3863	0.5219	0.5773	0.0057
2021	0.6325	0.0298	0.0178	4.2970	0.0008	1.2570	0.3036	0.8118	0.3829	0.0432
2022	0.2915	0.0563	0.0099	3.4958	0.0143	1.0356	0.3186	1.2821	0.1474	0.0035

数据来源：《海南统计年鉴》、UN Comtrade 数据库。

2013—2022 年中国海南省–新加坡 TCI 指数变化如图 6-3 所示。SITC-3 产品的 TCI 指数波动幅度大，但始终居于高位，说明中国海南省与新加坡 SITC-3 产品的贸易互补性强；SITC-5 和 SITC-7 产品的 TCI 指数波动较大，且近年的 TCI 指数略高于除 SITC-3 产品之外的其他类产品的 TCI 指数；其他类产品的 TCI 指数始终小于 1，贸易互补性不足。从各类产品 TCI 指数变化来看，中国海南省与新加坡应该进一步推动在 SITC-3 的生产及贸易领域的深度合作，继续探索 SITC-5 和 SITC-7 产品的贸易合作模式和机制。

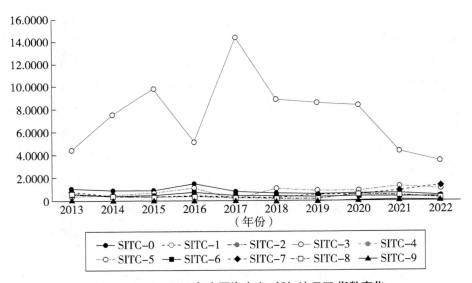

图 6-3　2013—2022 年中国海南省–新加坡 TCI 指数变化

（四）中国海南省–菲律宾 TCI 指数测算

由于部分菲律宾进出口数据缺失，因此本部分选取 2017—2022 年中国海南省和菲律宾进出口统计数据，依据式（6-1）计算中国海南省与菲律宾SITC-0 至 SITC-9 产品的 TCI 指数。通过对比中国海南省与菲律宾各类产品的 TCI 指数，可以发现中国海南省与菲律宾在国际贸易中的互补性。

2017—2022 年中国海南省-菲律宾 TCI 指数如表 6-4 所示。中国海南省与菲律宾各类产品在国际市场上的贸易互补性不同。2022 年 SITC-0、SITC-3、SITC-5、SITC-7 产品的 TCI 指数大于 1，说明中国海南省与菲律宾这些类产品的贸易互补性强，开展贸易合作的可能性大；其他类产品的 TCI 指数小于1，其中 SITC-1、SITC-2、SITC-4、SITC-9 产品的 TCI 指数接近 0，说明中国海南省与菲律宾在这四类产品的贸易中几乎不存在互补性。

表 6-4　　　　　　　2017—2022 年中国海南省-菲律宾 TCI 指数

年份	SITC-0	SITC-1	SITC-2	SITC-3	SITC-4	SITC-5	SITC-6	SITC-7	SITC-8	SITC-9
2017	2.7975	0.0027	0.1512	7.2763	0.0093	0.0000	0.8664	0.2446	0.0895	0.0000
2018	2.6158	0.0341	0.0681	4.4722	0.0073	1.1577	0.7990	0.3546	0.1127	0.0000
2019	2.5884	0.0292	0.0317	4.9068	0.0044	0.9691	0.7853	0.4619	0.0974	0.0000
2020	3.0722	0.0100	0.0686	4.8348	0.0033	1.0268	0.9702	0.4561	0.4327	0.0001
2021	3.0683	0.0158	0.0528	2.8743	0.0018	1.8299	0.7954	0.6606	0.2800	0.0007
2022	1.6267	0.0379	0.0403	2.7797	0.0329	1.3698	0.8065	1.0047	0.1054	0.0001

数据来源：《海南统计年鉴》、UN Comtrade 数据库。

2017—2022 年中国海南省与菲律宾 TCI 指数变化如图 6-4 所示。SITC-3产品的 TCI 指数呈波动下降态势，但其值始终居于高位，说明中国海南省与菲律宾 SITC-3 产品的贸易互补强；SITC-0 产品的 TCI 指数在 2022 年有所下降，但其值依旧大于 1，说明中国海南省与菲律宾 SITC-0 产品的贸易互补性强；SITC-5 产品的 TCI 指数波动较大，且近几年 TCI 指数多在 1 以上；SITC-7产品的 TCI 指数近几年有增长态势；其他类产品的 TCI 指数始终小于 1，贸易互补性不足。从各类产品 TCI 指数变化来看，中国海南省与菲律宾应该进一步推动在 SITC-3 产品的生产及贸易领域的深度合作，继续探索 SITC-5 和SITC-7 产品的贸易合作的模式和机制。

（五）中国海南省-泰国 TCI 指数测算

基于 2013—2022 年中国海南省、泰国进出口统计数据和式（6-1）可以

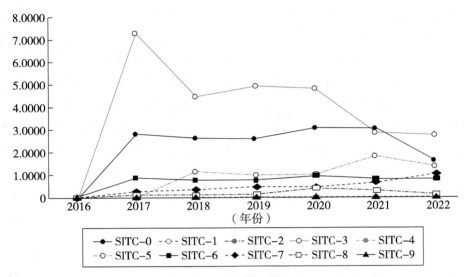

图 6-4 　2017—2022 年中国海南省-菲律宾 TCI 指数变化

计算出中国海南省与泰国 SITC-0 至 SITC-9 产品的 TCI 指数。通过对比中国海南省与泰国各类产品的 TCI 指数，可以发现中国海南省与泰国在国际贸易中的互补性。

2013—2022 年中国海南省-泰国 TCI 指数如表 6-5 所示。2013—2022 年中国海南省-泰国各类产品的贸易互补性不同。中国海南省与泰国 SITC-0 和 SITC-3 产品的 TCI 指数均值大于 1，说明中国海南省与泰国在这两类产品的贸易中互补性强；SITC-5 和 SITC-6 产品的 TCI 指数近几处大于 1，说明中国海南省与泰国近几年在这两类产品的贸易中互补性强，开展贸易合作的可能性大；其他类产品的 TCI 指数均小于 1，其中 SITC-1、SITC-2、SITC-4、SITC-9 产品的 TCI 指数接近 0，说明中国海南省与泰国在这四类产品的贸易中几乎不存在互补性。

表 6-5　　　　　　　2013—2022 年中国海南省-泰国 TCI 指数

年份	SITC-0	SITC-1	SITC-2	SITC-3	SITC-4	SITC-5	SITC-6	SITC-7	SITC-8	SITC-9
2013	1.9643	0.0030	0.0815	3.0658	0.0005	0.4005	1.4284	0.6253	0.4955	0.0000
2014	1.7019	0.0023	0.1138	5.2554	0.0002	0.6931	0.9798	0.2668	0.3034	0.0000
2015	1.7499	0.0042	0.1045	6.9323	0.0033	0.9936	1.0715	0.2536	0.1890	0.0000
2016	3.0318	0.0049	0.2445	3.5957	0.0079	1.5071	1.9556	0.3365	0.2490	0.0000

续表

年份	SITC-0	SITC-1	SITC-2	SITC-3	SITC-4	SITC-5	SITC-6	SITC-7	SITC-8	SITC-9
2017	1.6092	0.0013	0.1447	3.8484	0.0010	0.0000	1.1873	0.1942	0.1171	0.0000
2018	1.3795	0.0161	0.0984	6.2744	0.0007	1.3429	1.0081	0.2670	0.1475	0.0000
2019	1.3202	0.0157	0.0589	6.5151	0.0005	1.0529	1.0616	0.3595	0.1335	0.0000
2020	1.6237	0.0049	0.1211	7.6983	0.0004	1.0534	1.2311	0.3695	0.6384	0.0022
2021	1.4860	0.0068	0.0930	3.5573	0.0001	1.8450	1.0919	0.5533	0.3487	0.0283
2022	0.7224	0.0171	0.0494	3.2303	0.0025	1.4775	1.1260	0.8505	0.1256	0.0029

数据来源：《海南统计年鉴》、UN Comtrade 数据库。

2013—2022 年中国海南省-泰国 TCI 指数变化如图 6-5 所示。SITC-3 产品的 TCI 指数波动幅度大，但始终居于高位，说明两地 SITC-3 产品的贸易互补性强；SITC-5 和 SITC-6 产品的 TCI 指数波动比较明显，其值大部分在 1 以上，即中国海南与泰国这两种产品的贸易互补性强；其他类产品的 TCI 指数始终小于 1，贸易互补性不足。从各类产品 TCI 指数变化来看，中国海南省与泰国应该进一步深化在 SITC-3 产品的生产及贸易领域的深度合作，继续探索 SITC-5 和 SITC-6 产品的贸易合作的模式和机制。

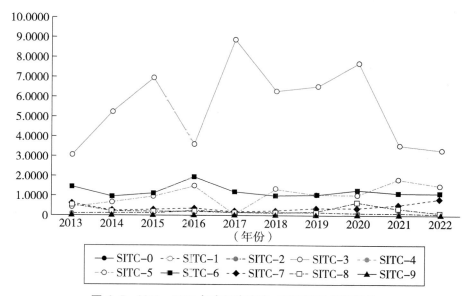

图 6-5　2013—2022 年中国海南省-泰国 TCI 指数变化

（六）中国海南省-印尼 TCI 指数测算

基于 2013—2022 年中国海南省、印尼进出口统计数据和式（6-1）可以计算出中国海南省与印尼 SITC-0 至 SITC-9 产品的 TCI 指数。通过对比中国海南省与印尼各类产品的 TCI 指数，可以发现中国海南省与印尼在国际贸易中的互补性。

2013—2022 年中国海南省-印尼 TCI 指数如表 6-6 所示。SITC-0 产品的 TCI 指数有明显下降的趋势，但其值始终大于 1，贸易互补性强；SITC-5 和 SITC-6 产品的 TCI 指数所有波动，但均值大于 1，贸易互补性强；其他类产品的 TCI 指数大部分小于 1，贸易互补性弱，尤其是 SITC-1、SITC-4、SITC-9 产品的 TCI 指数接近 0，几乎不存在互补性。

表 6-6　　　　　　2013—2022 年中国海南省-印尼 TCI 指数

年份	SITC-0	SITC-1	SITC-2	SITC-3	SITC-4	SITC-5	SITC-6	SITC-7	SITC-8	SITC-9
2013	3.3678	0.0060	0.1665	0.5430	0.0006	0.5365	1.3477	0.5485	0.3072	0.0206
2014	3.0247	0.0041	0.2159	0.8299	0.0001	0.8961	0.8971	0.2192	0.1737	0.0189
2015	2.8584	0.0063	0.1968	0.9037	0.0023	1.3756	1.0406	0.2123	0.1112	0.0254
2016	5.4580	0.0084	0.4555	0.4245	0.0058	2.0151	1.8553	0.2769	0.1692	0.0282
2017	2.8572	0.0027	0.2740	1.0662	0.0008	0.0000	1.1081	0.1636	0.0842	0.0472
2018	2.3956	0.0299	0.1880	0.7042	0.0007	1.7502	0.9593	0.2413	0.1019	0.0710
2019	2.2245	0.0244	0.1166	0.5864	0.0007	1.3764	1.0679	0.3311	0.0878	0.1199
2020	2.7990	0.0096	0.2147	0.5321	0.0004	1.3984	1.1966	0.3294	0.4448	0.1846
2021	2.7384	0.0140	0.1529	0.3566	0.0002	2.5165	1.0049	0.4611	0.2465	0.0499
2022	1.3152	0.0299	0.0835	0.3553	0.0032	1.8329	1.0779	0.7686	0.0915	0.0313

数据来源：《海南统计年鉴》、UN Comtrade 数据库。

2013—2022 年中国海南省-印尼 TCI 指数变化如图 6-6 所示。SITC-0 产品的 TCI 指数，有波动但一直大于 1，贸易互补性最强，中国海南省与印尼应该把握在 SITC-0 产品贸易中的机会，深化在 SITC-0 产品生产和贸易领域的合作；SITC-5 和 SITC-6 产品的 TCI 指数虽有波动，但均值大于 1，贸易互补性强，中国海南省与印尼应该积极寻求 SITC-5 和 SITC-6 产品贸易领域的合作，探索互惠的贸易合作模式和机制。

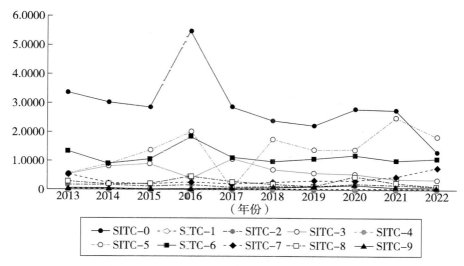

图 6-6　2013—2022 年中国海南省-印尼 TCI 指数变化

（七）中国海南省-老挝 TCI 指数测算

基于 2013—2022 年中国海南省、老挝进出口统计数据和式（6-1）可以计算出中国海南省与老挝 SITC-0 至 SITC-9 产品的 TCI 指数。通过对比中国海南省与老挝各类产品的 TCI 指数，可以发现中国海南省与老挝在国际贸易中的互补性。

2013—2022 年中国海南省-老挝 TCI 指数如表 6-7 所示。2013—2022 年中国海南省-老挝 TCI 指数变化如图 6-7 所示。SITC-3 产品的 TCI 指数均值最高，波动幅度也最大，说明中国海南省和老挝 SITC-3 产品的贸易互补性强。SITC-0 和 SITC-6 产品的 TCI 指数均值在［1，2.5］波动，波动幅度较大，这两类产品的贸易互补性也强，但略次于 SITC-3 产品的贸易互补性。其他类产品的 TCI 指数均值小于 1，贸易互补性弱，尤其是 SITC-4 和 SITC-9 产品的 TCI 指数接近 0，几乎不存在贸易互补性。

表 6-7　　　　　　2013—2022 年中国海南省-老挝 TCI 指数

年份	SITC-0	SITC-1	SITC-2	SITC-3	SITC-4	SITC-5	SITC-6	SITC-7	SITC-8	SITC-9
2013	1.4668	0.0112	0.0293	2.3836	0.0005	0.2806	2.4543	0.7063	0.4352	0.0000
2014	1.2216	0.0067	0.0333	3.8949	0.0002	0.3480	1.6237	0.3254	0.1945	0.0000
2015	1.3937	0.0152	0.0371	9.3240	0.0028	0.5514	1.3866	0.2793	0.0978	0.0000

续表

年份	SITC-0	SITC-1	SITC-2	SITC-3	SITC-4	SITC-5	SITC-6	SITC-7	SITC-8	SITC-9
2016	3.9743	0.1005	0.0911	4.3571	0.0049	0.7253	2.1026	0.3590	0.0971	0.0000
2017	1.9915	0.0279	0.0578	8.7647	0.0007	0.0000	1.6315	0.2082	0.0519	0.0000
2018	1.7923	0.3444	0.0628	5.3698	0.0006	0.8363	1.1509	0.3024	0.0891	0.0000
2019	2.5648	0.2571	0.0651	6.5347	0.0009	0.8079	1.3278	0.3275	0.0479	0.0000
2020	3.4380	0.0979	0.1473	7.6192	0.0006	0.7863	1.4662	0.3135	0.2879	0.0000
2021	3.0629	0.1529	0.1764	3.3180	0.0002	1.3620	0.9961	0.4592	0.1970	0.0413
2022	2.3626	0.0015	0.0022	0.0000	0.0000	1.0086	0.4521	0.0029	1.2383	0.0000

数据来源：《海南统计年鉴》、UN Comtrade 数据库。

从各类产品 TCI 指数变化来看，中国海南省与老挝应该深化在 SITC-0、SITC-3 和 SITC-6 产品生产和贸易领域的合作；SITC-8 产品的 TCI 指数在 2022 年呈上升趋势，中国海南省与老挝应该积极发掘 SITC-8 产品贸易领域的潜能，探索互惠的贸易合作模式和机制。

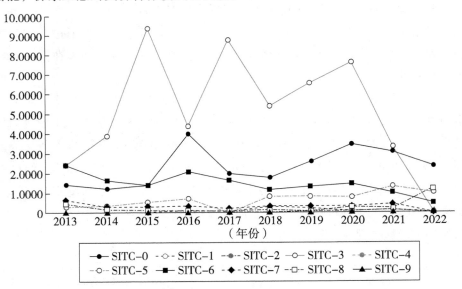

图 6-7　2013—2022 年中国海南省-老挝 TCI 指数变化

（八）中国海南省-文莱 TCI 指数测算

基于 2013—2022 年中国海南省、文莱进出口统计数据和式（6-1）可以计算出中国海南省与文莱 SITC-0 至 SITC-9 产品的 TCI 指数。通过对比中国海南省与文莱各类产品的 TCI 指数,可以发现中国海南省与文莱在国际贸易中的互补性。

2013—2022 年中国海南省-文莱 TCI 指数如表 6-8 所示。2013—2022 年中国海南省-文莱 TCI 指数变化如图 6-8 所示。SITC-0、SITC-3 和 SITC-6 产品的 TCI 指数均值大于 1,说明中国海南省与文莱这三类产品的贸易互补性强。SITC-0 产品的 TCI 指数呈波动下降趋势,2022 年其值已降到 1 以下。SITC-3 产品的 TCI 指数波动幅度大,但始终居于高位。SITC-6 产品的 TCI 指数也呈波动下降趋势。其他类产品的 TCI 指数大多数小于 1,贸易互补性较弱。

表 6-8 　　　　　　　　2013—2022 年中国海南省-文莱 TCI 指数

年份	SITC-0	SITC-1	SITC-2	SITC-3	SITC-4	SITC-5	SITC-6	SITC-7	SITC-8	SITC-9
2013	6.0124	0.0186	0.0382	1.1549	0.0017	0.3386	1.7899	0.6647	0.8788	0.0000
2014	4.9981	0.0133	0.0406	2.5296	0.0007	0.5667	0.8902	0.2941	0.5138	0.0000
2015	4.5709	0.0247	0.0476	2.8133	0.0099	0.6728	1.3419	0.2647	0.2162	0.0000
2016	8.7537	0.0325	0.1112	2.4790	0.0239	1.2433	2.2159	0.2840	0.2890	0.0000
2017	4.0548	0.0060	0.0730	5.6001	0.0042	0.0000	1.6286	0.1801	0.1282	0.0000
2018	2.9955	0.0530	0.0331	2.4492	0.0026	0.7895	1.6579	0.2956	0.1359	0.0000
2019	2.1790	0.0414	0.0101	13.7722	0.0014	0.6868	0.8452	0.3016	0.0789	0.0000
2020	2.4731	0.0144	0.0133	20.3280	0.0009	0.8401	0.8383	0.2659	0.3784	0.0000
2021	1.7459	0.0185	0.0192	15.3921	0.0003	0.7321	0.2867	0.1976	0.1731	0.0005
2022	0.8635	0.0368	0.0138	10.7042	0.0065	0.7093	0.3105	0.2877	0.0608	0.0000

数据来源:《海南统计年鉴》、UN Comtrade 数据库。

从各类产品 TCI 指数变化来看,SITC-3 产品的贸易互补性最强。中国海南省与文莱应该把握 SITC-3 产品贸易互补的特点,探索符合产业特点的互惠贸易合作模式和机制,从深度和广度强化双方合作。

(九)中国海南省-缅甸 TCI 指数测算

基于 2013—2022 年中国海南省、缅甸进出口统计数据和式(6-1)可以计算出中国海南省-缅甸 SITC-0 至 SITC-9 产品的 TCI 指数。通过对比中国海

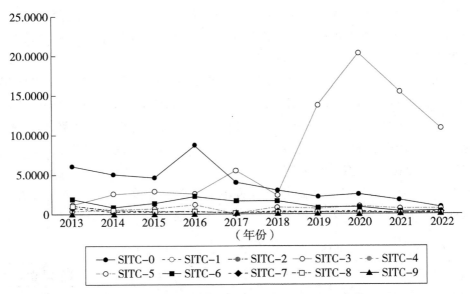

图 6-8 2013—2022 年中国海南省-文莱 TCI 指数变化

南省与缅甸各类产品的 TCI 指数，可以发现中国海南省与缅甸在国际贸易中的互补性。

2013—2022 年中国海南省-缅甸 TCI 指数如表 6-9 所示。2013—2022 年中国海南省-缅甸 TCI 指数变化如图 6-9 所示。SITC-0、SITC-3、SITC-5、SITC-6 产品的 TCI 指数均值大于 1，尤其是 SITC-3 产品的 TCI 指数在 2022 年达到了 4.7161，贸易互补性最强；SITC-1、SITC-2、SITC-4、SITC-7、SITC-8、SITC-9 产品的 TCI 指数小于 1，尤其是 SITC-1、SITC-2、SITC-4、SITC-9 产品 TCI 的指数接近 0，几乎不存在贸易互补性。

表 6-9　　　　　　　2013—2022 年中国海南省-缅甸 TCI 指数

年份	SITC-0	SITC-1	SITC-2	SITC-3	SITC-4	SITC-5	SITC-6	SITC-7	SITC-8	SITC-9
2013	1.7997	0.0089	0.0320	2.1967	0.0204	0.4186	1.9702	0.7060	0.3029	0.0000
2014	1.8168	0.0042	0.0425	4.3545	0.0065	0.5796	1.1824	0.2501	0.1468	0.0000
2015	2.3420	0.0105	0.0257	5.4529	0.0861	0.8155	1.2489	0.2861	0.0771	0.0000
2016	7.7943	0.0146	0.0636	3.2401	0.1887	1.4562	2.3608	0.2860	0.1200	0.0000
2017	3.0804	0.0042	0.0476	11.9532	0.0286	0.0000	1.3315	0.1620	0.0746	0.0000
2018	2.5111	0.0524	0.0413	7.7211	0.0234	1.4131	1.2930	0.2046	0.0938	0.0000

续表

年份	SITC-0	SITC-1	SITC-2	SITC-3	SITC-4	SITC-5	SITC-6	SITC-7	SITC-8	SITC-9
2019	1.8770	0.0570	0.0262	8.0832	0.0162	1.2334	1.4850	0.2619	0.0707	0.0000
2020	2.0808	0.0183	0.0331	8.4284	0.0122	1.1709	1.8631	0.2881	0.3099	0.0000
2021	2.8255	0.0331	0.0284	4.6688	0.0089	2.1189	1.3127	0.3294	0.2226	0.0000
2022	1.0353	0.0424	0.0161	4.7161	0.0969	1.8648	1.6615	0.3672	0.0804	0.0000

数据来源:《海南统计年鉴》、UN Comtrade 数据库。

从各类产品 TCI 指数变化来看，SITC-3 产品的 TCI 指数波动幅度最大，但其值也大，贸易互补性最强，中国海南省与缅甸应该积极把握 SITC-3 产品贸易互补的特点，拓宽贸易合作的广度，进一步挖掘贸易合作的深度；SITC-0、SITC-5、SITC-6 产品的 TCI 指数近年比较稳定，贸易互补性强，中国海南省与缅甸应该积极发掘这三类产品贸易领域的潜能，探索互惠的贸易合作模式和机制。

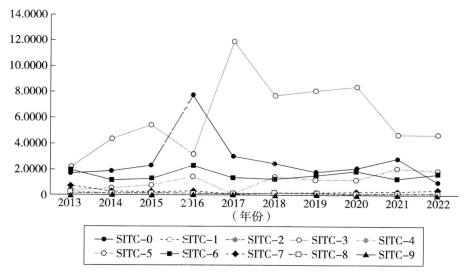

图 6-9　2013—2022 年中国海南省-缅甸 TCI 指数变化

（十）中国海南省-越南 TCI 指数测算

基于 2013—2022 年中国海南省、越南进出口统计数据和式（6-1）可以计算出中国海南省与越南 SITC-0 至 SITC-9 产品的 TCI 指数。通过对比中国海南省与越南各类产品的 TCI 指数，可以发现中国海南省与越南在国际贸易中的互补性。

2013—2022 年中国海南省-越南 TCI 指数如表 6-10 所示。SITC-0 产品的 TCI 指数呈明显下降趋势，从 2013 年的 3.0970 下降到 2022 年的 0.8247，贸易互补性逐渐衰弱；SITC-3、SITC-5、SITC-6 的产品 TCI 指数均值大于 1，但贸易互补性不稳定；SITC-1、SITC-2、SITC-4、SITC-7、SITC-8、SITC-9 产品的 TCI 指数均值小于 1，尤其是 SITC-1、SITC-4、SITC-9 产品的 TCI 指数均值接近 0，几乎不存在贸易互补性。

表 6-10　　　　　　　　2013—2022 年中国海南省-越南 TCI 指数

年份	SITC-0	SITC-1	SITC-2	SITC-3	SITC-4	SITC-5	SITC-6	SITC-7	SITC-8	SITC-9
2013	3.0970	0.0039	0.1785	1.1288	0.0028	0.5849	1.9972	0.6787	0.4071	0.0000
2014	2.6471	0.0024	0.2307	1.7452	0.0009	0.8954	1.3852	0.2838	0.2380	0.0000
2015	2.4172	0.0039	0.1764	2.1949	0.0101	1.1250	1.4013	0.2847	0.1332	0.0000
2016	4.1402	0.0041	0.3678	1.2811	0.0210	1.6687	2.4430	0.3669	0.1898	0.0000
2017	2.1583	0.0011	0.2254	3.3571	0.0028	0.0000	1.3639	0.2270	0.1084	0.0000
2018	1.9242	0.0144	0.1719	2.3533	0.0024	1.5178	1.2045	0.3082	0.1342	0.0000
2019	1.6416	0.0106	0.0975	2.5048	0.0016	1.1445	1.1883	0.4391	0.0973	0.0000
2020	1.7456	0.0034	0.1815	2.7481	0.0011	1.0366	1.3068	0.4724	0.4495	0.0008
2021	2.0002	0.0057	0.1448	1.1460	0.0006	1.7919	1.0599	0.7293	0.2490	0.0130
2022	0.8247	0.0063	0.0377	0.1327	0.0022	0.3128	0.6523	1.2240	0.5678	0.0010

数据来源：《海南统计年鉴》、UN Comtrade 数据库。

2013—2022 年中国海南省-越南 TCI 指数变化如图 6-10 所示。中国海南省与越南各类产品的 TCI 指数整体波动幅度较明显，贸易互补性较不稳定。中国海南省与越南应该基于资源禀赋和技术优势，积极培育双方贸易的互补性，发掘双方贸易中的契合点，积极推动双方贸易的发展。

三、分类别 TCI 指数的测算

为了准确测度中国海南省与东盟十国在同一类产品贸易中的互补性差异，本部分基于已有数据计算中国海南省与东盟十国每一类产品的 TCI 指数。

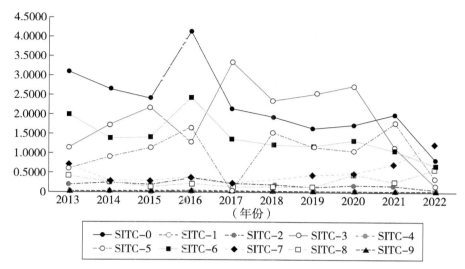

图 6-10　2013—2022 年中国海南省-越南 TCI 指数变化

（一）中国海南省与东盟十国 SITC-0 产品 TCI 指数测算

2013—2022 年中国海南省-东盟十国 SITC-0 产品 TCI 指数如表 6-11 所示。中国海南省与新加坡 SITC-0 产品的 TCI 指数均值小于 1，贸易互补性弱。中国海南省与其他九个国家 SITC-0 产品的 TCI 指数均值大于 1，贸易互补性强。中国海南省与多个国家的 TCI 指数有下降趋势。2022 年，中国海南省与印尼、老挝、缅甸、菲律宾的 TCI 指数大于 1，中国海南省与其他六个国家的 TCI 指数小于 1。

表 6-11　2013—2022 年中国海南省-东盟十国 SITC-0 产品 TCI 指数

年份	中国海南省-文莱	中国海南省-柬埔寨	中国海南省-印尼	中国海南省-老挝	中国海南省-马来西亚	中国海南省-缅甸	中国海南省-菲律宾	中国海南省-新加坡	中国海南省-泰国	中国海南省-越南
2013	6.0124	1.7685	3.3678	1.4668	2.7152	1.7997	—	0.9740	1.9643	3.0970
2014	4.9981	1.6435	3.0247	1.2216	2.3072	1.8168	—	0.8654	1.7019	2.6471
2015	4.5709	1.3990	2.8584	1.3937	2.2096	2.3420	—	0.8753	1.7499	2.4172
2016	8.7537	2.0453	5.4580	3.9743	3.6057	7.7943	—	1.4229	3.0318	4.1402
2017	4.0548	1.2400	2.8572	1.9915	1.8834	3.0804	2.7975	0.7299	1.6092	2.1583
2018	2.9955	1.0859	2.3956	1.7923	1.5777	2.5111	2.6158	0.6223	1.3795	1.9242

年份	中国海南省-文莱	中国海南省-柬埔寨	中国海南省-印尼	中国海南省-老挝	中国海南省-马来西亚	中国海南省-缅甸	中国海南省-菲律宾	中国海南省-新加坡	中国海南省-泰国	中国海南省-越南
2019	2.1790	0.9787	2.2245	2.5648	1.4966	1.8770	2.5884	0.5737	1.3202	1.6416
2020	2.4731	1.2222	2.7990	3.4380	1.7841	2.0808	3.0722	0.6678	1.6237	1.7456
2021	1.7459	1.0260	2.7384	3.0629	1.7738	2.8255	3.0683	0.6325	1.4860	2.0002
2022	0.8635	0.5834	1.3152	2.3626	0.8051	1.0353	1.6267	0.2915	0.7224	0.8247

数据来源:《海南统计年鉴》、UN Comtrade 数据库。

中国海南省应把握贸易互补性特点,与东盟十国进行政策对话和协调,以促进产业优势互补,实现 SITC-0 产品贸易的互惠互利。

(二) 中国海南省与东盟十国 SITC-1 产品 TCI 指数测算

2013—2022 年中国海南省-东盟十国 SITC-1 产品 TCI 指数如表 6-12 所示。中国海南省与东盟十国 SITC-1 产品 TCI 指数整体偏小且相对稳定。截至 2022 年,中国海南省与东盟十国 SITC-1 产品的 TCI 指数均接近 0,中国海南省与东盟各国在 SITC-1 产品贸易中几乎不存在互补。

表 6-12　2013—2022 年中国海南省-东盟十国 SITC-1 产品 TCI 指数

年份	中国海南省-文莱	中国海南省-柬埔寨	中国海南省-印尼	中国海南省-老挝	中国海南省-马来西亚	中国海南省-缅甸	中国海南省-菲律宾	中国海南省-新加坡	中国海南省-泰国	中国海南省-越南
2013	0.0186	0.0392	0.0060	0.0112	0.0085	0.0089	—	0.0126	0.0030	0.0039
2014	0.0133	0.0321	0.0041	0.0067	0.0055	0.0042	—	0.0086	0.0023	0.0024
2015	0.0247	0.0578	0.0063	0.0152	0.0106	0.0105	—	0.0165	0.0042	0.0039
2016	0.0325	0.0562	0.0084	0.1005	0.0113	0.0146	—	0.0191	0.0049	0.0041
2017	0.0060	0.0183	0.0027	0.0279	0.0023	0.0042	0.0027	0.0053	0.0013	0.0011
2018	0.0530	0.2022	0.0299	0.3444	0.0259	0.0524	0.0341	0.0609	0.0161	0.0144
2019	0.0414	0.1504	0.0244	0.2571	0.0223	0.0570	0.0292	0.0519	0.0157	0.0106
2020	0.0144	0.0609	0.0096	0.0979	0.0058	0.0183	0.0100	0.0165	0.0049	0.0034

续表

年份	中国海南省-文莱	中国海南省-柬埔寨	中国海南省-印尼	中国海南省-老挝	中国海南省-马来西亚	中国海南省-缅甸	中国海南省-菲律宾	中国海南省-新加坡	中国海南省-泰国	中国海南省-越南
2021	0.0185	0.0566	0.0140	0.1529	0.0086	0.0331	0.0158	0.0298	0.0068	0.0057
2022	0.0368	0.1312	0.0299	0.0015	0.0203	0.0424	0.0379	0.0563	0.0171	0.0063

数据来源:《海南统计年鉴》、UN Comtrade 数据库。

在 SITC-1 产品贸易中，中国海南省出口至东盟各国的贸易模式不具有优势。海南省应积极培育产业竞争优势，寻找贸易增长点，实现 SITC-1 产品贸易的突破。

（三）中国海南省与东盟一国 SITC-2 产品 TCI 指数测算

2013—2022 年中国海南省-东盟十国 SITC-2 产品 TCI 指数如表 6-13 所示。中国海南省与东盟十国 SITC-2 产品 TCI 指数相对稳定，但数值整体偏小。截至 2022 年，中国海南省与东盟十国 SITC-2 产品的 TCI 指数均接近 0，中国海南省与东盟各国在 SITC-2 产品贸易中几乎不存在互补。

表 6-13　2013—2022 年中国海南省-东盟十国 SITC-2 产品 TCI 指数

年份	中国海南省-文莱	中国海南省-柬埔寨	中国海南省-印尼	中国海南省-老挝	中国海南省-马来西亚	中国海南省-缅甸	中国海南省-菲律宾	中国海南省-新加坡	中国海南省-泰国	中国海南省-越南
2013	0.0382	0.0356	0.1665	0.0293	0.1240	0.0320	—	0.0287	0.0815	0.1785
2014	0.0406	0.0468	0.2159	0.0333	0.1350	0.0425	—	0.0316	0.1138	0.2307
2015	0.0476	0.0925	0.1968	0.0371	0.1254	0.0257	—	0.0303	0.1045	0.1764
2016	0.1112	0.2244	0.4555	0.0511	0.3109	0.0636	—	0.0691	0.2445	0.3678
2017	0.0730	0.1519	0.2740	0.0578	0.1972	0.0476	0.1512	0.0390	0.1447	0.2254
2018	0.0331	0.0977	0.1880	0.0628	0.1474	0.0413	0.0681	0.0260	0.0984	0.1719
2019	0.0101	0.0518	0.1166	0.0651	0.1078	0.0262	0.0317	0.0129	0.0589	0.0975
2020	0.0133	0.0934	0.2147	0.1473	0.2131	0.0331	0.0686	0.0256	0.1211	0.1815
2021	0.0192	0.0732	0.1529	0.1764	0.1575	0.0284	0.0528	0.0178	0.0930	0.1448
2022	0.0138	0.0391	0.0835	0.0022	0.0680	0.0161	0.0403	0.0099	0.0494	0.0377

数据来源:《海南统计年鉴》、UN Comtrade 数据库。

在 SITC-2 产品贸易中，中国海南省出口至东盟各国的贸易模式不具有优势。中国海南省应积极利用资源禀赋，突破技术瓶颈，实现 SITC-2 产品贸易的发展。

（四）中国海南省与东盟十国 SITC-3 产品 TCI 指数测算

2013—2022 年中国海南省-东盟十国 SITC-3 产品 TCI 指数如表 6-14 所示。中国海南省与东盟十国 SITC-3 产品 TCI 指数整体较大。中国海南省与文莱 SITC-3 产品的 TCI 指数均值最大，贸易互补性最强；中国海南省与缅甸、新加坡、泰国、马来西亚、菲律宾、柬埔寨、老挝、越南 SITC-3 产品的 TCI 指数均值大于 1，贸易互补性强；中国海南省与印尼 SITC-3 产品的 TCI 指数均值小于 1，贸易互补性不足。

表 6-14　2013—2022 年中国海南省-东盟十国 SITC-3 产品 TCI 指数

年份	中国海南省-文莱	中国海南省-柬埔寨	中国海南省-印尼	中国海南省-老挝	中国海南省-马来西亚	中国海南省-缅甸	中国海南省-菲律宾	中国海南省-新加坡	中国海南省-泰国	中国海南省-越南
2013	1. 1049	1. 7869	0. 5430	2. 3836	2. 3856	2. 1967	—	4. 4373	3. 0658	1. 1288
2014	2. 5296	0. 8231	0. 8299	3. 8949	4. 1924	4. 3545	—	7. 4816	5. 2554	1. 7452
2015	2. 8133	0. 3676	0. 9037	9. 3240	5. 7281	5. 4529	—	9. 7203	6. 9323	2. 1949
2016	2. 4790	2. 5360	0. 4245	4. 3571	2. 9986	3. 2401	—	5. 0858	3. 5957	1. 2811
2017	5. 6001	6. 4354	1. 0662	8. 7647	8. 3037	11. 9532	7. 2763	14. 3598	8. 8484	3. 3571
2018	2. 4492	4. 2844	0. 7042	5. 3698	5. 3474	7. 7211	4. 4722	8. 8199	6. 2744	2. 3533
2019	13. 7722	4. 7339	0. 5864	6. 5347	5. 9466	8. 0832	4. 9068	8. 5713	6. 5151	2. 5048
2020	20. 3280	5. 5151	0. 5321	7. 6192	6. 6184	8. 4284	4. 8348	8. 3156	7. 6983	2. 7481
2021	15. 3921	1. 9074	0. 3566	3. 3180	2. 9039	4. 6688	2. 8743	4. 2970	3. 5573	1. 1460
2022	10. 7042	1. 9172	0. 3553	0. 0000	2. 9684	4. 7161	2. 7797	3. 4958	3. 2803	0. 1327

数据来源：《海南统计年鉴》、UN Comtrade 数据库。

中国海南省应把握贸易互补性特点，与东盟十国进行政策对话和协调，以促进产业优势互补，实现 SITC-3 产品贸易的互惠互利。

（五）中国海南省与东盟十国 SITC-4 产品 TCI 指数测算

2013—2022 年中国海南省-东盟十国 SITC-4 产品 TCI 指数如表 6-15 所

示。中国海南省与东盟十国 SITC-4 产品 TCI 指数相对稳定，但数值整体偏小。中国海南省与东盟十国 SITC-4 产品的 TCI 指数均值接近 0，中国海南省与东盟十国在 SITC-4 产品贸易中互补性较弱。

表 6-15　2013—2022 年中国海南省-东盟十国 SITC-4 产品 TCI 指数

年份	中国海南省-文莱	中国海南省-柬埔寨	中国海南省-印尼	中国海南省-老挝	中国海南省-马来西亚	中国海南省-缅甸	中国海南省-菲律宾	中国海南省-新加坡	中国海南省-泰国	中国海南省-越南
2013	0.0017	0.0007	0.0006	0.0005	0.0035	0.0204	—	0.0011	0.0005	0.0028
2014	0.0007	0.0002	0.0001	0.0002	0.0012	0.0065	—	0.0003	0.0002	0.0009
2015	0.0099	0.0030	0.0023	0.0028	0.0256	0.0861	—	0.0043	0.0033	0.0101
2016	0.0239	0.0057	0.0058	0.0049	0.0425	0.1887	—	0.0108	0.0079	0.0210
2017	0.0042	0.0009	0.0008	0.0007	0.0066	0.0286	0.0093	0.0025	0.0010	0.0028
2018	0.0026	0.0006	0.0007	0.0006	0.0059	0.0234	0.0073	0.0016	0.0007	0.0024
2019	0.0014	0.0004	0.0007	0.0009	0.0044	0.0162	0.0044	0.0013	0.0005	0.0016
2020	0.0009	0.0003	0.0004	0.0006	0.0035	0.0122	0.0033	0.0014	0.0004	0.0011
2021	0.0003	0.0001	0.0002	0.0002	0.0021	0.0089	0.0018	0.0008	0.0001	0.0006
2022	0.0065	0.0016	0.0032	0.0000	0.0335	0.0969	0.0329	0.0143	0.0025	0.0022

数据来源：《海南统计年鉴》、UN Comtrade 数据库。

在 SITC-4 产品贸易中，中国海南省出口至东盟十国的贸易模式不具有优势。中国海南省应积极利用资源禀赋，培育技术优势，以实现 SITC-4 产品出口贸易的发展。

（六）中国海南省与东盟一国 SITC-5 产品 TCI 指数测算

2013—2022 年中国海南省-东盟十国 SITC-5 产品 TCI 指数如表 6-16 所示。中国海南省与东盟十国 SITC-5 产品 TCI 指数比较均衡。2022 年，中国海南省与柬埔寨 SITC-5 产品的 TCI 指数最大，贸易互补性最强；中国海南省与印尼、老挝、缅甸、新加坡、泰国、马来西亚、菲律宾 SITC-5 产品的 TCI 指数大于 1，贸易互补性强；中国海南省与文莱、越南 SITC-5 产品的 TCI 指数小于 1，贸易互补性弱。

表 6-16   2013—2022 年中国海南省-东盟十国 SITC-5 产品 TCI 指数

年份	中国海南省-文莱	中国海南省-柬埔寨	中国海南省-印尼	中国海南省-老挝	中国海南省-马来西亚	中国海南省-缅甸	中国海南省-菲律宾	中国海南省-新加坡	中国海南省-泰国	中国海南省-越南
2013	0.3386	0.2619	0.5365	0.2806	0.3888	0.4186	—	0.2779	0.4005	0.5849
2014	0.5667	1.2453	0.8961	0.3480	0.6490	0.5796	—	0.4579	0.6931	0.8954
2015	0.6728	1.8509	1.3756	0.5514	0.9441	0.8155	—	0.6839	0.9936	1.1250
2016	1.2433	2.9814	2.0151	0.7253	1.4395	1.4562	—	1.0838	1.5071	1.6687
2017	0.0000	0.0000	0.0000	0.0000	0.0000	0.0000	0.0000	0.0000	0.0000	0.0000
2018	0.7895	2.6210	1.7502	0.8363	1.3420	1.4131	1.1577	0.9982	1.3429	1.5178
2019	0.6868	1.9809	1.3764	0.8079	1.0719	1.2334	0.9691	0.8090	1.0529	1.1445
2020	0.8401	1.8369	1.3984	0.7863	0.9849	1.1709	1.0268	0.7823	1.0534	1.0366
2021	0.7321	2.7123	2.5165	1.3620	1.7118	2.1189	1.8299	1.2570	1.8450	1.7919
2022	0.7093	2.2968	1.8329	1.0086	1.3488	1.8648	1.3698	1.0356	1.4775	0.3128

数据来源:《海南统计年鉴》、UN Comtrade 数据库。

中国海南省应把握贸易互补性特点,出口 SITC-5 产品至柬埔寨、印尼、老挝、缅甸、新加坡、泰国、马来西亚、菲律宾,以促进产业优势互补,实现 SITC-5 产品贸易的互惠互利。

(七)中国海南省与东盟十国 SITC-6 产品 TCI 指数测算

2013—2022 年中国海南省-东盟十国 SITC-6 产品 TCI 指数如表 6-17 所示。中国海南省与东盟十国 SITC-6 产品 TCI 指数有明显差异。2022 年,中国海南省与柬埔寨 SITC-6 产品的 TCI 指数最大,贸易互补性最强;中国海南省与印尼、缅甸、泰国 SITC-6 产品的 TCI 指数大于 1,贸易互补性强;中国海南省与文莱、老挝、马来西亚、菲律宾、新加坡、越南 SITC-6 产品的 TCI 指数小于 1,贸易互补性弱。

表 6-17 2013—2022 年中国海南省-东盟十国 SITC-6 产品 TCI 指数

年份	中国海南省-文莱	中国海南省-柬埔寨	中国海南省-印尼	中国海南省-老挝	中国海南省-马来西亚	中国海南省-缅甸	中国海南省-菲律宾	中国海南省-新加坡	中国海南省-泰国	中国海南省-越南
2013	1.7899	3.8140	1.3477	2.4543	1.1581	1.9702	—	0.5253	1.4284	1.9972
2014	0.8902	2.9332	0.8971	1.6237	0.7584	1.1824	—	0.3920	0.9798	1.3852
2015	1.3419	2.9049	1.0406	1.3366	0.8183	1.2489	—	0.4150	1.0715	1.4013
2016	2.2159	4.9658	1.8553	2.1026	1.3974	2.3608	—	0.7263	1.9556	2.4430
2017	1.6286	2.9228	1.1081	1.6315	0.7910	1.3315	0.8664	0.3700	1.1873	1.3639
2018	1.6579	2.4146	0.9593	1.1509	0.6847	1.2930	0.7990	0.2995	1.0081	1.2045
2019	0.8452	2.4753	1.0679	1.3278	0.7107	1.4850	0.7853	0.3119	1.0616	1.1883
2020	0.8383	2.8314	1.1966	1.4662	0.8463	1.8631	0.9702	0.3863	1.2311	1.3068
2021	0.2867	1.8982	1.0049	0.9961	0.6503	1.3127	0.7954	0.3036	1.0919	1.0599
2022	0.3105	2.1561	1.0779	0.4521	0.6654	1.6615	0.8065	0.3186	1.1260	0.6523

数据来源:《海南统计年鉴》、UN Comtrade 数据库。

中国海南省应把握贸易互补性特点,出口 SITC-6 产品至柬埔寨、印尼、缅甸、泰国等,以促进产业优势互补,实现 SITC-6 产品贸易的互惠互利。

(八)中国海南省与东盟十国 SITC-7 产品 TCI 指数测算

2013—2022 年中国海南省-东盟十国 SITC-7 产品 TCI 指数如表 6-18 所示。中国海南省与东盟十国 SITC-7 产品 TCI 指数有明显差异。截至 2022 年,中国中国海南省与新加坡、越南、马来西亚、菲律宾 SITC-7 产品的 TCI 指数大于 1,贸易互补性强;中国海南省与文莱、柬埔寨、印尼、老挝、缅甸、泰国 SITC-7 产品的 TCI 指数小于 1,贸易互补性不足。

表 6-18 2013—2022 年中国海南省-东盟十国 SITC-7 产品 TCI 指数

年份	中国海南省-文莱	中国海南省-柬埔寨	中国海南省-印尼	中国海南省-老挝	中国海南省-马来西亚	中国海南省-缅甸	中国海南省-菲律宾	中国海南省-新加坡	中国海南省-泰国	中国海南省-越南
2013	0.6647	0.4033	0.5485	0.7053	0.7732	0.7060	—	0.7246	0.6253	0.6787
2014	0.2941	0.1497	0.2192	0.3254	0.3192	0.2501	—	0.3056	0.2668	0.2838

年份	中国海南省-文莱	中国海南省-柬埔寨	中国海南省-印尼	中国海南省-老挝	中国海南省-马来西亚	中国海南省-缅甸	中国海南省-菲律宾	中国海南省-新加坡	中国海南省-泰国	中国海南省-越南
2015	0.2647	0.1483	0.2123	0.2793	0.2911	0.2861	—	0.3076	0.2536	0.2847
2016	0.2840	0.1851	0.2769	0.3590	0.3905	0.2860	—	0.4118	0.3365	0.3669
2017	0.1801	0.1090	0.1636	0.2082	0.2352	0.1620	0.2446	0.2422	0.1942	0.2270
2018	0.2956	0.1569	0.2413	0.3024	0.3337	0.2046	0.3546	0.3551	0.2670	0.3082
2019	0.3016	0.2482	0.3311	0.3275	0.4294	0.2619	0.4619	0.4953	0.3595	0.4391
2020	0.2659	0.2195	0.3294	0.3135	0.4383	0.2881	0.4561	0.5219	0.3695	0.4724
2021	0.1976	0.2555	0.4611	0.4592	0.6753	0.3294	0.6606	0.8118	0.5533	0.7293
2022	0.2877	0.4739	0.7686	0.0029	1.0766	0.3672	1.0047	1.2821	0.8505	1.2240

数据来源:《海南统计年鉴》、UN Comtrade 数据库。

中国海南省应把握贸易互补性特点,出口 SITC-7 产品至新加坡、越南、马来西亚、菲律宾,以促进产业优势互补,实现 SITC-7 产品贸易的互惠互利。

(九)中国海南省与东盟十国 SITC-8 产品 TCI 指数测算

2013—2022 年中国海南省-东盟十国 SITC-8 产品 TCI 指数如表 6-19 所示。中国海南省与东盟十国 SITC-8 产品 TCI 指数相对稳定,但数值整体偏小。截至 2022 年,中国海南省与老挝 SITC-8 产品的 TCI 指数大于 1,但不排除偶发性因素;中国海南省与东盟其他国家 SITC-8 产品的 TCI 指数均小于 1,几乎不存在贸易互补性。

表 6-19　2013—2022 年中国海南省-东盟十国 SITC-8 产品 TCI 指数

年份	中国海南省-文莱	中国海南省-柬埔寨	中国海南省-印尼	中国海南省-老挝	中国海南省-马来西亚	中国海南省-缅甸	中国海南省-菲律宾	中国海南省-新加坡	中国海南省-泰国	中国海南省-越南
2013	0.8788	0.5886	0.3072	0.4352	0.4722	0.3029	—	0.6116	0.4955	0.4071
2014	0.5138	0.4368	0.1737	0.1945	0.2858	0.1468	—	0.3441	0.3034	0.2380
2015	0.2162	0.2070	0.1112	0.0978	0.1856	0.0771	—	0.2125	0.1890	0.1332

续表

年份	中国海南省-文莱	中国海南省-柬埔寨	中国海南省-印尼	中国海南省-老挝	中国海南省-马来西亚	中国海南省-缅甸	中国海南省-菲律宾	中国海南省-新加坡	中国海南省-泰国	中国海南省-越南
2016	0.2890	0.2179	0.1692	0.0971	0.2425	0.1200	—	0.2862	0.2490	0.1898
2017	0.1282	0.1047	0.0842	0.0519	0.1112	0.0746	0.0895	0.1319	0.1171	0.1084
2018	0.1359	0.1305	0.1019	0.0591	0.1311	0.0938	0.1127	0.1533	0.1475	0.1342
2019	0.0789	0.0927	0.0878	0.0479	0.1011	0.0707	0.0974	0.1197	0.1335	0.0973
2020	0.3784	0.4349	0.4448	0.2579	0.4791	0.3099	0.4327	0.5773	0.6384	0.4495
2021	0.1731	0.2581	0.2465	0.1570	0.3093	0.2226	0.2800	0.3829	0.3487	0.2490
2022	0.0608	0.0981	0.0915	1.2383	0.1197	0.0804	0.1054	0.1474	0.1256	0.5678

数据来源：《海南统计年鉴》、UN Comtrade 数据库。

在 SITC-8 贸易中，中国海南省出口至东盟十国的贸易模式不具有优势。中国海南省应积极利用资源禀赋，培育技术优势，以实现 SITC-8 产品出口贸易的发展。尤其，中国海南省应积极探索与老挝 SITC-8 产品的贸易模式，以借助 2022 年所具有的产品优势互补，实现互惠互利。

（十）中国海南省与东盟十国 SITC-9 产品 TCI 指数测算

2013—2022 年中国海南省-东盟十国 SITC-9 产品 TCI 指数如表 6-20 所示。中国海南省与东盟十国 SITC-9 产品 TCI 指数整体偏小。中国海南省与东盟十国 SITC-9 产品的 TCI 指数均值接近 0，中国海南省与东盟十国在 SITC-9 产品的贸易中互补性弱。

表 6-20　2013—2022 年中国海南省-东盟十国 SITC-9 产品 TCI 指数

年份	中国海南省-文莱	中国海南省-柬埔寨	中国海南省-印尼	中国海南省-老挝	中国海南省-马来西亚	中国海南省-缅甸	中国海南省-菲律宾	中国海南省-新加坡	中国海南省-泰国	中国海南省-越南
2013	0.0000	0.0000	0.0206	0.0000	0.0000	0.0000	—	0.0000	0.0000	0.0000
2014	0.0000	0.0000	0.0189	0.0000	0.0000	0.0000	—	0.0000	0.0000	0.0000
2015	0.0000	0.0000	0.0254	0.0000	0.0000	0.0000	—	0.0000	0.0000	0.0000
2016	0.0000	0.0000	0.0282	0.0000	0.0000	0.0000	—	0.0000	0.0000	0.0000
2017	0.0000	0.0000	0.0472	0.0000	0.0000	0.0000	0.0000	0.0000	0.0000	0.0000

年份	中国海南省-文莱	中国海南省-柬埔寨	中国海南省-印尼	中国海南省-老挝	中国海南省-马来西亚	中国海南省-缅甸	中国海南省-菲律宾	中国海南省-新加坡	中国海南省-泰国	中国海南省-越南
2018	0.0000	0.0000	0.0710	0.0000	0.0000	0.0000	0.0000	0.0000	0.0000	0.0000
2019	0.0000	0.0000	0.1199	0.0000	0.0000	0.0000	0.0000	0.0000	0.0000	0.0000
2020	0.0000	0.0040	0.1846	0.0000	0.0017	0.0000	0.0001	0.0057	0.0022	0.0008
2021	0.0005	0.1881	0.0499	0.0413	0.0219	0.0000	0.0007	0.0432	0.0283	0.0130
2022	0.0000	0.0116	0.0313	0.0000	0.0016	0.0000	0.0001	0.0035	0.0029	0.0010

数据来源：《海南统计年鉴》、UN Comtrade 数据库。

在 SITC-9 产品贸易中，中国海南省出口至东盟十国的贸易模式不具有优势。中国海南省应积极突破技术优势，培育产业优势，以实现 SITC-9 产品出口贸易的发展。

第二节 贸易专业化指数测算

一、贸易专业化指数介绍

为深入分析中国海南省与东盟各国贸易互补性特征，本节引入贸易专业化指数（以下简称 TSC），对海南省与东盟十国各个行业贸易进行测算，确定中国海南省与东盟各国产业内贸易水平和产业间贸易水平，其计算公式如下：

$$TSC_{abi} = \frac{X_{abi} - M_{abi}}{X_{abi} + M_{abi}} \tag{6-2}$$

在式（6-2）中，TSC_{abi} 代表 a 国（地区）与 b 国（地区）i 产业的贸易专业化指数，X_i 代表 a 国（地区）在 i 产品上对 b 国（地区）的出口额，M_{abi} 代表 a 国（地区）在 i 产品上对 b 国（地区）的进口额。当 $-0.5 < TSC_{abi} < 0.5$ 时，表示两国（地区）该产业具有产业内互补的特征；$-0.5 > TSC_{abi}$ 或 $0.5 > TSC_{abi}$ 时，表示两国（地区）该产业具有产业间互补的特征；当 $-0.8 > TSC_{abi}$ 或 $0.8 > TSC_{abi}$ 时，两国（地区）产业间互补特征明显。

二、中国海南省与东盟十国 TSC 指数的测算

基于中华人民共和国海口海关 2013—2022 年进出口统计数据和式（6-2）可以计算出中国海南省与东盟十国 SITC-0 至 SITC-9 产品的 TSC 指数。通过对比中国海南省与东盟十国各类产品的 TSC 指数，可以发现中国海南省与东盟各国在国际贸易中的互补特征。

（一）中国海南省-马来西亚 TSC 指数测算

2013—2022 年中国海南省-马来西亚 TSC 指数如表 6-21 所示。2013—2022 年中国海南省与马来西亚各类产品的 TSC 指数波动幅度大，差异明显。2022 年中国海南省与马来西亚 SITC-1 和 SITC-6 产品的 TSC 指数在 [-0.5，0.5]，表现为产业内互补的特征；其他类产品表现为产业间互补的特点。

表 6-21 　　　　2013—2022 年中国海南省-马来西亚 TSC 指数

年份	SITC-0	SITC-1	SITC-2	SITC-3	SITC-4	SITC-5	SITC-6	SITC-7	SITC-8	SITC-9
2013	0.9526	0.0000	-0.8926	-1.0000	0.0000	-0.9121	-0.6827	0.8514	0.9352	0.0000
2014	0.9427	0.0000	-1.0000	0.4778	0.0000	-0.9207	-0.7227	-0.3317	0.8663	0.0000
2015	0.8749	0.0000	-0.7407	0.0031	-1.0000	-0.7521	0.9951	0.9047	0.6042	0.0000
2016	0.9831	0.0000	-0.4923	-0.3972	0.0000	-0.5378	0.9964	0.7853	0.5208	-1.0000
2017	0.9661	0.0000	0.0478	0.3884	0.0000	-0.9503	0.9938	-0.1285	0.1465	-1.0000
2018	0.9232	0.0000	0.2209	-0.3871	0.0000	-0.9272	0.9901	0.3075	0.6918	0.0000
2019	0.9518	0.0000	-0.8654	-1.0000	0.0000	-0.9466	0.8995	0.0738	0.5003	1.0000
2020	0.8360	-1.0000	-0.9363	0.1606	-1.0000	-0.5695	0.9063	0.9864	0.8916	-0.8555
2021	0.7377	-1.0000	-0.9277	-0.1893	-1.0000	-0.9211	-0.8401	0.0996	0.3591	-0.9057
2022	0.5569	0.4946	-0.8944	-0.5137	-0.6191	-0.7753	-0.3973	0.9835	-0.8609	0.6153

通过 TCI 指数测算可知，在中国海南省与马来西亚双边贸易中，SITC-3、SITC-5、SITC-7 产品的 TCI 指数大于 1，贸易互补性强；结合 TSC 指数可知，SITC-3、SITC-5、SITC-7 产品表现为产业间互补的特征，且在 SITC-3 和 SITC-5 产品的双方贸易中海南省为净进口方，在 SITC-7 产品的双方贸易中海南省为净出口方。

(二) 中国海南省–柬埔寨 TSC 指数测算

2013—2022 年中国海南省–柬埔寨 TSC 指数如表6-22所示。2022年中国海南省与柬埔寨 SITC-1 和 SITC-4 产品的 TSC 指数在［-0.5，0.5］，表现为产业内互补的特征，其他类产品的 TSC 指数处于［0.5，1］和［-1，-0.5］，表现为产业间互补的特征；仅在 SITC-8 产品的双方贸易中，中国海南省为净进口方，在其他类产品的双方贸易中，中国海南省皆为净出口方。

表 6–22　　　　　2013—2022 年中国海南省–柬埔寨 TSC 指数

年份	SITC-0	SITC-1	SITC-2	SITC-3	SITC-4	SITC-5	SITC-6	SITC-7	SITC-8	SITC-9
2013	-1.0000	0.0000	0.0000	0.0000	0.0000	1.0000	1.0000	0.0000	0.9822	0.0000
2014	0.0000	0.0000	-1.0000	0.0000	0.0000	1.0000	1.0000	1.0000	0.3962	0.0000
2015	0.0000	0.0000	0.0000	0.0000	0.0000	1.0000	1.0000	1.0000	-0.9753	0.0000
2016	0.0000	0.0000	0.0000	0.0000	0.0000	0.9947	1.0000	0.0000	-0.9965	0.0000
2017	0.0000	0.0000	-1.0000	0.0000	0.0000	0.9589	1.0000	0.0000	-0.9710	0.0000
2018	0.0000	0.0000	0.0000	1.0000	0.0000	1.0000	1.0000	1.0000	-0.9721	0.0000
2019	-1.0000	-1.0000	1.0000	1.0000	0.0000	1.0000	1.0000	1.0000	-0.9965	1.0000
2020	0.6959	-1.0000	0.0000	1.0000	0.0000	0.9935	1.0000	1.0000	-0.8814	1.0000
2021	0.9547	-1.0000	0.0000	1.0000	0.0000	1.0000	1.0000	1.0000	-0.9392	0.9103
2022	1.0000	0.0000	0.9997	1.0000	0.0000	0.7766	1.0000	1.0000	-0.9722	1.0000

通过 TCI 指数测算可知，在中国海南省与柬埔寨双方贸易中，SITC-3、SITC-5、SITC-6 产品的贸易互补性强。结合 TSC 指数可以发现，SITC-3、SITC-5、SITC-6 产品表现为产业间互补的特征，且在 SITC-3 和 SITC-6 产品的双边贸易中海南省的进口额接近 0。

(三) 中国海南省–新加坡 TSC 指数测算

2013—2022 年中国海南省–新加坡 TSC 指数如表6-23所示。2022年中国海南省与新加坡 SITC-0、SITC-4、SITC-5、SITC-6、SITC-8 产品的 TSC 指数在［-0.5，0.5］，表现为产业内互补的特征；SITC-1、SITC-2、SITC-3、SITC-7、SITC-9 产品表现为产业间互补的特征。

表 6-23　　　　　　　　2013—2022 年中国海南省-新加坡 TSC 指数

年份	SITC-0	SITC-1	SITC-2	SITC-3	SITC-4	SITC-5	SITC-6	SITC-7	SITC-8	SITC-9
2013	-0.4800	0.0000	1.0000	0.6303	0.0000	-0.9789	0.9680	0.6355	1.5232	0.0000
2014	0.2019	0.0000	0.0000	0.9997	0.0000	-0.7110	0.9932	0.5759	1.7247	0.0000
2015	0.1843	0.0000	-0.0909	0.5672	0.0000	-0.4244	0.9949	0.6573	1.5137	0.0000
2016	0.1626	0.0000	-1.0000	0.1073	0.0000	-0.8782	0.9895	0.4142	2.3892	-1.0000
2017	0.6400	0.0000	1.0000	0.4139	0.0000	-0.9650	0.9596	-0.7450	-1.2880	-1.0000
2018	0.7778	0.0000	1.0000	0.8819	0.0000	-0.9950	0.9429	-0.6079	-1.5511	0.0000
2019	0.8112	-1.0000	0.0000	0.3325	0.0000	-0.9937	0.9860	0.9990	0.9870	-0.9490
2020	0.8461	-1.0000	1.0000	0.5728	0.0000	-0.9866	0.9762	0.8945	1.0913	-0.8803
2021	0.3963	-0.9759	1.0000	0.4358	0.0000	-0.9945	0.6853	0.9659	0.7095	-0.7453
2022	0.2138	-0.7170	-1.0000	0.8570	0.0000	0.2866	0.3140	0.8859	0.3545	0.9946

通过 TCI 指数测算可知，在中国海南省与新加坡双方贸易中，SITC-3、SITC-5、SITC-7 产品的 TCI 指数大于 1，贸易互补性强；结合 TSC 指数可以发现，SITC-3 和 SITC-7 产品表现为产业间互补的特征，SITC-5 产品表现为产业内互补的特征。

（四）中国海南省-菲律宾 TSC 指数测算

2013—2022 年中国海南省-菲律宾 TSC 指数如表 6-24 所示。除 SITC-9 产品，2022 年中国海南省与菲律宾各类产品的 TSC 指数处于 [0.5，1] 和 [-1，-0.5]，表现为产业间互补的特征；在 2022 年中国海南省与菲律宾双方贸易中，中国海南省为 SITC-0、SITC-3、SITC-5、SITC-6、SITC-7 产品的净出口方，为其他类产品的净进口方。

表 6-24　　　　　　　　2013—2022 年中国海南省-菲律宾 TSC 指数

年份	SITC-0	SITC-1	SITC-2	SITC-3	SITC-4	SITC-5	SITC-6	SITC-7	SITC-8	SITC-9
2013	-0.4134	0.0000	0.0352	1.0000	0.0000	0.9969	0.9921	0.9901	0.8845	0.0000
2014	0.2039	0.0000	-1.0000	0.9788	0.0000	0.9302	0.9999	0.9706	0.6756	0.0000
2015	0.6751	0.0000	-0.9969	0.4754	0.0000	0.9858	0.9889	0.9545	-0.6082	0.0000
2016	0.7465	0.0000	-0.8085	0.5963	-1.0000	0.9304	0.9876	0.7242	-0.3381	0.0000

年份	SITC-0	SITC-1	SITC-2	SITC-3	SITC-4	SITC-5	SITC-6	SITC-7	SITC-8	SITC-9
2017	0.6894	0.0000	-0.1137	1.0000	0.0000	0.9942	0.9224	0.5857	-0.4928	-1.0000
2018	0.8278	0.0000	0.0861	0.6785	-1.0000	1.0000	0.9972	0.5486	-0.0770	0.0000
2019	0.8638	-1.0000	-0.7607	0.8939	0.0000	0.9990	0.9938	0.3817	-0.5667	0.9910
2020	0.5462	-1.0000	-0.9684	1.0000	0.0000	1.0000	0.9988	0.9314	-0.1503	1.0000
2021	0.4291	-1.0000	-0.9930	0.9006	0.0000	0.9995	0.9818	0.2820	0.5044	1.0000
2022	0.6297	-1.0000	-1.0000	1.0000	-1.0000	0.9990	0.9908	0.7576	-0.7295	-0.4976

通过 TCI 指数测算可知，在中国海南省与菲律宾双方贸易中，SITC-0、SITC-3、SITC-5、SITC-7 产品的贸易互补性强。结合 TSC 指数可以发现，SITC-0、SITC-3、SITC-5、SITC-7 产品表现为产业间互补的特征。

（五）中国海南省-泰国 TSC 指数测算

2013—2022 年中国海南省-泰国 TSC 指数如表 6-25 所示。2022 年中国海南省与泰国 SITC-3 和 SITC-5 产品的 TSC 指数在 [-0.5，0.5]，表现为产业内互补的特征；SITC-0、SITC-1、SITC-2、SITC-4、SITC-6、SITC-7、SITC-8、SITC-9 产品表现为产业间互补的特征。

表 6-25　　　　　　2013—2022 年中国海南省-泰国 TSC 指数

年份	SITC-0	SITC-1	SITC-2	SITC-3	SITC-4	SITC-5	SITC-6	SITC-7	SITC-8	SITC-9
2013	-0.9451	0.0000	-0.9257	-1.0000	-1.0000	-0.9003	-0.4206	0.9963	0.3310	0.0000
2014	-0.8962	0.0000	-0.8221	-0.9574	0.0000	-0.8914	-0.0416	0.9950	-0.7241	0.0000
2015	-0.7513	0.0000	-0.7118	-0.9997	-1.0000	-0.9521	0.9768	0.7711	-0.9117	0.0000
2016	-0.9038	0.0000	-0.8056	0.6697	-1.0000	-0.5012	0.9623	0.2633	-0.9475	0.0000
2017	-0.8624	-1.0000	-0.8438	0.9424	0.0000	-0.5168	0.9594	0.6100	-0.9422	0.0000
2018	-0.9217	0.0000	-0.8937	0.0000	0.0000	0.1331	0.9443	0.9874	-0.9420	0.0000
2019	-0.8680	1.0000	-0.8110	0.9362	0.0000	-0.5420	0.9752	0.0399	-0.9668	0.9971
2020	-0.5709	0.0000	-0.9301	-0.9632	0.0000	-0.5035	0.9812	0.7263	-0.5314	0.9240
2021	-0.6605	-1.0000	-0.6597	-0.0465	0.0000	-0.4264	0.9680	0.6599	-0.8687	0.8443
2022	-0.6214	-1.0000	-0.9714	0.3203	-1.0000	-0.4525	0.9723	0.9770	-0.7115	0.8647

通过 TCI 指数测算可知，在中国海南省与泰国双方贸易中，SITC-0、SITC-3、SITC-5、SITC-6 产品的贸易互补性强。结合 TSC 指数可以发现，SITC-3 和 SITC-5 产品表现为产业内互补的特征，SITC-0、SITC-6 产品表现为产业间互补的特征。

（六）中国海南省-印尼 TSC 指数测算

2013—2022 年中国海南省-印尼 TSC 指数如表 6-26 所示。2022 年中国海南省与印尼 SITC-4 和 SITC-8 产品的 TSC 指数在 [-0.5，0.5]，表现为产业内互补的特征；SITC-0、SITC-1、SITC-2、SITC-3、SITC-5、SITC-6、SITC-7、SITC-9 产品表现为产业间互补的特征。

表 6-26　　　　　　2013—2022 年中国海南省-印尼 TSC 指数

年份	SITC-0	SITC-1	SITC-2	SITC-3	SITC-4	SITC-5	SITC-6	SITC-7	SITC-8	SITC-9
2013	-0.6582	0.0000	-0.9969	0.4547	0.0000	-0.9428	0.5867	0.5614	0.6925	0.0000
2014	-0.7953	0.0000	-0.9989	0.0212	0.0000	-0.9334	-0.1177	0.8561	0.4351	0.0000
2015	-0.9285	0.0000	-1.0000	0.5438	0.0000	-0.3500	0.9945	0.9992	-0.0623	0.0000
2016	-0.9500	0.0000	-1.0000	-0.9998	0.0000	0.4801	0.9858	0.7599	-0.1029	-1.0000
2017	-0.9664	0.0000	-0.9709	-0.4279	-1.0000	0.7261	0.9490	0.6897	-0.5935	0.0000
2018	-0.9384	0.0000	-0.9784	-0.7502	-1.0000	0.5580	0.9658	0.9354	-0.1925	0.0000
2019	-0.9361	-1.0000	-1.0000	-0.4241	-1.0000	-0.6696	0.5517	0.9409	-0.2457	1.0000
2020	-0.9381	-1.0000	-0.9053	-0.8782	-1.0000	0.0053	0.5341	0.9485	0.0504	0.9359
2021	-0.9850	-1.0000	-0.8766	-0.9970	-1.0000	-0.9005	-0.8296	0.9663	-0.0176	0.5276
2022	-0.9555	-1.0000	-0.9997	-0.8501	0.0000	-0.8914	0.9909	0.9994	0.2042	0.9818

通过 TCI 指数测算可知，在中国海南省与印尼双方贸易中，SITC-0、SITC-5、SITC-6 产品的贸易互补性强。结合 TSC 指数可以发现，SITC-0、SITC-5、SITC-6 产品表现为产业间互补的特征，且在 SITC-0 和 SITC-5 产品的贸易中海南省为净进口方，在 SITC-6 产品的贸易中海南省为净出口方。

（七）中国海南省-老挝 TSC 指数测算

2013—2022 年中国海南省-老挝 TSC 指数如表 6-27 所示。2013—2022 年

中国海南省与老挝 TSC 指数差异明显。2022 年中国海南省与老挝 SITC-0、SITC-1、SITC-3、SITC-4、SITC-9 产品的 TSC 指数接近 0，表现为产业内互补的特征；SITC-2 和 SITC-5 产品的 TSC 指数为-1，表现为产业间互补的特征，且海南省只进口不出口；SITC-6、SITC-7 和 SITC-8 产品的 TSC 指数为 1，表现为产业间互补的特征，且海南省只出口不进口。

表 6-27　　　　　　　2013—2022 年中国海南省-老挝 TSC 指数

年份	SITC-0	SITC-1	SITC-2	SITC-3	SITC-4	SITC-5	SITC-6	SITC-7	SITC-8	SITC-9
2013	-1.0000	0.0000	-1.0000	0.0000	0.0000	0.0000	0.0000	0.0000	0.0000	0.0000
2014	-1.0000	0.0000	0.0000	0.0000	0.0000	0.0000	0.0000	1.0000	-1.0000	0.0000
2015	0.0000	0.0000	0.0000	0.0000	0.0000	0.0000	1.0000	0.0000	-1.0000	0.0000
2016	0.0000	0.0000	0.0000	0.0000	0.0000	0.0000	0.0000	0.0000	-1.0000	0.0000
2017	0.0000	0.0000	1.0000	0.0000	0.0000	0.0000	0.0000	0.0000	0.0000	0.0000
2018	0.0000	0.0000	1.0000	0.0000	0.0000	0.0000	0.0000	0.0000	-1.0000	0.0000
2019	0.0000	-1.0000	-0.9992	0.0000	0.0000	0.0000	0.0000	-1.0000	0.0000	0.0000
2020	0.0000	-1.0000	1.0000	0.0000	0.0000	1.0000	1.0000	1.0000	1.0000	0.0000
2021	-1.0000	-1.0000	1.0000	0.0000	0.0000	0.0000	1.0000	1.0000	1.0000	0.0000
2022	0.0000	0.0000	-1.0000	0.0000	0.0000	-1.0000	1.0000	1.0000	1.0000	0.0000

通过 TCI 指数可知，在中国海南省与老挝双方贸易中，SITC-0、SITC-3 和 SITC-6 产品的贸易互补性强。通过 TSC 指数发现，SITC-0 和 SITC-3 产品表现为产业内互补的特征；且 SITC-6 产品表现为产业间互补的特征，且在 SITC-6 产品的贸易中海南省为净出口方。

（八）中国海南省-文莱 TSC 指数测算

2013—2022 年中国海南省-文莱 TSC 指数如表 6-28 所示。2022 年中国海南省与文莱 SITC-0、SITC-1、SITC-2、SITC-4、SITC-9 产品的 TSC 指数接近 0，表现为产业内互补的特征；SITC-3 和 SITC-5 产品的 TSC 指数为-1，表现为产业间互补的特征，且海南省只进口不出口；SITC-6、SITC-7 和 SITC-8 产品的 TSC 指数为 1，表现为产业间互补的特征，且海南省只出口不进口。

表 6-28　　　　　　　2013—2022 年中国海南省-文莱 TSC 指数

年份	SITC-0	SITC-1	SITC-2	SITC-3	SITC-4	SITC-5	SITC-6	SITC-7	SITC-8	SITC-9
2013	0.0000	0.0000	0.0000	0.0000	0.0000	1.0000	0.0000	0.0000	1.0000	0.0000
2014	0.0000	0.0000	0.0000	0.0000	0.0000	1.0000	1.0000	1.0000	1.0000	0.0000
2015	-1.0000	0.0000	0.0000	0.0000	0.0000	1.0000	1.0000	1.0000	1.0000	0.0000
2016	0.0000	0.0000	0.0000	-1.0000	0.0000	1.0000	1.0000	1.0000	1.0000	0.0000
2017	0.0000	0.0000	0.0000	-1.0000	0.0000	1.0000	1.0000	1.0000	1.0000	0.0000
2018	0.0000	0.0000	0.0000	0.0000	0.0000	1.0000	1.0000	1.0000	1.0000	0.0000
2019	1.0000	1.0000	0.0000	0.0000	0.0000	-1.0000	1.0000	1.0000	1.0000	0.0000
2020	0.0000	0.0000	0.0000	-1.0000	1.0000	-1.0000	0.0000	1.0000	1.0000	0.0000
2021	0.0000	0.0000	0.0000	-1.0000	0.0000	-1.0000	1.0000	1.0000	1.0000	0.0000
2022	0.0000	0.0000	0.0000	-1.0000	0.0000	-1.0000	1.0000	1.0000	1.0000	0.0000

通过 TCI 指数可知，在中国海南省与文莱双方贸易中，SITC-3 产品的贸易互补性强。通过 TSC 指数发现，SITC-3 产品表现为产业间互补的特征，且在 SITC-3 产品的贸易中海南省为净进口方。

（九）中国海南省-缅甸 TSC 指数测算

2013—2022 年中国海南省-缅甸 TSC 指数如表 6-29 所示。2022 年中国海南省与缅甸 SITC-3 和 SITC-4 产品的 TSC 指数接近 0，表现为产业内互补的特征；SITC-0、SITC-2 和 SITC-9 产品的 TSC 指数为-1，表现为产业间互补的特征，且海南省只进口不出口；SITC-1、SITC-5、SITC-6、SITC-7、SITC-8 的产品 TSC 指数在［0.8，1］，表现为产业间互补的特征。

表 6-29　　　　　　　2013—2022 年中国海南省-缅甸 TSC 指数

年份	SITC-0	SITC-1	SITC-2	SITC-3	SITC-4	SITC-5	SITC-6	SITC-7	SITC-8	SITC-9
2013	-1.0000	0.0000	-1.0000	0.0000	0.0000	1.0000	0.9643	1.0000	1.0000	0.0000
2014	-1.0000	0.0000	-1.0000	1.0000	0.0000	1.0000	1.0000	1.0000	1.0000	0.0000
2015	0.0000	0.0000	0.0000	1.0000	0.0000	1.0000	0.9999	1.0000	0.9627	0.0000
2016	0.0000	0.0000	0.0000	1.0000	0.0000	1.0000	1.0000	1.0000	0.8155	0.0000
2017	-1.0000	0.0000	0.0000	1.0000	0.0000	1.0000	1.0000	1.0000	0.6851	0.0000

续表

年份	SITC-0	SITC-1	SITC-2	SITC-3	SITC-4	SITC-5	SITC-6	SITC-7	SITC-8	SITC-9
2018	0.0000	0.0000	-1.0000	0.0000	0.0000	1.0000	1.0000	1.0000	-0.0712	0.0000
2019	0.0000	0.0000	-1.0000	0.0000	0.0000	1.0000	0.9956	1.0000	-0.9443	1.0000
2020	0.0000	0.0000	-0.9942	0.0000	0.0000	1.0000	0.9992	1.0000	0.7839	0.0000
2021	-1.0000	0.0000	-0.7622	0.0000	0.0000	1.0000	0.3078	1.0000	0.2595	1.0000
2022	-1.0000	1.0000	-1.0000	0.0000	0.0000	1.0000	0.8851	1.0000	0.8261	-1.0000

通过 TCI 指数可知，在中国海南省与缅甸双方贸易中，SITC-0、SITC-3、SITC-5、SITC-6 产品的贸易互补性强。通过 TSC 指数发现，SITC-3 产品表现为产业内互补的特征；SITC-0 产品表现为产业间互补的特征，且海南省只进口不出口；SITC-5 和 SITC-6 产品表现为产业间互补的特征，且海南省为净出口方。

（十）中国海南省-越南 TSC 指数测算

2013—2022 年中国海南省-越南 TSC 指数如表 6-30 所示。2022 年中国海南省与越南 SITC-5、SITC-6、SITC-9 产品的 TSC 指数在 [-0.5，0.5]，表现为产业内互补的特征；SITC-0、SITC-1、SITC-2、SITC-4 产品的 TSC 指数大部分在 [-1，-0.8]，产业间互补明显，且海南省为净进口方；SITC-3 和 SITC-7 产品的 TSC 指数大部分在 [0.5，1]，表现为产业间互补的特征，且海南省为净出口方。SITC-8 产品的 TCI 指数波动较大，贸易互补性特征不明显。

表 6-30　　　　　2013—2022 年中国海南省-越南 TSC 指数

年份	SITC-0	SITC-1	SITC-2	SITC-3	SITC-4	SITC-5	SITC-6	SITC-7	SITC-8	SITC-9
2013	-0.9769	0.0000	-1.0000	-0.2150	0.0000	0.9905	0.1752	0.9846	-0.4221	0.0000
2014	-0.9695	0.0000	-1.0000	0.5828	0.0000	0.9993	0.6205	1.0000	-0.6962	0.0000
2015	-0.9901	0.0000	-1.0000	0.5040	0.0000	0.9944	0.9942	1.0000	-0.9267	0.0000
2016	-1.0000	0.0000	-1.0000	1.0000	0.0000	0.9816	0.9949	0.9987	-0.9623	0.0000
2017	-0.9808	-1.0000	-0.9997	1.0000	-1.0000	0.9707	0.7014	0.9956	-0.9245	0.0000
2018	-0.9983	0.0000	-1.0000	1.0000	-1.0000	-0.1621	0.3655	0.9977	-0.9753	0.0000

续表

年份	SITC-0	SITC-1	SITC-2	SITC-3	SITC-4	SITC-5	SITC-6	SITC-7	SITC-8	SITC-9
2019	-0.9596	0.0000	-1.0000	1.0000	-1.0000	0.1440	0.9631	1.0000	-0.9226	1.0000
2020	-0.7824	-1.0000	-0.9912	0.9302	0.0000	0.8504	0.8047	0.9913	0.4747	0.9199
2021	-0.9011	-1.0000	-0.9993	1.0000	-1.0000	0.9930	-0.6718	0.8506	-0.7424	0.8101
2022	-0.9457	-1.0000	-0.9970	1.0000	-1.0000	-0.0125	0.2304	0.6843	-0.5524	0.3387

通过 TCI 指数可知，在中国海南省与越南双方贸易中，SITC-0 产品的贸易互补性强。通过 TSC 指数发现，SITC-0 产品表现为产业间互补的特征，且在 SITC-0 产品的双方贸易中，中国海南省为净出口方。

本章通过 TCI 指数和 TSC 指数的测算，对中国海南省与东盟十国的贸易互补性和贸易竞争性进行了实证研究，并得出以下结论。在中国海南省与马来西亚的双方贸易中，SITC-3、SITC-5、SITC-7 产品的贸易互补性强，且表现为产业间互补的特征；在中国海南省与柬埔寨双方贸易中，SITC-3、SITC-5、SITC-6 产品的贸易互补性强，且表现为产业间互补的特征，尤其在 SITC-3 和 SITC-6 产品的双方贸易中海南省的进口额接近 0；在中国海南省与新加坡的双方贸易中，SITC-3、SITC-5、SITC-7 产品的贸易互补性强，其中 SITC-3 和 SITC-7 产品表现为产业间互补的特征，SITC-5 产品表现为产业内互补的特征；在中国海南省与菲律宾的双方贸易中，SITC-0、SITC-3、SITC-5、SITC-7 产品的贸易互补性强，且 SITC-0、SITC-3、SITC-5、SITC-7 产品表现为产业间互补的特征；在中国海南省与泰国的双方贸易中，SITC-0、SITC-3、SITC-5、SITC-6 产品的贸易互补性强，其中 SITC-3、SITC-5 产品表现为产业内互补的特征，SITC-0、SITC-6 产品表现为产业间互补的特征；在中国海南省与印尼的双方贸易中，SITC-0、SITC-5、SITC-6 产品的贸易互补性强，其中 SITC-0、SITC-5、SITC-6 产品表现为产业间互补的特征，且在 SITC-0 和 SITC-5 贸易中海南省为净进口方，在 SITC-6 产品贸易中海南省为净出口方；在中国海南省与老挝双方贸易中，SITC-0、SITC-3、SITC-5 产品的贸易互补性强，其中 SITC-0 和 SITC-3 产品表现为产业内互补的特征，SITC-5 产品表现为产业间互补的特征，且在 SITC-6 产品贸易中海南省为净出口方；在中国海南省与文莱双方贸易中，SITC-3 产品的贸易互补性强，且表现为产业内互补的特征，中国海南省为净进口方；在中国海南省与缅甸的双方贸易中，SITC-0、SITC-3、SITC-5、SITC-6 产品的贸易互补性强，其中

SITC-3 产品表现为产业内互补的特征，SITC-0、SITC-5、SITC-6 产品表现为产业间互补的特征；在中国海南省与越南的双方贸易中，SITC-0 产品的贸易互补性强，且表现为产业间互补的特征，中国海南省为净出口方。基于以上结论，中国海南省要根据与东盟十国互补性产品的差异及互补性特点的不同，进一步深化产业间或产业内分工，积极开展的贸易合作，推动双方贸易的发展。

第七章　海南省与东盟十国贸易结合度分析

本章通过引入贸易结合度指数，对中国海南省与东盟十国的贸易合作关系进行实证研究，以分析中国海南省与东盟十国贸易相互依赖程度，为后续的研究提供基础。

第一节　贸易结合度指数介绍

一、传统贸易结合度指数

经济学家 A. J. Brown 在 1947 年提出贸易结合度指数（以下简称 TII），后经小岛清等人的研究得到完善。该指数主要用于衡量两国（地区）之间贸易合作关系的紧密程度，其计算公式如下：

$$TII_{ab} = \frac{X_{ab}/X_a}{M_b/M_w} \tag{7-1}$$

在式（7-1）中，X_{ab} 为 a 国（地区）出口至 b 国（地区）的贸易额；X_a 为 a 国（地区）的出口额；M_b 为 b 国（地区）进口额；M_w 为世界进口总额。TII_{ab} 的值小于 1 表示两国（地区）之间的贸易关系疏远，大于 1 表示两国（地区）之间的贸易关系紧密。TII_{ab} 的值越大，表明 a 国（地区）对 b 国（地区）的出口依赖程度越高，两国（地区）贸易关系越紧密，贸易自由化程度越高。

二、TII 指数的发展

经济学家 Kojima 对贸易合作关系进行了深入研究，对 TII 指数进行了完善。他从行业的角度提出了行业出口贸易结合度指数，其计算公式如下：

$$TII_{ab}^{i} = \frac{X_{ab}^{i}/X_{aw}^{i}}{M_{bw}^{i}/(M_{ww}^{i} - M_{aw}^{i})} \qquad (7-2)$$

在式（7-2）中，X_{ab}^{i} 表示为 a 国（地区）i 行业对 b 国（地区）的出口额；X_{aw}^{i} 表示为 a 国（地区）i 行业对世界范围内的出口总额；M_{aw}^{i} 表示 a 国（地区）i 行业的进口额；M_{bw}^{i} 表示 b 国（地区）i 行业的进口额；M_{ww}^{i} 为世界 i 行业进口总额；TII_{ab}^{i} 为 a 国（地区）i 行业对 b 国（地区）i 行业出口的贸易结合度。当 TII_{ab}^{i} 小于 1 时，表明 a 国（地区）i 行业出口对 b 国（地区）进口的依赖程度低，且 a 国（地区）与 b 国（地区）之间的贸易关系松散；当 TII_{ab}^{i} 大于 1 时，表明 a 国（地区）i 行业出口对 b 国（地区）进口的依赖程度高，且 TII_{ab}^{i} 越大，a 国（地区）i 行业出口对 b 国（地区）的进口的依赖程度越高，两国（地区）贸易关系越紧密。

第二节　海南省与东盟十国贸易结合度指数测算

一、中国海南省与马来西亚贸易结合度

为了准确测度海南省与马来西亚的贸易结合度，本部分通过 UN Comtrade 数据库、《海南统计年鉴》和中华人民共和国海口海关数据，确定了 2013—2022 年中国海南省与马来西亚的进出口数据及双方贸易数据，并进行了贸易结合度指数的测算。

（一）整体贸易结合度指数测算

本部分分别从中国海南省出口至马来西亚、马来西亚出口至中国海南省两个方向，结合式（7-1）计算 2013—2022 年中国海南省-马来西亚及马来西亚-中国海南省贸易结合度指数，并根据对比分析，说明海南省与马来西亚贸易相互依赖程度。

如表 7-1 和图 7-1 所示，2013—2022 年中国海南省与马来西亚的贸易结合度指数大部分大于 1，且波动频繁。一方面，中国海南省-马来西亚贸易结合度指数从 2013 年的 1.70 增长到 2022 年的 4.79，呈现波动上升的态势，说明中国海南省出口对马来西亚进口的依赖程度高，贸易关系紧密；另一方面，

马来西亚-中国海南省贸易结合度指数从 2013 年的 3.55 下降到 2022 年的 2.41，呈波动下降的态势，但马来西亚出口对中国海南省进口的依赖程度依然较高。

表 7-1　　　　2013—2022 年中国海南省与马来西亚贸易结合度指数

年份	中国海南省-马来西亚	马来西亚-中国海南省
2013	1.70	3.55
2014	4.83	1.32
2015	2.79	1.15
2016	4.01	0.80
2017	12.80	4.22
2018	2.01	1.78
2019	0.71	3.80
2020	11.28	2.29
2021	4.20	2.16
2022	4.79	2.41

总体而言，中国海南省与马来西亚的贸易结合度指数双向均大于 1，相互依赖程度比较高，但"中国海南省出口对马来西亚进口的依赖程度"高于"马来西亚出口对中国海南省进口的依赖程度"，双方贸易略显不平衡。

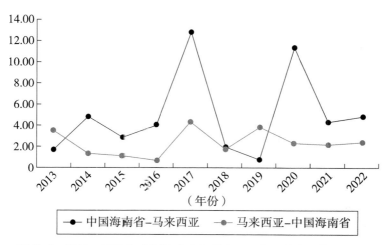

图 7-1　2013—2022 年中国海南省与马来西亚贸易结合度指数变化

（二）SITC-0 至 SITC-9 产品贸易结合度指数测算

为了更深入地了解中国海南省与马来西亚的贸易结合度，本部分从中国海南省出口至马来西亚、马来西亚出口至中国海南省两个方向，结合式（7-2）计算 2013—2022 年 SITC-0 至 SITC-9 产品贸易结合度指数，以说明中国海南省与马来西亚贸易中各类产品的贸易依赖程度。

1. 中国海南省-马来西亚 SITC-0 至 SITC-9 产品贸易结合度

如表 7-2 所示，2013—2022 年中国海南省-马来西亚各类产品贸易结合度指数差异明显。SITC-9 产品贸易结合度指数仅在 2020 年大于 1，其他年份均小于 1，说明中国海南省在 SITC-9 产品出口中对马来西亚进口的依赖程度低。SITC-1 和 SITC-4 产品的贸易结合度指数在 2022 年大幅增加，说明中国海南省在 SITC-1 和 SITC-4 产品出口贸易中对马来西亚进口的依赖程度大幅增加；SITC-0、SITC-2、SITC-3、SITC-6、SITC-7、SITC-8 产品的贸易结合度指数相对稳定，且均值大于 1，说明中国海南省在这些类产品的出口贸易中对马来西亚进口的依赖程度较高。

表 7-2 2013—2022 年中国海南省-马来西亚 SITC-0 至 SITC-9 产品贸易结合度指数

年份	SITC-0	SITC-1	SITC-2	SITC-3	SITC-4	SITC-5	SITC-6	SITC-7	SITC-8	SITC-9
2013	2.24	0.00	0.72	0.00	0.00	1.48	2.42	0.84	13.35	0.00
2014	2.59	0.00	0.00	7.00	0.00	0.91	0.96	0.43	7.20	0.00
2015	1.86	0.00	1.20	3.28	0.00	2.15	1.07	1.22	4.40	0.00
2016	8.40	0.00	2.28	5.47	0.00	0.69	0.89	0.39	5.81	0.00
2017	13.00	0.00	20.82	13.76	0.00	0.00	0.82	0.38	4.80	0.00
2018	4.25	0.00	22.82	2.28	0.00	0.16	0.79	0.15	2.61	0.00
2019	5.44	0.00	8.09	0.00	0.00	0.16	0.88	0.10	3.67	0.00
2020	4.58	0.00	1.90	13.32	0.00	1.16	3.00	19.32	3.83	6.84
2021	3.27	0.00	1.25	11.01	0.00	0.42	1.36	0.46	1.24	0.26
2022	2.83	10.15	1.94	2.47	32.58	1.14	1.59	9.13	1.18	0.70

2. 马来西亚-中国海南省 SITC-0 至 SITC-9 产品贸易结合度指数

如表 7-3 所示，2013—2022 年马来西亚-中国海南省各类产品贸易结合度指数整体偏低，且波动频繁。2022 年 SITC-3、SITC-5、SITC-6、SITC-8

产品的贸易结合度指数大于 1，说明马来西亚在这四类产品的出口贸易中对中国海南省进口的依赖程度较高；SITC-0、SITC-1、SITC-2、SITC-4、SITC-7、SITC-9 产品的贸易结合度指数小于 1，说明马来西亚在这些类产品的出口贸易中对中国海南省进口的依赖程度较低，贸易关系松散。

表 7-3　2013—2022 年马来西亚-中国海南省 SITC-0 至 SITC-9 产品贸易结合度指数

年份	SITC-0	SITC-1	SITC-2	SITC-3	SITC-4	SITC-5	SITC-6	SITC-7	SITC-8	SITC-9
2013	0.40	0.00	0.37	3.24	0.00	10.90	19.84	0.02	1.44	0.00
2014	0.43	0.00	0.38	0.50	0.00	11.42	12.72	0.20	0.61	0.00
2015	0.68	0.00	0.20	0.77	4.84	11.35	0.01	0.01	0.27	0.00
2016	0.37	0.00	0.23	0.95	0.00	1.23	0.01	0.00	0.22	0.00
2017	0.90	0.00	0.68	9.96	0.00	0.00	0.01	0.08	0.31	0.00
2018	0.68	0.00	0.44	7.52	0.00	2.33	0.01	0.01	0.05	0.00
2019	0.42	0.00	0.67	17.58	0.00	2.00	0.18	0.02	0.08	0.00
2020	1.02	0.07	0.59	8.05	2.25	0.67	1.45	0.13	0.02	23.07
2021	0.89	0.02	0.38	7.26	1.21	2.19	7.92	0.41	0.03	25.10
2022	0.84	0.20	0.34	8.04	0.21	3.25	3.58	0.28	1.17	0.43

二、中国海南省-柬埔寨贸易结合度

为了准确测度中国海南省与柬埔寨的贸易结合度，本部分通过 UN Comtrade 数据库、《海南统计年鉴》和中华人民共和国海口海关数据，确定了 2013—2022 年中国海南省与柬埔寨的进出口数据及双方贸易数据，并进行了贸易结合度指数的测算。

（一）整体贸易结合度指数测算

本部分从中国海南省出口至柬埔寨、柬埔寨出口至中国海南省两个方向，结合式（7-1）计算 2013—2022 年中国海南省-柬埔寨及柬埔寨-中国海南省贸易结合度指数，并根据对比分析，说明中国海南省与柬埔寨贸易相互依赖程度。

如表 7-4 和图 7-2 所示，2013—2022 年中国海南省与柬埔寨的贸易结合度指数波动较大，而柬埔寨-中国海南省的贸易结合度指数波动相对较小。同时，中国海南省与柬埔寨贸易结合度指数双向变动趋势不同。一方面，中国海南省-柬埔寨贸易结合度指数从 2013 年的 5.42 下降到 2022 年的 2.86，呈现波动下降的态势，说明中国海南省出口对柬埔寨进口的依赖程度降低，但贸易关系依然紧密；另一方面，柬埔寨-中国海南省贸易结合度指数从 2013 年的 0.49 上升到 2022 年的 0.78，虽然贸易结合度指数呈波动上升态势，但柬埔寨出口对中国海南省进口的依赖程度依然比较低，贸易关系不够紧密。

表 7-4　　　　　 2013—2022 年中国海南省与柬埔寨贸易结合度指数

年份	中国海南省-柬埔寨	柬埔寨-中国海南省
2013	5.42	0.49
2014	2.12	0.62
2015	1.13	0.13
2016	4.03	0.16
2017	8.25	0.32
2018	1.58	0.52
2019	0.60	1.99
2020	2.53	1.27
2021	7.42	0.76
2022	2.86	0.78

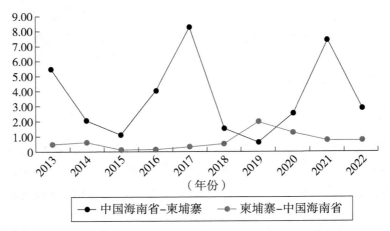

图 7-2　 2013—2022 年中国海南省与柬埔寨贸易结合度指数变化

总体而言，中国海南省与柬埔寨的贸易结合度呈现不平衡的特点。"中国海南省-柬埔寨贸易结合度指数"的均值高于"柬埔寨-中国海南省贸易结合度指数"的均值，中国海南省出口对柬埔寨进口贸易的依赖程度高，柬埔寨出口对中国海南省进口的依赖程度低，贸易关系比较松散。

（二）SITC-0 至 SITC-9 产品贸易结合度指数测算

为了更深入地了解中国海南省与柬埔寨的贸易结合度，本部分从中国海南省出口至柬埔寨、柬埔寨出口至海南省两个方向，结合式（7-2）计算 2013—2022 年 SITC-0 至 SITC-9 产品贸易结合度指数，以说明中国海南省与柬埔寨贸易中各类产品的贸易依赖程度。

1. 中国海南省-柬埔寨 SITC-0 至 SITC-9 产品贸易结合度指数

如表 7-5 所示，2013—2022 年中国海南省-柬埔寨各类产品贸易结合度指数整体波动幅度巨大。2022 年仅 SITC-9 产品的贸易结合度指数小于 1，其他类产品的贸易结合度指数大于 1，尤其是 SITC-4 产品的贸易结合度指数达到 6539.54，SITC-7 产品的贸易结合度指数达到 203.80，说明中国海南省这两类产品的出口贸易对柬埔寨进口的依赖程度非常高；SITC-1、SITC-4、SITC-7 产品的贸易结合度指数在 2022 年急剧增加，不排除偶然性因素，表明中国海南省在 SITC-1、SITC-4、SITC-7 产品的出口贸易中对柬埔寨进口的依赖程度不稳定。

表 7-5　2013—2022 年中国海南省-柬埔寨 SITC-0 至 SITC-9 产品贸易结合度指数

年份	SITC-0	SITC-1	SITC-2	SITC-3	SITC-4	SITC-5	SITC-6	SITC-7	SITC-8	SITC-9
2013	85.98	0.00	62.76	0.00	0.00	55.09	18.35	40.46	267.83	0.00
2014	78.23	0.00	0.00	767.09	0.00	26.60	5.33	19.94	101.40	0.00
2015	48.42	0.00	26.97	844.32	0.00	53.77	4.98	39.42	65.09	0.00
2016	201.55	0.00	42.96	88.10	0.00	15.38	3.41	11.33	88.08	0.00
2017	269.09	0.00	368.57	242.06	0.00	0.00	3.01	11.24	69.50	0.00
2018	77.03	0.00	429.01	35.48	0.00	3.07	2.79	4.02	32.71	0.00
2019	84.04	0.00	170.53	0.00	0.00	2.39	2.56	1.72	40.49	0.00
2020	66.66	0.00	43.18	159.27	0.00	14.04	8.94	384.31	42.01	28.05
2021	46.96	0.00	22.37	139.19	0.00	3.99	3.86	10.04	12.34	0.25
2022	38.40	15.42	33.08	37.54	6539.54	12.21	4.81	203.80	14.13	0.95

2. 柬埔寨-中国海南省 SITC-0 至 SITC-9 产品贸易结合度指数

如表 7-6 所示,2013—2022 年柬埔寨-中国海南省各类产品贸易结合度指数整体偏低。2022 年,SITC-0、SITC-1、SITC-2、SITC-3、SITC-4、SITC-6、SITC-7、SITC-9 产品的贸易结合度指数均接近 0,说明柬埔寨在这些类产品的出口贸易中对中国海南省进口的依赖程度低;SITC-5 和 SITC-8 产品的贸易结合度指数大于 1,说明柬埔寨在 SITC-5 和 SITC-8 产品的出口贸易中对中国海南省进口的依赖程度较高,贸易关系比较紧密。

表 7-6　2013—2022 年柬埔寨-中国海南省 SITC-0 至 SITC-9 产品贸易结合度指数

年份	SITC-0	SITC-1	SITC-2	SITC-3	SITC-4	SITC-5	SITC-6	SITC-7	SITC-8	SITC-9
2013	45.59	0.00	0.00	0.00	0.00	0.00	0.00	0.00	0.10	0.00
2014	0.00	0.00	10.07	0.00	0.00	0.00	0.00	0.00	0.20	0.00
2015	0.00	0.00	0.00	0.00	0.00	0.00	0.00	0.00	0.60	0.00
2016	0.00	0.00	0.00	0.00	0.00	0.17	0.00	0.00	0.44	0.00
2017	0.00	0.00	0.00	0.00	0.00	0.00	0.00	0.00	0.38	0.00
2018	0.00	0.00	0.00	0.00	0.00	0.00	0.00	0.00	1.04	0.00
2019	49.65	28.81	0.00	0.00	0.00	0.00	0.00	0.00	1.41	0.00
2020	0.66	2.21	0.00	0.00	0.00	0.07	0.00	0.00	1.67	0.00
2021	0.29	0.97	0.00	0.00	0.00	0.00	0.00	0.00	1.07	0.06
2022	0.00	0.00	0.00	0.00	0.00	2.45	0.00	0.00	1.30	0.00

三、中国海南省-新加坡贸易结合度

为了准确测度中国海南省与新加坡的贸易结合度,本部分通过 UN Comtrade 数据库、《海南统计年鉴》和中华人民共和国海口海关数据,确定 2013—2022 年中国海南省与新加坡的进出口数据及双方贸易数据,并进行了贸易结合度指数的测算。

(一) 整体贸易结合度指数测算

本部分从中国海南省出口至新加坡、新加坡出口至海南省两个方向,结合式 (7-1) 计算 2013—2022 年中国海南省-新加坡及新加坡-中国海南省贸易结合度指数，并根据对比分析，说明中国海南省与新加坡贸易相互依赖程度。

如表 7-7 和图 7-3 所示，2013—2022 年中国海南省与新加坡的贸易结合度指数变动趋势大体一致。一方面，中国海南省-新加坡贸易结合度指数从 2013 年的 4.80 下降到 2022 年的 2.54，呈现波动下降的态势，说明中国海南省出口贸易对新加坡进口的依赖程度有所降低，但贸易关系依然紧密；另一方面，新加坡-中国海南省贸易结合度指数从 2013 年的 0.43 下降到 2022 年的 0.17，呈现波动下降的态势，新加坡出口贸易对中国海南省进口的依赖程度比较低，贸易关系不够紧密。

表 7-7　　　　　2013—2022 年中国海南省与新加坡贸易结合度指数

年份	中国海南省-新加坡	新加坡-中国海南省
2013	4.80	0.43
2014	4.43	0.18
2015	6.35	0.70
2016	3.14	1.01
2017	8.42	5.90
2018	9.09	2.26
2019	10.28	3.08
2020	6.20	1.31
2021	5.55	0.91
2022	2.54	0.17

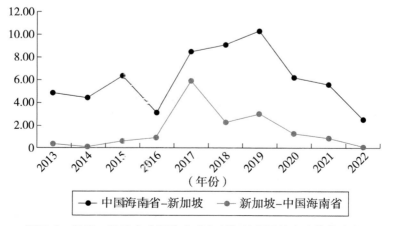

图 7-3　2013—2022 年中国海南省与新加坡贸易结合度指数变化

总体而言，中国海南省与新加坡的贸易结合度呈现不平衡的特点，中国海南省出口贸易对新加坡进口的依赖程度高，新加坡出口贸易对中国海南省进口的依赖程度低，贸易关系松散。

（二）SITC-0 至 SITC-9 产品贸易结合度指数测算

为了更深入地了解中国海南省与新加坡的贸易结合度，本部分从中国海南省出口至新加坡、新加坡出口至中国海南省两个方向，结合式（7-2）计算 2013—2022 年 SITC-0 至 SITC-9 产品的贸易结合度指数，以说明中国海南省与新加坡贸易中各类产品的贸易依赖程度。

1. 中国海南省-新加坡 SITC-0 至 SITC-9 产品贸易结合度指数

如表 7-8 所示，2013—2022 年中国海南省-新加坡各类产品贸易结合度指数波动较大。2022 年，SITC-0、SITC-3、SITC-5、SITC-6、SITC-9 产品的贸易结合度指数大于 1，尤其是 SITC-9 产品的贸易结合度指数超过了 20，说明中国海南省在这五类产品的出口贸易中对新加坡进口的依赖程度比较高；SITC-1、SITC-2、SITC-4、SITC-7、SITC-8 产品的贸易结合度指数小于 1，表明中国海南省在这五类产品的出口贸易中对新加坡进口的依赖程度比较低，贸易关系比较松散。

表 7-8　2013—2022 年中国海南省-新加坡 SITC-0 至 SITC-9 产品贸易结合度指数

年份	SITC-0	SITC-1	SITC-2	SITC-3	SITC-4	SITC-5	SITC-6	SITC-7	SITC-8	SITC-9
2013	0.23	0.00	0.46	6.78	0.00	0.11	0.45	0.65	3.02	0.00
2014	0.51	0.00	0.00	3.96	0.00	1.49	0.51	1.42	2.34	0.00
2015	0.20	0.00	0.00	5.63	0.00	3.16	0.92	1.97	4.97	0.00
2016	0.59	0.00	0.00	5.48	0.00	1.55	1.43	0.92	4.06	0.00
2017	0.36	0.00	1.24	6.03	0.00	0.00	1.90	0.04	0.52	0.00
2018	0.56	0.00	0.01	9.32	0.00	0.09	3.00	0.24	0.38	0.00
2019	0.96	0.00	0.00	6.22	0.00	0.09	0.84	24.84	0.53	0.00
2020	1.30	0.00	0.42	8.24	0.00	0.14	3.15	1.02	6.14	2.59
2021	0.76	0.00	0.01	8.71	0.00	0.03	0.57	4.93	0.54	1.82
2022	1.54	0.00	0.00	4.59	0.00	1.01	1.04	0.64	0.41	26.30

2. 新加坡-中国海南省 SITC-0 至 SITC-9 产品贸易结合度指数

如表 7-9 所示，2013—2022 年新加坡-中国海南省各类产品贸易结合度指数整体偏低，且波动频繁。2022 年，SITC-0、SITC-2、SITC-3、SITC-4、SITC-5、SITC-6、SITC-7、SITC-8、SITC-9 产品的贸易结合度指数均小于 1，说明新加坡在这些类产品的出口贸易中对中国海南省进口的依赖程度较低；仅 SITC-1 产品的贸易结合度指数大于 1，表明新加坡在 SITC-1 产品的出口贸易中对中国海南省进口的依赖程度较高，贸易关系比较紧密。

表 7-9　2013—2022 年新加坡-中国海南省 SITC-0 至 SITC-9 产品贸易结合度指数

年份	SITC-0	SITC-1	SITC-2	SITC-3	SITC-4	SITC-5	SITC-6	SITC-7	SITC-8	SITC-9
2013	3.99	0.00	0.00	0.49	0.00	1.60	0.01	0.03	2.78	0.00
2014	1.55	0.00	0.00	0.00	0.00	1.90	0.00	0.07	0.43	0.00
2015	0.63	0.00	0.00	0.33	0.00	2.44	0.01	0.04	0.11	0.00
2016	1.92	0.00	0.01	0.58	0.00	5.68	0.03	0.03	0.23	0.00
2017	0.26	0.00	0.00	8.24	0.00	0.00	0.14	0.04	0.10	0.00
2018	0.16	0.00	0.00	1.59	8.72	0.33	0.11	0.16	0.00	0.00
2019	0.18	1.72	0.00	10.40	0.00	4.63	0.03	0.00	0.18	0.00
2020	0.15	2.06	0.00	3.53	0.00	1.64	0.58	0.06	0.06	1.36
2021	0.32	1.69	0.00	3.11	0.00	1.37	0.09	0.10	0.11	4.91
2022	0.56	1.31	0.01	0.59	0.00	0.12	0.81	0.16	0.26	0.02

四、中国海南省-菲律宾贸易结合度

为了准确测度中国海南省与菲律宾的贸易结合度，本部分通过 UN Comtrade 数据库、《海南统计年鉴》和中华人民共和国海口海关数据，确定 2017—2022 年中国海南省与菲律宾的进出口数据及双方贸易数据（2013—2016 年数据缺失），并进行了贸易结合度指数的测算。

（一）整体贸易结合度指数测算

本部分从中国海南省出口至菲律宾、菲律宾出口至中国海南省两个方向，结合式（7-1）计算 2017—2022 年中国海南省-菲律宾及菲律宾-中国海南省贸易结合度指数，并根据对比分析，说明中国海南省与菲律宾贸易相互依赖程度。

如表 7-10 和图 7-4 所示，2017—2022 年中国海南省与菲律宾的贸易结合度指数双向差异明显。一方面，中国海南省-菲律宾贸易结合度指数从 2017 年的 33.56 下降到 2022 年的 8.03，呈现波动下降的态势，说明中国海南省出口贸易对菲律宾进口的依赖程度有所降低，但贸易关系依然非常紧密；另一方面，菲律宾-中国海南省贸易结合度指数从 2017 年的 0.67 下降到 2022 年的 0.28，呈现波动下降的态势，但菲律宾出口贸易对中国海南省进口的依赖程度比较低，贸易关系不够紧密。

表 7-10   2017—2022 年中国海南省与菲律宾贸易结合度指数

年份	中国海南省-菲律宾	菲律宾-中国海南省
2017	33.56	0.67
2018	25.87	4.31
2019	28.72	1.81
2020	13.25	0.57
2021	15.40	1.25
2022	8.03	0.28

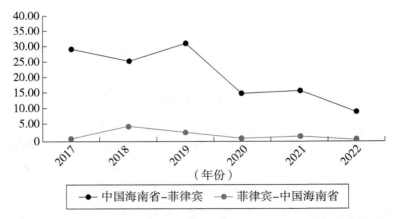

图 7-4 2017—2022 年中国海南省与菲律宾贸易结合度指数变化

总体而言，中国海南省与菲律宾的贸易结合度呈现双向不均衡的特点，"中国海南省出口贸易对菲律宾进口"的依赖程度远远高于"菲律宾出口贸易对中国海南省进口"的依赖程度，中国海南省出口贸易与菲律宾进口贸易关系紧密，但菲律宾出口贸易与中国海南省进口贸易关系较松散。

（二）SITC-0 至 SITC-9 产品贸易结合度指数测算

为了更深入地了解中国海南省与菲律宾的贸易结合度，本部分从中国海南省出口至菲律宾、菲律宾出口至中国海南省两个方向，结合式（7-2）计算 2017—2022 年 SITC-0 至 SITC-9 产品的贸易结合度指数，以说明中国海南省与菲律宾贸易中各类产品的贸易依赖程度。

1. 中国海南省-菲律宾 SITC-0 至 SITC-9 产品贸易结合度指数

如表 7-11 所示，2017—2022 年中国海南省-菲律宾各类产品贸易结合度指数波动较大，差异明显。2022 年，SITC-0、SITC-3、SITC-5、SITC-6、SITC-9 产品的贸易结合度指数大于 1，尤其是 SITC-3 产品的贸易结合度指数达到了 17.35，说明中国海南省在这五类产品的出口贸易中对菲律宾进口的依赖程度比较高；SITC-1、SITC-2、SITC-4、SITC-7、SITC-8 产品的贸易结合度指数小于 1，特别是 SITC-1、SITC-2、SITC-4 产品的贸易结合度指数接近 0，表明中国海南省在这三类产品的出口贸易中对菲律宾进口的依赖程度比较低，尤其是在这三类产品的贸易中中国海南省出口与菲律宾进口贸易关系比较松散。

表 7-11　2017—2022 年中国海南省-菲律宾 SITC-0 至 SITC-9 产品贸易结合度指数

年份	SITC-0	SITC-1	SITC-2	SITC-3	SITC-4	SITC-5	SITC-6	SITC-7	SITC-8	SITC-9
2017	9.78	0.00	0.68	44.39	0.00	0.00	1.46	1.35	5.10	0.00
2018	8.65	0.00	1.39	47.03	0.00	9.34	1.46	1.43	7.69	0.00
2019	12.12	0.00	6.99	45.58	0.00	21.32	1.35	0.55	4.29	0.00
2020	6.34	0.00	1.98	20.54	0.00	18.79	11.75	0.85	3.10	37.26
2021	5.10	0.00	2.14	37.08	0.00	7.84	1.89	0.31	11.29	13239.59
2022	1.92	0.00	0.00	17.35	0.00	6.57	4.05	0.45	0.85	7.67

2. 菲律宾-中国海南省 SITC-0 至 SITC-9 产品贸易结合度指数

如表 7-12 所示，2017—2022 年菲律宾-中国海南省各类产品贸易结合度指数整体偏低。2022 年，SITC-1、SITC-2、SITC-3、SITC-4、SITC-5、SITC-6、SITC-7 产品的贸易结合度指数均小于 1，说明菲律宾在这些类产品的出口贸易中对中国海南省进口的依赖程度较低；SITC-0 和 SITC-8 产品的贸易结合度指数大于 1，表明菲律宾在 SITC-0 和 SITC-8 产品的出口贸易中对中国海南省进口的依赖程度较高，贸易关系比较紧密；SITC-9 产品的贸易结合度指数在 2022 年出现了大幅增加，不排除偶然性因素，菲律宾在 SITC-9 产品的出口贸易与中国海南省进口的联系状态不稳定。

表 7-12　2017—2022 年菲律宾-中国海南省 SITC-0 至 SITC-9 产品贸易结合度指数

年份	SITC-0	SITC-1	SITC-2	SITC-3	SITC-4	SITC-5	SITC-6	SITC-7	SITC-8	SITC-9
2017	9.67	0.00	0.03	0.00	0.00	0.00	0.39	0.06	2.40	0.00
2018	5.48	0.00	0.02	198.31	2.84	0.00	0.02	0.06	1.97	0.00
2019	4.54	0.16	0.29	74.52	0.00	0.03	0.06	0.10	2.95	0.00
2020	7.05	0.12	1.01	0.00	0.00	0.00	0.22	0.04	1.53	0.00
2021	6.79	0.06	2.15	19.12	0.00	0.00	0.04	0.25	0.77	0.02
2022	1.05	0.45	0.40	0.00	0.00	0.01	0.07	0.31	1.03	1.39

五、中国海南省-泰国贸易结合度

为了准确测度中国海南省与泰国的贸易结合度，本部分通过 UN Comtrade 数据库、《海南统计年鉴》和中华人民共和国海口海关数据，确定 2013—2022 年中国海南省与泰国的进出口数据及双方贸易数据，并进行了贸易结合度指数的测算。

（一）整体贸易结合度指数测算

本部分从中国海南省出口至泰国、泰国出口至中国海南省两个方向，结合式（7-1）计算 2013—2022 年中国海南省-泰国及泰国-中国海南省贸易结合度指数，并根据对比分析，说明中国海南省与泰国贸易相互依赖程度。

如表 7-13 和图 7-5 所示，2013—2022 年中国海南省与菲律宾的贸易结合度指数波动频繁。一方面，中国海南省-泰国的贸易结合度指数从 2013 年的 1.17 上升到 2022 年的 2.20，呈现波动上升的态势，说明中国海南省出口贸易对泰国进口的依赖程度有所上升，贸易关系比较紧密；另一方面，泰国-中国海南省贸易结合度指数从 2013 年的 3.50 下降到 2022 年的 1.80，呈现波动下降的态势，但泰国出口贸易对中国海南省进口的关系依然比较紧密。

表 7-13　　　　　2013—2022 年中国海南省与泰国贸易结合度指数

年份	中国海南省-泰国	泰国-中国海南省
2013	1.17	3.50
2014	0.69	1.55
2015	0.78	2.56
2016	3.30	0.94
2017	5.11	3.12
2018	2.45	1.85
2019	1.76	3.65
2020	2.35	2.31
2021	1.97	1.12
2022	2.20	1.80

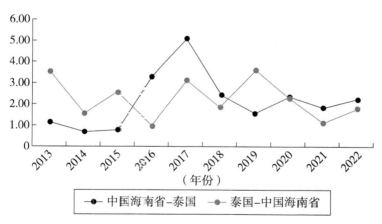

图 7-5　2013—2022 年中国海南省与泰国贸易结合度指数变化

　　总体而言，中国海南省与泰国的贸易结合度相对均衡，但整体水平不够高。"中国海南省出口贸易对泰国进口"的依赖程度略高于"泰国出口贸易对中国海南省进口"的依赖程度。中国海南省出口贸易与泰国进口贸易、泰国出口贸易与中国海南省进口贸易关系都比较紧密。

　　（二）SITC-0 至 SITC-9 产品贸易结合度指数测算

　　为了更深入地了解中国海南省与泰国的贸易结合度，本部分从中国海南省出口至泰国、泰国出口至中国海南省两个方向，结合式（7-2）计算2013—2022 年 SITC-0 至 SITC-9 产品的贸易结合度指数，以说明中国海南省与泰国贸易各类产品贸易依赖程度。

1. **中国海南省-泰国 SITC-0 至 SITC-9 产品贸易结合度指数**

如表 7-14 所示，2013—2022 年中国海南省-泰国各类产品的贸易结合度指数整体偏低。2022 年，SITC-0、SITC-2、SITC-3、SITC-5、SITC-6、SITC-7、SITC-8 产品的贸易结合度指数大于 1，说明中国海南省这些类产品的出口贸易对泰国进口的依赖程度比较高；SITC-1 和 SITC-4 产品的贸易结合度指数接近 0，SITC-9 产品的贸易结合度指数小于 1，表明中国海南省在这些产品的出口贸易中对泰国进口的依赖程度非常低，贸易关系松散。

表 7-14　2013—2022 年中国海南省-泰国 SITC-0 至 SITC-9 产品贸易结合度指数

年份	SITC-0	SITC-1	SITC-2	SITC-3	SITC-4	SITC-5	SITC-6	SITC-7	SITC-8	SITC-9
2013	0.02	0.00	12.65	0.00	0.00	5.36	1.31	2.25	3.57	0.00
2014	0.09	0.00	8.01	0.00	0.00	2.23	2.36	1.76	0.47	0.00
2015	0.88	0.00	17.56	0.00	0.00	1.12	3.13	0.61	0.54	0.00
2016	0.23	0.00	7.99	5.45	0.00	3.60	3.13	0.38	0.65	0.00
2017	0.39	0.00	7.80	4.55	0.00	0.00	3.18	0.22	1.17	0.00
2018	0.43	0.00	13.39	0.00	0.00	9.94	3.26	4.30	0.89	0.00
2019	1.10	5.09	25.03	0.02	0.00	10.01	2.88	0.07	0.48	0.00
2020	0.79	0.00	7.96	0.01	0.00	10.40	4.05	0.51	2.27	4.36
2021	1.32	0.00	10.55	1.23	0.00	3.63	2.92	0.29	0.75	0.25
2022	4.29	0.00	5.36	1.19	0.00	1.75	1.76	3.04	3.16	0.50

2. **泰国-中国海南省 SITC-0 至 SITC-9 产品贸易结合度指数**

如表 7-15 所示，2013—2022 年泰国-中国海南省各类产品贸易结合度指数有明显的差别。2022 年，SITC-0、SITC-2、SITC-3、SITC-5、SITC-8 产品的贸易结合度指数均大于 1，说明泰国在这五类产品的出口贸易中对中国海南省进口的依赖程度比较高；SITC-1、SITC-4、SITC-6、SITC-7、SITC-9 产品的贸易结合度指数小于 1，且接近 0，说明泰国在这五类产品的出口贸易中对中国海南省进口的依赖程度比较低，贸易关系非常松散。

表 7-15　　2013—2022 年泰国-中国海南省 SITC-0 至 SITC-9 产品贸易结合度指数

年份	SITC-0	SITC-1	SITC-2	SITC-3	SITC-4	SITC-5	SITC-6	SITC-7	SITC-8	SITC-9
2013	1.26	0.00	3.93	5.61	7.71	29.01	5.37	0.00	7.80	0.00
2014	2.00	0.00	1.85	0.13	0.00	16.38	5.56	0.00	4.38	0.00
2015	8.03	0.00	1.46	1.90	46.23	30.97	0.10	0.01	3.67	0.00
2016	6.05	0.00	1.35	0.47	200.35	5.54	0.20	0.02	3.74	0.00
2017	5.16	0.45	1.42	1.09	0.00	0.00	0.22	0.01	4.89	0.00
2018	10.53	0.00	2.96	0.00	0.00	3.80	0.35	0.00	4.93	0.00
2019	11.99	0.00	1.30	0.00	0.00	10.21	0.16	0.00	3.34	0.00
2020	1.89	0.00	2.25	1.92	0.00	4.84	0.45	0.08	1.92	0.00
2021	3.12	0.00	0.20	3.23	0.00	2.15	0.04	0.06	1.48	0.04
2022	4.96	0.02	1.34	4.02	0.15	1.92	0.04	0.13	2.47	0.05

六、中国海南省-印尼贸易结合度

为了准确测度中国海南省与印尼的贸易结合度，本部分通过 UN Comtrade 数据库、《海南统计年鉴》和中华人民共和国海口海关数据，确定 2013—2022 年中国海南省与印尼的进出口数据及双方贸易数据，并进行了贸易结合度指数的测算。

（一）整体贸易结合度指数测算

本部分从中国海南省出口至印尼、印尼出口至海南省两个方向，结合式（7-1）计算 2013—2022 年中国海南省-印尼及印尼-中国海南省贸易结合度指数，并根据对比分析，说明中国海南省与印尼贸易相互依赖程度。

如表 7-16 和图 7-6 所示，2013—2022 年中国海南省与印尼的贸易结合度指数波动趋势有明显差异。一方面，中国海南省-印尼贸易结合度指数从 2013 年的 9.44 下降到 2022 年的 7.32，呈现波动下降的态势，说明中国海南省出口贸易对印尼进口的依赖程度有所下降，但贸易关系依然紧密；另一方面，印尼-中国海南省贸易结合度指数从 2013 年的 2.54 上升到 2022 年的 5.57，呈现波动上升的特点，表明印尼出口贸易与中国海南省进口贸易的关系比较紧密。

表 7-16　　　　　2013—2022 年中国海南省与印尼贸易结合度指数

年份	中国海南省-印尼	印尼-中国海南省
2013	9.44	2.54
2014	2.01	2.42
2015	7.87	2.98
2016	1.18	2.84
2017	1.65	6.93
2018	0.90	5.10
2019	2.01	6.38
2020	1.57	6.88
2021	0.90	5.90
2022	7.32	5.57

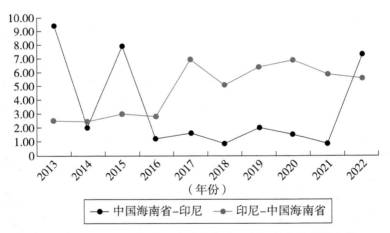

图 7-6　2013—2022 年中国海南省与印尼贸易结合度指数变化

　　总体而言，中国海南省与印尼的贸易结合度表现出相对均衡的特点。"中国海南省出口贸易对印尼进口"的依赖程度略高于"印尼出口贸易对中国海南省进口"的依赖程度，且中国海南省出口贸易与印尼进口贸易、印尼出口贸易与中国海南省进口贸易关系都比较紧密。

　　（二）SITC-0 至 SITC-9 产品贸易结合度指数测算

　　为了更深入地了解中国海南省与印尼的贸易结合度，本部分从中国海南省出口至印尼、印尼出口至中国海南省两个方向，结合式（7-2）计算2013—2022 年 SITC-0 至 SITC-9 产品的贸易结合度指数，以说明中国海南省与印尼贸易中各类产品的贸易依赖程度。

1. 中国海南省-印尼 SITC-0 至 SITC-9 产品贸易结合度指数

如表 7-17 所示，2013—2022 年中国海南省-印尼各类产品贸易结合度指数整体偏低但波动较大。2022 年，SITC-3、SITC-6、SITC-7、SITC-8、SITC-9 产品的贸易结合度指数大于 1，但 SITC-6、SITC-7 和 SITC-9 产品的贸易结合度指数波动较大，不排除偶然性因素，说明中国海南省在这些类产品的出口贸易中对印尼进口的依赖程度比较高但不稳定；SITC-0、SITC-1、SITC-2、SITC-4、SITC-5 产品的贸易结合度指数小于 1，表明中国海南省在这五类产品的出口贸易中对印尼进口的依赖程度非常低，贸易关系松散。

表 7-17　2013—2022 年中国海南省-印尼 SITC-0 至 SITC-9 产品贸易结合度指数

年份	SITC-0	SITC-1	SITC-2	SITC-3	SITC-4	SITC-5	SITC-6	SITC-7	SITC-8	SITC-9
2013	0.17	0.00	0.74	17.23	0.00	0.58	0.61	0.71	2.86	0.00
2014	0.55	0.00	0.18	2.33	0.00	0.38	0.48	1.03	1.78	0.00
2015	0.40	0.00	0.00	7.35	0.00	0.22	10.52	1.47	2.72	0.00
2016	0.23	0.00	0.00	0.00	0.00	1.31	2.55	1.10	4.55	0.00
2017	0.24	0.00	4.26	1.23	0.00	0.00	0.47	0.62	2.07	0.00
2018	0.34	0.00	5.32	0.80	0.00	0.35	0.70	1.01	3.10	0.00
2019	0.21	0.00	0.01	2.83	0.00	0.48	0.50	0.81	4.40	0.00
2020	0.39	0.00	42.16	1.06	0.00	0.96	1.05	1.19	2.81	3.29
2021	0.16	0.00	39.77	0.04	0.00	0.37	2.18	0.41	4.10	0.12
2022	0.38	0.00	0.12	1.05	0.00	0.79	10.93	19.62	9.32	61.24

2. 印尼-中国海南省 SITC-0 至 SITC-9 产品贸易结合度指数

如表 7-18 所示，2013—2022 年印尼-中国海南省各类产品贸易结合度指数有明显差异。2022 年，SITC-0、SITC-1、SITC-2、SITC-3、SITC-5、SITC-9 产品的贸易结合度指数大于 1，说明印尼在这些类产品的出口贸易中对中国海南省进口的依赖程度比较高；SITC-4、SITC-6、SITC-7、SITC-8 产品的贸易结合度指数小于 1，说明印尼在这些类产品出口贸易中对中国海南省进口的依赖程度比较低，贸易关系比较松散。

表 7-18 2013—2022 年印尼-中国海南省 SITC-0 至 SITC-9 产品贸易结合度指数

年份	SITC-0	SITC-1	SITC-2	SITC-3	SITC-4	SITC-5	SITC-6	SITC-7	SITC-8	SITC-9
2013	4.46	0.00	5.49	0.94	0.00	11.13	0.25	0.15	1.24	0.00
2014	19.50	0.00	8.34	0.50	0.00	8.84	1.21	0.05	0.50	0.00
2015	37.36	0.00	9.12	0.57	0.00	0.63	0.07	0.00	0.40	0.00
2016	34.90	0.00	6.92	0.75	0.00	0.39	0.05	0.03	0.39	0.00
2017	40.17	0.00	4.75	4.71	1.68	0.00	0.04	0.04	0.50	0.00
2018	33.25	0.00	5.83	7.96	4.71	0.09	0.04	0.01	0.40	0.00
2019	15.49	14.14	5.28	10.39	6.18	1.41	0.60	0.02	0.48	0.00
2020	19.58	5.03	7.36	10.00	1.86	0.23	2.44	0.09	0.33	0.00
2021	26.37	2.55	1.85	10.37	0.49	2.59	10.56	0.02	0.27	0.06
2022	12.10	2.15	1.78	9.34	0.00	7.02	0.04	0.06	0.35	1.75

七、中国海南省-老挝贸易结合度

为了准确测度中国海南省与老挝的贸易结合度，本部分通过 UN Comtrade 数据库、《海南统计年鉴》和中华人民共和国海口海关数据，确定 2013—2022 年中国海南省与老挝的进出口数据及双方贸易数据，并进行了贸易结合度指数的测算。

（一）整体贸易结合度指数测算

本部分从中国海南省出口至老挝、老挝出口至中国海南省两个方向，结合式（7-1）计算 2013—2022 年中国海南省-老挝及老挝-中国海南省贸易结合度指数，并根据对比分析，说明中国海南省与老挝贸易相互依赖程度。

如表 7-19 和图 7-7 所示，2013—2022 年中国海南省与老挝的贸易结合度指数整体较高。一方面，中国海南省-老挝贸易结合度指数从 2013 年的 9495.35 上升到 2022 年的 102034841.27，年均增长速度惊人，这说明中国海南省出口贸易对老挝进口的依赖程度大幅上升，贸易关系相当紧密；另一方面，老挝-中国海南省贸易结合度指数从 2013 年的 10925.85 下降到 2022 年的 41.26，呈现波动下降的态势，但老挝出口贸易对中国海南省进口的依赖程度依然比较高，贸易关系比较紧密。

表 7-19　　　　2013—2022 年中国海南省与老挝贸易结合度指数

年份	中国海南省-老挝	老挝-中国海南省
2013	9495.35	10925.85
2014	63.34	566.46
2015	107.95	73.98
2016	0.00	73.46
2017	1259.18	172.42
2018	2303.63	377.57
2019	165.35	278704.77
2020	72021.35	3275.11
2021	9315.99	4810.42
2022	102034841.27	41.26

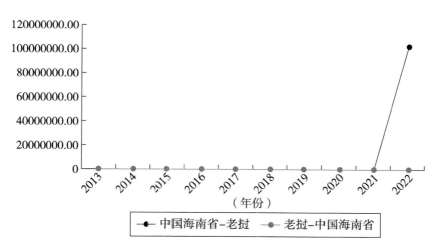

图 7-7　2013—2022 年中国海南省-老挝贸易结合度指数变化

总体而言，中国海南省与老挝的贸易结合度指数整体高于中国海南省与东盟其他国家的贸易结合度指数。"中国海南省出口贸易对老挝进口"的依赖程度高于"老挝出口贸易对中国海南省进口"的依赖程度，且中国海南省出口贸易与老挝进口贸易、老挝出口贸易与中国海南省进口贸易关系都非常紧密，双方贸易发展良好。

（二）SITC-0 至 SITC-9 产品贸易结合度指数测算

为了更深入地了解中国海南省与老挝的贸易结合度，本部分从中国海南省出口至老挝、老挝出口至中国海南省两个方向，结合式（7-2）计算2013—2022 年 SITC-0 至 SITC-9 产品贸易结合度指数，以说明中国海南省与老挝贸易中各类产品的贸易依赖程度。

1. 中国海南省-老挝 SITC-0 至 SITC-9 产品贸易结合度指数

如表 7-20 所示，2013—2022 年中国海南省-老挝各类产品贸易结合度指数差异明显。SITC-0、SITC-1、SITC-3、SITC-4、SITC-9 产品的贸易结合度指数接近 0，说明中国海南省在这五类产品的出口贸易中对老挝进口的依赖程度非常低，贸易关系松散；SITC-2、SITC-5、SITC-6、SITC-7、SITC-8产品的贸易结合度指数近几年才有起色，并迅速增长，表明中国海南省在这五类产品的出口贸易中对老挝进口的依赖程度非常高，贸易关系相当紧密。

表 7-20　2013—2022 年中国海南省-老挝 SITC-0 至 SITC-9 产品贸易结合度指数

年份	SITC-0	SITC-1	SITC-2	SITC-3	SITC-4	SITC-5	SITC-6	SITC-7	SITC-8	SITC-9
2013	0.00	0.00	0.00	0.00	0.00	11.92	0.00	0.00	12.02	0.00
2014	0.00	0.00	0.00	0.00	0.00	0.00	0.00	0.06	0.00	0.00
2015	0.00	0.00	0.00	0.00	0.00	0.00	0.00	0.06	0.00	0.00
2016	0.00	0.00	0.00	0.00	0.00	0.00	0.00	0.00	0.00	0.00
2017	0.00	0.00	57.88	0.00	0.00	0.00	0.00	0.00	0.00	0.00
2018	0.00	0.00	99.30	0.00	0.00	0.00	0.00	0.00	0.00	0.00
2019	0.00	0.00	6.87	0.00	0.00	0.00	0.00	0.00	0.00	0.00
2020	0.00	0.00	1.15	0.00	0.00	14.06	24.76	8.77	10.67	0.00
2021	0.00	0.00	21.31	0.00	0.00	0.16	3.43	0.68	8.25	0.00
2022	0.00	0.00	16090.14	0.00	0.00	121.72	27.34	2518732.74	139.50	0.00

2. 老挝-中国海南省 SITC-0 至 SITC-9 产品贸易结合度指数

如表 7-21 所示，2013—2022 年老挝-中国海南省各类产品贸易结合度指数整体偏低。2022 年，SITC-0、SITC-1、SITC-3、SITC-4、SITC-6、SITC-7、SITC-9 产品的贸易结合度指数均小于 1，且接近 0，这说明老挝在这些类产品的出口贸易中对中国海南省进口的依赖程度非常低，几乎不向中国海南省出口；SITC-2、SITC-5、SITC-8 产品的贸易结合度指数大于 1，尤其是 SITC-5 产品的贸易结合度指数高于 1000，表明老挝在 SITC-2、SITC-5、SITC-8 产品的出口贸易中对中国海南省进口的依赖程度比较高，贸易关系比较紧密。

表 7-21　2013—2022 年老挝-中国海南省 SITC-0 至 SITC-9 产品贸易结合度指数

年份	SITC-0	SITC-1	SITC-2	SITC-3	SITC-4	SITC-5	SITC-6	SITC-7	SITC-8	SITC-9
2013	3.48	0.00	145.42	0.00	0.00	0.00	0.00	0.00	0.54	0.00
2014	2.08	0.00	0.00	0.00	0.00	0.00	0.00	0.00	0.40	0.00
2015	0.00	0.00	0.00	0.00	0.00	0.00	0.00	0.00	0.34	0.00
2016	0.00	0.00	0.00	0.00	0.00	0.00	0.00	0.00	0.24	0.00
2017	0.00	0.00	0.00	0.00	0.00	0.00	0.00	0.00	0.28	0.00
2018	0.00	0.00	0.00	0.00	0.00	0.00	0.00	0.00	1.04	0.00
2019	0.00	6.64	1281.75	0.00	0.00	0.00	0.00	0.00	0.00	0.00
2020	0.00	3.05	0.00	0.00	0.00	0.00	0.00	0.00	0.23	0.00
2021	4.66	4.02	0.44	0.00	0.00	0.00	0.00	0.00	0.27	0.00
2022	0.00	0.00	2.51	0.00	0.00	1179.03	0.00	0.00	1.01	0.00

八、中国海南省-文莱贸易结合度

为了准确测度中国海南省与文莱的贸易结合度，本部分通过 UN Comtrade 数据库、《海南统计年鉴》和中华人民共和国海口海关数据，确定 2013—2022 年中国海南省与文莱的进出口数据及双方贸易数据，并进行了贸易结合度指数的测算。

（一）整体贸易结合度指数测算

本部分从中国海南省出口至文莱、文莱出口至中国海南省两个方向，结合式（7-1）计算 2013—2022 年中国海南省-文莱及文莱-中国海南省贸易结合度指数，并根据对比分析，说明中国海南省与文莱贸易相互依赖程度。

如表 7-22 和图 7-8 所示，2013—2022 年中国海南省与文莱的贸易结合度指数双向变动趋势不同。一方面，中国海南省-文莱贸易结合度指数从 2013

年的 5.62 下降到 2022 年的 0.07，这说明中国海南省出口贸易对文莱进口的依赖程度大幅下降，目前贸易关系比较松散；另一方面，文莱-中国海南省贸易结合度指数从 2013 年的 0.00 上升到 2022 年的 53.91，呈现波动上升的态势，说明目前文莱出口贸易对中国海南省进口的依赖程度比较高，贸易关系相对紧密。

表 7-22　　　　　2013—2022 年中国海南省与文莱贸易结合度指数

年份	中国海南省-文莱	文莱-中国海南省
2013	5.62	0.00
2014	1.54	0.00
2015	0.64	0.02
2016	0.30	25.16
2017	0.14	29.56
2018	0.13	0.00
2019	0.19	4.30
2020	0.43	80.76
2021	0.27	24.41
2022	0.07	53.91

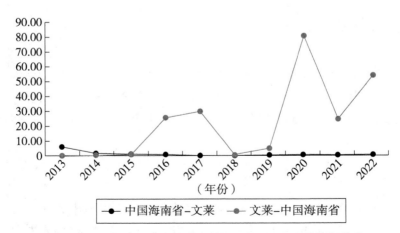

图 7-8　2013—2022 年中国海南省与文莱贸易结合度指数变化

总体而言，中国海南省与文莱的贸易结合度指数表现出双向的不均衡。"中国海南省出口贸易对文莱进口"的依赖程度远低于"文莱出口贸易对中国海南省进口"的依赖程度，中国海南省出口与文莱进口贸易关系比较松散，文莱出口与中国海南省进口贸易关系非常紧密。

（二）SITC-0 至 SITC-9 产品贸易结合度指数测算

为了更深入地了解中国海南省与文莱的贸易结合度，本部分从中国海南省出口至文莱、文莱出口至中国海南省两个方向，结合式（7-2）计算2013—2022 年 SITC-0 至 SITC-9 产品的贸易结合度指数，以说明中国海南省与文莱贸易中各类产品的贸易依赖程度。

1. 中国海南省-文莱 SITC-0 至 SITC-9 产品贸易结合度指数

如表 7-23 所示，2013—2022 年中国海南省-文莱各类产品贸易结合度指数整体偏低。SITC-2、SITC-3、SITC-9 产品的贸易结合度指数一直接近 0，说明中国海南省在这三类产品的出口贸易中对文莱中国的依赖程度非常低，几乎不向文莱出口；SITC-1、SITC-4、SITC-7 产品的贸易结合度指数波动幅度较大，SITC-0、SITC-5、SITC-6 产品的贸易结合度指数均值小于 1，表明中国海南省在 SITC-0、SITC-1、SITC-4、SITC-5、SITC-6、SITC-7 产品出口贸易中对文莱进口的依赖程度不稳定或比较低，贸易关系比较松散；SITC-8 产品的贸易结合度指数波动下降，但 2022 年其值仍大于 1，说明中国海南省在 SITC-8 产品出口贸易中对文莱进口的依赖程度比较高，贸易关系比较紧密。

表 7-23　2013—2022 年中国海南省-文莱 SITC-0 至 SITC-9 产品贸易结合度指数

年份	SITC-0	SITC-1	SITC-2	SITC-3	SITC-4	SITC-5	SITC-6	SITC-7	SITC-8	SITC-9
2013	0.00	0.00	0.00	0.00	0.00	1.78	0.00	0.00	56.54	0.00
2014	0.00	0.00	0.00	0.00	0.00	1.03	0.77	5.97	13.15	0.00
2015	0.00	0.00	0.00	0.00	0.11	0.12	1.75	15.97	0.00	0.00
2016	0.00	0.00	0.00	0.00	0.00	0.50	0.04	1.54	1.48	0.00
2017	0.00	0.00	0.00	0.00	0.00	0.12	0.32	3.51	0.00	0.00
2018	0.00	0.00	0.00	0.00	0.11	0.58	0.00	0.00	0.00	0.00
2019	0.66	40.57	0.00	0.00	0.00	0.53	0.06	2.45	0.00	0.00
2020	0.00	0.00	0.00	0.00	939.91	0.29	0.00	3.81	0.43	0.00
2021	0.00	0.00	0.00	0.00	7437.62	0.41	0.00	2.98	0.60	0.00
2022	0.00	0.00	0.00	0.00	0.00	0.00	0.01	0.55	1.63	0.00

2. 文莱-中国海南省 SITC-0 至 SITC-9 产品贸易结合度指数

如表 7-24 所示，2013—2022 年文莱-中国海南省各类产品贸易结合度指数波动幅度较大，整体偏小。SITC-0、SITC-1 和 SITC-2 产品的贸易结合度指数仅在 2015 年大于 0，其余年份接近 0，说明文莱在这些类产品的出口贸易中对中国海南省的依赖程度非常低。SITC-4、SITC-6、SITC-7、SITC-8、SITC-9 产品的贸易结合度指数一直接近 0，说明文莱几乎不向中国海南省出口这些类产品。SITC-3 和 SITC-5 产品的贸易结合度指数近几年才有起色且其值在 2022 年达到 20 以上，说明文莱这两类产品出口贸易对中国海南省的依赖程度比较高，贸易关系比较紧密。

表 7-24　2013—2022 年文莱-中国海南省 SITC-0 至 SITC-9 产品贸易结合度指数

年份	SITC-0	SITC-1	SITC-2	SITC-3	SITC-4	SITC-5	SITC-6	SITC-7	SITC-8	SITC-9
2013	0.00	0.00	0.00	0.00	0.00	0.00	0.00	0.00	0.00	0.00
2014	0.00	0.00	0.00	0.00	0.00	0.00	0.00	0.00	0.00	0.00
2015	97.70	2603.61	5.98	0.00	0.00	0.00	0.00	0.00	0.00	0.00
2016	0.00	0.00	0.00	5.58	0.00	0.00	0.00	0.00	0.00	0.00
2017	0.00	0.00	0.00	14.21	0.00	0.00	0.00	0.00	0.00	0.00
2018	0.00	0.00	0.00	0.00	0.00	0.00	0.00	0.00	0.00	0.00
2019	0.00	0.00	0.00	0.00	0.00	56.26	0.00	0.00	0.00	0.00
2020	0.00	0.00	0.00	0.79	0.00	144.79	0.00	0.00	0.00	0.00
2021	0.00	0.00	0.00	0.79	0.00	50.93	0.00	0.00	0.00	0.00
2022	0.00	0.00	0.00	21.46	0.00	78.53	0.00	0.00	0.00	0.00

九、中国海南省-缅甸贸易结合度

为了准确测度中国海南省与缅甸的贸易结合度，本部分通过 UN Comtrade 数据库、《海南统计年鉴》和中华人民共和国海口海关数据，确定 2013—2022 年中国海南省与缅甸的进出口数据及双方贸易数据，并进行了贸易结合度指数的测算。

（一）整体贸易结合度指数测算

本部分从中国海南省出口至缅甸、缅甸出口至中国海南省两个方向，结合式（7-1）计算 2013—2022 年中国海南省-缅甸及缅甸-中国海南省贸易结合度指数，并根据对比分析，说明中国海南省与缅甸贸易相互依赖程度。

如表 7-25 和图 7-9 所示，2013—2022 年中国海南省与缅甸的贸易结合度指数双向表现出不同的变动趋势。一方面，中国海南省-缅甸贸易结合度指数从 2013 年的 4.31 上升到 2022 年的 6.76，这说明中国海南省出口贸易对缅甸进口的依赖程度明显上升，贸易关系比较紧密；另一方面，缅甸-中国海南省贸易结合度指数从 2013 年的 1.49 下降到 2022 年的 0.73，呈现波动下降的态势，说明缅甸出口贸易对中国海南省进口的依赖程度比较低，贸易关系相对松散。

表 7-25　　　　　2013—2022 年中国海南省与缅甸贸易结合度指数

年份	中国海南省-缅甸	缅甸-中国海南省
2013	4.31	1.49
2014	3.06	0.04
2015	3.52	0.00
2016	13.86	0.00
2017	8.83	0.04
2018	12.50	0.49
2019	12.93	1.82
2020	18.76	2.44
2021	16.15	1.32
2022	6.76	0.73

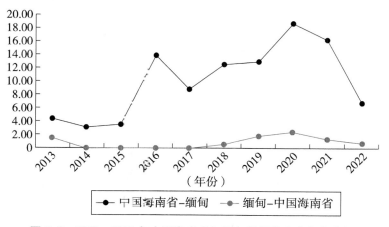

图 7-9　2013—2022 年中国海南省与缅甸贸易结合度指数变化

总体而言,中国海南省与缅甸的贸易结合度指数表现出双向的不均衡。"中国海南省出口贸易对缅甸进口"的依赖程度高于"缅甸出口贸易对中国海南省进口"的依赖程度,中国海南省出口与缅甸进口贸易关系比较紧密,缅甸出口与中国海南省进口贸易关系比较松散。

(二) SITC-0 至 SITC-9 产品贸易结合度指数测算

为了更深入地了解中国海南省与缅甸的贸易结合度,本部分从中国海南省出口至缅甸、缅甸出口至中国海南省两个方向,结合式(7-2)计算2013—2022 年 SITC-0 至 SITC-9 产品贸易结合度指数,以说明中国海南省与缅甸贸易中各类产品的贸易依赖程度。

1. 中国海南省-缅甸 SITC-0 至 SITC-9 产品贸易结合度指数

如表 7-26 所示,2013—2022 年中国海南省-缅甸各类产品贸易结合度指数波动明显,差异明显。2022 年,SITC-0、SITC-3、SITC-4 产品的贸易结合度指数接近 0,说明中国海南省在这三类产品的出口贸易中对缅甸进口的依赖程度非常低,几乎不向缅甸出口;SITC-1、SITC-2、SITC-9 产品的贸易结合度指数仅在个别年份大于 0,表明中国海南省在这三类产品的出口贸易中对缅甸进口的依赖程度不稳定;SITC-7 产品的贸易结合度指数均值大于 1,但其值波动幅度较大,表明中国海南省 SITC-7 产品的出口贸易对缅甸进口的依赖程度比较不稳定;SITC-5、SITC-6、SITC-8 产品的贸易结合度指数均值大于 1,表明海南省在 SITC-5、SITC-6、SITC-8 产品的出口贸易中对缅甸进口的依赖程度较高,贸易关系紧密。

表 7-26   2013—2022 年中国海南省-缅甸 SITC-0 至 SITC-9 产品贸易结合度指数

年份	SITC-0	SITC-1	SITC-2	SITC-3	SITC-4	SITC-5	SITC-6	SITC-7	SITC-8	SITC-9
2013	0.00	0.00	0.00	0.00	0.00	1.06	15.14	0.29	14.37	0.00
2014	0.00	0.00	0.00	0.00	0.00	1.82	17.98	0.52	12.47	0.00
2015	0.00	0.00	0.00	0.01	0.00	9.83	15.14	0.23	22.39	0.00
2016	0.00	0.00	0.00	0.00	0.00	60.24	12.56	1.68	6.20	0.00
2017	0.00	0.00	0.00	0.00	0.00	0.00	8.25	1.76	10.72	0.00
2018	0.00	0.00	0.00	0.00	0.00	68.37	8.98	0.07	2.64	0.00
2019	0.00	0.00	0.00	0.00	0.00	73.08	11.67	4.81	0.37	0.00

续表

年份	SITC-0	SITC-1	SITC-2	SITC-3	SITC-4	SITC-5	SITC-6	SITC-7	SITC-8	SITC-9
2020	0.00	0.00	12.07	0.00	0.00	76.30	24.01	9.83	29.36	0.00
2021	0.00	0.00	345.10	0.00	0.00	48.55	15.79	1.05	6.14	6.23
2022	0.00	279.32	0.00	0.00	0.00	20.02	7.46	0.70	41.37	0.00

2. 缅甸-中国海南省 SITC-0 至 SITC-9 产品贸易结合度指数

如表 7-27 所示，2013—2022 年缅甸-中国海南省各类产品贸易结合度指数差异明显。2022 年，SITC-1、SITC-3、SITC-4、SITC-5、SITC-7 产品的贸易结合度指数接近 0，这说明缅甸在这些类产品的出口贸易中对中国海南省进口的依赖程度非常低，甚至不进口；SITC-9 产品的贸易结合度指数在 2022 年突然增至 150.83，表明缅甸在 SITC-9 产品的出口贸易中对中国海南省进口的依赖程度不稳定；SITC-0、SITC-8 产品的贸易结合度指数均值小于 1，表明缅甸在 SITC-0 和 SITC-8 产品的出口贸易中对中国海南省进口的依赖程度低；SITC-2 和 SITC-6 产品的贸易结合度指数均值大于 1，表明缅甸在 SITC-2 和 SITC-6 产品出口贸易中对中国海南省进口的依赖程度比较高，贸易关系比较紧密。

表 7-27　2013—2022 年缅甸-中国海南省 SITC-0 至 SITC-9 产品贸易结合度指数

年份	SITC-0	SITC-1	SITC-2	SITC-3	SITC-4	SITC-5	SITC-6	SITC-7	SITC-8	SITC-9
2013	0.98	0.00	6.08	0.00	0.00	0.00	0.93	0.00	0.00	0.00
2014	0.55	0.00	0.05	0.00	0.00	0.00	0.00	0.00	0.00	0.00
2015	0.00	0.00	0.00	0.00	0.00	0.00	0.00	0.00	0.09	0.00
2016	0.00	0.00	0.00	0.00	0.00	0.00	0.00	0.00	0.04	0.00
2017	0.08	0.00	0.00	0.00	0.00	0.00	0.00	0.00	0.10	0.00
2018	0.00	0.00	4.01	0.00	0.00	0.00	0.00	0.00	0.11	0.00
2019	0.00	0.00	7.22	0.00	0.00	0.00	0.21	0.00	0.25	0.00
2020	0.00	0.00	9.30	0.00	0.00	0.00	0.29	0.00	0.14	0.00
2021	0.27	0.00	1.91	0.00	0.00	0.00	15.10	0.00	0.08	0.00
2022	1.14	0.00	1.27	0.00	0.00	0.00	3.85	0.00	0.06	150.83

十、中国海南省-越南贸易结合度

为了准确测度中国海南省与越南的贸易结合度，本部分通过 UN Comtrade 数据库、《海南统计年鉴》和中华人民共和国海口海关数据，确定 2013—2022 年中国海南省与越南的进出口数据及双方贸易数据，并进行了贸易结合度指数的测算。

（一）整体贸易结合度指数测算

本部分从中国海南省出口至越南、越南出口至中国海南省两个方向，结合式（7-1）计算 2013—2022 年中国海南省-越南及越南-中国海南省贸易结合度指数，并根据对比分析，说明中国海南省与越南贸易相互依赖程度。

如表 7-28 和图 7-10 所示，2013—2022 年中国海南省与越南的贸易结合度指数双向表现出相同的变动趋势。一方面，中国海南省-越南贸易结合度指数从 2013 年的 5.58 下降到 2022 年的 4.49，呈波动下降态势，这说明中国海南省出口贸易对越南进口的依赖程度有所下降，但贸易关系依然比较紧密；另一方面，越南-中国海南省贸易结合度指数从 2013 年的 8.47 下降到 2022 年的 3.08，下降速度较快，这说明越南出口贸易对中国海南省进口的依赖程度下降明显，但目前贸易关系仍然比较紧密。

表 7-28   2013—2022 年中国海南省与越南贸易结合度指数

年份	中国海南省-越南	越南-中国海南省
2013	5.58	8.47
2014	23.89	7.71
2015	14.04	6.91
2016	3.09	4.05
2017	3.17	7.99
2018	4.60	6.15
2019	11.56	5.15
2020	13.90	3.67
2021	4.45	3.01
2022	4.49	3.08

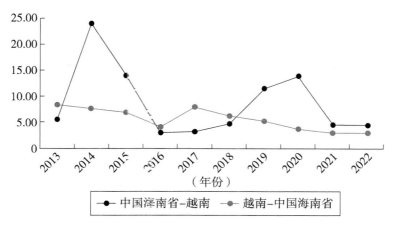

图 7-10　2013—2022 年中国海南省与越南贸易结合度指数变化

总体而言，中国海南省与越南的贸易结合度指数表现出双向的平衡，双边贸易发展良好。"中国海南省出口贸易对越南进口"的依赖程度略高于"越南出口贸易对中国海南省进口"的依赖程度，中国海南省出口与越南进口贸易、越南出口与中国海南省进口贸易关系都比较紧密。

（二）SITC-0 至 SITC-9 产品贸易结合度指数测算

为了更深入地了解中国海南省与越南的贸易结合度，本部分从中国海南省出口至越南、越南出口至中国海南省两个方向，结合式（7-2）计算 2013—2022 年 SITC-0 至 SITC-9 产品贸易结合度指数，以说明中国海南省与越南贸易中各类产品的贸易依赖程度。

1. 中国海南省-越南 SITC-0 至 SITC-9 产品贸易结合度指数

如表 7-29 所示，2013—2022 年中国海南省-越南各类产品贸易结合度指数波动明显。SITC-1 和 SITC-4 产品的贸易结合度指数一直接近 0，说明中国海南省在 SITC-1 和 SITC-4 产品的出口贸易中对越南进口的依赖程度非常低，几乎没有向越南出口；SITC-0 和 SITC-2 产品的贸易结合度指数均值小于 1，表示中国海南省在 SITC-0 和 SITC-2 产品的出口贸易中对越南进口的依赖程度比较低，贸易关系松散；SITC-3、SITC-5、SITC-6 产品的贸易结合度指数均值大于 1，表明中国海南省在 SITC-3、SITC-5、SITC-6 产品的出口贸易中对越南进口的依赖程度较高，贸易关系相当紧密。SITC-7 和 SITC-9 产品的贸易结合度指数均值虽然大于 1，但波动幅度较大，说明中国海南省这两类产品的出口贸易对越南进口的依赖程度不稳定。

表7-29　2013—2022年中国海南省-越南SITC-0至SITC-9产品贸易结合度指数

年份	SITC-0	SITC-1	SITC-2	SITC-3	SITC-4	SITC-5	SITC-6	SITC-7	SITC-8	SITC-9
2013	0.15	0.00	0.01	21.92	0.00	13.93	3.22	0.88	1.20	0.00
2014	0.25	0.00	0.02	92.48	0.00	5.57	5.98	1.49	0.85	0.00
2015	0.04	0.00	0.00	53.19	0.00	6.14	5.46	1.27	0.82	0.00
2016	0.00	0.00	0.00	1.60	0.00	5.43	5.53	1.29	0.85	0.00
2017	0.07	0.00	0.15	4.90	0.00	0.00	5.46	0.85	2.08	0.00
2018	0.01	0.00	0.02	10.93	0.00	4.82	6.08	0.64	0.51	0.00
2019	0.26	0.00	0.00	30.88	0.00	5.16	6.03	10.50	2.26	0.00
2020	1.03	0.00	4.49	26.18	0.00	7.80	13.94	16.07	38.16	10.93
2021	0.49	0.00	0.27	22.70	0.00	2.56	5.65	0.59	2.77	0.48
2022	0.31	0.00	2.71	191.57	0.00	9.66	6.89	0.60	0.76	0.78

2. 越南-中国海南省SITC-0至SITC-9产品贸易结合度指数

如表7-30所示，2013—2022年越南-中国海南省各类产品贸易结合度指数波动明显。2022年，SITC-1、SITC-3、SITC-4、SITC-5、SITC-7、SITC-9产品的贸易结合度指数小于1，这说明越南在这些类产品的出口贸易中对中国海南省进口的依赖程度比较低；SITC-0、SITC-2、SITC-6、SITC-8产品的贸易结合度指数大于1，说明越南在这四类产品的出口贸易中对中国海南省进口的依赖程度比较高，贸易关系比较紧密。

表7-30　2013—2022年越南-中国海南省SITC-0至SITC-9产品贸易结合度指数

年份	SITC-0	SITC-1	SITC-2	SITC-3	SITC-4	SITC-5	SITC-6	SITC-7	SITC-8	SITC-9
2013	26.73	0.00	90.35	7.10	0.00	0.09	6.02	0.00	3.00	0.00
2014	26.78	0.00	102.06	8.25	0.00	0.00	4.88	0.00	1.66	0.00
2015	14.51	0.00	91.64	10.18	0.00	0.05	0.08	0.00	1.58	0.00
2016	9.70	0.00	66.66	0.00	0.00	0.13	0.08	0.00	1.75	0.00
2017	11.17	4.74	52.89	0.00	48.71	0.00	4.74	0.00	1.94	0.00
2018	15.90	0.00	56.62	0.00	89.19	16.38	14.28	0.00	1.82	0.00
2019	18.44	0.00	29.91	0.00	2.32	5.50	0.70	0.00	1.67	0.00
2020	9.51	0.17	31.80	4.52	0.00	0.38	21.14	0.08	0.89	0.02

年份	SITC-0	SITC-1	SITC-2	SITC-3	SITC-4	SITC-5	SITC-6	SITC-7	SITC-8	SITC-9
2021	9.32	0.08	10.15	0.00	0.17	0.01	22.61	0.06	0.67	0.04
2022	8.14	0.06	8.05	0.00	0.06	0.92	3.11	0.78	1.14	0.45

本章通过贸易结合度指数的测算，对中国海南省与东盟十国贸易结合度进行了实证分析，了解了中国海南省与东盟十国贸易的合作现状。

中国海南省与马来西亚贸易结合度双向均比较高，且中国海南省在SITC-0、SITC-2、SITC-3、SITC-6、SITC-7、SITC-8产品的出口贸易中对马来西亚进口的依赖程度高，而马来西亚在SITC-3、SITC-5、SITC-6、SITC-8产品的出口贸易中中国海南省进口的依赖程度高。

中国海南省出口对柬埔寨进口的依赖程度高，而柬埔寨出口对中国海南省进口的依赖程度低。从产品分类来看，中国海南省在SITC-0、SITC-2、SITC-3、SITC-5、SITC-6、SITC-8产品的出口中对柬埔寨进口的依赖程度高，而柬埔寨在SITC-5、SITC-8产品的出口中国中海南省进口的依赖程度高。

中国海南省出口对新加坡进口的依赖程度高，而新加坡出口对中国海南省进口的依赖程度低。从产品分类来看，中国海南省在SITC-0、SITC-3、SITC-5、SITC-6、SITC-9产品的出口中对新加坡进口的依赖程度高，而新加坡在SITC-1产品的出口中中国海南省进口的依赖程度高。

中国海南省出口对菲律宾进口的依赖程度高，而菲律宾出口对中国海南省进口的依赖程度低。从产品分类来看，中国海南省在SITC-0、SITC-3、SITC-5、SITC-6、SITC-9产品的出口中对菲律宾进口的依赖程度高，而菲律宾在SITC-0、SITC-8产品的出口中中国海南省进口的依赖程度高。

中国海南省与泰国贸易结合度双向均比较高，且中国海南省在SITC-0、SITC-2、SITC-3、SITC-5、SITC-6、SITC-7、SITC-8产品的出口中对泰国进口的依赖程度高，而泰国在SITC-0、SITC-2、SITC-3、SITC-5、SITC-8产品的出口中中国海南省进口的依赖程度高。

中国海南省与印尼贸易结合度双向均比较高，且中国海南省在SITC-3、SITC-8产品的出口中对印尼进口的依赖程度高，而印尼在SITC-0、SITC-1、SITC-2、SITC-3、SITC-5、SITC-9产品的出口中中国海南省进口的依赖程度高。

　　中国海南省与老挝贸易结合度双向最高，且中国海南省在 SITC-2、SITC-5、SITC-6、SITC-7、SITC-8 产品的出口贸易中对老挝进口的依赖程度高，而老挝在 SITC-2、SITC-5、SITC-8 产品的出口贸易中中国海南省进口的依赖程度高。

　　文莱与其他国家不同，其进口对中国海南省进口的依赖程度较高，文莱在 SITC-5 产品的出口贸易中对中国海南省进口的依赖程度非常高，而中国海南省出口对文莱的依赖程度整体较低，目前只有在 SITC-8 产品的出口贸易中对文莱的进口依赖程度比较高，双边贸易结构不平衡。

　　中国海南省出口对缅甸进口的依赖程度高，而缅甸出口对中国海南省进口的依赖程度低。从产品分类来看，中国海南省在 SITC-5、SITC-6、SITC-8 产品的出口中对缅甸进口的依赖程度高，而缅甸在 SITC-2、SITC-6 产品的出口中中国海南省进口的依赖程度较高。

　　中国海南省与越南贸易结合度双向均比较高，且中国海南省在 SITC-3、SITC-5、SITC-6 产品的出口中对越南进口的依赖程度高，而越南在 SITC-0、SITC-2、SITC-6、SITC-8 产品的出口中中国海南省进口的依赖程度高。

　　基于中国海南省与东盟十国的贸易合作现状，未来中国海南省应积极深化与东盟十国的贸易合作，在中国-东盟自由贸易区内开展更广泛的贸易交流，丰富双方贸易的层次，推进中国-东盟自由贸易区的建设。

第八章　海南省与东盟十国贸易发展潜力分析

中国海南省与东盟十国的进出口贸易已经取得了较大的发展，随着中国-东盟自由贸易区建设的推进，中国海南省与东盟十国的贸易未来可能有更大的发展空间。本章通过引入贸易引力模型和贸易潜力指数，对中国海南省与东盟十国的贸易发展潜力进行实证研究，以探究中国海南省与东盟十国可拓展的贸易空间，为双方贸易的发展方向提供依据。

第一节　贸易引力模型

一、贸易引力模型

（一）传统贸易引力模型

牛顿提出两个物体之间的作用力与两者的质量成正比，而与两者之间的距离成反比，即万有引力定律。荷兰经济学家 Tinbergen 受其启发，提出了两个国家或地区的贸易额与地理距离成反比，与两国或地区经济体量成正比的观点，后来 Poyhonen 也证实了这一观点。贸易引力模型多用来分析双方贸易的影响因素及发展潜力，其计算公式如下：

$$M_{ab} = A \times Y_a \times Y_b / D_{ab} \tag{8-1}$$

在式（8-1）中，M_{ab} 表示一定时期内 a 国（地区）和 b 国（地区）的贸易额，A 为系数，Y_a 和 Y_b 表示 a 国（地区）和 b 国（地区）的经济规模，D_{ab} 表示 a 国（地区）和 b 国（地区）首都之间的距离。该式表示经济规模的扩大有利于双方贸易的发展，能够增加两国（地区）的贸易额，而距离越远则运输成本越高，文化差异越大，不利于双方贸易的发展。

（二）贸易引力模型的发展

随着研究的深入，学者不断将新的解释变量引入贸易引力模型，以此来提高贸易引力模型实证分析的准确性和可靠性。例如，Lineman 提出将人口作为变量引入贸易引力模型中；Aitken 等学者将贸易政策、贸易管制等虚拟变量引入贸易引力模型中。随着贸易引力模型的不断发展和完善，形成了扩展的贸易引力模型。

二、模型设定及变量解释

（一）模型设定

本部分结合中国海南省与东盟十国贸易发展现状及贸易关系，选择恰当的影响因素，建立传统的贸易引力模型，并分析中国海南省与东盟十国的贸易发展潜力。所构建的贸易引力模型表示为：

$$\ln TTV_{ab} = X_0 + X_1 \ln GDP_a + X_2 \ln GDP_b + X_3 \ln D_{ab} + X_4 \ln P_b + \omega_{ab} \quad (8\text{-}2)$$

在式（8-2）中，$\ln TTV_{ab}$ 为因变量，代表中国海南省与东盟十国各相关国家的贸易总额；GDP_a 为自变量，代表中国海南省历年的地区生产总值，$\ln GDP_b$ 为自变量，代表东盟十国各相关国家的国内生产总值；D_{ab} 为自变量，代表中国海南省会海口到东盟十国各相关国家首都的距离；P_b 为自变量，代表东盟十国各相关国家的人口数量；a 为中国海南省，b 为东盟十国各相关国家，X_0 为常数项，X_1、X_2、X_3、X_4 为各变量相关系数，ω_{ab} 为随机项。

（二）变量解释

1. 经济规模

经济学中常用 GDP 来表示一个国家或地区的经济规模。一般认为，经济规模的扩大会促进两国（地区）贸易的发展。从供给角度来看，中国海南省和东盟十国经济规模越大，经济和产业发展水平越高，产品越丰富和多样化，就越能够符合国内外市场的需求，有助于提升产品出口竞争力；从需求角度来看，中国海南省和东盟十国的经济规模越大，消费和需求能力越强，就越能促进进口贸易额的增加。

2. 地理距离

地理距离是传统贸易引力模型中的核心解释变量。地理距离用两国首都之间的距离表示，双边贸易开展的频率与地理距离有密切的关系。地理距离对中国海南省与东盟十国的贸易影响主要有两个方面，一是地理距离越远，运输成本就越高，这会增加中国海南省与东盟各相关国家贸易的成本，从而阻碍贸易的发展；二是地理距离远导致中国海南省与东盟各相关国家的文化差异大，这主要表现在社会习俗、生活方式等方面，不利于交流和沟通，从而使中国海南省与东盟各相关国家贸易减少。

3. 人口规模

人口规模会对贸易额产生一定的影响。一般来说，从需求角度来看，中国海南省和东盟各相关国家的人口规模越大，购买能力就越强，对进口产品的需求也就越大，进而有利于扩大中国海南省与东盟各相关国家的贸易额。因此，有必要进行实证分析，确定人口规模对中国海南省与东盟十国双边贸易的影响。

三、数据来源

本部分通过中华人民共和国海口海关网站收集了 2013—2022 年中国海南省与东盟十国的双边贸易总额；通过《海南统计年鉴》确定了 2013—2022 年中国海南省地区生产总值；通过世界银行公开数据库，确定了 2013—2022 年东盟十国的国内生产总值和人口数量；根据时间地图网中的城市距离计算器测算，得到了中国海南省海口到东盟十国各相关国家首都的距离。

四、实证结果分析

本部分以 2013—2022 年面板数据为基础，使用 SPSS 统计分析软件进行多元线性回归分析。由表 8-1、表 8-2、表 8-3 可知，模型参数估计结果为：R 平方为 0.662，说明该线性方程对真实数据的反应程度较好，即模型拟合度良好，预测效果好；Durbin-Watson 统计量为 1.977，说明所选数据不存在序列相关关系，残差间相互独立，回归方程可靠性强；显著性 F 值变更为 0.000，小于 0.05，拒绝原假设，说明至少存在一个自变量对因变量产生显著影响，回归方程显著；共线性统计量 VIF 均小于 4，说明自变量之间共线性满足回归要求。

表 8-1 模型摘要[b]

模型	R	R 平方	调整后 R 平方	标准估计的误差	更改统计量					Durbin-Watson
					R 平方变更	F 值变更	df1	df2	显著性 F 值变更	
1	0.813[a]	0.662	0.647	1.53699	0.662	46.418	4	95	0.000	1.977

注：a. 预测变量：（常数），ln 海南省 GDP，ln 距离，lnGDP1，ln 人口 1。

b. 因变量：ln 贸易额。

表 8-2 变异数分析[a]

模型		平方和	df	平均值平方	F	显著性
1	回归	438.618	4	109.655	46.418	0.000[b]
	残差	224.423	95	2.362	—	—
	总计	663.042	99	—	—	—

注：a. 预测变量：（常数），ln 海南省 GDP，ln 距离，lnGDP1，ln 人口 1。

b. 因变量：ln 贸易额。

表 8-3 系数[a]

模型		非标准化系数		标准化系数	T	显著性	B 的 1 信赖区间		共线性统计量	
		B	标准误差	Beta			下限	上限	允差	VIF
1	（常数）	-43.884	11.249		-3.901	0.000	-66.215	-21.553		
	x_1	2.072	0.691	0.180	2.997	0.003	0.700	3.445	0.991	1.010
	x_2	1.655	0.175	0.965	9.439	0.000	1.307	2.003	0.341	2.933
	x_3	-0.562	0.434	-0.094	-2.304	0.025	-1.423	0.300	0.674	1.484
	x_4	-0.370	0.151	-0.256	-2.443	0.016	-0.671	-.069	0.325	3.078

注：a. 因变量：ln 贸易额。

经过各自变量相关性检验和回归分析后，得到回归结果：中国海南省 GDP、进口国 GDP 的增加有利于扩大中国海南省与进口国进出口的贸易额，而中国海南省会海口到相关国家首都的地理距离和进口国的人口规模会对中国海南省与东盟十国的贸易产生抑制作用。

第一，$\ln GDP_a$ 的系数为 2.072，并通过了 5% 水平的显著性检验，说明中国海南省的经济规模对中国海南省与东盟十国双边贸易总额产生的"引力"显著，与预期相符。海南省 GDP 的对数值每增长 1%，中国海南省与东盟十国的双方贸易总额的对数值增长 2.072%，海南省 GDP 的提升可以拉动中国海南省与东盟十国双方贸易的发展。

第二，$\ln GDP_b$ 的系数为 1.655，并通过了 5% 水平的显著性检验，说明东盟十国的经济规模对中国海南省与东盟十国双方贸易总额产生的"引力"比较显著，与预期是符合的。东盟各相关国家 GDP 的对数值每增长 1%，中国海南省与东盟十国双方贸易总额的对数值增长 1.655%，东盟十国人口规模的扩大会促进贸易需求的增长，进而促进与中国海南省开展贸易的可能性。

第三，$\ln D_{ab}$ 的系数为 -0.562，并通过了 5% 水平的显著性检验，说明中国海南省会海口与东盟十国各国首都的距离对双边贸易总额产生的"引力"显著为负，与预期是符合的。中国海南省与对象国首都之间的距离越远，信息的交流越容易受阻碍，贸易成本越高，对双方贸易总额产生的负面效应越大。

第四，$\ln P_b$ 的系数为 -0.370，并通过了 5% 水平的显著性检验，说明东盟十国人口规模对中国海南省与东盟十国双方贸易总额产生的"引力"为负，与预期是不符合的，主要原因是东盟十国向中国海南省出口的产品大多是资源型产品，人口规模的增加主要促进了这些国家国内生产的供给，对该国出口的作用甚微。

综合以上分析，可得到实证模型方程：

$$\ln TTV_{ab} = -43.884 + 2.072\ln GDP_a + 1.655\ln GDP_b - 0.562\ln D_{ab} - 0.370\ln P_b \tag{8-3}$$

第二节　贸易潜力实证分析

一、贸易潜力指数

本部分采用贸易潜力指数来测算中国海南省与东盟十国之间的贸易自由化合作的潜力，其计算公式如下：

$$TP = \frac{IAE_x}{IAE_y} \tag{8-4}$$

在式（8-4）中，IAE_x 为中国海南省与东盟十国双边贸易总额的实际值；IAE_y 为中国海南省与东盟十国双边贸易总额的预测值；TP 为贸易潜力指数，其值小于 0.8 时，说明双方的贸易自由化合作的潜力巨大；其值在 0.8 与 1.2 之间时，说明双方的贸易自由化合作有一定潜力，即双方之间的贸易自由化合作属于潜力开拓型；其值大于 1.2 时，说明双方的贸易自由化合作潜力非常有限，需要挖掘新的贸易增长点，即双方之间的贸易自由化合作属于潜力再造型。

二、贸易潜力指数测算

对中国海南省与东盟十国的贸易潜力指数进行测算并进行相应的对比分析，可以发现中国海南省与东盟十国现有贸易水平及未发挥出来的贸易能力。

（一）中国海南省与马来西亚贸易潜力指数测算

本部分使用 SPSS 软件，先通过中华人民共和国海口海关找出 2013—2022 年中国海南省与马来西亚双方贸易总额，确定中国海南省与马来西亚双方贸易总额的实际值 IAE_x；再根据实证模型方程（8-3）计算出中国海南省与马来西亚双方贸易总额的预测值 IAE_y；最后将实际值 IAE_x 和预测值 IAE_y 代入式（8-4），计算出 2013—2022 年中国海南省与马来西亚贸易潜力指数。

如表 8-4 所示，2013—2022 年中国海南省与马来西亚贸易潜力指数波动频繁，贸易潜力不稳定。2013—2016 年 TP 值从 3.85 下降到 0.83，中国海南省与马来西亚双边贸易潜力得到了有效的挖掘，贸易潜力增加；2017—2022 年 TP 值波动频繁，中国海南省与马来西亚贸易水平介于潜力开拓型和潜力再造型之间，在现有的贸易结构下，贸易潜力已经得到一定程度的开拓，未来需要挖掘新的贸易增长点，以促进中国海南省与马来西亚双方贸易的稳定发展。

表 8-4　　　　　　　　中国海南省-马来西亚贸易潜力指数

年份	IAE_x（万美元）	IAE_y（万美元）	TP
2013	49221.52	12770.89	3.85
2014	36788.66	17005.81	2.16
2015	20468.70	16018.71	1.28
2016	14039.24	16830.50	0.83

续表

年份	IAE_x（万美元）	IAE_y（万美元）	TP
2017	58842.34	21673.23	2.71
2018	21326.90	32751.30	0.65
2019	32052.46	36505.75	0.88
2020	56880.69	34870.81	1.63
2021	56466.68	65036.38	0.87
2022	96125.99	75485.20	1.27

（二）中国海南省与柬埔寨贸易潜力指数测算

本部分使用 SPSS 软件，先通过中华人民共和国海口海关找出 2013—2022 年中国海南省与柬埔寨双方贸易总额，确定中国海南省与柬埔寨双方贸易总额的实际值 IAE_x；再根据实证模型方程（8-3）计算出中国海南省与柬埔寨双方贸易总额的预测值 IAE_y；最后将实际值 IAE_x 和预测值 IAE_y 代入式（8-4），计算出 2013—2022 年中国海南省与柬埔寨贸易潜力指数。

如表 8-5 所示，2013—2022 年中国海南省与柬埔寨贸易潜力指数波动频繁，贸易潜力不稳定。2013 年 TP 值为 6.32，是研究期内 TP 值的最高点，说明 2016 年中国海南省与柬埔寨贸易潜力已经被充分挖掘；2018 年 TP 值为 0.94，是研究期内 TP 值的最低点，此时中国海南省与柬埔寨贸易水平属于潜力开拓型；其他年份 TP 值多在 1.2 以上，中国海南省与柬埔寨的贸易潜力得到了充分的挖掘，未来应挖掘新的贸易增长点，以促进双方贸易的稳定发展。

表 8-5　　　　中国海南省-柬埔寨贸易潜力指数

年份	IAE_x	IAE_y	TP
2013	954.03	151.02	6.32
2014	642.74	217.74	2.95
2015	277.99	282.21	0.99
2016	597.39	352.21	1.70
2017	2005.51	488.74	4.10
2018	678.58	721.10	0.94

续表

年份	IAE_x	IAE_y	TP
2019	1184. 97	917. 72	1. 29
2020	1705. 50	926. 49	1. 84
2021	4503. 53	1566. 38	2. 88
2022	3756. 04	1878. 56	2. 00

（三）中国海南省与新加坡贸易潜力指数测算

本部分使用 SPSS 软件，先通过中华人民共和国海口海关找出 2013—2022 年中国海南省与新加坡双方贸易总额，确定中国海南省与新加坡双方贸易总额的实际值 IAE_x；再根据实证模型方程（8-3）计算出中国海南省与新加坡双方贸易总额的预测值 IAE_y；最后将实际值 IAE_x 和预测值 IAE_y 代入式（8-4），计算出 2013—2022 年中国海南省与新加坡贸易潜力指数。

如表 8-6 所示，2013—2022 年中国海南省与新加坡贸易潜力指数呈波动下降趋势，贸易潜力不断增加。2013 年 TP 值为 1.96，此时双方贸易属于潜力再造型；截至 2022 年，TP 值下降到 0.25，中国海南省与新加坡贸易呈现出巨大的发展潜能。未来中国海南省与新加坡应该加强贸易合作，挖掘贸易潜能，促进中国海南省与新加坡双方贸易的快速发展。

表 8-6　　　　　中国海南省-新加坡贸易潜力指数

年份	IAE_x	IAE_y	TP
2013	42334. 86	21622. 62	1. 96
2014	37966. 04	27820. 05	1. 36
2015	48268. 22	30596. 12	1. 58
2016	25241. 52	34113. 79	0. 74
2017	88261. 00	45305. 20	1. 95
2018	86425. 84	66019. 34	1. 31
2019	110798. 87	71484. 84	1. 55
2020	53131. 18	68759. 40	0. 77
2021	64331. 23	153157. 11	0. 42
2022	44646. 68	179559. 29	0. 25

（四）中国海南省与泰国贸易潜力指数测算

本部分使用 SPSS 软件，先通过中华人民共和国海口海关找出 2013—2022 年中国海南省与泰国双方贸易总额，确定中国海南省与泰国双方贸易总额的实际值 IAE_x；再根据实证模型方程（8-3）计算出中国海南省与泰国双方贸易总额的预测值 IAE_y；最后将实际值 IAE_x 和预测值 IAE_y 代入式（8-4），计算出 2013—2022 年中国海南省与泰国贸易潜力指数。

如表 8-7 所示，2013—2022 年中国海南省与泰国贸易潜力指数呈波动下降趋势，贸易潜力不断增加。2013 年 TP 值为 2.48，此时中国海南省与泰国的贸易属于潜力再造型；截至 2022 年，TP 值下降到 0.49，中国海南省与泰国贸易呈现出巨大的发展潜能。未来中国海南省与泰国应该加强沟通和交流，开展更广泛的贸易合作，释放贸易潜能，促进中国海南省与泰国双方贸易的快速发展。

表 8-7　　　　　　　　中国海南省-泰国贸易潜力指数

年份	IAE_x	IAE_y	TP
2013	47760.17	19263.31	2.48
2014	21738.99	22699.04	0.96
2015	30281.21	25325.15	1.20
2016	16020.07	28066.36	0.57
2017	32988.96	38846.74	0.85
2018	24993.51	57717.08	0.43
2019	34735.51	70514.43	0.49
2020	29709.65	67141.31	0.44
2021	27186.40	108225.72	0.25
2022	52048.86	105772.07	0.49

（五）中国海南省与菲律宾贸易潜力指数测算

本部分使用 SPSS 软件，先通过中华人民共和国海口海关找出 2013—2022 年中国海南省与菲律宾双方贸易总额，确定中国海南省与菲律宾双方贸易总额的实际值 IAE_x；再根据实证模型方程（8-3）计算出中国海南省与菲律宾双方贸易总额的预测值 IAE_y；最后将实际值 IAE_x 和预测值 IAE_y 代入式（8-4），计算出 2013—2022 年中国海南省与菲律宾贸易潜力指数。

如表 8-8 所示，2013—2022 年中国海南省与菲律宾贸易潜力指数波动频繁，贸易潜力不稳定。但 2020—2022 年，中国海南省与菲律宾贸易潜力指数均在 0.8 以下，双方的贸易自由化合作的潜力巨大。未来中国海南省与菲律宾应该开展多渠道、多领域的沟通和合作，逐渐释放贸易发展潜能，推动中国海南省与菲律宾双方贸易的高质量发展。

表 8-8 中国海南省-菲律宾贸易潜力指数

年份	IAE_x	IAE_y	TP
2013	3783.19	8729.44	0.43
2014	23232.29	11659.73	1.99
2015	17019.81	13943.85	1.22
2016	7673.38	15616.94	0.49
2017	57058.04	19203.59	2.97
2018	59671.75	26117.56	2.28
2019	70089.72	32381.39	2.16
2020	22143.87	32912.30	0.67
2021	38912.61	59813.70	0.65
2022	39813.10	62769.37	0.63

（六）中国海南省与印尼贸易潜力指数测算

本部分使用 SPSS 软件，先通过中华人民共和国海口海关找出 2013—2022 年中国海南省与印尼双方贸易总额，确定中国海南省与印尼双方贸易总额的实际值 IAE_x；再根据实证模型方程（8-3）计算出中国海南省与印尼双方贸易总额的预测值 IAE_y；最后将实际值 IAE_x 和预测值 IAE_y 代入式（8-4），计算出 2013—2022 年中国海南省与印尼贸易潜力指数。

如表 8-9 所示，2013—2022 年中国海南省与印尼贸易潜力指数相对稳定。剔除 2013 年和 2015 年，其余年份的 TP 值均小于 0.8，说明中国海南省与印尼贸易自由化合作的潜力巨大。2022 年中国海南省与印尼双方贸易总额几乎翻了一倍，印尼成为东盟十国中与中国海南省贸易量最大的国家。未来双方要进一步释放贸易发展潜能，推动中国海南省与印尼双方贸易的持续发展。

表 8-9　　　　　　　　　　中国海南省-印尼贸易潜力指数

年份	IAE_x	IAE_y	TP
2013	5550 .82	37775.17	1.47
2014	29673.86	44953.46	0.66
2015	42969.24	48466.51	0.89
2016	20505.61	58178.26	0.35
2017	27060.59	78652.21	0.34
2018	31723.27	102322.18	0.31
2019	40977.93	124743.15	0.33
2020	49178.64	124178.62	0.40
2021	85808.66	237087.54	0.36
2022	152220.35	285071.52	0.53

（七）中国海南省与越南贸易潜力指数测算

本部分使用 SPSS 软件。先通过中华人民共和国海口海关找出 2013—2022 年中国海南省与越南双方贸易总额，确定中国海南省与越南双方贸易总额的实际值 IAE_x；再根据实证模型方程（8-3）计算出中国海南省与越南双方贸易总额的预测值 IAE_y；最后将实际值 IAE_x 和预测值 IAE_y 代入式（8-4），计算出 2013—2022 年中国海南省与越南贸易潜力指数。

如表 8-10 所示，2013—2022 年中国海南省与越南贸易潜力指数 TP 呈波动下降态势，贸易潜力在波动中增长。2013—2022 年 TP 值从 7.37 下降到 1.15，中国海南省与越南双方贸易潜能虽然有所增加，但目前双方贸易仍属于潜力开拓型，这是因为中国海南省与越南地理距离较近，双方贸易潜能已经得到一定程度的开发。未来需要挖掘新的贸易增长点，以促进中国海南省与越南双方贸易的持续发展。

表 8-10　　　　　　　　　中国海南省-越南贸易潜力指数

年份	IAE_x	IAE_y	TP
2013	72432.47	9823.94	7.37
2014	132744.49	14086.04	9.42

年份	IAE_x	IAE_y	TP
2015	98501.60	16742.44	5.88
2016	38448.96	19857.27	1.94
2017	44594.65	27032.45	1.65
2018	65586.59	39582.69	1.66
2019	100979.21	48598.16	2.08
2020	101315.96	56238.00	1.80
2021	86762.18	97357.12	0.89
2022	135322.06	117851.18	1.15

（八）中国海南省与缅甸贸易潜力指数测算

本部分使用 SPSS 软件，先通过中华人民共和国海口海关找出 2013—2022 年中国海南省与缅甸双方贸易总额，确定中国海南省与缅甸双方贸易总额的实际值 IAE_x；再根据实证模型方程（8-3）计算出中国海南省与缅甸双方贸易总额的预测值 IAE_y；最后将实际值 IAE_x 和预测值 IAE_y 代入式（8-4），计算出 2013—2022 年中国海南省与缅甸贸易潜力指数。

如表 8-11 所示，2013—2022 年中国海南省与缅甸贸易潜力指数相对稳定。除 2014 年和 2015 年，其余年份 TP 值均大于 1.2，双方贸易属于潜力再造型，这说明在当前的贸易模式和贸易结构下，中国海南省与缅甸贸易潜能已经得到了充分的释放。未来需要探索新的贸易方向，拓展贸易发展空间，培育新的贸易增长点，以促进中国海南省与缅甸双方贸易的高效发展。

表 8-11　　　　　　　　　中国海南省-缅甸贸易潜力指数

年份	IAE_x	IAE_y	TP
2013	1814.63	799.98	2.27
2014	1033.06	1065.90	0.97
2015	1089.70	1210.53	0.90
2016	2293.66	1184.86	1.94
2017	2801.58	1434.98	1.95

续表

年份	IAE_x	IAE_y	TP
2018	4367.37	2072.90	2.11
2019	5768.91	2335.16	2.47
2020	7188.13	3205.87	2.24
2021	5232.38	3689.65	1.42
2022	4597.29	3193.33	1.44

（九）中国海南省与老挝贸易潜力指数测算

本部分使用 SPSS 软件。先通过中华人民共和国海口海关找出 2013—2022 年中国海南省与老挝双方贸易总额，确定中国海南省与老挝双方贸易总额的实际值 IAE_x；再根据实证模型方程（8-3）计算出中国海南省与老挝双方贸易总额的预测值 IAE_y；最后将实际值 IAE_x 和预测值 IAE_y 代入式（8-4），计算出 2013—2022 年中国海南省与老挝贸易潜力指数。

如表 8-12 所示，2013—2022 年中国海南省与老挝贸易潜力指数不稳定，波动幅度较大。2013 年、2019 年和 2022 年 TP 值超过 1.2，双方贸易属于潜力再造型；其余年份 TP 值小于 0.8，贸易潜能巨大。TP 值的变化说明中国海南省与老挝贸易发展潜能的不稳定，2013—2017 年中国海南省与老挝双方贸易总额实际值的变化也印证了这一结论。未来需要进一步稳定贸易政策，继续发挥中国海南省与老挝的地缘优势，对接产业并释放贸易潜能，推动双方贸易的稳定发展。

表 8-12　　　　　　　中国海南省-老挝贸易潜力指数

年份	IAE_x	IAE_y	TP
2013	232.82	160.14	1.45
2014	8.24	234.87	0.04
2015	1.85	307.00	0.01
2016	1.05	379.49	0.00
2017	12.32	498.84	0.02
2018	29.77	686.16	0.04

年份	IAE_x	IAE_y	TP
2019	5178.95	783.08	6.61
2020	658.74	870.24	0.76
2021	303.67	1354.48	0.22
2022	8753.57	1011.74	8.65

（十）中国海南省与文莱贸易潜力指数测算

本部分使用 SPSS 软件，先通过中华人民共和国海口海关找出 2013—2022 年中国海南省与文莱双方贸易总额，确定中国海南省与文莱双方贸易总额的实际值 IAE_x；再根据实证模型方程（8-3）计算出中国海南省与文莱双方贸易总额的预测值 IAE_y；最后将实际值 IAE_x 和预测值 IAE_y 代入式（8-4），计算出 2013—2022 年中国海南省与文莱贸易潜力指数。

如表 8-13 所示，2013—2022 年中国海南省与文莱贸易潜力指数波动幅度巨大，从 2013 年的 0.61 增长到 2022 年的 21.41。TP 值的变化说明在当前的贸易模式下，中国海南省与文莱的贸易潜能已经得到了充分的挖掘，贸易潜能已完全释放，2019—2022 年中国海南省与文莱双方贸易总额实际值的变化也印证了这一结论。未来需要探索新的贸易方向，再造贸易发展潜能，培育贸易增长点，推动中国海南省与文莱双方贸易的持续发展。

表 8-13　　　　　　　　中国海南省-文莱贸易潜力指数

年份	IAE_x	IAE_y	TP
2013	355.11	585.64	0.61
2014	112.66	660.25	0.17
2015	43.33	474.75	0.09
2016	5626.50	405.63	13.87
2017	3218.43	527.02	6.11
2018	9.06	790.87	0.01
2019	986.91	846.98	1.17
2020	21667.19	763.43	28.38

续表

年份	IAE_x	IAE_y	TP
2021	16384.71	1558.69	10.51
2022	44916.49	2098.26	21.41

通过以上实证分析可以发现，中国海南省与东盟十国贸易潜力差异明显。从贸易潜力的大小来看，泰国、印尼、老挝与中国海南省贸易潜力指数大多低于0.8，贸易潜力巨大。菲律宾在2020—2022年的贸易潜力指数均小于0.8，说明菲律宾与中国海南省贸易潜力巨大。马来西亚、柬埔寨、新加坡、越南、缅甸、文莱与中国海南省贸易潜力指数大多高于0.8，说明中国海南省与这些国家的贸易属于潜力再造型。从贸易潜能的稳定性来看，柬埔寨、越南、老挝、文莱与中国海南省贸易潜力指数波动幅度较大，贸易潜能不稳定。在未来的贸易发展中，中国海南省与东盟十国应根据贸易潜能的特点和差异，明确贸易发展的方向，实施差异化的对策，促进双方贸易健康、持续、高效地发展。

第九章　基于自贸港建设的海南省与东盟十国贸易合作发展路径建议

当前，世界局势动荡复杂，全球经济发展面临众多不确定性影响因素，压力巨大。各个国家需要建立一种更为开放、更有凝聚力、更为有效的国际经济合作联系，才能让世界经济乘风破浪。

中国海南省与东盟既有长久的历史渊源、雄厚的人文积淀和天然的地缘优势，又有良好的政治基础、广袤的经济沃土和共同的发展愿景，贸易自由化合作空间宽阔又深远。海南自由贸易港可以与东盟十国通过战略对接、经济相融、产业联动、贸易互补、投资互通、服务合作等扩宽经贸合作的新渠道、新路径和新方式，促进中国海南省与东盟十国贸易自由化发展，在建设中国-东盟命运共同体的过程中构建中国海南省-东盟贸易命运共同体。

第一节　战略对接，政策呼应，构筑海南省与东盟十国贸易自由化的制度保障

战略和政策都是决定国家间关系的宏观框架和顶层设计。每个国家都有其独特的战略目标，无论是为了确保国家安全，还是为了推动经济发展。战略的选择和执行，往往影响着国家的制度设计和政策制定。例如，一个国家如果采取开放型经济战略，则更倾向于建立自由市场经济制度，降低贸易壁垒，以吸引外资和引进技术。一个国家如果采用自主可控的战略，则更倾向于加强国内产业保护，实施严格的贸易控制措施。要想实现海南省与东盟十国双方贸易自由化发展，就必须战略目标一致、政策相互呼应，这样才能志同道合，行稳而致远。

一、依托国际贸易组织和多边、双边贸易协定框架，扩展经贸合作深度和广度

随着世界经济中心逐渐由西向东转移，亚洲经济在世界经济中的地位越来越重要。目前，亚洲地区是全球的制造业中心与供应链中心，中国是世界第二大经济体，东盟是世界第五大经济体。目前，我国与东盟各国同属 WTO 成员方，共同加入的贸易协定有 CAFTA 协定和 RCEP 协定。我国与东盟的文莱、印尼、马来西亚、菲律宾、新加坡、泰国、越南都是 APEC 的成员，同时我国正积极努力申请加入 CPTPP。这些都为中国海南省与东盟的经贸合作提供了坚实的基础和务实的平台。

1. 以 WTO 和 APEC 为平台，为海南自由贸易港与东盟加强合作提供舆论环境和政治基础

在全球化的大背景下，WTO 扮演了无可替代的角色，它是现代贸易秩序的基石，是规则与法制的守护者。它像一座巍峨的灯塔，照亮了贸易自由化、互惠互利、非歧视性原则和透明度等的道路，引领着各国在公平竞争的基础上开展贸易。这已然成为全球贸易协定的灵魂，为世界经济的繁荣稳定注入了强大动力。APEC 则是亚太地区经济合作的灵魂，是各国政府间沟通与协作的桥梁。每年的 APEC 论坛会议，如同一次次经济盛宴，推动着区域内贸易投资的自由化，加强了成员间的经济技术合作。

海南自由贸易港站在新的历史起点上，肩负着与东盟深化经济合作的重任。为此，需要在 WTO 现有规则的基础上，充分利用 APEC 的平台优势，通过政府间的双边会谈、深入交流和广泛宣传，采取积极创新的方式推动海南自由贸易港与东盟在货物贸易、服务贸易、跨国投资和知识产权等领域的全方位、多层次经贸合作。这不仅能为海南自由贸易港与东盟的经贸合作创造有利的舆论氛围，更能为双方的经济繁荣与发展开辟新的道路。

2. 以 RCEP 协定为契机，制定深化中国海南省与东盟合作的战略规划

众所周知，国际经贸规则的对接工作是推动制度开放的核心要素之一，因此，海南自由贸易港应发挥主动性，全面接轨 RCEP 协定和 CPTPP 协定等关键协定下的区域自由贸易规则。考虑到东盟国家在这些协定中占据了重要的地位，海南自由贸易港需要进一步借助制度型开放的策略，通过规则的协调、规制的优化以及管理的创新，加强与东盟之间的区域经济合作。这样的

战略规划不仅有助于提升中国海南省与东盟的经贸关系，更能为双方带来更加广阔的发展前景和深厚的互利共赢基础。

一方面，海南自由贸易港应将自身的独特政策与贸易准则与 RCEP 协定紧密相连，并通过与 RCEP 协定的叠加效应，推动与东盟的自由贸易进程。中国海南省需与东盟一道，坚定执行"统一减让"与"国别减让"等 RCEP 协定的核心措施，共同采纳并实践降税为零、过渡期内降税为零、部分降税及例外产品降税等模式，以实现海南自由贸易港与东盟间的经贸自由发展，进一步丰富并深化中国海南省与东盟各国的经贸交往。海南省亦需精心策划并执行一份详尽的"RCEP 落实行动计划"，以实质性推动《海南省落实〈区域全面经济伙伴关系协定〉（RCEP）20 条行动方案》和《海南深化与 RCEP 成员国合作的十六条措施（2023 年）》的实行。海南省应专注于扩大与东盟的货物贸易规模，创新服务贸易形式，促进双向贸易投资及跨境经济合作。此外，中国海南省还应与东盟携手举办 RCEP 区域发展媒体智库论坛，积极探讨并建立 RCEP 国际商务区，积极签发面向东盟国家的 RCEP 原产地证书。

另一方面，海南自由贸易港需基于自身贸易规则，勇于对接 CPTPP 的贸易规则。CPTPP 作为制度型开放的经贸关系协定，为海南自由贸易港提供了可对标的高级经贸规则标准。特别是在当前数字贸易规制成为焦点的背景下，海南自由贸易港需要加强与东盟在数字贸易规则和标准上的对接，共建区域内的数字贸易合作机制，进一步深化数字知识产权、数字信息网络的规制合作。这将有助于海南省更好地适应全球经贸新形势，推动海南自由贸易港与东盟乃至全球的经贸关系迈向更高水平。

3. 以中国-东盟自由贸易区升级为抓手，不断拓宽海南自由贸易区与东盟经贸合作的空间

目前，中国-东盟自由贸易区已经从 1.0 版升级到 2.0 版、3.0 版，这些升级不仅极大地促进了双边贸易的繁荣，还为双方拓展更多领域的合作提供了广阔的空间。

首先，中国海南省需要积极利用中国-东盟自由贸易区 2.0 版所带来的各项贸易便利化措施，如优化原产地规则和海关程序等。这将有助于海南省进一步扩大对东盟各国的出口。

其次，借助中国-东盟自由贸易区 2.0 版中东盟各国在商业、教育、环境、金融、旅游、运输等领域的更高水平的开放承诺，以及在投资、经济技术合作等领域的突破和共识，中国海南省可以进一步拓宽与东盟各国在服务贸易、投资与经济技术合作等领域的合作空间。

最后，着眼于未来中国-东盟自由贸易区 3.0 版所带来的商机，提前布局并制定海南省在数字经济、绿色经济、供应链互联互通等新兴领域的发展规划，能够为海南省在经贸领域的进一步开放和与东盟各国的合作提供先机和竞争优势。

二、发挥"一带一路"倡议平台作用，推动海南自由贸易港政策与东盟各国发展战略对接

深化对外开放战略，必须着重推进"一带一路"倡议的高质量、高层次发展。中国海南省与东盟国家地理邻近、文化交融、经济互补，与东盟的区域经济合作成为海南自由贸易港对外开放战略的核心方向。因此，海南自由贸易港当前的首要任务是加强与东盟的区域经济合作，以东南亚为起点，逐步构建面向全球的高标准自由贸易区网络。这不仅有助于提升海南自由贸易港的国际影响力，更是推动中国高水平对外开放战略的重要一环。

1. 积极利用"一带一路"倡议，搭建中国海南省与东盟国家合作平台

"一带一路"倡议的宗旨是促进和平、合作、共赢的发展，推动经济互联互通、政策沟通、设施联通、贸易畅通、资金融通、民心相通。海南自由贸易港已发展成为我国与东盟"21 世纪海上丝绸之路"互联互通的重要前哨和基地。因此，海南省应充分利用博鳌亚洲论坛、中国国际消费品博览会、海南岛国际电影节、中国-东盟市长论坛等"一带一路"国际化交流平台，通过举办论坛、开展企业培训、设立展区、促进各方企业洽谈对接等方式，搭建中国海南省与东盟合作研究、对话交流、信息共享平台。海南省应积极承办中国（海南）国际海洋产业博览会、"中国-东盟清洁能源合作周"等活动，推进中国与东盟各国经贸、文化交流。

为了深化与东盟国家的交流与合作，中国海南省应借助海南自由贸易港的独特开放优势支持东盟各国在海南省设立使领馆，进一步加强政治、经济、社会和文化等多方面的交流与沟通。海南省应建立"21 世纪海上丝绸之路"的农业、旅游、物流、文化、教育交流中心，创新与东盟的合作机制，推动双方在农业、旅游、物流、文化、教育等领域开展更为紧密的合作。通过共同打造高效便捷的物流网络，推广先进的农业技术和管理经验，加强旅游资源的开发与合作，以及促进文化教育和人文交流，共同推动中国海南省与东

盟国家的合作迈向新的高度，共同书写互利共赢的新篇章。这些建设将为推动海南省与东盟的合作提供更为坚实的保障。

2. 认真研究东盟各国的发展战略，寻找海南自由贸易港与东盟战略合作亮点

当前，东盟各国积极借助东南亚经济发展浪潮，制定了众多长期和短期的发展愿景、规划和政策，例如马来西亚的"第十二个马来西亚计划"、《2050年国家转型计划》、《2019—2030年国家交通政策》，印尼的"印尼工业4.0"计划、"三北一岛"开发计划、"新首都（迁都）建设计划"等，新加坡的《产业转型蓝图2025》等，菲律宾的"2040愿景"、《2023—2028年菲律宾发展规划》，文莱的《2035年宏愿》《数字经济总体规划2025》，越南的《第四次工业革命国家战略草案》、"国家数字化转型计划"等，柬埔寨的《2015—2025工业发展计划》，泰国的数字发展路线图、"泰国4.0"策略。我们也应积极推动我国的"一带一路"倡议举措和海南自由贸易港的《海南省数字经济发展实施方案（2022—2025年）》《海南省高新技术产业"十四五"发展规划》等，探索海南省与东盟各国在基础设施建设、交通运输、高新技术、数字经济、绿色经济、蓝色经济等方面的新合作。

第二节　经济相融，产业联动，构建海南省与东盟贸易自由化的产业基础

如今是产业间贸易和产业内贸易共同发展的时代。不管是哪种贸易，都离不开贸易双方之间的经济相融和产业联动。经济相融、产业联动是双边贸易的基础。贸易双方只有产业结构、技术水平、市场需求等在一定程度上相符或互补时，才能实现有效的产业对接和联动发展，从而推动双边贸易的发展。同时，双边贸易也可以推动经济相融、产业联动的深化。通过双边贸易，贸易双方可以更好地了解对方的市场需求、技术水平、产业优势等，从而调整自己的产业结构和发展战略，实现更高层次的产业对接和联动发展。

产业联动与双边贸易的关系并非总是积极的。在某些情况下，过度的产业对接可能会导致双边贸易失衡，甚至引发贸易战。如果一国的产业发展过于依赖另一国的市场，那么一旦对方采取贸易保护措施，就会对该国的经济造成严重影响。此外，如果两国的产业发展水平差距过大，那么产业对接可

能会加剧双方的不平等关系，影响双边贸易的公平性。这就需要在推动双边贸易的同时，注重产业对接和联动的合理性和公平性，以实现经济的持续健康发展。

一、以双循环策略实现中国海南省与东盟面对面长期合作

海南省应通过先行先试、以点带面，充分利用各地资源禀赋优势与背靠内地、面向东南亚的区位优势，积极成为连接国内市场和国际市场双循环的关键节点。

1. 加强海南省与粤港澳大湾区、北部湾经济区的主导产业对接，形成产业融合良性内循环

粤港澳大湾区和北部湾经济区的发展目标与产业定位，与海南自由贸易港的四大主导产业既有互补性又有互动性。

首先，可利用各自的产业优势进行产业链对接和联动发展，在热带特色农业品加工、离岸金融、高新技术创新、新模式新业态孵化等领域，做好产业对接，实现资源整合与协同发展。

其次，可利用海南省封关后"零关税"和豁免部分许可证政策等，生产和供应粤港澳大湾区、北部湾经济区主导产业发展所需要的资源与产品，同时利用"境内关外"从粤港澳大湾区、北部湾经济区引进海南自由贸易港主导产业所需要资源和产品。如对于医疗器械研发制造产业，可考虑在海南自由贸易港进行部分加工环节，利用加工增值30%政策降低中间环节产品成本，然后在粤港澳大湾区、北部湾经济区研发中心/制造中心开展终端产品的研发和制造，充分利用海南省生产制造的制度优势及粤港澳大湾区、北部湾经济区的先进技术，共同稳固产业链。

最后，可利用粤港澳大湾区、北部湾经济区在专业服务方面的先期发展和领先地位，在金融、咨询、法律、商业、技术服务等方面带动海南自由贸易港现代服务业的发展，为海南自由贸易港主导产业的发展引入长链条、宽领域、高层次的金融、咨询、法律、商业等，带动相关产业发展。

2. 采取"引进来"和"走出去"方式打通内地与东南亚市场，形成良性外循环

一方面，中国海南省作为中国对外开放重要窗口和"一带一路"重要节点，应利用区位和政策优势，串联内地（粤港澳大湾区、北部湾经济区等的）

企业与东盟国家企业，积极构建包含企业荣誉、财政奖补、用地支持、用房支持、人才支持、为企服务、载体平台、产业生态等方面的总部经济政策体系，从而在海南自由贸易港打造吸引国内和东盟企业的"两个基地"，即中国企业走向东盟市场的总部基地和东盟企业进入中国市场的总部基地。

另一方面，中国海南省应引导和鼓励主导产业的龙头企业通过跨国战略联盟、技术授权、管理合同等多种方式加强与东盟国家先进主导产业的对接与合作，以学习先进技术和管理经验，不断创新产业新模式。同时，海南省应鼓励有条件的龙头企业到国外投资，积极学习和利用 CAFTA、APEC 和 RCEP 等区域经济一体化组织协议中的投资、贸易有利条件，快速融入国际分工和国际竞争大环境，并带动海南省其他企业的国际化进程。

二、以同质化和差异化策略深化中国海南省与东盟点对点精准合作

中国海南省与东盟各国在人口构成、经济规模、产业发展以及市场需求等多个维度上呈现的特性，使双方在合作中既拥有互补优势，也面临诸多挑战。为了更好地推进中国海南省与东盟的合作进程，中国海南省必须深入剖析自身与东盟各国的产业特点与实际需求，遵循"因国施策、因产定制"的原则，量身打造合作策略。通过这种精细化、定制化的合作方式，海南省有望在未来的合作中创造更多的共赢局面，书写与东盟合作的美好篇章。

1. 利用共同的优势产业，强强联手

海南自由贸易港应当充分利用其独特的产业资源优势，特别是在旅游业、现代服务业、高新技术产业以及热带特色高效农业这四个领域的资源优势，加强与东盟的协同合作，共同推动优势产业的集聚和联动发展。

在旅游业方面，海南自由贸易港需与东盟紧密合作，共同发展海洋旅游产业，携手打造国际旅游消费中心。结合中国海南省与东盟的丰富旅游资源，中国海南省应重点加强与泰国、菲律宾、马来西亚、印尼等国的海洋度假、邮轮旅游、生态旅游及热带娱乐等旅游项目的合作。同时，借助三亚凤凰岛国际邮轮港、新加坡邮轮中心和马来西亚马六甲港等核心设施，中国海南省可以探索构建一个覆盖"中国海南省-老挝-越南-泰国-马来西亚-新加坡-印尼-菲律宾"的环南海国际邮轮旅游航线，进一步丰富和拓展旅游市场。

在现代服务业领域，中国海南省应积极推进建设面向东南亚的国际能源交易中心、大宗商品交易和医疗康养中心，应与新加坡、马来西亚、泰国、

印尼等国在金融业、现代商贸服务业、现代公共服务业等方面深化合作。此外，中国海南省应在设立海南国际能源交易中心、海南国际商品交易中心、海南股权交易中心和海南国际航运交易中心的基础之上，积极建设并推广跨境支付体系，加强跨境电商领域的合作，与东盟国家共同举办国际商品博览会和国际品牌博览会，将中国海南省与东盟国家的优质产品推向全球市场，提升中国海南省与东盟国家产品的知名度和竞争力。

在高新技术产业方面，中国海南省需要放宽外资准入限制，在生物科技、深海装备、数字经济关键技术和信息科技等领域与东盟进行更加紧密的创新合作，共同推动产业向更高端方向发展。

在热带特色高效农业方面，中国海南省和东盟都具有显著的产业优势。中国海南省应充分利用南繁种业的专长，与越南、老挝、柬埔寨等国展开深入合作，加大智慧农业设备的出口力度，共同推进东盟主要农业国家的农业科技创新和产业升级，以满足全球市场对高品质热带农产品的需求。

在其他优势领域方面，中国海南省也要与东盟各国加强合作，共谋发展。例如在国际航运领域，中国海南省应与"世界顶尖航运中心"新加坡加强合作，借助"中国洋浦港"的独特船籍港地位、税收优惠及保税油加注等策略优势，吸引国际船舶挂旗海南省，并开辟"中国海南省–新加坡–中国海南省"的海上航线，让海南省成为货物装卸、加工、转运、存储及交易的全球重要节点。在生物医药领域，中国海南省应充分加强与新加坡这一全球医药研发与生产高地，以及马来西亚这一新兴医疗器械制造中心的交流与合作，吸引世界顶级医药企业和医疗器械公司在海口和博鳌设立研发中心，促进海南省医疗机构与研究组织的发展。此外，中国海南省还可以与航空业发展较为成熟和原油产量丰富的马来西亚、印尼、文莱等国家加强临港经济、石化冶炼及衍生品生产方面的合作。

2. 利用产业优势的差异化，促进优势互补

中国海南省与东盟各国都有各自的优势产业和劣势产业，例如海南省有热带特色高效农业、旅游业、现代服务业和高新技术产业四大主导产业，但也存在基础工业薄弱、传统服务业比重较大等劣势。马来西亚电气和电子制造业、石油和天然气制造业、食品和饮料制造业和橡胶制造业等发展较好，但热带特色高效农业、现代服务业和高新技术产业不及海南省。新加坡电子半导体产业、精密工程产业、医疗服务业、航空服务业、金融服务业等发展较好，但农业对其他国家依赖严重。越南和泰国纺织、皮革、

鞋类、机械和汽车零部件等基础制造业发展较好，但热带高效农业、现代服务业和高新技术产业也不及中国海南省。缅甸、老挝、柬埔寨的经济以农业为主，在现代工业、现代服务业、高新技术产业等方面较为落后。文莱在石油化工方面具有较大优势，但在制造业方面几乎没有竞争力。正是存在这种产业优势的差异化，贸易双方可以取长补短，互通有无。海南省的优势产业可以弥补东盟国家的劣势产业，同时吸取东盟国家的优势产业来促进海南省经济的全面发展，这样的贸易才能更加多样化、兼容化和长期化。

3. 利用区位优势，实现区域精准合作

海南省是我国著名的侨乡，而海南省的侨民又集中在东盟的泰国、新加坡、马来西亚等国，中国海南省东部地区与泰国、新加坡和马来西亚的侨乡贸易古已有之。中国海南省应借助侨民同宗同源的归属感，利用世界客属恳亲大会、海南省归侨侨眷代表大会等，积极与在泰国、新加坡和马来西亚的侨企加强贸易往来，吸引更多的侨企在中国投资兴业。

海南省三面环海，具备海上物流运输、海洋经济发展的潜力和资源优势，应积极推动中国海南省南部地区与东盟相关国家在国际海洋航运、海洋旅游休闲、海洋高新技术等产业的合作。

海南省西部地区濒临北部湾，与越南隔海相望，而洋浦港是中国离东盟较近的集装箱港口，也是西部陆海新通道的重要枢纽。海南省西部地区可以在进口关税减免政策、进口配额总量管理宽松政策、加工增值免关税政策等加持下，大力发展与老挝、越南等东盟国家的新型离岸国际贸易，可以利用洋浦保税港区原油、成品油、食糖等大宗商品进口不纳入关税配额总量管理的政策红利，发挥洋浦石化产业基础优势，发展原油、燃料油、白糖等大宗商品贸易。

三、以供应链策略联结中国海南省与东盟线对线深度合作

中国海南省与东盟的产业结构呈现出既相似又互补的特点，这种局面为双方的合作提供了独特的契机。相似之处意味着双方产业具备一定的对接基础，而互补之处则揭示了双方合作的广阔空间。目前，中国海南省与东盟的产业分工合作尚停留在较为低端的环节，这既是挑战也是机遇。海南省需要利用这一契机，积极寻求自身在东盟地区的产业优势，以实现更高层次的合作。同时，双方应充分挖掘产业链和供应链的合作潜能，探索更为高效、创

新的合作路径。这可以促进中国海南省与东盟国家的共同发展。

1. 以国际旅游消费中心为基础，打造中国海南省与东盟旅游消费链

中国海南省与东盟各国都具有丰富的旅游资源，深耕旅游产品开发和服务多年，具有较为丰富的经验。海南省背靠国内强大的旅游市场，应以国际旅游消费中心为"引子"，以离岛免税和免签政策为"臣药"，以中国海南省与东盟各国破除旅游信息和数据壁垒，共同规划和升级热带雨林、海洋岛屿及特色民族风情等跨境旅游产品，联合创建"一程、若干点、多生态"国际邮轮旅游航线，提升和培育中国海南省-东盟共享旅游消费新业态，打造中国海南省-东盟综合型、智慧型和互动型的国际消费集聚区，拓展"一站式"多层次住宿餐饮消费空间和营造优质旅游消费保障环境为"君药"，从而实现共享旅游客源和资源，"表里同治"，形成一体化的旅游消费链。

2. 以海南自由贸易港封关免税政策和双循环为机遇，构建中国海南省与东盟高新技术产业供应链

随着海南自由贸易港封关免税政策的实施以及国内外双循环新发展格局的形成，中国海南省与东盟之间的高新技术产业供应链构建迎来了前所未有的机遇。

首先，海南自由贸易港的封关免税政策为高新技术产业发展提供了有力的政策支持。通过实施"零关税"和加工增值货物内销免税等措施，海南自由贸易港不仅降低了高新技术产品的进口成本，还为企业提供了更加宽松的经营环境。这将进一步激发高新技术产业的创新活力，吸引更多国内外优质资源向海南省集聚。

其次，中国海南省与粤港澳大湾区在高新技术产业和先进制造业方面具有明显的集聚效应。通过加强区域合作，以海南省为中心，构建面向东盟的高新技术产业链，有助于实现产业互补和资源共享。例如，可以集中力量打造面向东盟的现代生物医药制造产业链，发挥海南博鳌先行示范区的生物医药特殊政策优势，结合粤港澳大湾区以及新加坡等地的医药制造产业实力，共同开发具有国际竞争力的生物医药产品。

最后，双循环新发展格局为中国海南省与东盟高新技术产业供应链提供了新的发展机遇。在国内循环方面，中国海南省可以依托自身的地理位置和政策优势，加强与内地的产业联动，推动高新技术产品在内地的广泛应用。在国际循环方面，中国海南省可以利用海南自由贸易港政策优势，积极拓展东盟等海外市场，为高新技术产品提供更加广阔的国际市场空间。

3. 以保税仓储、转口贸易等为核心，串联中国海南省与东盟物流仓储加工链

海南省与东盟应进一步完善各港口、保税仓储中心、园区等物流基础设施，制定共同认可的冷链物流标准，积极开展中国海南省与东盟多式联运联盟，优化运输和仓储路线，提升初级产品加工贸易和转口贸易效率，加快热带农产品和其他初级产品在"东盟-中国海南省-中国内地"的流通速率，从而实现"东盟向中国海南省出口初级产品-从中国海南省进口机械设备（资本密集型）和中间品（技术密集型）-将消费品（劳动密集型）出口给中国海南省、中国内地和第三国"的互利共赢区域循环。

4. 以技术合作和输出为抓手，构建中国海南省与东盟清洁能源链

一方面，中国海南省应发挥在清洁能源上的技术优势和先导作用，积极落实技术援助项目，推动知识共享与技术转移，提高区域内发展相对落后国家的自主发展能力，使这些国家能够更好地融入区域经济体系，享受自由贸易带来的红利。

另一方面，中国海南省与东盟各国应充分整合和利用在绿色能源和可再生能源上的先天优势，加快绿色能源技术的联合研发和装备设施的联合生产，逐步推动形成集发电机组研发、零配件及装备生产与制造、仪器设备检测及认证、发电机组施工安装和运营维护等一体的太阳、风力和潮汐等清洁能源区域产业链。

四、以重点园区为纽带构建中国海南省与东盟圈对圈交融合作

在经济全球化的背景下，各国（地区）间的合作日益密切，跨国合作已成为推动产业转型升级、实现高质量发展的重要手段。产业园区是产业集聚发展的重要载体，是推动工业化、城镇化发展和对外开放的重要平台。各国（地区）都非常重视以重点产业园区为抓手，深度推动体制改革，优化投资环境，加快构建具有国际竞争力的产业体系，共筑开放型经济的繁荣图景。

1. 加强中国海南省重点园区与东盟国家重点园区的交流合作

当前，中国海南省已逐步建成了洋浦经济开发区、博鳌乐城国际医疗旅游先行区、海口国家高新技术产业开发区、三亚崖州湾科技城、文昌国际航天城等10多个重点园区，而东盟各国也有各自的重点园区，例如新加坡的纬壹科技城、裕廊工业区，马来西亚的马中关丹产业园区、居林高科技园区，

越南的北部重点经济特区，泰国的 304 工业园等，文莱的双溪岭工业园，柬埔寨的金边特别经济区，老挝万象赛色塔综合开发区等。海南省应以园区定位和产业特色为切入点，按照"内外联动、资源互补、园区融合、共同发展"的总体思路，积极推动海南省重点园区与东盟国家重点园区的交流对接、贸易往来、产业合作。这样可以深化海南省与东盟各国的国际产能合作，有效拓展双方的跨境产业链、供应链。

首先，中国海南省应根据园区的特点和实际情况，制定合理的政策体系，包括税收政策、用地政策、人才政策等，为跨国合作提供良好的环境。

其次，中国海南省应建立和完善国际合作机制。通过跨国公司协会、园区国际合作联盟等机制，促进跨国园区企业共同制定政策、分享经验、开展交流，提高合作效率。

再次，中国海南省应积极利用博鳌亚洲论坛年会的契机，搭建海南省与东盟产业园区合作分论坛，积极引导海南省重点园区的企业与东盟各国产业园区的企业开展交流和合作。

最后，中国海南省应为各重点园区的企业提供全方位的服务，包括行政许可、金融支持、人才引进等，降低企业的运营成本，提高企业的竞争力。

2. 探索发展中国海南省与东盟国家"两地双园"合作模式，建设中国海南省-东盟特色产业合作园区

我国拥有巨大的消费人口和消费能力，是东盟各国特色产品的主要消费市场。海南省应深入研究和学习中马钦州产业园区与马中关丹产业园区之间的"两国双园"合作模式及运营经验，利用其加工增值的独特优势和"一负三正"清单政策，结合海南省自身产业特色和经济发展需要，积极打造中国海南省-东盟特色消费品园区、银发经济产业园区、热带水果贸易与农产品加工园区以及奢侈品制造及加工的中外合作园区，探索出一条特色"两地双园"之路。通过这些特色"两地双园"，可以吸引更多的海南省与东盟企业共同进驻，形成强大的产业集聚效应。这不仅有助于将东南亚的生产基地与国内超大规模的消费市场紧密串联，还将为海南国际旅游消费中心的建设注入新活力，推动其向更高水平迈进。

第三节 贸易互补，优化结构，不断扩大海南省与东盟贸易自由化的深度和广度

中国海南省与东盟十国的贸易往来有着悠久的历史。随着近年来中国-东盟自由贸易区的全面启动及不断"加码"，中国海南省作为中国南疆的重要门户，与东盟十国的贸易交流更加紧密。

一方面，中国海南省出口的商品以农产品、矿产品和机械设备为主，这些商品正好满足了东盟国家的需要。另一方面，中国海南省从东盟进口的商品以矿产品、农产品和海产品为主，这些商品丰富了海南省的市场供应，满足了当地消费者的需求。虽然双方的贸易结构不够优化、进出口贸易不够均衡、贸易模式相对传统或单一等，但双方只要找准定位和竞争优势，积极调整产业结构，发展高附加值的产业，提升各自的竞争力，优化贸易结构，拓宽贸易模式和渠道，保证双方贸易利益，就能推动中国海南省与东盟十国贸易的进一步发展。

一、找准优势，贸易互补，实现中国海南省与东盟贸易量质双升

根据自由贸易理论，每个国家应根据自身的要素禀赋或成本优势确定本国具有出口优势的产品，进行专业化国际分工，从而通过自由贸易扩大贸易规模，促进双方获利。虽然东盟是海南省主要的贸易伙伴之一，但双方总体贸易规模并不大，有较大的提升空间。东盟十国由于经济发展水平、产业结构各有不同，因此对海南省贸易的依赖程度和互补程度也不尽相同。中国海南省与东盟各国既存在产业结构相似带来竞争性重叠的同质化产品，也有竞争优势较大和互补程度较高的异质化产品。

1. 强化重视，特别关注，做强做大东盟市场

根据前文对中国海南省与东盟各国贸易发展状况以及贸易结合度指数分析结果可以看出，长期以来海南省与东盟各国的贸易关系较为密切，且整体贸易依赖程度要大于东盟对海南省的贸易依赖程度。这说明，东盟市场的重要性和关键地位对海南省外贸发展前景是不言而喻的。

海南省应在海南自由贸易港-东盟智库联盟的理论研究基础上，提升对东

盟外贸市场的重视程度，做好开发东盟外贸市场的顶层设计，务实高效做强做大东盟市场。例如，在商务部门内专门设置中国海南省-东盟贸易促进机构，收集、整理和分析有关东盟各国经济政策和市场的信息，统筹制订东盟外贸市场整体发展规划和行动方案，探索开发东盟市场的渠道及形式，构建中国海南省-东盟贸易政府与企业双渠道沟通交流平台，探讨制定中国海南省-东盟贸易自由化便利措施等。

海南省要找准定位，寻找优势，避免与国内其他省份进行同质化竞争。与东盟各国具有地理优势的省份不仅仅只有海南省，甚至有些省份在与东盟各国的产业互补性等方面更胜海南省。中国海南省需要找准定位，认真分析中国海南省与东盟贸易的互补性，确定有效的贸易发展策略，才能在东盟外贸市场强手如林的贸易伙伴中占有一席之地。

根据前文对中国海南省与东盟十国的贸易潜力的分析结果可以得知，东盟十国与中国海南省的贸易潜力大小并不相同。海南省应针对不同潜力类型的国家采取不同的贸易模式。例如，对于贸易潜能巨大的泰国、菲律宾、印尼、老挝，应采取政府"招商宣传"、行业"深入沟通"、企业"对接洽谈"等多层面多渠道市场开发模式；对于贸易潜力再造型的新加坡、文莱、缅甸、柬埔寨和马来西亚，应加大对其市场的了解和分析，确定五国市场需求结构和销售渠道，有针对性地调整自身产业结构、产品类型和销售模式，强化适销对路的市场开发模式。

2. 科学分析，精准确定出口优势产品，结合海南省主导产业发展方向，加大投入和研发，不断提升出口优势、扩大出口规模

综合前文 TC 指数、RCA 指数等的分析可知，中国海南省虽然在国际市场上整体贸易竞争优势较弱，但在与东盟十国贸易中总体处于贸易顺差地位，且在 SITC-0、SITC-3、SITC-6 和 SITC-7 产品等方面具有一定的出口竞争优势。海南省应在当前的竞争优势的基础上，认真分析海南省主导产业，尤其是热带特色高效农业和高新技术产业的发展方向，利用高技术改造、升级、焕新或赋能当前传统优势初级产品或劳动密集型产品，大力发展高端食品、石油化工新材料、生物医药产品、清洁能源产品等高新技术产品，不断扩大相关产品的技术领先优势和出口规模。

3. 深入了解东盟十国发展需要，瞄准中国海南省与东盟十国的产品贸易互补，因国施策

一方面，要切实剖析中国海南省与东盟十国之间贸易的竞争性和互补性，精准施策促进海南省与东盟十国贸易有序健康开展。根据 ESI 指数和 TCI 指数分析结果可知，中国海南省与东盟十国之间在国际市场上既存在竞争关系又存在互补关系，还存在竞争性不大但互补性较大的状况。例如，中国海南省与马来西亚的总体出口产品结构相似性接近 70%，双方在国际市场上竞争较为激烈，但双方在 SITC-7、SITC-3、SITC-5 产品的贸易上存在互补性。这就需要中国海南省将东盟十国分别当作十个个体来区别对待，因国施策，针对双方不同的贸易关系实施不同的产业发展和贸易政策。针对马来西亚、新加坡、泰国、印尼、文莱和越南等国，为避免国际市场上的过度竞争，中国海南省应仔细研究上述国家在出口产品的生产技术、产品特点、市场定位，采取技术升级改造、市场细分和功能多向定位，尽量将同类产品异质化，实现在国际市场上的良性竞争，同时进一步提高海南省的产品在这些国家的互补性，扩大相关产品的贸易额。针对柬埔寨、菲律宾、老挝和缅甸等国，中国海南省的应进一步深入分析这些国家对海南省的产品的需求特点，加大宣传力度，通过多渠道多方式扩大对互补性产品的出口。

另一方面，中国海南省应结合东盟十国各自的收入水平、消费习惯、宗教信仰和人口结构等特点，采取有针对性的市场细分和出口策略。例如，针对收入水平较高、消费能力较大和环保意识较强的新加坡、文莱、马来西亚等国，加大高端电子消费产品、医疗保健产品、绿色产品等的宣传和出口；对于收入水平较低、消费能力较差的缅甸、老挝和柬埔寨等国，则要注重物美价廉的日用消费品或耐用消费品的营销。

二、新老结合，贸易模式多元，充分激活中国海南省与东盟贸易潜力和活力

虽然东盟已成为海南省最大的贸易伙伴，但双方的贸易形式还较为单一，业务发展形态过于陈旧，不利于海南省与东盟双方贸易快速、健康并可持续的发展。海南省应大胆改革创新，与时俱进，探索与东盟贸易模式多元化的合作发展路径。

1. 一般贸易与加工贸易、易货贸易并举，促进贸易方式多样化发展

当前，中国海南省与东盟各国的贸易主要以一般贸易为主。一般贸易虽然能较快完成且收益较大，但并不能完全发挥海南自由贸易港与东盟的优势，不能充分利用双方的资源。海南省应在一般贸易的基础上，利用自由贸易港

"一线放开，二线管住"以及封关免税等政策优势、自己的产业发展特点和面向东盟各国的便利交通，积极引进东盟各国的优质资源和初级产品，发展深加工、精加工贸易，丰富自己的贸易方式结构，加大对国内市场和东盟市场的再贸易和再出口。

中国海南省要大力发展与东盟国家的新型易货贸易，盘活海南省与东盟国家剩余产能、潜在贸易资源和贸易潜力。易货贸易不同于一般贸易，它交易简便，不受外汇和资金市场波动的影响，可以降低交易成本和交易风险，为外贸企业提供灵活、简捷、高效、多样化的交易方式。在商务部《"十四五"商务发展规划》的指引下，新型易货贸易正悄然兴起，为扩大中国海南省与东盟十国贸易提供了良好的发展契机。海南省应利用区块链和大数据技术搭建海南省面向东盟国家的跨境易货贸易线上线下综合服务平台，积极探索建立以农产品、矿产品和初级产品为主的易货商品价值评估交易体系、跨境易货行业标准和风险防范机制，逐步形成"营销宣传-供需对接-价值评估-易货方案制订-交易结算-货物交接-风险防范"等一体化全链条新型易货贸易模式。

2. 传统货物贸易与新型数字贸易相结合，促进贸易业态多元化发展

数字技术的发展不仅给人们的生活带来了巨大的便利和乐趣，也促进了跨境贸易的多样化和新型化。东盟是当前世界重要的新兴经济体之一，非常重视数字化转型发展，已启动围绕数字经济框架协议的谈判，这为中国海南省与东盟国家发展新型数字贸易创造了良好的基础。海南省应积极借助当前国内的数字技术发展优势和多样化数字贸易平台，利用中国海南省对东盟各国的政策，吸引省内外甚至东盟各国的人才到海南省创业学习，积极培育面向东盟各国的 MCN（Multi-Channel Network，多频道网络）机构和网红人员，打造海南省数字贸易聚集、培训和孵化基地，培养面向东盟乃至全世界的数字贸易企业和人才。同时海南省应出台奖励政策，大力支持海南省企业在传统货物贸易的基础上，精准布局东盟市场的海外仓，积极利用 eBay、Amazon、TikTok Live、YouTube、Instagram、Shopee、Lazada、Tokopedia、Bukalapak、Tiki 等东盟主流跨境电商平台，发展面向东盟各国消费者的跨境直播带货、短视频跨境贸易等多样化新型跨境电子商务业态，并构建"跨境电商+海外仓""跨境电商+产业集群"等新模式，打造一批具有竞争力的内外贸一体化区域品牌。

3. 大力发展外贸综合服务业务，积极拓展与东盟的新型离岸国际贸易

海南自由贸易港是以贸易为主的自由港，发展外贸是海南自由贸易港建设中非常重要的任务之一。外贸综合服务业务是在传统的基础上发展起来的。它是通过信息技术整合传统外贸供应链中的多元化资源，在严格遵守各项法规的前提下，实现了管理流程的标准化与高效化。这不仅显著缩短了供应链的长度，还为众多中小微外贸企业提供了包括数据分析、物流管理、通关协助、外汇处理、退税服务以及金融支持在内的一体化全流程外贸综合分析服务。

外贸综合服务业务是外贸业务模式的创新，也是海南自由贸易港贸易多元化发展的催化剂和推进剂。海南省应出台培育外贸综合服务企业的行动方案和具体措施，做好外贸综合服务企业的认定工作，依托"国际贸易单一窗口"构建综合管理服务网络信息数据平台，为外贸综合服务企业提供报关报检、物流、退税、结算、信保等在内的外贸业务数据及一站式"互联网+外贸"处理方式，建立较为完善的内部控制风险防控体系，强化贸易真实性审核，保障外贸委托企业的合法权益，提高海南自由贸易港外贸业务集约化、规模化、专业化能力，提升海南自由贸易港外贸业务运营的效率和水平。

在发展外贸综合服务业的基础上，海南省应积极发展新型离岸国际贸易。新型离岸国际贸易是一种独特的货物贸易模式，指的是在中国居民与非居民间进行的货物贸易形式，其货物并未实际穿越我国的一线关境，也未被纳入我国海关统计范畴。这种贸易形态涵盖了诸如离岸转手买卖、委托境外加工、第三国采购货物等模式。为了推动这一新兴业态的发展，国家外汇管理局海南省分局在 2020 年便颁布了《关于支持海南开展新型离岸国际贸易外汇管理的通知》。海南省应出台具体措施，构建与外贸综合管理服务网络信息数据平台一体化的海南省新型离岸国际贸易数字化综合服务平台，利用内地市场的区位优势和离岸金融的政策优势，实施离岸贸易便利化企业白名单制，鼓励知名企业在琼设立离岸贸易公司，探索发展包括离岸转手买卖、全球采购、境外委托加工、承包工程境外购买货物等离岸贸易业务模式，将海南自由贸易港建成"买东盟、卖全国，买全国、卖东盟"贸易集散地和区域性新型离岸国际贸易中心。

三、加大宣传，拓宽沟通渠道，构建中国海南省与东盟贸易全方位对接机制

由于海南省自身经济和产业发展的局限性，中国海南省与东盟各国在政

府、行业和企业层面的经贸联系和沟通并不多，未形成激发活力和潜能的良性经贸发展态势。

1. 政府引领，加强沟通，建立中国海南省与东盟各国双边贸易官方对接渠道

海南省政府应主动出击，与东盟各国的主要城市建立友好省市关系，洽谈贸易合作事宜，提高海南省在东盟的影响力和知名度，加强与东盟各国的官方经贸联系和交流。在办好海南省自己的中国国际消费品博览会、海南国际健康产业博览会等展会的同时，中国海南省应积极组织企业参加新加坡国际食品及酒店展览会、新加坡国际智能交通及充电桩展览会、马来西亚国际机械展、印尼农业展等有影响力的展会，扩大海南省的产品在东盟市场的品牌效应和销售规模。外贸主管部门应选派精兵强将不定期到东盟进行海南自由贸易港优惠政策和产业发展宣讲和招商，吸引更多东盟采购商或消费者采购海南省的产品。

2. 行业协会助力，加强研究，形成中国海南省与东盟各国行业发展共识

海南省的重要产业行业协会应通过举办研讨会、交流会、参观调研等方式，组织海南省与东盟各国的专家学者、行业人士等开展关于行业发展、行业标准制定等内容的讨论和研究，在形成区域性行业发展共识的同时，为双方企业创造更多的商机。

3. 企业发力，认真选择和培育销售渠道，实现精准销售

海南省的企业应认真做好市场调研和分析，根据东盟各国的消费行为、消费习惯选择不同的销售渠道，加强与当地销售平台、广告企业和仓储物流企业的合作。例如，对于互联网发达、手机购物率较高的国家，可以通过当地主流网络平台开展直销或代销；对于钟爱商场、超市或便利店等线下购物习惯的国家，可以选择具有一定实力的代理商和经销商，并加强对代理商和经销商的培训和指导。

四、扩大进口，优化贸易平衡，实现中国海南省与东盟贸易双赢

自由贸易的本质是通过国际分工和国际交换使贸易双方都能从中获利。中国海南省与东盟的贸易往来不能一味追求贸易顺差或单方获利，这样既会打击贸易不利方参与贸易的积极性，也容易引起贸易摩擦。中国海南省在扩大对东盟各国贸易出口的同时，也要不断提升对东盟进口的能力，兼顾与海南省长期保持逆差国家的贸易利益，这样才能实现中国海南省与东盟各国贸

易的可持续发展。

1. 进一步扩大对东盟各国特色产品的进口

虽然海南省人口总量不大，消费能力有限，但海南省拥有每年接待近 1 亿人次国内外游客的潜在消费能力，这是不可忽视的重要力量。海南省可以充分发挥海南国际旅游消费中心、海南离岛免税以及海南博鳌乐城国际医疗旅游先行区等的作用，鼓励开设东盟特色产品销售网点，扩大从东盟各国进口关乎民生、有利构建国际旅游消费中心的日用消费品、优质农产品、旅游特色产品、高端奢侈品和医药器械产品等，让海南省居民和游客在海南岛就能买到东盟优质产品，增加消费者的消费选择，提升消费潜力。

海南省应结合重点产业发展需要以及全球动植物种质资源引进中转基地建设，加大对东盟矿产能源产品、动植物种质资源产品、重点产业相关领域技术、设备及零部件等生产性物资的进口力度，不断优化中国海南省对东盟的进口结构。

2. 加大力度增加对在双方贸易中长期处于逆差的东盟国家的进口

通过前文的分析可以发现，菲律宾、印尼、越南等在与中国海南省的贸易中长期逆差，这种现象不利于中国海南省与东盟各国贸易的长期稳定发展。中国海南可以通过邀请菲律宾、印尼、越南等派团来琼举行外贸推介会，或鼓励和组织本地国际采购企业到上述国家进行集中采购，以增进双方企业的了解和互信，促进中国海南省对上述国家产品的进口。也可以学习与泰国的合作方式，与上述国家签订类似"迷你自贸协定"的合作备忘录，加强各领域的合作与贸易往来。

第四节　服贸创新，数字转型，实现
海南省与东盟贸易二元化发展

服务贸易和货物贸易是国际贸易的两种主要形式，两者密切相关，互为补充。

首先，服务贸易与货物贸易在互补中展现出各自的优势。货物贸易主要包括商品的生产、分配和交换，服务贸易则以其宽泛的内涵，涵盖了知识产权、金融服务、旅游业、商业咨询以及运输等诸多领域。不难发现，许多服务贸易的成功基于货物贸易的支撑，如物流、旅游等服务离不开货物贸易的顺畅进行。

其次，在全球化和信息化浪潮的推动下，服务贸易与货物贸易之间的交流与融合日益加深。跨境投资的增加、人口的流动以及数字化技术的广泛应用，都为两者之间的紧密合作提供了可能。这种趋势不仅加速了国际贸易的进程，还在全球范围内构建了一个多元化、立体化的经济网络。

最后，服务贸易与货物贸易在推动国际经济合作方面发挥着不可替代的作用。国际贸易的蓬勃发展使经济全球化进程更加顺畅，各国之间的经济联系和合作更加紧密。这种背景下，服务贸易与货物贸易的融合为各国提供了更多开展互补性贸易的机会，促进了国际贸易和经济的共同繁荣。这种繁荣不仅仅是数量的增长，更是质量的提升，它标志着全球经济朝着更加开放、包容和可持续的方向发展。

综上所述，服务贸易与货物贸易作为国际贸易的两大支柱，在互补中共同成长，在交流中深化合作，在融合中促进繁荣。

服务业是服务贸易的重要基石和发展动能。当前，海南自由贸易港已确立以旅游业、现代服务业等为主导的现代产业体系，而东盟多个国家也形成以服务业为主的产业体系，双方在服务贸易领域的合作空间和发展机会是巨大的。

一、依托跨境服务贸易负面清单，扩大东盟服务贸易进口

2021年4月和7月，我国商务部相继颁布了《海南省服务业扩大开放综合试点总体方案》和《海南自由贸易港跨境服务贸易特别管理措施（负面清单）（2021年版）》，这一举动象征着全国服务业扩大开放综合试点及跨境服务贸易负面清单制度正式翻开了新篇章，开启了新的历史阶段。这两项政策不仅为海南省服务业的对外开放设定了总体方向和核心任务，更列出了针对境外服务提供者的11个门类和70项特别管理措施负面清单，为海南省服务业和跨境服务贸易的未来发展铺设了稳固的政策基石，也为海南省对外贸易发展注入了新的活力与创意。

海南省应积极利用海南自由贸易港专属的跨境服务贸易负面清单深化与东盟旅游、金融、物流、教育等服务贸易领域的合作，探索多元化多渠道跨境服务输出和输入，不断整合中国海南省与东盟国家中服务业发展较为成熟国家的服务业发展经验和优势，以强带弱，以点带面，逐渐提升中国海南省

与东盟国家服务贸易进出口能力。

海南省可以借助自贸港制度创新中的先行先试优势，在交通运输业、金融业、服务业等行业探索优化境外服务提供者以非商业存在方式提供服务（通过跨境交付、境外消费、自然人移动模式等）的特别管理措施，吸引更多东盟企业参与海南自由贸易港的建设。

二、以 CAFTA 服务贸易承诺为框架，精准开展对东盟服务贸易出口

基于 CAFTA《服务贸易协议》的渐进自由化原则，中国与东盟成员国在 CAFTA 的升级谈判中，不仅顺利启动了三轮服务贸易具体减让承诺的磋商，而且每次谈判都推动了更高标准的承诺，显著促进了服务贸易自由化的深化。海南省应深入研读 CAFTA1.0 版和 2.0 版框架下东盟各国在服务贸易承诺表中的细节，找准东盟各国服务业开放领域和方式，结合海南省的产业优势，与东盟各国共同探索更多服务贸易空间和模式，精准开展服务贸易出口。例如，与文莱在电信、旅游、教育、银行、航天运输和铁路运输等领域发掘合作潜力；与柬埔寨在广告、电信和金融领域携手共进；与印尼在旅馆、餐饮、资产管理和证券服务等领域开展互惠合作；与老挝在计算机、建筑、教育、环境等领域的 10 多个分部门展开细致合作；加大对马来西亚在建筑和工程领域的投资力度；与缅甸在教育、建筑、集中工程、城市规划、计算机、广告、印刷出版、视听、海运等领域开展紧密合作；与新加坡在会议服务方面共谋发展；与泰国在教育、数据处理和数据库、税收、研究和开发、房地产等领域的合作更上新台阶；与越南在计算机、市场调研、管理咨询、教育、环境、旅游等领域深化合作层次。通过这些细致而精准的举措，推动中国海南省与东盟各国服务贸易的全面发展，为区域经济的繁荣与稳定注入新的活力。

三、以"433"产业为基础，提升中国海南省对东盟各国的承接服务外包能力

当前，中国海南省正迅速构建以旅游业、现代服务业、高新技术产业和热带特色高效农业为主导的现代产业格局，同时积极孵化数字经济、石油化工新材料、现代生物医药三大战略性新兴产业，并致力于开拓南繁、深海、航天三大前沿领域。这一"433"的产业集群将成为海南省经济发展的新引

擎。为了充分发挥"433"产业集群优势，中国海南省需要积极"走出去"，深化与东盟各国的合作。这不仅有助于提升海南省的服务贸易水平，还能进一步扩展和增强海南省承接东盟国家服务外包的能力。

在旅游服务贸易方面，中国海南省可以利用其国际旅游消费中心的地位和专业人才优势，承接泰国、缅甸等东盟国家的旅游管理和策划、娱乐活动组织、旅游金融产品设计等业务，推动海南省旅游业从传统的消费型向生产型、知识型和公共型服务业转型。在高新技术服务领域，中国海南省可以针对如马来西亚、印尼等正在寻求高新技术服务的东盟国家，提供研发设计、检测认证、信息技术、电子商务及现代物流等专业化的服务外包。在现代育种领域，中国海南省应加速推进国家南繁科研育种基地的建设和产业发展，以种业创新为核心，构建特色热带农业产业体系，吸引东盟国家的生物育种服务转移至海南省。在商业航天领域，中国海南省需要优化市场环境，推进卫星遥感、北斗导航、量子卫星等商业航天产业链各环节落地，利用即将建成的商业航天发射场承接有卫星发射需求的东盟国家的商业航天发射服务，打造国际商业航天发射服务的新高地。通过这些举措，中国海南省不仅能够深化与东盟国家的合作，还能推动自身产业结构的优化升级，实现更高质量的发展。

四、加强与东盟数字化合作，推动服务贸易数字化转型

当今，数字技术的发展推动了各行各业的深刻变化。世界服务贸易正朝着数字化、智能化、网络化和个性化的方向加速发展，这给国际服务贸易创造了多样化的新业态和新模式，也让服务贸易交易更为便捷、新颖、直观和有效。海南省应充分发挥其作为改革开放前沿的优势，率先探索并适应《全面与进步跨太平洋伙伴关系协定》（CPTPP）、《数字经济伙伴关系协定》（DEPA）等国际前沿经贸规则。这要求海南省在数字化服务贸易的规则制定、监管模式、管理体系和标准设立等方面展现创新性开放的决心与实力。通过与东盟国家在数字服务贸易领域的深度对接与协同，逐步引领并推动该区域的数字化合作与发展。海南省应当敏锐把握数字技术带来的服务贸易数字化转型的新机遇，与东盟各国共同加大在数字化研发领域的投入，提升企业内部的数据处理与应用能力。这不仅有助于推动双方服务贸易的数字化转型，更可以通过区块链、大数据、工业互联网、人工智能等尖端技术，实现中国

海南省与东盟国家在消费、金融、制造、物流、旅游等多个领域的资源深度整合与数据共享。此外，借助 5G 技术的优势，中国海南省可以推动远程医疗、在线教育、网络营销等服务的可贸易化，进一步探索在数字游戏、数字出版、数字影音应用、移动应用服务、网络服务、内容软件等基于数字技术的服务贸易新领域与东盟数字化经济发展迅速的国家展开深度合作与交流。这不仅能够促进东盟各国的数字化改造和创新，还能有效开拓东盟国家的数字服务贸易市场，从而推动双方服务贸易实现跨越式发展。

五、构建海南省服务贸易交易平台体系，促进中国海南省与东盟服务贸易交流和交易

在海南自由贸易港建设的大背景下，构建服务于中国海南省与东盟国家的服务贸易交易平台不仅是必要的，也是可行的。通过这样的平台，可以有效整合资源、信息流、业务流等要素，打通双方服务贸易的通道，实现资源共享和优势互补。

一方面，中国海南省应充分把握一年一度的中国国际服务贸易交易会这一黄金平台，设立东盟专区，以精准高效的方式向东盟各国政府和企业展示海南自由贸易港在服务贸易领域的巨大潜力和优惠政策。通过这样的方式，不仅能够吸引更多的目光，还能够深化中国海南省与东盟各国在旅行、运输、知识产权使用、维修、计算机和信息服务等核心领域的服务贸易合作。

另一方面，利用海南省"6+3"类交易场所的独特优势，如国际知识产权、国际文化艺术品、国际产权、国际股权、碳排放权以及国际航运等交易场所，可以在借鉴其他地区成功经验的基础上，迅速推进产品与交易体系的建立、生态体系的完善、市场的开拓、团队的壮大以及技术的创新。在这个过程中，政府需要发挥其引导作用，为资本盈利提供充足的空间和友好的环境。通过减税、免税等优惠措施，可以有效地激活市场，营造浓厚的交易氛围，从而吸引更多的东盟相关企业来到海南省各大交易场所开展服务产品交易。

展望未来，中国海南省有望成为以交易市场为核心的服务产业链、贸易资本链和全球信息链的重要枢纽，进一步巩固和提升海南省在国际舞台上的地位和影响力。这样的发展布局，不仅有助于海南自由贸易港的繁荣与发展，也将为整个东盟地区乃至全球的服务贸易提供新的机遇和动力。

第五节　营造环境，投资互通，实现海南省与东盟贸易自由化共生发展

在全球化的经济环境中，跨国投资和国际贸易是两个紧密相连的重要部分，它们共同构成了全球经济交流的重要框架。跨国投资是指投资者跨越国界对其他国家的产业进行投资的行为，而国际贸易则是各国之间的商品和服务交换行为，二者之间存在密切的联系。跨国投资可以推动国际贸易的发展。跨国公司在不同国家的直接投资，使生产要素在全球范围内得到更加合理的配置，提高了生产效率。同时，跨国公司的生产基地遍布全球，其产品销售网络也往往覆盖全球，这无疑有利于扩大国际贸易。另外，跨国投资还可以促进技术、知识和管理经验的国际传播，从而提高贸易产品的质量和竞争力。

海南自由贸易港以其独特的税收优惠政策和投资便利化举措，正日益成为国际资本瞩目的焦点。近年来，中国海南省与东盟国家之间的投资活动呈现出快速增长的态势，这一趋势在最新数据中得到了印证。根据《海南统计年鉴》，2022 年中国海南省对东盟国家的实际投资额达到了 9.78 亿美元，同比增长率高达 299.18%。这一数字不仅凸显了中国海南省对东盟市场的重视，也展示了海南自由贸易港建设所释放的巨大吸引力。

从投资领域来看，中国海南省对东盟的投资主要集中在能源产业、教育业和生产加工业等领域。其中，能源产业是中国海南省与东盟合作的重点领域，双方在油气资源勘探开发、新能源技术等方面展开了深入合作。教育业和生产加工业也是中国海南省对东盟投资的重要领域，通过引进东盟的先进教育理念和生产技术，中国海南省不断提升自身的教育水平和产业竞争力。

在投资国家方面，中国海南省对东盟的投资主要流向了印尼、马来西亚、越南和新加坡等国家。这些国家与海南省在地理位置、产业结构和发展需求等方面具有较强的互补性，合作空间广阔。同时，中国海南省也在积极吸引东盟国家的外商投资。2022 年，中国海南省从东盟吸收的外商直接投资合同金额达到了 12.6 亿美元。这些外商投资主要来源于马来西亚、新加坡、泰国和越南等国家。

综上所述，中国海南省与东盟之间的双向投资增长势头强劲，未来双方

的合作潜力仍然巨大。随着海南自由贸易港建设的深入推进和东盟国家的积极参与，相信中国海南省与东盟的双向投资将会迎来更加广阔的发展空间。

一、打造海南省世界一流营商环境，"筑巢引凤"促进投资与贸易双发展

营商环境是指一个地区或国家为企业提供的各种条件和环境的总和。它包括政策环境、法律环境、经济环境、社会环境等多个方面。良好的营商环境能够吸引更多的投资。投资者在选择投资地点时，会优先考虑那些营商环境良好的地区或国家。在这些地区或国家，企业可以享受到优惠的政策、完善的法律保障、稳定的经济环境等，这些都能够降低企业的运营成本，提高企业的盈利能力。

良好的营商环境能够促进企业的发展。在良好的营商环境中，企业可以专注于自身的生产经营活动，而不必担心外部的不确定性因素，这有利于企业进行长期的规划和发展，从而提升企业的竞争力。良好的营商环境能够促进创新。在一个开放、包容的营商环境中，企业可以自由地进行各种尝试和创新，这有利于企业研发出新的产品和技术，推动经济的发展。良好的营商环境还能够促进就业。企业的发展需要大量的人力资源，而在良好的营商环境中，企业更容易招聘到合适的人才，这不仅有利于企业的发展，也有利于社会的稳定。因此，优化营商环境，对于吸引投资、促进贸易自由化以及促进经济发展具有重要意义。

1. 以"三个加快"为抓手，建设高效、便捷、透明的政务环境

一是加快转变服务理念。政府应切实站在东盟企业投资者和经营者的立场上，真正聆听并接纳他们的意见和建议。通过换位思考，致力于成为外资企业的贴心伙伴，为他们提供全方位、科学而细致的服务。对于重点和重大投资项目，应建立专门的对接服务机制，充分利用海南自由贸易港东南亚投资中心平台功能，提供包括企业登记注册、土地审批、资金融通、技术研发以及进出口贸易等方面一站式的咨询和线上办理服务，这不仅能够确保信息的及时共享，还能促进政府部门与企业之间的有效沟通，进一步保障项目的成功落地实施。出台奖惩措施和服务水平评价机制，对能提出改善和优化投资环境具体措施和办法的一线和基层投资服务者给予奖励和破格提拔，对业务能力不够和服务态度不好的服务者实行转岗或降级处理。通过 12345 热线

或投资专线等及时跟进投资项目的落实及反馈，及时发现存在的"懒、散、慢"现象及问题，切实做好从政府领导层到基层服务意识的提升，保护投资者的热情和积极性。鼓励领导干部转变思想，改善工作作风，敢于"闯"，敢于"试"，构建积极和务实的投资服务体系。

二是加快数字化信息服务平台建设，提高政府服务效率。要针对外资企业的特点，深度挖掘"互联网+大数据+政务服务"的潜能，并以提高工作成效为主线，建立集投资政策宣传和咨询、注册、土地审批、融资、投资、人才引进和服务、监督、信息公开和数据上报等一体化政务服务平台，实现"一网通办"，做到公开、公平、透明，进一步缩短开办、入园等流程和时间，提高企业投资运营效率和便利度。

三是加快政府监管创新。实行"三个监管统一"，增进政府监管部门之间的协调与联动，防止出现"多头管理"和"多头不管"。首先，统一申报和受理。企业与政府之间的各种申报业务在一体化政务服务平台上申报，平台授予相关职能部门查阅和审批权限，并由政府在后台自行调阅和处理上报数据和资料，避免同种数据多次填报、多头报批。其次，统一文件要求。既要统一文件格式要求，又要减少企业上报文件的次数和种类。最后，统一政策执行。要加强对政策具体内容和细则的学习和讨论，在政府各监管部门和服务人员之间形成共识，明确政策执行的统一力度和标准，不出现不同部门不同解释或自相矛盾的情况。

2. 以"两个推进"为基准，优化贸易投资环境

一是大力推进投资贸易规则及技术标准与国际接轨。海南省要立足在"21世纪海上丝绸之路"、CAFTA 和 RCEP 等协定的重要战略区位，依据海南自由贸易港建设要求和主导产业发展的特点，加快深入研究企业进行投资和贸易的规则、惯例，选择适当区域进行创新试验，积累经验并予以推广，逐步推进主导产业投资贸易规则以及技术标准与国际接轨，优化贸易投资环境。海南自由贸易港东南亚投资中心应积极收集国外相关主导产业的技术发展前沿信息和技术标准变化信息，并将之及时推送给本地龙头企业，鼓励龙头企业参与国际技术标准和规则的讨论和制定，推动境内技术标准机构与国际权威机构资质互认。

二是着力推进海南省宏观经济基础环境。海南省应进一步完善与周边省份或国家在公路、航运、港口等方面的运输网络建设，降低物流成本和时间，提高海南省主导产业产业物流服务效率和物资周转速度。海南省应不断强化

水电、网络等基础设施建设，降低外资企业在水、电、气、油、网等方面的成本，提高基础设施配套服务能力。进一步推出更为精准有效的扶持和鼓励政策，加强海南省主导产业的发展，切实夯实和提高海南省整体宏观经济基础和本地居民收入水平，营造"天时、地利、人和"俱佳的投资贸易环境。

3. 以"两个体系"为保障，建立健全知识产权法治体系和贸易投资评估体系

一是建立并完善知识产权法治体系。海南省应在已建立的知识产权法庭、知识产权仲裁中心和知识产权交易中心的基础上，进一步对标国际一流自由贸易港做法，逐步建立和完善配套知识产权发展维护处理机构，开展知识产权交易与运营服务法律体系创新和试点建设，推动海南省知识产权法治体系建设。推动知识产权服务业集聚区建设，并以此为基础积极引入国际、国内顶尖知识产权服务企业，从而倒逼海南省知识产权法治体系的完善。海南省应积极实施知识产权"护航"试点工程，围绕重点外资企业，建立知识产权保护直通车制度。海南省还应深入学习和研究知识产权国际条约和规则，探索建立和完善与国际规则接轨的知识产权交易等的规则和法律制度，为海南省后续探索建立国际技术交易中心提供法律保障。

二是建立主导产业投资环境考核评价体系和平台。海南省应以兼顾系统化和具体化为切入点，以国际性、适用性、实用性为基本原则，以大数据统计和分析为手段，结合外资企业自身特点和企业发展内外部影响因素，构建适合海南省实际的投资环境指标和监督评价体系。海南省还应收集和整理省内外、国内外主导产业评价数据，开发主导产业投资环境统计分析系统，借鉴国际营商环境报告的做法，定期生成和公布海南省主导产业投资环境评价报告，以供相关职能部门检验和评价政策的执行效果，及时发现问题并制定更为精准的投资环境优化政策，倒逼海南省不断改善和优化投资环境。

4. 以"一个中心"为目标，构建海南自由贸易港公平、公正、公开的营商环境

现代市场经济的根基在于信用。信用经济不仅仅是市场经济的一种形态，更是其发展的高级阶段。审视全球范围内知名的自由贸易港，不难发现它们共同的特点：建立以"信赖保护制度"为核心的社会诚信制度体系，以此作为其提升经济竞争力的关键策略。因此，中国海南省若要塑造世界一流的营商环境，其核心任务便是建设"诚信海南"。这就需要海南省做到以下三点。

一是需要坚定不移地实施《海南省"十四五"社会信用体系建设规划》

和《海南自由贸易港社会信用条例》，构建与投资制度改革相配套的信用管理机制。这意味着，中国海南省要建立一种以信用监管为基础，与市场准入特别清单、外商投资准入负面清单等清单管理相互协调的过程监管体系。对于各种准入事项，无论是完全取消审批、以备案简化审批，还是不能取消审批，都需要分类建立信用管理模式，以适应"极简审批"投资制度改革的需求。同时，中国海南省要推进市场监管的"双随机、一公开"全覆盖，确保公平、公正、公开。

二是必须规范化"双随机、一公开"的监管，使其成为一种常态化的监管方式。海南省应严格按照工作要求，落实"双随机、一公开"联合监管机制，制定并完善联合抽查项目清单。重点转向事中事后监管和部门间的相互协作，促进部门间抽查结果的相互认可，推动"双随机、一公开"监管的有效衔接。

三是实施全周期信用监测，构建高效的投资监管风控模式。海南省需要利用"互联网+监管"系统、政务服务平台等，深化信用图谱在企业注册备案、投资资金进出、投资关联审查等领域的应用。通过强化投资和管理关系的关联风险追溯预警，能够甄别出"换马甲"的主体，从而更有效地防控投资关联风险。同时，中国海南省需要建立"双随机、双评估、双公示"协同监管机制，实现对企业信用风险的精准画像、分级分类和协同监管，为全周期过程监管机制的运行提供有力支撑。

通过这些举措，不仅可以深度推进海南省诚信体系建设，也有利于铸就海南自由贸易港诚信之基，构建世界级营商环境新标杆。

二、多渠道多方式，促进中国海南省与东盟十国的投资互惠互通

1. 畅通双方投资政策信息渠道

一方面，中国海南省应设立平台，收集及整理东盟十国涉及投资开放的政策，为海南省企业的跨国投资提供信息和指导。近年来，东盟成员国陆续出台有利于投资的政策措施，东盟区域层面也达成了一系列旨在加速电动汽车、数字经济、工业4.0转型等领域投资的声明和协定。根据《2023年东盟投资报告：国际投资趋势之关键因素和政策选择》，2013—2022年，东盟成员国共实施了149项影响投资的措施（包括111项有利措施，27项中立措施，11项限制措施），其中90%以上对投资者有利或中性，该比例超过了68%的

全球平均水平和 86% 的亚洲平均水平。这些信息有利于海南省企业在东盟进行跨国投资时做好投资规划和战略布局。

另一方面，中国海南省应借助平台，大力向东盟十国的企业宣传海南自由贸易港投资产业目录、投资便利化措施、外资企业享受的优惠政策以及在海南省投资设厂的程序和手续等，及时做好对接服务，为东盟十国的企业在琼投资提供重要的信息渠道。

2. 熟悉并利用国际规则，提高投资层次，减少投资摩擦

海南省应认真研究有关投资的国际规则，充分利用我国与东盟构建的 RCEP、CAFTA 等协定中有关投资规则与东盟十国开展跨境投资活动。RCEP 创新性地引入了"准入前国民待遇+负面清单"制度，这一举措极大地增强了 RCEP 成员国外资政策的透明度及可预见性。通过这种独特的开放模式，RCEP 成员国在制造业、农业、林业、渔业以及采矿业这五大非服务业领域，明确了外资准入的具体限制。投资者只需查阅这份负面清单，便可以了解 RCEP 成员国在不同行业及领域的外资政策，这为投资者提供了明确的指导，使其能够更好地规划和调整自身的投资策略。同时，中国海南省应利用 RCEP 中的投资促进和投资便利化规定，制定和出台针对外商投资者的投资奖励和便利措施；举办海南省投资介绍会或研讨会，积极向全球的投资者展示海南省的投资政策、潜力和优势。

海南省还应在现有的法院诉讼和海南国际仲裁院仲裁机制的基础上，积极引导并推动有条件的商会、行业协会、商事仲裁机构等设立国际商事调解组织，并运用"调解+诉讼""调解+仲裁""国内调解+涉外调解"等多种形式，努力构建一个多元化的国际商事纠纷解决工作机制。这不仅有助于提升海南省在国际商事领域的影响力，还将为全球的投资者提供更加全面、高效的纠纷解决服务。

3. 针对东盟潜在优势和需求，优化投资结构

当前中国海南省对东盟投资的产业和区域都过于单一和集中，这不利于中国海南省对东盟投资规模的扩大和层次的提升。中国海南省应结合东盟十国不同的产业特点、优势以及发展诉求，开展多元化产业投资。中国海南省企业应先深入了解东盟市场的需求和趋势，找准自己的定位，再根据东盟十国各自的优势产业，选择合适的投资领域开展投资。例如，利用中国–东盟投资合作基金加大对柬埔寨、缅甸、老挝等湄公河沿线欠发达国家基础设施、能源和自然资源等领域的投资，这样既可以促进东盟各国的经济发展，增加

就业，又能进一步优化海南省对东盟投资的产业结构和区域结构。

4. 利用"2·2·2"区位优势，吸收更多投资主体

"2·2·2"指的是"两个基地""两个网络""两个枢纽"。"两个基地"是中国企业走向国际市场的总部基地和境外企业进入中国市场的总部基地；"两个网络"是空海国际交通网络和国际经贸合作网络；"两个枢纽"是西部陆海新通道国际航运枢纽和面向太平洋、印度洋的航空区域门户枢纽。海南省应积极利用正在打造的"2·2·2"区位优势，出台具有吸引力的"两个基地"的政策，吸引国内和东盟十国的各类企业来琼投资兴业，率先打造中国内地企业进入东盟投资合作和东盟企业进军我国内地市场的总部基地。

5. 针对东盟十国政治环境条件，构建多元化投资方式，规避投资风险

东盟十国的政治环境十分复杂，部分东盟国家政治不够稳定，这会给中国海南省的企业对东盟企业进行直接投资产生不利影响和风险。在与东盟十国进行合作时，可以选择风险相对较低的出口、授权、合资、合作或跨国联盟等方式进入东道国市场，避免制度壁垒，减少投资风险。同时，为保障海南省投资者的合法权益，在对外投资过程中，企业应积极购买海外投资保险。当投资者面临由保险机构承保的风险时，该保险机构将先向投资者赔偿相关损失，再依法取得代位求偿权，根据中国与东盟各国签订的双边投资保护协定，向东盟国家提出索赔。这一措施不仅为海南省投资者提供了强大的后盾支持，也促进了双边投资保护协定的有效实施，进一步巩固了中国与东盟国家之间的经济合作与信任。

第六节 教育合作，人才流动，搭建深谙海南省与东盟贸易的人才培养平台

自古以来，人员的流动一直是经济发展和社会变迁的关键因素。

从宏观的角度看，人口流动对贸易的影响体现在两个层面。一方面，随着全球化的深入发展，国家间的边界逐渐模糊，人们跨国界迁移的频率和规模显著增加。这种跨境人员的流动直接促进了文化、技术、资本等的交换，为贸易创造了新的机遇和条件。具体来说，当人才由发展中国家流向发达国家时，他们携带的不仅是劳动力资源，还有文化习俗、语言能力以及对母国

市场需求的理解。这样的流动有助于打破信息不对称，降低交易成本，提高贸易效率。例如，海外华人在推动中国与东盟国家之间的贸易往来中就扮演了重要的角色。另一方面，人员流动还影响着产业结构和贸易结构的调整。随着人才的国际流动，各国可以更好地利用全球人力资源，优化本国的产业布局，进而调整出口商品的结构和质量。

在微观层面，企业是人员流动和对外贸易交互作用的重要场所。企业雇佣具有国际背景的员工，不仅能够获取多样化的思维和创意，还能通过这些员工的国际网络拓展海外市场。例如，多国企业在关键市场设立研发中心或分支机构，吸引当地人才加入，既促进了技术的全球化交流，又加速了新产品的本地化进程，提升了对外贸易的效率。

海南省应当高度重视面向东盟贸易的人才培养和引进，在自由贸易港政策优势下加快为东盟人员进出海南省降低门槛、提供便利，为中国海南省与东盟十国贸易合作发展提供强大的人才支持和人力动能。

一、加强中国海南省与东盟国家高等教育合作，共育有利于双方贸易的专业型人才

1. 通过优化专业或课程设置培育具备中国海南省与东盟贸易知识和能力的人才

海南省应积极推动各高校开设泰语、马来语、越南语等小语种专业，并在有关商贸类专业中开设有关东盟经济概论、东盟产业学、东盟区域贸易概论、东盟跨文化沟通、中国-东盟自由贸易区协定规则等的课程，积极在海南省高校中培养面向东盟的区域性经济贸易类专业人才。

2. 通过双向培养模式加大中国海南省与东盟经贸人才培养力度

早在 2013 年，中国海南省政府就出台了《海南省政府国际学生奖学金管理暂行办法》，陆续开展对包括东盟在内的"一带一路"共建国家的留学生招生和人才培养工作。2023 年 3 月，在博鳌亚洲论坛 2023 年年会"对话海南"分论坛上，中国海南省再次发布海南省东盟留学生奖学金公告，确定了涵盖海南大学、海南师范大学、海南医学院等 13 所培养院校，并确定每年给予100 名奖学金名额。

一方面，中国海南省应在现有招生及奖励政策的基础上，不断扩大对东盟十国，尤其是相对落后的缅甸、老挝、柬埔寨等国留学生的招生规模和奖

励力度，并积极建设一批具有鲜明海南省特色、服务于中国海南省与东盟双方贸易、对东盟留学生较有吸引力的学科专业，打造若干面向国际学生的全英文授课专业和一批英文教学课程，不断丰富熟知中国海南省与东盟双方贸易的经贸人才储备。

另一方面，中国海南省应加强对东盟知名高校的对接，积极实施"东南亚知名院校交流计划"，鼓励海南省高校的学生赴东盟知名高校留学深造和交换学习，通过学习、生活和实践深入了解东盟经贸状况，建立良好的社会关系和企业联系，为未来创造更多贸易机会奠定基础。

3. 通过合作办学方式挖掘中国海南省与东盟高校合作深度

这就需要海南省做到以下几点。一是积极吸引国内外优质人才，发展建设引进高水平大学，为海南省的建设源源不断输送人才。二是鼓励海南省高校开设东盟商学院，创新人才培养机制，吸收东盟高层次人才参与人才培养，以定向培养方式招收海南省与东盟留学生，共同培养服务于中国海南省与东盟双方贸易发展的人才。三是以海南陵水黎安国际教育创新试验区为基地，深化中国海南省与东盟教育合作。海南省应加大力度引进东盟知名高校，与本地高校携手共建特色大学，培养精通东盟小语种、东盟国家法律法规、东盟税务经贸规则等的精英人才，将海南省建设成为中国-东盟经贸合作领域的人才培养和聚集中心。四是拓展与东盟的数据开放领域，实现科研数据资源的共享。利用大数据为中国海南省与东盟的产业外循环提供支持，可以推动双方经济的持续发展。海南省应加强与国内外东盟研究领域的大数据科研机构的合作，建立健全各科研机构与有关部门的信息互联互通机制。这样，将能够有效地整合与分析数据，为决策制定提供科学、准确的依据，推动中国海南省与东盟的合作向更深层次发展。

4. 通过构筑多样化交流平台，拓宽海南省与东盟人才交流渠道

2016年，中国海南省政府与教育部签署"一带一路"教育行动国际合作备忘录，并出台《海南省参与"一带一路"建设教育行动计划（2017—2020年）》《海南省教育服务贸易创新发展行动计划（2016—2018年）》等指导性文件，为加强海南省与"一带一路"共建国家，包括东盟各国的教育对外开放事业指明了方向。

一方面，中国海南省应主动搭建合作平台，充分发挥博鳌亚洲论坛、澜湄合作、中国-东盟教育交流周等交流平台功能，设立海南省分论坛或分会场，鼓励海南省高校与东盟国家在热带高效农业、海洋科学、热带医学、生

态环保、旅游管理、语言等方面加强合作办学及科研项目合作，不断拓展教育合作领域。

另一方面，中国海南省应借助活动，加强双方人文交流。中国国际青少年活动中心（海南）、海南热带海洋学院教育部教育援外基地、中国-东盟教育培训中心、海南师范大学东南亚汉语推广师资培训基地、中国-东盟大学生文化周等，让跨越国界的教育交流与合作有了广阔舞台。

这些活动可以增进彼此之间的了解与友谊，促进文化融合与人文交流，为双方的教育合作奠定坚实的基础。

二、构建面向东盟的人员流动便利机制，畅通海南省与东盟人员流动渠道

根据《海南统计年鉴》，截至 2022 年年末，海南省 60 岁及以上人口为 162.58 万人，占全省常住人口的 15.83%；65 岁及以上人口为 116.24 万人，占全省常住人口的 11.32%，虽然两个指标都略低于全国的 19.8% 和 14.9%，但与 2021 年相比分别增长了 7% 和 5.8%，海南省人口老龄化正不断加深。同时，海南省 2022 年接待境内外游客超 6000 万人次，吸引着 100 多万来自全国各地的"候鸟"人群在冬春之际前来度假。从海南省出省和入省务工人数来看，截至 2022 年 12 月，海南省出省外务工人数 17.8 万人，但省外输入海南省的务工人数有 71.2 万人。随着全国人口老龄化的加剧，外省输入海南省务工人数将会越来越少。而东盟各国劳动力相对丰富，劳动人口相对充沛和富余，像菲律宾、印尼、柬埔寨、越南等是全球劳务派遣服务大国。拿越南来说，根据其劳动荣军与社会部公布的数据显示，2023 年第一季度，越南出国务工人员总数为 37923 人（其中女性 12872 人），是 2022 年同期的 15 倍以上。

2019 年中国海南省政府发布的《外国人来海南工作许可管理服务暂行办法》明显侧重于吸引外国高端人才（A 类）和外国专业人才（B 类）。然而，对于其他外国人员（C 类）——那些根据国家政策规定，结合海南自由贸易区（港）建设所需，满足劳动力市场需求的各类技能实用型人员，中国海南省则采取了更为审慎的管理政策。这一政策具体体现为采用人才指导目录、计点积分制、劳动力市场测试以及配额等外国人才评价管理制度。这些制度不仅限制了 C 类人才的数量规模和居留时间，而且使他们的入境工作审批流

程变得相对复杂和烦琐。这无疑给海南省急需的各类技能实用型人才入琼工作带来了不小的障碍。在追求高效和便捷的现代社会，这样的限制显然不利于海南自由贸易区（港）的快速发展。因此，如何在确保人才质量的前提下，进一步优化和完善外国人才评介管理制度，特别是针对 C 类人员的入境和工作审批流程，是当前海南省亟待解决的问题。

首先，海南应立足其自贸港政策的独特优势，主动出击，把握机遇。根据自身的实际需求，海南省在积极引进东盟高层次人才的同时，也要适时对东盟劳务市场敞开大门，通过精心策划和有序执行，逐步扩大引进外籍技能实用型人员的规模，比如家政服务人员、护理员、厨师等。为此，海南省需要简化入境劳务人员的审批流程，同时完善社会治安管理制度，以确保这一过程的顺利进行。在率先引入这些外籍技能实用型人员的基础上，海南省还须对现有的居留政策进行创新。具体来说，应将申请永久居留、签发长期签证和居留许可的资格范围，从原先的外籍高层次人才、有博士学历或长期在国家重点发展区域工作的外籍华人、有重大贡献及国家特别需要的外国人才，以及符合一定工资性年收入标准和纳税标准的长期在华工作的外国人。这不仅可以解决因海南省人口老龄化而出现的旅游、餐饮、康养、家政等领域服务人员短缺的问题，还可以对海南省旅游业和现代服务业的快速发展产生积极的推动作用。这样的政策创新，既符合海南省建设的长远目标，也响应了当前的社会需求。通过有效利用政策优势，中国海南省有望在吸引人才、优化劳动力结构、提升服务质量等方面实现突破，从而进一步提升其在国际舞台上的竞争力和影响力。

其次，中国海南省应积极扩大海南师范大学在东盟各国的汉语教学中心的范围和规模，加大对有意到海南省务工的人员的汉语培训力度。同时，在《海南自由贸易港境外人员执业管理办法（试行）》《海南自由贸易港境外人员参加职业资格考试管理办法（试行）》等政策的基础上，海南省应积极推动职业院校通过线上线下相结合的方式，开展"中文+职业技能"教育国际合作发展模式，开展职业技能培训和颁发相关证书，并逐步打通中国海南省与东盟各国在职业技能鉴定方面的认定和认可，让东盟各国劳务人员在入琼之前即可完成职业技能培训并获得相关证书，这样既可以减少东盟各国劳务人员的居住生活成本，也能缩短其融入和适应在琼工作的时间。

最后，海南省应深化与东盟青年交流互信，打造学习与就业绿色通道。海南省应积极构建面向东盟国家留学生的便利化学习与就业体系，简化他们的实习与就业流程，为东盟国家的来华留学生打造一个全方位的学习、实习与就业的绿色通道。这不仅有助于吸引更多东盟国家的留学生来海南省深造，还有助于加强中国海南省与东盟国家青年间的紧密交流与合作。在此基础上，海南省应进一步扩展与深化与东盟各国青年交流的层次与内涵。例如，邀请东盟各国的青年企业家和有志之士，通过参与经贸调研、实地考察以及青年论坛等，加深对海南省的了解与认同，共同探索海南省与东盟青年间的合作新路径与新机遇。

第七节　简化环节，方便贸易，培育中国海南省与东盟贸易自由化环境

贸易便利化是指通过程序和手续的简化、适用法律和规定的协调、基础设施的标准化和改善，为国际贸易交易创造一个协调、透明、可预见的环境。贸易自由便利是《海南自由贸易港建设总体方案》中"五自由便利"的重要一环。在海南自由贸易港建设的背景下，海南省应积极对接东盟各国，深化贸易合作，共同探索贸易便利化的新路径。具体而言，海南省在交易、通关、跨境支付、物流等方面都有着巨大的优化空间。通过简化交易流程、提高通关效率、优化跨境支付体系以及完善物流网络，海南省能够为东盟各国提供更加便捷、高效、透明的贸易环境。这不仅有助于提升中国海南省与东盟的贸易效率，更能为双方带来更为广阔的市场前景。

一、塔建中国海南省与东盟贸易交易平台，实现贸易交易便利化

首先，海南省应着力打造一个全方位、多功能的线上贸易平台，提供贸易供求信息、企业认证等基础服务，通过行业数据分析报告、搜索引擎优化和跨境支付等高级功能，为海南省与东盟的企业创造更多商机。同时，线下通过举办展会、研讨会等活动，为双方企业创造更多交流机会，进一步简化交易流程，降低成本，提高效率。

其次，海南省应充分利用海南新型国际贸易综合服务平台和海南（东盟）热带农产品数字交易平台等，切实践行"一线放开、二线管住"等自由化、便利化政策。在充分借鉴国际先进经验的基础上，海南省应结合国内金融机

构和贸易企业的需求，自主研发并创新国际贸易数字化监管及风险防控机制，从而打造一个集贸易、金融、科技于一体的联合协作和信息共享平台，为中国海南省与东盟的贸易提供一站式的离岸贸易服务、离岸金融服务、一般贸易服务、加工贸易服务、跨境电商服务等综合性解决方案。

最后，海南省还应积极与阿里巴巴国际站、亚马逊、eBay 等国际知名平台合作，开设海南省与东盟的贸易专区，为双方企业提供更加便捷、高效的对接和交易服务。

二、提升中国海南省与东盟货物进出口环节运作效率，实现贸易通关便利化

1. 提升进出口环节的通关时效

首先，海南自由贸易港应提高口岸查验效率，确保口岸查验作业时间不超过 4 小时，查验结果正常的货物放行时间不超过 1 小时。其次，海南自由贸易港应积极扩大"船边直提""抵港直装"等便利化措施的试点范围，保障鲜活易腐商品如活体动物、冰鲜肉制品、水产品、蔬菜水果等的属地查检绿色通道畅通无阻。最后，海南自由贸易港应优化监管查验流程，将取样送检时间压缩至不超过两个工作日，加快海南省重要农产品、特殊物品检疫准入速度，并对进口煤炭、原油等大宗资源商品实施快检快放，对进口水泥、大宗服装以及进口汽车零部件实行检验结果采信制度。这一系列举措旨在让海南自由贸易港的货物快进快出，持续提升跨境物流效率。

2. 提升外贸企业创新发展效能

海南省应全力推动海南自由贸易港早期政策快速落地、健康发展，实行"高科技、低干预、高效能"的海关监管模式，支持更多符合条件的企业参与政策试点。这包括推动简化 ERP 联网监管实现方式，扶持重点科研院校进口"零关税"自用生产设备及减免税设备，在海关特殊监管区域内实施"保税""免税"商品高效互转，以及运用溯源码技术加强离岛免税全程信息化管理。同时，海南省还应支持保税维修、跨境电商、医药康养等新型产业创新发展，推动开展飞机保税维修业务，实施跨境电商系统退税改革，实行进口药品"白名单"制度，以充分释放政策红利、提高实体经济活力。

3. 想方设法降低企业进出口环节纳税成本

首先，海南省应支持企业选择"自报自缴"模式，允许企业自主向海关

申报税费电子数据并自行缴纳税费；支持企业运用汇总征税模式，在已办理总担保的企业中先行办结放行手续并在总担保账户自动扣减应缴税额，从而简化纳税流程、提高企业资金周转效率。其次，海南省需提升企业保证金的缴、转、退效率，创新优化保证金退还机制，确保符合条件的企业在提交完整资料后，保证金退还时间不超过两个工作日。最后，为了进一步优化出口退税流程，海南省应按照海关总署的部署，逐步推行以电子数据比对替代人工申报，实现信息自动流转，从而大幅减少进出口环节的时间和人力成本。

4. 进一步为企业减负增效，增强企业竞争力

首先，海南省应扩大主动披露政策的适用范围，为符合要求的企业提供从轻、减轻或不予行政处罚的优惠政策；加大"专精特新"企业信用培育力度，继续扩大海关"经认证的经营者"（AEO）互认范围，为 AEO 企业在全球范围内提供通关便利；积极为企业提供技术性贸易措施咨询服务，帮助其应对不合理的贸易壁垒，并充分利用原产地规则享受优惠。其次，海南省应加强重点商品进出口监测，为企业提供数字化统计服务，以更好地支持其决策和战略规划。最后，海南省可以通过"服务包"和"海南自贸港海关政策巡回宣讲"等政策宣传、问题交流互动平台，加强关企之间的交流与合作，发挥"关厅企"等企呼关应机制的作用，确保企业问题得到及时有效的解决。

5. 智能化管理，推动海南省口岸智慧化水平的提升

海南省已通过试点应用"AR 全景可视化监管平台"，实现自贸港口岸通关的立体化监管；已在海口美兰国际机场、洋浦小铲滩码头试点推广应用物流协同平台，实现查验通知、查验预约、调移柜、查验结果反馈和无陪同查验的智能化管理。这极大地提高了海关、进出口企业和口岸经营企业之间的协同作业效率，进一步优化了信息流转过程。海南省还试点实施了"查验辅助监管系统"和"无陪同查验"新模式，利用"智能审图"系统和 H986 大型非侵入式设备，实现集装箱查验的快速完成，大大缩短了海关口岸监管时间。总之，通过一系列创新举措和专业化服务，海南省将为企业创造更加便捷、高效的通关环境。

三、扩大中国海南省与东盟跨境贸易人民币结算范围，实现贸易结算便利化

随着全球经济的深度融合，跨境贸易结算的便利化已成为推动贸易发展

的重要动力。中国海南省作为中国对外开放的重要窗口，与东盟国家之间的贸易往来日益频繁。虽然人民币在东盟国家的使用已取得显著进展，但是中国海南省与东盟之间的跨境贸易人民币结算仍有巨大的提升空间。自 2009 年 7 月我国启动跨境贸易人民币结算试点以来，人民币在东盟国家的使用率迅速增加。截至 2022 年年末，包括马来西亚、新加坡、泰国、印尼、柬埔寨和菲律宾在内的 6 个东盟国家已将人民币纳入外汇储备。据统计，2021 年中国海南省与东盟十国之间的跨境人民币结算额仅为 50.19 亿元，较上年同期增长 4.96 倍，但在海南省跨境人民币结算总额中的占比仍不到 10%。这表明，尽管人民币在东盟国家的使用有所增加，但中国海南省与东盟之间的跨境贸易人民币结算仍有巨大的潜力。

1. 加快构建多功能自由贸易账户体系，进一步简化跨境人民币结算流程

这将有助于实现跨境资金流动的"一线放开"，融入离岸人民币市场，提高海南省跨境资金流动的自由便利程度。通过优化账户体系，可以为企业提供更加高效、便捷的跨境资金管理和运用工具，从而降低交易成本，增强中国海南省与东盟跨境贸易的竞争力。

2. 完善东盟国家跨境人民币金融基础设施的布设

针对与海南省跨境人民币结算金额较少的国家，如印尼、柬埔寨、菲律宾等，中国海南省应加强与这些国家的企业的沟通和合作，推广人民币结算服务，提升人民币在这些国家的接受度，进而推动双方贸易的深入发展。

3. 注重科技赋能，提升东盟人民币使用的便利性

随着数字化技术的快速发展，国家应推动面向东盟的数字人民币支付清算网络建设，为大数据、云计算、人工智能、区块链等新技术在金融领域的应用提供良好外部环境。这将有助于提高结算效率、降低交易成本，为中国海南省与东盟跨境贸易提供更加便捷、安全的支付解决方案。

4. 扩大移动支付等便捷方式在人民币跨境支付中的使用

国家应鼓励国内银行、非银行支付机构加强与跨境电子商务平台的合作，为客户在东盟国家跨境购物、消费等提供灵活的跨境人民币移动支付服务。这将为消费者带来更加便捷、安全的支付体验，进一步推动中国海南省与东盟跨境贸易的发展。

5. 依托多功能的国际交易平台，深化与东盟国家的贸易合作

海南自由贸易港正在建设海南国际清算所、海南国际热带农产品交易中心、海南国际能源交易中心以及海南国际商品交易中心等国际平台。这些平台有利于推动热带农产品、能源及大宗商品等的交易，不断扩大跨境人民币结算的商品范围和规模。这不仅有助于双方贸易的繁荣，也有助于促进人民币的国际化进程。

综上所述，通过加快构建多功能自由贸易账户体系、完善东盟国家跨境人民币金融基础设施布设、注重科技赋能、扩大移动支付等便捷方式在人民币跨境支付中的使用以及利用国际交易平台等策略措施，可以进一步扩大中国海南省与东盟跨境贸易人民币结算范围，实现贸易结算便利化。

四、畅通中国海南省与东盟口岸运输环节，实现贸易物流便利化

一是中国海南省与东盟各国应在国际中转、运输航线、物流配送等领域加强合作，共同打造港口联盟，实现港口间的标准统一、数据共享和单证互认。海南省应吸引更多的东盟港口运营机构参与到基础设施建设、人员培训、信息交流和技术共享等项目中来。此外，海南省还应开发至新加坡、越南等国家的国际航线，优化对东盟国家的交通航线布局，并争取早日开通海南省至马来西亚、缅甸、文莱、老挝的海上运输航线，实现中国海南省与东盟国家海上航线的全覆盖。

二是中国海南省应积极参与西部陆海新通道的建设，以洋浦港为基础，完善海南省区域国际集装箱中转航线框架；应扩大连接内地、辐射东南亚的外贸航线，并不断加强面向东南亚地区的航线网络。这将有助于提升海南省在全球物流体系中的地位和影响力。

三是为了实现主要国际港口的自动化和智慧化，海南省需要依托港口航运枢纽的建设，加快自动化或半自动化码头的新建和改造；应完善港口智慧物流体系，提高货物装卸及中转效率，从而吸引更多的货物在海南省中转，降低贸易运输成本。

四是海南省应进一步完善跨境贸易物流信息平台的建设，提高信息共享和数据互通能力。这需要协调各个环节和部门，以确保跨境贸易物流的效率和便利性。

五是海南省应逐步构建和完善对东盟跨境电商的物流体系。随着海南自由贸易港政策的不断释放和海口、三亚两个跨境电子商务综合试验区等的快速发展，海南省对东盟区域的跨境电商将迎来黄金发展期。因此，海南省应提前布局，根据跨境电商综合示范区的业务需求，推动邮政、航空、港航、

快递等物流企业创新发展面向东盟的国际小包和国际专线等跨境电商快递服务。同时，海南省还应支持在东盟区域的海外仓建设，培育一批优秀的海外仓企业，逐步形成连接内地与东盟的海外仓网络。这将有助于进一步提升海南省在跨境电商领域的竞争力，推动中国海南省与东盟国家的经贸合作向更高水平发展。

参考文献

［1］蔡春林，王鸿玲，蔡淇旭．探索双循环下粤港澳大湾区新型贸易合作模式［J］．中国发展，2022，22（2）：64-69.

［2］蔡宏波，钟超．中国特色自由贸易港的营商环境与法治建设［J］．暨南学报（哲学社会科学版），2021，43（6）：44-51.

［3］蔡乌赶，邱溢梅，周瑜辉．中国境外经贸合作区的贸易效应研究——基于事前与事后的双重维度检验［J］．福州大学学报（哲学社会科学版），2024，38（1）：58-68.

［4］陈红惠．"一带一路"背景下中国与东盟能源产业内贸易的实证研究［J］．中国商论，2023（6）：64-68.

［5］陈建安．国际直接投资与跨国公司的全球经营［M］．上海：复旦大学出版社，2016.

［6］陈剑超．海南自由贸易港投资制度集成创新研究［J］．南海学刊，2021，7（1）：32-41.

［7］陈雷．推进人才制度集成创新 打造海南自由贸易港人才评价新标杆［J］．今日海南，2020（10）：37-38.

［8］陈立人，史明霞，王君艳．基于引力模型的中国与东盟国家电子电气设备贸易潜力研究［J］．对外经贸实务，2023（8）：22-27.

［9］陈林，周立宏．从自由贸易试验区到自由贸易港——自由贸易试验区营商环境升级路径研究［J］．浙江社会科学，2020（7）：12-20，156.

［10］陈庭翰，连晗羽．中国与东盟商品贸易的合作与成长空间——基于竞争性与互补性数据的分析［J］．会计与经济研究，2020，34（2）：110-126.

［11］陈万灵，温可仪，陈金源．国际陆海贸易新通道的贸易开放效应研究——基于融入共建"一带一路"视角［J］．国际经贸探索，2024，40（1）：22-39.

［12］陈秀莲．"一带一路"倡议下中国与东盟经贸合作模式新构的研究

［J］．国际贸易，2019（7）：79-87，96．

［13］迟福林．建立面向东盟的区域性大市场［N］．海南日报，2021-10-22．

［14］崔涛．"一带一路"背景下中泰贸易影响因素研究［D］．北京：对外经济贸易大学，2022．

［15］崔晓天．RCEP背景下中国对东盟国家货物贸易的现状、挑战和前景［J］．商业2.0，2023（15）：67-69．

［16］邓和军．《海南自由贸易港法》纠纷解决相关规定探讨［J］．海南大学学报（人文社会科学版），2021，39（4）：93-99．

［17］董浩，郝大江．海南自贸港与东盟国家产业联动的重点领域及路径研究［J］．商业经济，2021（7）：87-88．

［18］董浩．自由贸易港背景下海南和东盟国家贸易潜力研究［D］．海南：海南师范大学，2022．

［19］杜晓燕．中国对RCEP国家农产品出口贸易潜力的实证研究［J］．江西社会科学，2021，41（8）：50-59，254-255．

［20］樊秀峰，魏昀妍．"丝绸之路经济带"背景下中国与核心国家经济贸易关系——基于SEM模型的实证研究［J］．经济问题，2016（4）：1-6．

［21］冯莉．中国-东盟产业内贸易影响因素研究［D］．北京：首都经济贸易大学，2018．

［22］傅瑶．基于引力模型的中国-东盟自由贸易区贸易效应研究［J］．时代经贸，2023，20（5）：86-88．

［23］甘露．对接RCEP、CPTPP、DEPA规则推进海南自由贸易港服务贸易制度型开放［J］．南海学刊，2023，9（3）：32-43．

［24］葛慧慧．RCEP背景下中国-东盟贸易便利化发展现状与问题研究［J］．江苏商论，2023（3）：55-58．

［25］耿献辉，魏晓宇，彭世广．中国与东盟水果产业内贸易及影响因素研究［J］．中国果树，2021（9）：102-108．

［26］公丕萍．我国与'一带一路'沿线国家贸易合作态势、特点及对策［J］．中国经贸导刊（中），2019（6）：10-13．

［27］谷合强．"一带一路"与中国-东盟经贸关系的发展［J］．东南亚研究，2018（1）：115-133，154．

［28］关建波，潘银坪，曾华盛．佛山市与RCEP国家高端制造业贸易潜力判断——基于"自然贸易伙伴假说"的分析［J］．广东经济，2022（8）：

48-53.

［29］郭蓓蓓．RCEP 背景下中国-东盟自贸区的贸易潜力研究［J］．投资与创业，2023，34（10）：41-43.

［30］郭永泉．海南自由贸易港税收制度集成创新的重点难点问题及对策建议［J］．税收经济研究，2021，26（6）：25-36.

［31］海闻，P. 林德特，王新奎．国际贸易［M］．上海：格致出版社、上海人民出版社，2003.

［32］韩永辉，邹建华．"一带一路"背景下的中国与西亚国家贸易合作现状和前景展望［J］．国际贸易，2014（8）：21-28.

［33］郝大江．海南自由贸易港建设下我国与东盟国家产业联动发展研究［J］．商业经济，2020（2）：70-71.

［34］洪一轩，黄文强．海南 FTZ 与中国-东盟 FTZ "双自联动"的机制与对策［J］．中国管理信息化，2019，22（15）：102-103.

［35］胡前芳，林建．双边贸易成本影响因素实证分析［J］．当代经济科学，2017，39（4）：98-104，128.

［36］胡竹枝，王彦．中国与东盟农产品产业内贸易水平及结构分析［J］．华南农业大学学报（社会科学版），2013，12（2）：81-88.

［37］黄琳琳，贺小勇．论海南自由贸易港跨境服务贸易的开放规则研究［J］．海关与经贸研究，2023，44（1）：1-13.

［38］黄文学．中国与东盟贸易关系的实证研究［D］．西安：西北大学，2017.

［39］戢梦雪，李文贵．中印贸易合作机制及合作潜力探析［J］．南亚研究季刊，2015（2）：56-60，68，5.

［40］姜彬，郑乐凯．全球价值链视角下中国与东盟双边贸易结构分解研究［J］．管理现代化，2022，42（4）：21-27.

［41］姜莉．特色自由贸易港建设面临的意识形态新风险及其防范策略［J］．商业经济，2021（3）：118-119.

［42］焦富林．"17+1"合作机制下中国与中东欧贸易合作研究［D］．北京：外交学院，2021.

［43］孔庆峰，董虹蔚．"一带一路"国家的贸易便利化水平测算与贸易潜力研究［J］．国际贸易问题，2015（12）：158-168.

［44］黎新伍，黎宁．双循环战略下贸易便利化对双边贸易成本的影响及

空间效应［J］．深圳大学学报（人文社会科学版），2021，38（5）：58-70．

［45］李国庆，刘晓洁，张文秀，等．RCEP 背景下中国与东盟双边贸易发展潜力研究［J］．商展经济，2022（13）：47-49．

［46］李海波．探索中俄经贸合作新模式——跨境电子商务［J］．北方经贸，2016（4）：15-16．

［47］李鸿阶，张元钊．双循环新发展格局下中国与东盟经贸关系前瞻［J］．亚太经济，2021（1）：90-97，151．

［48］李惠，周树华，陈良辅．金砖国家标准化合作机制对双边贸易的影响——以中国与南非为例［J］．标准科学，2018（8）：9-14．

［49］李京蓉．探究中韩国际区域经贸合作模式［J］．吉林广播电视大学学报，2013（11）：122-123．

［50］李灵卉，杨子煜，李怡霏，等．海南自由贸易港绿色发展营商环境评价［J］．商业观察，2022（24）：21-24．

［51］李猛，胡振娟．中国特色自由贸易港农产品出口贸易及其农业现代化问题研究［J］．价格月刊，2021（4）：22-33．

［52］李世杰，陈瑶雯．海南自贸港面向东盟推进产业双循环发展策略探析［J］．今日海南，2021（7）：53-55．

［53］李星，王金波，冬继英．中国-东盟贸易结构的测度与分析［J］．技术经济与管理研究，2018（9）：18-25．

［54］廖萌．福建与东盟贸易现状及潜力研究——基于贸易引力模型的分析［J］．亚太经济，2016（4）：60-65．

［55］廖维晓，刘小玉．RCEP 背景下中国-东盟区域服务贸易发展与对策研究［J］．北京财贸职业学院学报，2022，38（3）：29-36．

［56］林芳．中国-东盟自由贸易区的产业内贸易效应分析［J］．中国市场，2014（33）：22-23．

［57］林梦，祁欣，范鹏辉，等．TPP 协定影响下的中越经贸合作前景与机会［J］．国际经济合作，2016（11）：56-60．

［58］刘卿．海南自贸港在构建中国-东盟蓝色经济伙伴关系合作机制中的作用［J］．南海学刊，2023，9（1）：39-43．

［59］刘然，郝大江．海南自由贸易港与东盟国家产业联动发展的对策研究［J］．商业经济，2021（2）：81-82，150．

［60］刘锐．海南自由贸易港离岸金融法律监管研究［J］．投资与合作，

2022 （10）：7-9.

[61] 刘武强. 区域经济一体化下福建与东盟的贸易合作态势分析 [J]. 对外经贸实务，2020 （1）：28-31.

[62] 刘云亮. 中国特色自由贸易港建设法治先行论 [J]. 上海政法学院学报 （法治论丛），2022，37 （2）：72-83.

[63] 卢孔标. 海南自由贸易港金融领域制度集成创新展望 [J]. 海南金融，2020 （8）：71-76.

[64] 卢荔，陈大敏. 海南自由贸易港进出口货物贸易统计制度研究 [J]. 南海学刊，2022，8 （2）：10-21.

[65] 栾信杰. 国际贸易摩擦与应对研究 [M]. 北京：中国人民大学出版社，2011.

[66] 马骏. 中国新疆与中亚国家贸易合作路径研究 [D]. 石河子：石河子大学，2015.

[67] 马子红，常嘉佳. RCEP 背景下中国与东盟服务贸易竞争力的比较研究 [J]. 湖北社会科学，2021 （10）：76-85.

[68] 孟晗. 自贸港背景下海南营商环境建设现状与优化路径分析 [J]. 科技经济市场，2020 （12）：85-86.

[69] 莫逊，刘爽. 中国对 RCEP 成员国 OFDI 出口贸易结构效应实证分析 [J]. 老字号品牌营销，2023 （24）：47-49.

[70] 潘泽毅. 数字经济对双边贸易成本的影响研究——基于中国与贸易伙伴国的实证分析 [D]. 天津：天津财经大学，2022.

[71] 裴广一，刘忠伟，黄光于，等. 联通国内国际双循环重要枢纽：海南自由贸易港的时代定位与发展坐标 [J]. 改革与战略，2021，37 （6）：45-53.

[72] 彭虹. 中国与“21 世纪海上丝绸之路”沿线国家双边贸易影响因素——以南太平洋 5 岛国为例 [J]. 福建农林大学学报 （哲学社会科学版），2020，23 （5）：47-53.

[73] 彭虹. 中国与非洲农产品贸易网络结构与合作态势分析——基于“一带一路”倡议 [J]. 中国农机化学报，2022，43 （4）：216-222.

[74] 彭兴智，黄丽芹. 对外开放背景下中国特色自贸港与东盟区域经济合作研究 [J]. 海南大学学报 （人文社会科学版），2023，41 （6）：50-58.

[75] 彭兴智，张礼祥. 海南自由贸易港建设推动南海区域经济合作的策略研究 [J]. 国际贸易，2023 （1）：3-10.

［76］萨比娜．中国与乌兹别克斯坦经贸对比分析与合作模式研究［D］．绵阳：西南科技大学，2022.

［77］石超，张荐华．我国与东盟国家贸易关系及贸易潜力研究——基于扩展贸易引力模型［J］．广西社会科学，2019（5）：64-71.

［78］史枫林，李毅．“一带一路”背景下云南与东盟贸易研究［J］．现代工业经济和信息化，2018，8（5）：3-4，14.

［79］史欣欣．中俄蒙构建自由贸易区的经济效应及路径选择——基于SMART模型的分析［D］．武汉：武汉大学，2017.

［80］孙久文，等．区域经济前沿：区域协调发展的理论与实践［M］．北京：中国人民大学出版社，2020.

［81］谭砚文，李丛希，曾华盛，等．中国-东盟自由贸易区的农产品贸易效应——基于合成控制法的实证评估［J］．中国农业大学学报，2024，29（3）：241-259.

［82］唐魏．逆全球化背景下中国-新西兰自由贸易区深化合作路径探析［J］．对外经贸实务，2020（1）：7-10.

［83］陶章，乔森．“一带一路”国际贸易的影响因素研究——基于贸易协定与物流绩效的实证检验［J］．社会科学，2020（1）：63-71.

［84］田丰．中印经贸合作前景展望及政策建议［J］．国际经济合作，2014（10）：51-55.

［85］佟禹霏．中国与拉美国家农产品贸易影响因素及潜力研究［D］．大连：大连海事大学，2023.

［86］童光政，赵诗敏．论海南自由贸易港法规的开放属性［J］．海南大学学报（人文社会科学版），2023，41（1）：48-57.

［87］汪君瑶．中国与东盟制造业产业内贸易测度及其影响因素分析［D］．吉林：吉林大学，2019.

［88］王崇敏，曹晓路．海南自由贸易港一流营商环境的法治基础［J］．河南财经政法大学学报，2021，36（2）：34-40.

［89］王翚，李世杰．海南自由贸易港货物贸易自由化便利化法律制度研究［J］．南海学刊，2023，9（1）：2-13.

［90］王培琳，傅人意．建设中国与东盟的“总部基地”［N］．海南日报，2022-11-01.

［91］王鹏飞．“一带一路”引领下中国-东盟贸易结构演进及发展策略

［J］．商业经济研究，2019（6）：128-131.

［92］王勤．全球价值链下的中国与东盟经贸关系［J］．国际贸易，2019（2）：40-45.

［93］王情雨．中韩人员流动服务贸易影响因素及其作用研究［D］．哈尔滨：哈尔滨工业大学，2021.

［94］王胜，黄丹英．RCEP背景下深化中国（海南）与东盟开放合作的策略［J］．海南大学学报（人文社会科学版），2022，40（4）：42-47.

［95］王筱娴．中国与RCEP伙伴国的贸易效率与贸易潜力研究——基于随机前沿引力模型［J］．上海商业，2023（8）：195-197.

［96］王学梅，李玲．"一带一路"背景下中国西藏与尼泊尔经贸合作机制研究［J］．金融经济，2019（4）：5-7.

［97］王玉婷，袁永友．海南自由贸易港建设背景下打造服务贸易新高地的探讨［J］．对外经贸实务，2022（1）：16-21.

［98］韦万春．广西与东盟贸易现状分析及展望［J］．当代广西，2021（17）：46-47.

［99］魏靖楠．RCEP对中国与东盟双边贸易影响研究［D］．南宁：广西大学，2022.

［100］文穗．海南自由贸易港离岸金融风险防范监管制度研究［J］．海南大学学报（人文社会科学版），2021，39（3）：82-88.

［101］吴沁．中国与"一带一路"国家贸易潜力研究［D］．南京：南京大学，2016.

［102］夏君丽．海南自由贸易港知识产权保护法律制度研究［J］．南海学刊，2023，9（1）：25-33.

［103］谢端纯．海南自由贸易港跨境资金流动风险精准防控体系构建研究［J］．海南金融，2023（7）：19-37，76.

［104］谢莉珠，哈冰，许劲．中国-东盟自贸区背景下桂越贸易合作态势及发展对策研究［J］．江苏商论，2021（6）：44-48.

［105］信桂新，黄蕾，王凤羽．"一带一路"倡议背景下重庆与东盟贸易发展现状与强化策略［J］．长江师范学院学报，2022，38（6）：41-48.

［106］熊永芳．基于商品类别的跨境人民币结算贸易效应实证研究［J］．中国商论，2023（22）：62-65.

［107］杨常建．中印双边贸易影响因素及潜力研究［D］．南昌：江西财

经大学，2020.

［108］杨宏恩，孙汶. 中国与东盟贸易的依存、竞争、互补与因果关系研究［J］. 管理学刊，2016，29（5）：6-14.

［109］杨莉. 中国-斯里兰卡贸易现状分析及经贸合作前景展望［J］. 商场现代化，2019（13）：41-43.

［110］杨子实."嵌入式互动"：中阿博览会与对阿经贸合作机制研究［D］. 银川：宁夏大学，2022.

［111］姚亭亭. 数据跨境流动限制性政策的贸易成本效应：基于关税等价视角［J］. 中国经济学，2023（3）：143-173，352-353.

［112］易靖韬. 新新贸易理论：异质企业与国际贸易［M］. 北京：中国人民大学出版社，2017.

［113］于澄清，陈小华. 关于海南自由贸易港风险防控问题的思考［J］. 海南大学学报（人文社会科学版），2024，42（3）：156-162.

［114］于涛，罗来军. 海南自由贸易港建设的风险识别与防控［J］. 海南大学学报（人文社会科学版），2024，42（2）：92-100.

［115］张策. 海南自贸港与东盟国家数字经济联动发展：机遇、效应与策略［J］. 商业经济，2022（11）：87-89.

［116］张嘉洛. 中国与RCEP国家双边贸易成本对全球价值链参与度的影响［D］. 河南：河南科技大学，2022.

［117］张婧. 中蒙双边贸易合作发展的现状分析与前景研究［J］. 价格月刊，2015（1）：36-39.

［118］张立杰，张亚飞. 中巴经济走廊背景下中国对沿线国家纺织服装贸易潜力研究［J］. 价格月刊，2019（11）：25-31.

［119］张梦婷. 中国与罗马尼亚双边货物贸易关系研究［J］. 商场现代化，2019（9）：63-66.

［120］张吾乐."一带一路"倡议下的中俄经贸合作机制研究［D］. 哈尔滨：黑龙江大学，2020.

［121］张野. 黑龙江省与俄罗斯经贸合作的路径研究［D］. 哈尔滨：哈尔滨商业大学，2014.

［122］张中元，沈铭辉. 中国-东盟自由贸易区对双边贸易产品结构的影响［J］. 中国社会科学院研究生院学报，2017（5）：130-144.

［123］赵昌平，郑米雪，范厚明. 中国-东盟经贸关系的演化进程及响应

战略研究［J］．广西社会科学，2017（7）：43-48.

［124］赵婧袆，李丽．基于贸易流量指标的中土经贸关系实证研究［J］．贵州师范大学学报（社会科学版），2019（4）：70-79.

［125］赵青松，祝学军．中印贸易合作的潜力及实现路径研究——基于随机前沿引力模型［J］．价格月刊，2020（5）：34-42.

［126］郑国富．"一带一路"建设背景下中国与文莱双边贸易合作发展的提升路径［J］．东南亚纵横，2016（4）：55-59.

［127］中华人民共和国商务部．对外投资合作国别（地区）指南［R/OL］．（2024-5-29）［2024-7-4］．http：//opendata. mofcom. gov. cn/front/data/detail？id＝C5E1C2CA614F1C512980B497A98BE71C.

［128］周超．区域内贸易自由化的贸易效应研究——基于多边、双边、单边自由贸易区的分析［D］．北京：中央财经大学，2021.

［129］朱妮娜，范丹，王博．海上丝绸之路对中国-东盟经贸关系影响实证分析［J］．中国集体经济，2017（9）：15-16.

［130］朱婷．跨境贸易背景下中国与东盟农产品贸易结构分析［J］．商业经济研究，2019（10）：131-134.

［131］邹宗森，王秀玲，冯等田．第三方汇率波动影响出口贸易关系持续吗？——基于"一带一路"沿线国家的实证研究［J］．国际金融研究，2018（9）：56-65.

后　记

2021 年 1 月，本专著作者之一的钱耀军教授的海南省哲学社会科学规划课题的研究成果调研报告《自贸港建设中的海南与东盟十国贸易自由化合作发展路径研究》在《智库专报》刊登，并荣获时任海南省委常委、常务副省长沈丹阳同志的批阅。2021 年 11 月，该成果荣获海南自贸港研究优秀成果评奖二等奖。其间，海南省商务厅、省委深改办、省委自贸港工委办均主动联系钱耀军教授，希望能再深入研究，争取出一些创新性成果。为此，2022 年年初，我们迅速组建团队，经过多次研讨，决定公开出版一本能够涵盖贸易合作与自由贸易理论、东盟及东盟十国概况、海南省与东盟各国贸易状况、贸易竞争状况、贸易互补状况、贸易关系紧密状况、贸易投资状况、贸易合作潜力状况、贸易合作发展展望等内容的系统化研究专著，以填补海南省这方面的空白。于是，我们列出提纲，分头行动，在繁重的教学科研任务之外，充分利用周末、假期时间，收集资料、整理数据、分析数据、实地调研、现场走访、座谈讨论，历时两年多，终于完成了撰写工作。但由于调研还不够深入、数据不全的问题依然存在，海南省与东盟各国服务贸易方面的研究还有待日后进一步完善。

本专著的编写、出版得到了相关单位以及相关领导、老师的大力支持与帮助，我们在此向提供过帮助的海南省社会科学界联合会、中华人民共和国海口海关、海南省商务厅、海南省统计局、省委深改办、省委自贸港工委办等单位表示衷心感谢。尤其是要感谢海南省社会科学界联合会领导对本专著的认可和资助，感谢中国财富出版社的大力支持，还要感谢海口经济学院的李华泽老师作为课题组成员，为本专著提供的部分数据和资料，感谢海口经济学院的李娴老师为本专著撰写提供的翻译资料。

编者
2024 年 4 月 1 日